教师培训：
新时代中小学教师成长路径探索

何劲松 主编

北京师范大学出版集团
BEIJING NORMAL UNIVERSITY PUBLISHING GROUP
北京师范大学出版社

图书在版编目(CIP)数据

教师培训：新时代中小学教师成长路径探索/何劲松主编.
—北京：北京师范大学出版社，2021.1
ISBN 978-7-303-26491-9

Ⅰ．①教⋯ Ⅱ．①何⋯ Ⅲ．①中小学－师资培养－研究

Ⅳ．①G635.12

中国版本图书馆 CIP 数据核字(2020)第 217102 号

营 销 中 心 电 话　010-58802135　010-58802786
北师大出版社教师教育分社微信公众号　京师教师教育

JIAOSHI PEIXUN XINSHIDAI ZHONGXIAOXUE JIAOSHI CHENGZHANG
LUJING TANSUO

出版发行：北京师范大学出版社　www.bnup.com
　　　　　北京市西城区新街口外大街 12-3 号
　　　　　邮政编码：100088
印　　刷：保定市中画美凯印刷有限公司
经　　销：全国新华书店
开　　本：710 mm×1000 mm　1/16
印　　张：29.25
字　　数：392 千字
版　　次：2021 年 1 月第 1 版
印　　次：2021 年 1 月第 1 次印刷
定　　价：110.00 元

策划编辑：冯谦益　　　　　责任编辑：马力敏　孟　浩
美术编辑：焦　丽　　　　　装帧设计：焦　丽
责任校对：康　悦　　　　　责任印制：马　洁

前　言

国将兴，必贵师而重教。2018 年以来，国家先后出台了《中共中央国务院关于全面深化新时代教师队伍建设改革的意见》《教师教育振兴行动计划(2018—2022 年)》《教育部关于实施卓越教师培养计划 2.0 的意见》，并在全国教育大会上重申教师对于民族复兴、国家富强的重要意义，将教师队伍建设提升到国家战略层面。教师素质的高低对人才培养质量有重要影响，教师专业发展受到了前所未有的关注。全国教育大会提出要坚持把教师队伍建设作为基础工作，2019 年中共中央、国务院印发的《中国教育现代化 2035》更是明确提出高素质、专业化、创新型教师队伍是加快教育现代化的关键。

国家对教师队伍建设的新要求，来自社会、家庭对教师素质的高期待，给中小学教师队伍建设提出了新的挑战。在北京市教育学会 2019 学术年会上，教育部教师工作司司长任友群在报告《建强教师队伍，夯实新时代教育发展基础》中明确提到，虽然当前我国的教师教育已经取得了一定的成就，但在新时代转型过程中仍然存在着新问题：师范教育体系有所削弱，培养质量结构需要优化，"三位一体"育人模式尚未完全落地，高学历层次人才培养比例较低。归根到底，目标就是要建设一支师德高尚、业务精湛、结构合理、充满活力的高素质、专业化教师队伍。

北京，作为全国首善之区，作为全国政治中心、文化中心、国际交往中心和科技创新中心，对人才培养以及教师队伍建设也提出了新的要求。伴随二孩政策的放开，北京教师队伍也面临着数量不足、质量有待提升、结构不均衡等挑战。职前师范生培养在数量与质量上的不尽如人意要求职后教师培训发挥更重要的作用。在新时代、新要求下，职后中小学教师培训也仍有很多热点、难点、痛点问题亟待关注与研究，以促进北京市中小学教师向高素质、专业化、创新型教师转变。《中共北京市委教育工作委员会 北京市教育委员会关于"十三五"时期中小学干部教师培训工作的意见》中明确提出要加强教师培训与专业发展的研究，深化以教师培训为主题的研究，通过设立专项研究课题的方式，开展教师培训制度与政策、教师专业发展与教师学习、教师培训内容与模式等领域的研究，通过研究为教师培训、教师专业发展决策服务。进入"十三五"以来，北京市中小学中等职业学校教师培训中心在市教委的领导与指导下，组织全市各区和中小学针对教师培训实践中的具体问题进行研究。区培训机构与中小学作为职后中小学教师培训的主要实施者，其研究凸显了把握需求更为真实、发现问题更为准确、提供培训更具针对性等特点。区级及校级培训在当前中小学职后培训中发挥的作用愈发凸显。经过几年时间的研究，此项工作已经形成了一批有区域或学校特色、有实践指导价值的研究成果。为了更好地发挥优秀成果对全市干部教师培训的借鉴作用，以展示促交流、以展示促学习，北京市中小学中等职业学校教师培训中心组织专家对近两年的优秀研究成果进行了遴选与指导，并借此机会结集出版。

本书重点关注中小学干部教师职后培训的四个方面的问题：第一，挖掘新时代中小学校长、教师更为真实的培训需求；第二，结合新需求、新挑战为校长、教师设计开发更为合适的课程；第三，有哪些模式更适合当前的中小学校长、教师培训；第四，以何种策略能够有效提升当前校长、教师培训的有效性，进而转化为学生的实际获得。本书试图从区级及学校层面去探索新时代教师培训在需求、课程、模式与策略方面的典型路径，精选了北京市不同区域及学校的优秀研究成果 28 篇，力图通过作者质性与量化的综合分析，期待为全国教师培训同行提供一种中观及微观的培训视角，整合一批能够凸显新时代背景下教师培训的研究与实践成果，贡献一种更具北京特点的教师培训经验与智慧，盼与全国同行分享切磋、互促共进。

感谢为本书提供指导建议及点评的专家，每篇论文结尾处的点评以理论视角透视培训实践，帮助教育同行认识到从区级、校级开展教师培训的重要价值；感谢各区两委对干部教师队伍建设及培训研究的高度重视和对培训机构的大力支持；感谢各区课题研究管理人员，他们为研究工作的顺利推进投入了大量的时间与精力；感谢为本书提供修改建议的编辑，多次斟酌完善才得以让本书顺利问世。

本书编委会
2019 年 12 月

目　　录

第一章　新时代中小学教师培训的新挑战与探索

　　教师重要，就在于教师的工作是塑造灵魂、塑造生命、塑造人的工作。一个人遇到好老师是人生的幸运，一个学校拥有好老师是学校的光荣，一个民族源源不断涌现出一批又一批好老师则是民族的希望。国家繁荣、民族振兴、教育发展，需要我们大力培养造就一支师德高尚、业务精湛、结构合理、充满活力的高素质专业化教师队伍，需要涌现一大批好老师。

——习近平同志同北京师范大学师生代表座谈时的讲话

一、 国家发展新要求、 城市发展新定位的多重背景下中小学教师培训面临新挑战

　　一位好教师影响的不仅仅是一个教室的学生，而是几代人的生命。教师的质量决定着教育的质量，进而决定国家未来发展的质量。2018 年，由中共中央办公厅、国务院办公厅联合发布的《中共中央 国务院关于全面深化新时代教师队伍建设改革的实施意见》更是鲜有地从国家战略的高度对教师队伍建设提出新要求。我们必须清楚地认识到从教育大国向教育强国迈进，从人才大国向人才强国迈进，教师都肩负着重要而艰巨的使命。

　　我国的中小学教师专业发展自 1949 年以来取得了重大的成就。教育部部长陈宝生在第 35 个教师节即将到来之际，在《光明日报》发表文章《弘扬尊师重教好风尚 踏实强师筑梦新步伐》，系统展示了 1949 年到 2018 年教师队伍建设取得的显著成就。2018 年，全国各级各类教育专任教师

数量达 1673.83 万人，比 1985 年增加 931.9 万人。普通小学专任教师学历达标率从 1985 年的 60.6％提升到 2018 年的 99.97％，普通初中专任教师学历达标率从 1985 年的 25.1％提升到 2018 年的 99.86％，普通高中专任教师学历达标率从 1985 年的 39.6％提升到 2018 年的 98.41％，有效满足了各级各类学校的师资需求和办学需要。当前，我国教师队伍建设的政策体系和顶层设计基本完成，形成了涵盖各级各类教师和各项教师工作的全方位、全领域的完整政策体系，高位引领、固本强基，破解了长期以来制约我国教师队伍建设的体制机制障碍，为我国教师队伍建设工作创设了良好的制度环境。2017 年，教育行业年平均工资水平在全国 19 大行业中排名第 7 位，基本形成了教师工资待遇增长的长效机制。特别是在全面建成小康社会的决胜阶段，大力实施集中连片特困地区乡村教师生活补助政策，广大乡村教师的工资收入大幅提升，城乡教师工资待遇的差距逐步缓解。30 多年来，党和政府巩固提升教师的政治地位、社会地位、职业地位，教师的幸福感、成就感、荣誉感与日俱增，教师职业的吸引力明显增强，安心从教、热心从教、舒心从教、静心从教的良好局面正在形成。全党、全社会高度认可教师职业价值，充分肯定教师劳动贡献，一大批"全国教书育人楷模""全国模范教师""全国优秀教师"等先进人物相继涌现，引领社会精神文明建设再上新水平。

我国教师队伍庞大、分布范围广泛、地域差异显著等特征仍然明显。在新时代、新要求下，如何能够对这一支庞大的教师队伍系统有效地培训、培养，使教师的理想信念、教育情怀、专业素养能够与时代发展相同步，与国家要求相匹配，也成为摆在所有教师教育工作者、研究者面前的一个难题。目前国家通过国家级培训、省市级培训、县市级、区级以及校级培训，多层并举、多管齐下，力图通过中小学职后教师培训帮助教师队伍与时代发展和国家要求相一致。尤其是针对乡村教师的培养，2015 年 6 月 1 日国务院办公厅印发了《乡村教师支持计划（2015—2020 年）》，明确提出到 2020 年全面建成小康社会、基本实现教育现代化，薄弱环节和短板在乡村，在中西部老少边穷岛等边远贫困地区。自该计划印发以来，国家通过特岗计划、定向培养、对口支援、顶岗置换、网络研修、集中培训、专家指导、校本研修等多种形式促进乡村教师队伍的素质提升。乡村教师的培训机会增多，素质得到一定程度的提升。

时代在向前发展，世界形势与格局不断变化，对人才培养的要求也在不断转变。以经济合作与发展组织等为代表的研究机构及各国都对 21 世纪人才培养提出了新的框架。这些人才培养新素养框架的发布，为当下以及未来所需人才做了一幅素描像。我国作为当今世界舞台上重要的角色之一，对人才培养的方向必然也要兼顾到上述要素，并在此基础上梳理属于我国特有的人才培养框架，在 2016 年 9 月发布了《中国学生发展核心素养》。如果我们将这些研究作为学术界对未来社会人才培养的一种回应，《中共中央 国务院关于深化教育教学改革全面提高义务教育质量的意见》则从国家层面对当前以及未来一段时间的人才培养以及教师队伍建设提出了更为明确的要求：坚持立德树人，着力培养担当民族复兴大任的时代新人；坚持德智体美劳"五育"并举，全面发展素质教育。教师要强化课堂的主阵地作用，切实提高课堂教学质量；按照有理想信念、有道德情操、有扎实学识、有仁爱之心的"四有好老师"标准来建设高素质、专业化的教师队伍。

北京，作为首都，在完成全新的"政治中心、文化中心、国际交往中心和科技创新中心"的城市定位后，也通过北京市教育大会以及相关文件的制定明确了北京教育的整体方向：在国家要求的框架下凸显北京特色。2018 年 10 月 18 日，在北京市教育大会上，教育部部长陈宝生明确提出：北京教育要凸显首都特点、中国特色，利用好北京的政治、历史与人文优势，办好世界水平的现代化教育。要进一步聚焦中央关心、社会关注、百姓关切的教育问题，紧紧围绕"四个中心"功能建设的需要，大胆探索，继续创新，提升教育服务经济社会发展的能力，努力办好人民满意的教育。北京市委书记蔡奇也强调要围绕首都城市的战略定位，以凝聚人心、完善人格、开发人力、培育人才、造福人民为工作目标，为建设国际一流的和谐宜居之都提供强大的人才智力支撑。在众多的期待与要求下，首都教师队伍也面临着现实的挑战，主要体现在中小学教师数量不足、质量有待提升、区域还需均衡、研究有待深入等几个方面。

（一）职前师范生培养数量难以满足中小学对教师的需求

伴随着二孩政策的放开，近几年适龄儿童的入学人数不断攀升，所需新教师的数量也逐年增加。据统计，北京市近几年新入职教师均在6000人左右，而其中非师范专业的毕业生所占比例较大。2018年，北京市印发《北京市拓展中小学教师来源行动计划（2018—2022年）》，计划每年新增2350个师范生培养名额，连续实施5年。目前来看，职前师范生培养数量尚难以满足中小学对教师数量的需求，其中非师范专业的学生进入教师队伍也给中小学教师的职后培训带来了新的挑战。

（二）职后中小学教师培训进入 2.0 时代，迫切需要高素质、专业化、创新型教师

进入"十三五"以来，北京市先后颁布关于教师队伍建设的系列文件，以明确"十三五"时期教师队伍建设的方向、目标、重点。2016年11月颁布《中共北京市委教育工作委员会 北京市教育委员会关于"十三五"时期中小学干部教师培训工作的意见》；2018年9月颁布《中共北京市委 北京市人民政府关于全面深化新时代教师队伍建设改革的实施意见》；2019年3月颁布《北京市教师教育振兴行动计划实施办法（2018—2022年）》；2019年4月颁布《北京市教育委员会关于卓越教师培养计划2.0的实施意见》。这些文件不同程度地强化了职后教师培训中的如下几个工作重点：一是全面提高思想政治素质，强化师德培养；二是健全完善分层分类教师培养培训体系；三是积极推进教师培训的供给侧结构性改革；四是加大对农村教师素养的提升；五是加大新任教师的培养力度；六是提升教师队伍的学历水平；七是强化教师培训基础建设；八是积极利用信息技术推进培训方式创新。职前师范生培养在数量与质量上的不充分给职后培训带来了工作广度与深度上的挑战，北京市迫切需要能够与城市战略定位相匹配的高素质、专业化、创新型教师。而职后培训责无旁贷，必须兼顾上级要求与一线需求，短期提升与长期发展，市、区、校三级联动，从培训体系、培训模式、培训课程以及培训评估等方面系统发力。

（三）城乡教师素质的差距仍然是首都中小学教师培训需要破解的难题

进入"十三五"以来，为了有效改善城乡教师素质尚不均衡的问题，北京市教育委员会出台了多项政策，包括创新乡村教师编制管理、拓展乡村教师补充渠道、推动城乡教师双向流动等，来激发乡村教师的积极性与主动性，并保障乡村教师留得住、教得好。有关方面出台了多项措施，如乡村中小学教职工编制按照城市标准统一核定，实行教职工编制城乡、区域统筹和动态管理，盘活师资存量；扩大师范生招生规模。按照《北京市关于加强和改进师范生培养与管理的意见》，调整师范生招生的指标结构。2016 年，以首都师范大学为例，率先增加 100 个师范生招生指标，定向培养"一专多能"的乡村教师。2016 年年初，北京市政府办公厅印发了《北京市乡村教师支持计划（2015—2020 年）实施办法》；2016 年 5 月北京市又颁布《北京市乡村教师特岗计划（2016 年—2020 年）》。此外，北京市教育委员会也通过开放型教学实践活动组织市级以上骨干教师开放课堂及研修活动，鼓励全市教师参与听课与教研活动，乡村教师作为重点培养对象参与学习。多项举措有力地促进了乡村教师的积极性与主动性，然而北京市乡村教师素养的长效提升仍然是任重而道远的挑战，更加需要市、区、校三级全面了解乡村教师需求、科学设计课程、创新培训模式。

（四）职后中小学教师培训仍然有待深入研究挖掘，热点、难点问题的研究有待加强

2018 年 1 月 5 日，习近平总书记在学习贯彻党的十九大精神研讨班开班式上的重要讲话中指出，"时代是出卷人，我们是答卷人，人民是阅卷人。"这也说明了一个时代有一个时代的挑战，一个时代有一个时代需要破解的难题。进入新时代，教育改革进入深水区，教师不能再墨守成规，需要与时俱进，这也给中小学教师的职后培训出了一道题。伴随着各项教师队伍建设的相关文件出台，职后中小学教师培训从需求、模式、课程、策略、评估等方面都需要做出回应。伴随着工作推进，这其中亦

有诸多热点、难点问题需要加强研究，进而把握规律并促进教师培训实践工作的优化。

如上诸多挑战都需要中小学教师培训的管理者、培训者、研究者的密切关注、深入研究、优化实践。本书尝试从市、区、校三级培训主体中将关注点聚焦于离一线教师距离更近的区级培训与校级培训，尝试从区级与校级的中观及微观视角探索能够回应上述挑战的新路径。

二、 新时代北京市中小学干部教师培训路径的新探索——区级与校级的视角

北京市中小学教师职后培训通过国家级、市级、区级以及校级四个层次，按照不同发展阶段分别进行分层、分类、分岗的多层级培训。国家级以及省市级培训覆盖范围广，力图解决教师队伍普遍存在的共性问题，对共性需求关注较多，对个性需求关注有限；区级与校级培训因其特定的地域属性而保障了对教师培训共性与个性需求的关注，也能够较好地兼顾区域内与学校内教师发展的过去、当下与未来，为教师设计更有针对性、多样化以及常态化的培训课程。本书正是基于这样一种中观与微观的视角，力图通过对区级及校级干部教师培训工作的研究，与同行分享新时代教师职后培训路径的新探索。

（一）需求为基——从教师中来，到教师中去，把握真实需求与问题

宋萑与朱旭东指出教师培训需求是由问题或理想状态与实际状态的差距所引发的。[①] 无论是国家所提出课程改革的客观要求，还是教师对教育教学问题的主观感受，都意味着教师现实工作与组织（个体）所期待的理想工作状态之间存在差距。在每个特定的时代，因宏观政策调整，以及教材、学生、教法等变化，教师培训需求也会呈现较为鲜明的时代属性。短期而言，如组织学习新文件或者教师在教育教学中遇到某一具体问题，会产生短期的培训需求，需要在短时间内给予解决；中期而言，

---

① 宋萑、朱旭东：《论教师培训的需求评价要素：模型建构》，载《教师教育研究》，2017(1)。

学校推动教学形式改革或者教师走上新的岗位，则会产生中期的培训需求，短则一年，长则两三年需要持续地组织培训；长期而言，国家实施的重大教育改革或者教师的长期生涯发展所产生的培训需求，如教师在生涯发展的稳定期所需要的培训，都属于长期培训需求。

我们通过问卷调研、访谈交流等多种形式走到教师实践中去，把握教师的真实需求与面临的问题，才能确定跑道的起点。需求是制定培训规划、设计培训课程的重要基础。目前北京市多数区都将培训需求调研作为中长期的重要工作加以实施，以此来明确培训工作的方向与重点。

（二）课程为路——为中小学教师职后培训铺就多样化的成长之路

课程(curriculum)一词最早出现在英国教育家斯宾塞《什么知识最有价值》一文中，是从拉丁文"currere"一词派生出来的，意为"跑道"(race-course)。施良方教授也在《课程理论：课程的基础、原理与问题》中指出按照跑道的定义，为不同类型的学生设计不同的轨道将成为顺理成章的事情。按教师所教授学科的不同及不同的发展阶段也需要为其提供多样化的"跑道"。进入新时代，职后教师培训的课程体系要完善从教育情怀、理想道德、扎实学识到仁爱之心的全覆盖。如何为实现这些目标提供多样态、多层次的课程，本书也将通过北京部分区的课程设计与培训实践给予回应。

（三）模式与策略为助力——为中小学教师职后培训提供更具实效性的助力

教师培训模式与策略的研究由来已久，但随着信息技术、脑科学、心理学的新发现，以及跨领域实践在教师培训中的创新应用，教师职后培训的模式与策略也不断呈现出如下的研究热点：如何有效借助技术优势促进教师培训而规避技术可能带来的弊端，如将众筹的概念引入教师培训后如何有效挖掘个体经验、为群体协同共建知识体系等。新的模式与策略如同教师奔跑在新时代课程跑道上的助推器，能够帮助教师在职后培训中更具参与性、更有效地朝专业发展的目标奔跑。

第二章　新时代教师——干部教师成长现状与需求

学校中层干部培训需求及应对
——以东城区为例

北京市东城区教育研修学院

李占宝　夏珺　张惠敏　李世维　康春荣　徐宪敏　彭藐

【阅读摘要】干部教育培训是建设高素质干部队伍的先导性、基础性、战略性工程，在建设和发展中国特色社会主义事业中具有不可替代的地位和作用。新时代对学校干部培训提出了更高的质量要求。为满足区域教育现代化发展的需求，北京市东城区科学调研学校中层干部的培训需求，在把握组织需求、岗位需求和个人需求的基础上，因需施训组织培训内容，按需施策设计培训方式。学校干部培训既突出培训内容的政治性、实践性和前瞻性，又注重培训形式的灵活性、多样性和实效性，采取整合学习、主题学习、现场学习、小组学习和自主学习等多种方式开展培训，促进区域学校中层干部综合素养与能力的提升。

【阅读关键词】学校中层干部；学校中层干部培训；培训需求

教育是国之大计、党之大计。培养什么人、怎样培养人、为谁培养人，如何办人民满意的教育，是每一位教育人必须回答的问题。当前我国已经进入中国特色社会主义新时代，时代变化和人才需求对教育提出了新要求，也对干部培训提出了更高的质量要求。新时代必须加强学校干部培训，尤其要加强学校中层干部培训。

一、 研究背景

（一）新时代需要建设高素质、 专业化的学校干部队伍

新时代依然存在人民日益增长的美好生活需要和发展不平衡不充分之间的矛盾，而且这种发展不平衡不充分依然很突出。党的十九大报告指出，实现中华民族伟大复兴需要建设高素质、专业化的干部队伍，要"注重培养专业能力、专业精神，增强干部队伍适应新时代中国特色社会主义发展要求的能力"。《国家中长期教育改革和发展规划纲要（2010—2020年）》中"加强教师队伍建设"一章指出：建设高素质教师队伍，提升教师素质，努力造就一支师德高尚、业务精湛、结构合理、充满活力的高素质、专业化的教师队伍。

（二）区域教育改革需要提升学校中层干部队伍的整体素质

《北京市中长期教育改革和发展规划纲要（2010—2020年）》中指出：坚持人才强教，着力提高教师队伍和管理队伍的整体水平。培养、造就一大批名师、名校长，为全面推进首都教育现代化提供强有力的人才支持。作为首都核心区，东城区2019年全区教育大会上明确提出建设"东城品格、首都标准、中国特色、世界水平"教育现代化示范区的目标。《北京市东城区总体发展战略规划（2011年—2030年）》在"打造国际化教育强区"方面强调要大力开展教师、教育管理人员跨校交流、境内外培训，不断提升教师、教育管理人员队伍的专业化水平、心理健康水平和整体素质。

在深化教育综合改革进程中，东城区率先在全市进行教育联盟、九年一贯制、优质资源带、教育集团等方面的探索，尤其以学区制、"学院制"育人模式促进区域基础教育资源的均衡布局，推进学校标准化和特色建设，有效促进学生的全面和个性成长。但学校中层干部在学区内轮岗交流，实现由学校人到系统人的身份转变；在探索建立学校中层干部与

教委机关干部双向挂职(实职)培养的机制上；在核心素养与建设"国际一流和谐宜居之区"目标上；在促进"京津冀一体化"国家战略实施的领导力提升等方面还存在一定差距。

（三）学校中层干部职业发展需要加强实践研究

加强学校干部的梯队化建设，不能忽视中层干部这个群体。当前东城区教育系统中层干部已呈现年轻化、高学历、高职称的发展趋势，但面对教育的新形势和新问题，中层干部在履职尽责、促进学校办学质量提升及促进个人专业成长等方面，依然存在困惑、能力不足等问题，迫切需要干部培训部门提升干部个人的综合素养与教育服务力。

二、 文献综述

以"干部培训"为主题，搜索中国知网自 2003 年 1 月至 2017 年 4 月的研究成果，共搜索到 66504 篇论文，研究对象主要集中在公务员、高校和企业的干部；以"中小学干部培训研究"为主题，共搜索到 66 篇论文；以"中小学中层干部培训研究"为主题，共搜索到 4 篇论文；以"中小学中层干部培训需求研究"为主题，共搜索到 1 篇论文；以"中小学中层干部培训需求与应对研究"为主题，没有搜索到相关研究。由此可见，当前国内外学者的研究重心主要在中小学校长和书记的培训上，中小学中层干部培训的相关研究相对较少。

中外研究者普遍认识到，一名优秀的学校干部，必须要有良好的道德素质、能力素质、知识素质和心理素质。[①] 干部培训不仅是培养一位合格的教育管理干部，也是为一个公民的职业发展创造条件。陆汉彬在《中小学干部培训中"三主"模式的实践探索》中介绍的主体研究型、主题研训式和主导发展型三种干部培训模式具有代表性。[②]美国斯坦福大学为提高培训学员的主动性，将培训分为理论课程学习、实践问题处理和学校实

---

① 魏莉莉：《21 世纪中小学青年干部素质结构研究》，载《辽宁教育研究》，2000(S1)。
② 陆汉彬：《中小学干部培训中"三主"模式的实践探索》，载《中小学教师培训》，2011(8)。

习三个阶段。① 将实际工作问题搬进课堂，以管理工作任务为导向进行培训是中外干部培训较推崇的模式。干部培训质量的提高需要有一支水平较高的培训者队伍，提升干部培训部门专职培训者的能力素质已成为当前培训师资队伍建设的一项重点工作。②

从文献研究中可以得出，中外研究者都注重在学校干部的培训模式的开放性、培训内容的实践性、培训需求的差异性、培训对象的发展性、培训师资的建设性等方面开展研究。但国内较国外更重视对学校干部的政治性和方向性的培训研究。方和国在《新时期干部培训工作改革的思考》中认为，干部培训的内容一般包括政治理论、业务知识、专业知识和管理技能等大的知识板块。③ 党的十九大报告中明确指出，"全党要坚定执行党的政治路线，严格遵守政治纪律和政治规矩，在政治立场、政治方向、政治原则、政治道路上同党中央保持高度一致"。这为国内的干部培训及研究指明了方向和基本内容。

三、 概念的界定

（一）学校中层干部

学校中层干部是指教育系统中小幼学校及直属单位中除校级领导（正副校长、正副书记）之外的各部门在岗的正副职干部。这个群体既是校级领导的参谋，又是校级领导的助手，是学校组织的中间结构，处于承上启下的重要位置，是领导班子的决策得以推进和落实的重要环节和有力保证，在学校各项工作中具有上传下达和组织协调的重要作用。

（二）学校中层干部培训

学校中层干部培训，有时也称为"学校中层干部教育"或"学校中层干

---

① 徐平利、黄志成：《美国学校管理人员培训模式之二》，载《外国教育资料》，1996(3)。
② 陈玉琨：《教育管理干部培训的比较研究》，载《教育管理研究》，1995(4)。
③ 方和国：《新时期干部培训工作改革的思考》，载《求索》，2003(3)。

部教育培训"。我们将其定义为针对学校中层管理人员开展的一种以统一思想认识和提高教育领导能力、执行能力、创新意识等能力和素质为目的的教育活动。它的对象是学校各部门中层干部，它是有组织的成人继续教育活动，是学校干部队伍建设的重要途径，也是党的教育工作的重要组成部分。

（三）培训需求

培训需求是培训计划的一个必要组成部分，它回答的问题是找到一个培训活动要达到的目标。管理学认为，培训需求是指组织及其成员在绩效、行为、知识、技能、态度、观念等方面的实际情况与理想状态之间的可以加以改变的差距，即理想的工作绩效－实际工作绩效＝培训需求。学校中层干部培训需求要从干部主观和客观两个层面考虑，所以主要分为组织需求、岗位需求和个人需求。

四、 培训需求调研

2017 年，东城区干部培训部开展东城区教育系统"十三五"干部培训需求调研。调研对象涵盖四个方面：区教育两委主管领导及相关科室负责人，区八大学区委员会主任，区教育盟、贯、带及集团化学校的校级干部，以及研修学院干部培训者；调研方式采用网络问卷和人员访谈两种方式。其中网络问卷调研主要面向区教育系统各单位中层以上干部(不含党政一把手)开展，包含基本信息、培训需求、意见和建议 24 道题。共收到了网络有效问卷 474 份，占全区干部总数的 72.9％。走访调研学校 15 所，访谈学校党政一把手 15 人，收到教育两委领导问卷 15 份。为深入贯彻党的十九大精神，做好东城区教育人才中长期发展规划(2018—2035)，2018 年年初干部培训部又参加区教育人才中长期发展规划调研，通过问卷、访谈调查区中小学(幼儿园)校级干部、中层干部及骨干教师。回收有效问卷 1019 份。

综合两次的调研结果，在基本了解东城区干部的基本状况、优势与不足、培养与培训等方面的情况后，我们主要从培训内容与培训方式两方面，对学校中层干部的组织需求、岗位需求和个人需求进行整理、分析和归纳。

（一）组织需求

组织需求主要指党和政府根据新时代教育形势的变化而要求学校干部掌握、践行的组织文化、价值观和职业规范。它反映党和国家对所有领导干部的普遍性要求、共性要求，是各级各类干部培训项目都要贯彻落实的内容。

新时代党和政府对教师队伍提出新要求，《中共中央 国务院关于全面深化新时代教师队伍建设改革的意见》中的"提高思想政治素质"部分指出，要"加强理想信念教育，深入学习领会习近平新时代中国特色社会主义思想，引导教师树立正确的历史观、民族观、国家观、文化观……加强中华优秀传统文化和革命文化、社会主义先进文化教育"。东城区提出要按照"政治要强、情怀要深、思维要新、视野要广、自律要严、人格要正"的六项要求和中小学教师职业行为"十项准则"的标准，引导区域干部教师以德立身、以德立学、以德施教。努力建设"东城品格、首都标准、中国特色、世界水平"的教育现代化示范区，办人民满意的教育。

通过访谈区教育委员会主管领导得出，学校中层干部的组织需求内容，主要是要全面贯彻中央、市区教育大会的教育精神，通过培训致力于提高干部的知识素养和实践能力。一是要加强党性修养和锻炼，提高中层干部的思想政治素质，尤其加强习近平新时代中国特色社会主义理论体系教育，进行党的路线方针政策和国家法律法规、党的历史、国情和形势教育培训。二是要加强实践学习与锻炼，提升课程领导力、科研领导力、教师专业发展引领与服务能力，提高中层干部的专业素质；做"四有好老师""四个引路人"的典范。

（二）岗位需求

岗位需求主要指干部为履行岗位职责，为解决履职过程中遇到的新问题、新任务，而产生的对新知识、新技能的需求。

通过访谈学校领导得出，新时代学校中层干部的岗位需求内容，主要是通过培训，以提升干部的执行力为主要任务，让中层干部在理论层面、实践层面上有收获、有进步、有发展，做到有"工作热情，有引领作用，有协调能力，有服务意识"①。

1. 理论层面

面对新形势、新任务，学校中层干部要加强学习，一方面要加强政治学习，学习贯彻党的十九大精神、学习习近平新时代中国特色社会主义思想，增强"四个意识"，做到"两个维护"，忠诚党的教育事业，为党的教育事业分忧、担责和尽责，自觉在思想上、政治上、行动上同党中央保持一致。另一方面要加强管理理论的学习，增强教育管理的科学性、预见性和主动性，有针对性地学习掌握履职尽责所必备的各种新知识、新经验，提高管理效率和质量；加强教育理论的学习，及时了解最前沿的教育改革信息，不断更新教育教学理念，丰富教育教学理论，提升教育的研究水平和指导教育的理论水平。

2. 实践层面

学校中层干部在深化教育综合改革进程中，在实现学校办学目标过程中，要自觉运用先进理论指导工作实践，努力成为一名有责任、有激情、有本领和有纪律的中层干部。

（1）有责任

学校中层干部要时刻清醒地认识到个人的成长和进步离不开组织的培养和造就，要增强责任意识，有对组织负责、对教师负责、对学生和家长负责、对社会负责、对自己负责的鲜明态度。

（2）有激情

激情是工作的动力，没有动力，工作就难以有起色。要用激情感染他人，调动大家的工作热情和积极性，从而齐心协力高效率地完成工作。

（3）有本领

在立德树人上能够遵从教育规律，运用科学方法，整合多方力量和资

---

① 李明：《新时代学校中层干部的"四有"标准》，载《新课程（中学）》，2014（11）。

源，效果明显。在管理工作中，切实落实以人为本，注重人文关怀和心理疏导，做到既教育人、引导人、鼓舞人，又尊重人、理解人和关心人。

（4）有纪律

党的教育干部，要带头遵守政治纪律，自觉遵守国家各项法规，以身作则执行校规校纪。坚持底线思维，心中有戒，把党纪国法作为规范行为的"红线"。

（三）个人需求

个人需求主要指干部个人从职业发展角度对新知识、新技能的需求。也就是说，干部自己根据职业规划需要，认为缺什么，需要补什么。[①] 我们通过问卷及访谈调查，基本了解了东城区学校中层干部的个人需求内容。

1. 想学什么

面对日新月异的时代，我们要更好地履行岗位职责，完成上级领导交办的各项任务，不负时代和组织的期望。在学校中层干部的个人需求调研中，因主体多元而呈现个人需求的内容多样、层次多样，表现在思想、素质、能力、知识、技术等方面存在差异，但也有共同或相似之处。

（1）学习先进的教育理论

中层干部要学习教育专业理论知识，借鉴先进的教育教学研究成果，结合教学实际，引入符合学生认知规律的优质教学资源，增强教师的教学效果和学生的学习效果，让师生共同成长。

（2）学习掌握现代化教育技术

中层干部要学习运用现代化教学手段，丰富教育教学及管理的方式、方法，让学生参与到知识建构中来，让管理更高效。

（3）学习人际交往的有效方法

新时代要求家庭、学校、社会诸多方面加强合作，共同携手促进学生德智体美劳的全面发展。因此干部要经常与师生、家长、社会交流沟通，必须学习和掌握人际交往的有效方法，提高人际交往的能力和水平。

---

① 于岩：《"供给侧"改革视角下的干部培训研究》，载《科教文汇（上旬刊）》，2019（8）。

（4）学习管理方面的知识和经验

中层干部在领导部门发展的过程中，要学习组建高效团队、培育骨干、激励下属等方面的知识与方法。

（5）学习有关心理学方面的知识

中层干部在工作中承受来自多方的压力，需要了解个人及他人的心理变化。所以应该加强心理学理论、心理调适方法等内容的学习，不但要学会给自己解压，而且要学会给他人解压。

2. 想怎么学

中层干部在调研中建议，希望加强与组织部门的协调，注重培训的系统、分层、分类、分岗和分阶段的特点，培训形式要灵活、多样、高效、创新。

（1）研修课程

研修课程采用学分制，坚持必修和选修相结合。

（2）研修形式

研修形式为：坚持集中培训与实践锻炼相结合，理论学习与挂职、交流相结合，本土学习与异地培训（国内外）相结合，采用专题讲座、体验式培训、校际互访、课题研究、主题论坛或沙龙等行之有效的方式。

（3）研修力量

高校、科研机构的理论导师应给予指导与帮助；市区名校长工作室应发挥引领作用。

（4）研修手段

干部培训要充分利用信息化手段，为自主学习提供资源信息，增强学习的情境性和生动性。

3. 想何时学

"互联网＋"及人工智能正改变着人类的学习、工作和生活，学习者被授予更大的权力来规划自己的学习，包括在学习内容、时间和方式上有更多的自主选择。以前固定时间、地点的学习正逐渐被无论何时何地都可以进行自主学习的网络研修代替。

学校中层干部在调研中对干部培训提出如下建议。

①培训时间安排上要趋向灵活，可通过脱产的形式对时间进行集中利用。

②每次培训时间不要占用太长，建议在 2 小时左右。

③集中培训每年安排在 3 月和 9 月相对较方便。

④自主培训要充分利用智能手机(QQ 和微信)让干部进行立体、多元、全方位的学习，通过空中课堂、推送信息、微信公众号等对碎片时间进行灵活利用，提高干部学习时间和学习形式上的灵活度，提升个人学习效率。

综合以上几方面的调研需求分析，干部培训中的组织需求、岗位需求与个人需求，既有共性的部分，也有不一致的部分。从广义上说，岗位需求也属于组织需求。只有那种既符合组织需求又满足个人需求的培训，才是最有效的培训。因此干部培训机构要尽量实现这两个需求的统一，尽量把两个需求结合起来。当个人需求与组织需求出现偏差时，应坚持组织需求第一、个人需求第二的基本原则。在满足组织需求的前提下，遵从个人需求开展干部培训。

五、　培训需求应对及效果

按需施训是干部教育培训的基本规律，要牢固树立按需培训的理念，努力做到党的事业需要什么就培训什么，干部成长需要什么就培训什么。"按需培训"不仅是干部教育必须遵循的基本规律和原则，也是中央对干部教育培训的基本要求。①

基于"十三五"东城区教育干部培训的总体思路以及中层干部的工作要求，我们以"促进教育与人的共同发展"为价值取向，确定了"基于实践，面向未来，分析需求，培训引导"的研究与实践思路，结合中层干部重在执行力提升的特点，在中层干部培训中进行有益探索。

---

① 肖小华：《干部教育要妥善处理组织需求与学员需求的关系》，载《理论学习与探索》，2011(1)。

（一）培训需求应对

1. 内容上因"需"施训

(1)基于组织需求，培训突出政治性

基于组织需求，我们在培训项目上突出政治性。坚定干部的理想信念，开展"不忘初心，牢记使命""党的十九大精神""习近平总书记关于教育的重要论述""北京总规"等专题学习，帮助干部学会运用马克思主义的立场、观点、方法观察和解决问题；提升党性修养，中层干部研修班相继走进各地党性教育基地，接受革命历史教育；强化"四个意识"，引导干部在学习和工作中防微杜渐，做到有原则、有底线、有规矩；强化师德教育，引导干部以"四有好老师""四个引路人"的标准要求自己，倡导干部关注一线教育教学改革，提高学科教学及管理等能力。表2-1为"十三五"东城区学校中层干部培训班党性专题教育。

表2-1　"十三五"东城区学校中层干部培训班党性专题教育

培训项目	党性教育
校级干部任职资格培训班	重庆"红岩精神"
基层工会主席培训班	山东"沂蒙精神"
德育干部提高研修班	福建"古田精神"
行政后勤主管干部班	广东"改革精神"
教学干部提高研修班	浙江"红船精神"

(2)基于岗位需求，培训突出实践性

教育的"深综改"对干部的专业要求也在不断提高。在培训中，必须注重教育综合改革、政策背景等的学习研究，引导干部立足岗位实践，做好当下工作，为教育改革服务。针对不断调整变化的招考政策，中学教学干部班就自主选课、一人一表、走班上课、多样化选考、课程与教师组织等热点话题展开项目研修，解决当下学校、教师、学生、家长最为关切的招生考试内容。行政后勤主管干部班通过对教育改革内容的学习，充分认识到行政后勤不仅是修修补补，等着为一线服务，它同样有育人的功能。干部在培训研究的过程中，相互激发，思维闪光，提出"后勤不后""让设备活起来""将隐患当事故"等引领行政后勤工作的新观念。

(3)基于个体需求，培训突出前瞻性

中层干部培训项目的时长最长不过一年，但干部培训工作设计与思考不能短期，要突出前瞻性，着眼于干部的未来发展。在策划中层干部培训项目时，我们结合项目定位和个体需求，将"发展与未来"融入项目、课程。比如，校级干部任职资格班，除完成教学指导计划模块的学习内容外，还围绕"未来学习方式变革"设计系列课程；在行政后勤主管干部班，围绕"新技术背景下的智慧校园"策划主题课程。我们引导干部立足当下，着眼未来；思考未来，应对未来；为未来学习、未来教育、未来学校做好准备。

2. 形式上按"需"施策

(1)整合学习提升学习者的岗位认知

整合学习，我们定义为将多种学习资源、多个不同岗位的人员集中在一起进行学习，就是使之形成有价值、有效率的一个整体，从而实现资源共享和协同工作的一种学习方式。

我们基于对教育发展趋势的学习与理解，结合学校改革发展的实际要求，全面了解学校各个中层岗位的设置与工作要求。比如，学校行政后勤岗位在总务、行政、装备、信息工作内容上有整合、有交叉。而以往中层干部培训中几乎没有专门的分岗培训，这些部门干部主要靠自我在工作中探索而成长，个人发展之路相对艰辛。我们从"大教育""大后勤"的理念出发，专门为总务、行政、装备、信息等岗位干部群体组建培训班。整合了人员和学习资源，让干部明确个人工作的岗位职责、工作技能要求、岗位价值及岗位特点等，认识到各部门在学校整体架构中的地位与作用，从而提高岗位认知，增强部门之间的协同。

(2)主题学习提升学习者的学习兴趣

主题学习，我们定义为一种过程性的学习，就是围绕一个或多个经过结构化的主题进行学习的一种学习方式。教师是主题内容的组织者，学习者是主题的主动学习者。

为满足中层干部对"未来教育"的学习需求，我们在干部培训中采用主题学习方式。比如，校级干部的任职资格培训课程以"未来学习"为主题的研修，采取"课堂理论授课—案例深度体验—异地主题学习—论坛总结提升"链状衔接、螺旋上升的系列主题式课程的探索。首先是专家专题讲授"未来学习项目"的学习方式变革研究；其次利用走进项目学校观摩"媒介素养"、与校长深度座谈等方式进行直接的案例学习；最后参与"未来学习项目"的阶段性交流研讨会，通过讲座、交流、观摩课、研讨等方式系统地了解项目学校的研究实践。主题学习提升学习者的学习兴趣，生成了"如何让知识学习真正成为获得能力的桥梁，从而实现学习者综合素养的提升；如何让我们的教育真正切合这个时代的教育目标，从而培养出适应这个时代发展的优秀人才"等一系列更深入的思考。

(3)现场学习提升学习者的学习氛围

现场学习，我们定义为走进事件或行动发生的地点进行学习，就是通过现场环境和气氛对学习者施以一定的影响，从而提升学习氛围的一种学习方式。

在培训实践中，我们依据培训需求利用现场学习对中层干部进行相应培训。比如，校级干部任职资格培训班走进重庆抗战遗址博物馆、八路军办事处、白公馆渣滓洞；德育干部提高研修班走进古田会议旧址、瞿秋白纪念馆、叶坪旧址；基层工会主席培训班走进华东革命烈士陵园、红嫂纪念馆和孟良崮战役纪念馆；行政后勤主管干部班走进古色古香的房管所、设施完备的装备中心、服务完善的校产中心、中国教育科学研究院"未来学校实验室"、首届国际教育装备展；教学干部提高研修班走进一个又一个的专题研讨会、一所又一所的高考试点校、一堂又一堂的展示课。庄严肃穆的场景、感人的珍贵文物、生动的专业讲解、即时的互动体验等均成为重要育人因素，现场学习氛围浓厚，学习效果显著。

(4)小组学习提升学习者的协作意识

小组学习，我们定义为以小组为基本形式，组内各成员互相讨论，集思广益，共同达成教学目标的一种学习方式。其目的在于增强学习者的主动参与意识，增强学习者的合作研究精神，促进学习者的主动发展。

在中层干部培训中，我们采取集中学习与小组学习相结合的形式，在专题集中学习的基础上，结合学习主题开展小组学习。小组成员结合学科，打破学段界限，一起学习、讨论、参观，促进不同学段干部的相互借鉴、共同发展。比如，行政后勤主管干部班让学员根据个人工作内容与研修实践改进的兴趣，在预先设计的几个话题范围内讨论；后来逐步集中或重新生成一些话题；最终全班学员聚焦6个话题。这6个话题演变成6个研究课题，学员各自进入相关的6个学习小组开展学习和研究。这6个课题既有安排全体学习，也有小组研讨、专家跟进具体指导，最终的结业成果按照小组课题汇报来呈现。整个学习过程中学员的协作意识大大增强。

(5)自主学习提升学习者的学习动力

自主学习，我们定义为以学习者为学习的主体，学习者自己做主决定何时何地学习哪些内容，基本不受外界干扰而进行的一种学习方式。在自主学习中，教师对学习者依然具有重要的指导和引领作用。

在自主学习过程中，学习者可利用计算机、智能手机(QQ和微信)，通过空中课堂、推送信息、微信公众号等资源进行立体、多元、全方位的学习。可灵活利用个人碎片时间学习；可自主结成学习伙伴；自选阅读教育书籍，撰写阅读笔记，并与学习伙伴、学习小组交流读书心得；每次培训完后，个人及时进行学习反思，并将学习收获与不足发布到班级微信群，供集体进行再学习和交流。在这一过程中，学习者的角色发生转换，成为积极主动的学习主体。学习者感受到自己就是学习的主人，学习是"自己的"事、"自己的"行为，是任何人不能代替的。

（二）培训实际效果

1. 教学相长

提升培训工作质量，一方面要靠培训者的精心设计和认真组织教学，另一方面离不开学员自身的努力。在满足培训需求的研究实践过程中，培训者与学员在学习态度、研究意识、资源意识、工作投入以及部门协调等方面均发生着显著变化。比如，师生的学习动机增强，学习力有所提高；在项目的内容设计与组织实施、需求分析与应对策略、过程推进与渐进调整、反馈与分析上主动发掘、主动贡献、主动协调，为他所用，也为我所用。这样丰富了研修项目学习的内涵，也保证了项目目标的达成。

2. 学以致用

干部培训的目标之一就是提高干部的综合素养和专业能力，促进干部的职业发展。我们通过向学校校级干部进行调查反馈，了解到受训的学校中层干部虽然各人的情形不同，但是在工作中确实有变化。主要表现在在工作中能运用所学。有的学员从工作平淡到开始小有改进；有的学员从面对人群非常拘谨，到能够当众从容地发表见解；有的学员把研修班的课题申请为市级课题继续深入研究；有的学员在专业刊物上发表研修成果；还有学员在学校文化建设中为校长提出很多积极建议并被采纳。校长对中层干部的肯定，就是对培训的肯定，也是对培训者的鼓励。

六、 研究展望

（一）评价研究需要进一步加强

在研究过程中，我们通常是通过学员现场的表现、学后的反馈、学校领导的反映来认定培训效果，基本上是描述性评价。但如何以一种更为客观、可以量化的评价指标或手段来确定新的内容或形式确实有效，与描述性评价综合考虑，以促进培训评价的科学、准确，这是下一步需要加强研究的。

（二）继续未竟的问题

干部培训在区域教育改革发展过程中具有不可替代的重要地位和作用。囿于时空与精力的限制，在调研过程中的一些设想并未能够全部实践，研究过程中也发现了一些新的问题需要进一步思考与研究。比如，如何结合新时代的要求更好地在培训中全面认识、发现干部，为组织部门考察干部提供科学全面的素材；如何将智能时代的多样化学习途径有效运用，提高培训效能；如何以大数据思维对干部培训进行统计共享，减轻干部的负担，实现智能化管理。

七、 结束语

习近平指出："一个人遇到好老师是人生的幸运，一个学校拥有好老师是学校的光荣，一个民族源源不断涌现出一批又一批好老师则是民族的希望。"好老师培养不易，成长为一位学校好干部更是不易。新时代干部培训部门要整合优质培训资源，坚持实事求是，坚持问题导向，坚持以人为本，尊重成人学习规律和教育规律，充分运用网络及 AI 等先进技术，提升培训的实效性。相信学校好干部一定会层出不穷，办好人民满意的教育目标一定能够实现。

专家评语：该文比较全面地反映了东城区对学校中层干部这个特殊群体开展培训需求的调研、采取相应培训策略及方法的研究与经验。学校中层干部的数量比较大，所承担的工作任务也比较繁重。他们多数属于执行层面的人员，但又往往各守一方，各自负责一个小的团体或一个部门的工作。在学校工作中，他们往往起着承上启下的作用，起着组织广大教职工贯彻党和国家的教育方针以及地方的教育政策乃至学校的办学方向的作用，起着影响学校的教育教学质量和发展水平的作用，并且在学校特色文化建设中起着至关重要的作用。如何做好这支干部队伍的建设？本文的作者通过调研和分析提出，这支队伍的构成复杂，需求多样，水平参差不齐，对他们的培训不能采用一刀切的方式进行。而要根据上级教育行政领导部门的要求、学校发展的需要及中层干部自身的需求来开展有针对性的培训，并提出在当前情况下如何采取多种形式、如何利用好信息技术手段开展中层干部队伍培训，打造一支满足学校、地区和国家需要的高质量、高水平的中层干部队伍，从而满足学校教育发展需要的策略和方法。文章的主题突出，脉络清晰，层次比较鲜明，针对性很强，对当前各地中小学中层干部培训工作有一定的指导意义。

点评专家：北京教育学院 齐宪代教授

高中教学管理干部培训需求研究
——以海淀区为例

北京市海淀区中小学干部研修中心

陈岩　姜芳　刘光艳　何雪艳　田领红

【阅读摘要】研究发现，高中教学管理干部在高考改革背景下面临六方面的困难：实施"选课走班"后的师资调配、学生发展指导、校本研修和教师专业发展、教师绩效评价、学生综合素质评价、课程整合和教学方式的变革。其产生的原因包括教师的编制数不够，对教师的"潮汐式"需求没有合理的解决措施，专业师资不足，"导师制"不能真正落地，教师对于高考改革和课程改革的理解不到位，对校本研修的针对性不够，中年以上教师的职业倦怠等。据此提出四方面的培训需求：与新高考方案和高中课程改革相关的政策方面的内容、针对在高考改革中的难点问题进行按需专题培训、能学以致用的教育教学理论，以及教学干部岗位所需要的实践技能。

【阅读关键词】高考改革；高中教学管理干部；培训需求

一、　研究背景

2014 年，两份重要文件相继出台。《教育部关于全面深化课程改革落实立德树人根本任务的意见》阐述了全面深化课程改革、落实立德树人根本任务的重要性和紧迫性，规定了全面深化课程改革的总体要求，推进关键领域和主要环节改革的重要举措。《国务院关于深化考试招生制度改革的实施意见》明确了考试招生制度改革的总体目标，即"2014 年启动考试招生制度改革试点，2017 年全面推进，到 2020 年基本建立中国特色现代教育考试招生制度，形成分类考试、综合评价、多元录取的考试招生模式，健全促进公平、科学选才、监督有力的体制机制，构建衔接沟通各级各类教育、认可多种学习成果的终身学习'立交桥'",并提出了主要任务和措施,届时考试的形式、内容、录取机制都将发生变化。2017年12月,教育部印发《普通高中课程方案和语文等学科课程标准(2017年版)》。2020年5月,教育部印发《普通高中课程方案和语文等学科课程标准(2017年版2020年修订)》。新课程标准更加要求凸显人的发展,体现育人路径的创新导向。招生制度的改革和新课程标准的实施都给学校工作,特别是高中教学管理干部的工作带来诸多挑战。

2014年9月,浙江省人民政府和上海市人民政府分别印发了《浙江省深化高校考试招生制度综合改革试点方案》和《上海市深化高等学校考试招生综合改革实施方案》。经过三年的改革试点,从2017年开始,两省市的学生已经采用上述新方案参加高考。试点省市的高考方案在实施过程中存在的问题以及对于学校教育教学工作的影响为北京市高考综合改革提供了可借鉴的经验和教训。

2017年7月,北京市普通高中专项工作布置会召开,北京市教育委员会下发《北京市深化考试招生制度改革的实施方案》《北京市普通高中学业水平考试实施办法(试行)》《北京市普通高中学生综合素质评价实施办法(试行)》和《北京市普通高中2017级课程实施指导意见》四份文件,对高中教学工作提供了具体的指导意见,指出2017级学生开始面对"三新一旧"(新课程标准、新高考、新学考和旧教材)的升学和学习现状。在如此复杂的课程改革和考试招生制度改革的大背景下,教学干部在实践层面有什么具体困难?产生这些困难的原因是什么?基于这些困难,他们的培训需求是什么?对这些问题的探究和明晰有助于北京市海淀区中小学干部研修中心整合课程资源,满足教学干部的培训需求,帮助他们适应变革,做好学校的教育教学工作。

二、　文献综述

本文研究的核心目标是探究在贯彻新高考改革和高中课程改革要求的过程中,高中教学干部有什么培训需求。为了达成研究目标,我们从两个方面进行了文献的阅读和研究:一是高考改革如何改,对学校教学工作的影响是什么；二是基于成人学习等相关理论探究干部的培训需求应从哪些角度去考虑。简述如下。

（一）新高考对学校工作的影响

1. 新高考与旧高考的不同之处

根据李木洲的研究，高考制度从 1952 年建立以来，经过了追求考试效率的效用阶段(1952—1966 年)、注重考试科学的完善阶段(1977—2009 年)和回归考试本真的理性阶段(2010 年至今)，文理分科经历了"不分—两分—三分—两分—不分"的过程，考试内容和形式随着时代的发展和教育改革的逐渐深入不断变化和改进。[①]

围绕本文研究的关注点，为了探究教学干部在目前高考制度改革背景下的现实困难和培训需求，我们把目光主要聚焦在 2010 年之后的高考。以 2014 年浙江和上海的新高考方案的发布和实施为分界线，我们发现新旧高考有 7 点不同之处：理念不同、考试的侧重点不同、考试科目不同、分值和成绩呈现方式不同、考试时间和次数不同、高校的招生模式不同、高校对考生录取的依据不同。这些不同之处是安排学校教学工作必须考虑的因素，对这些因素的系统思考可以帮助教学干部厘清思路、统筹兼顾，做好学校教学工作。

2. 新高考的利与弊

经过浙江和上海两省市几年来的高考改革试点，特别是首轮高考之后，两省市方案中的利弊凸显出来。乔昳玥基于对浙江省试点高考制度的分析，认为改革有三大成效：弱化一考定所有的观念；增加考生选择性，扩大高校自主权；促进高校的学科建设和专业调整。关于改革存在的问题，他也提出三点：综合素质评价流于形式；中学很可能代考生选择本校的优势学科，以期学生在高考成绩对决中占据优势，学生负担依旧严重；学科教师的需求量呈波动趋势。[②] 不同学科教师在不同时段、不

---

① 李木洲：《高考内容与形式改革：规律、困境与趋向》，载《华南师范大学学报(社会科学版)》，2017(5)。

② 乔昳玥：《浙江试点高考招生制度的利弊探析》，载《当代教育实践与教学研究》，2017(9)。

同学校、不同学科的需求量出现波动，时多时少。总体来看，虽然各项研究有不同的观点，但基本上概括了新高考的利弊。而给考生、家长和高校带来最大冲击的是文理不分科、增加选择权。

文理不分科有利于促进学生文理兼修，规避文理分科带来的种种弊端，培养全面发展的人才。然而，学生自主选科，且学生只要有一门选考科目符合招生要求即可报考的规定会导致大学生源群体的多样化，学科基础不一。增加选择权体现了以人为本的改革指导思想，尊重学生的学科性向和兴趣爱好，扩大了学生的选择权，有利于人人成才。然而，胡中锋和董标从教育测量学的角度反思新高考的科目设计，认为新高考的学科设置存在三大问题：首先是核心科目（语文、数学、外语）的设置不科学；其次是选考科目择定不合理；最后是等权求和方法不适宜，即各科目的权重设定不合理，产生的后果之一是选考容易得分科目的人数过多。事实上，2017年的新高考已经出现了选考物理人数过少的问题。为此，中国科学院院士、清华大学物理系教授朱邦芬撰文分析了该现象产生的原因，阐述了物理学科的重要性，并提出了解决措施。

3. 新高考对学校的影响

一项政策的实施会对利益相关者产生正面或负面的影响。在中国这样一个重视教育且优质教育资源稀缺的国度，依靠各种合法途径获取优质教育资源本身无可厚非。而在高考中通过获得高分进入水平高的大学，从而享受优质教育资源，进而使自己获得更好的发展是很多人可以选择甚至唯一可以选择的路径。所以，从某种意义上说，高考的确是高中教育的"指挥棒"，通过高考进入理想大学是学生成就自己、学校成全学生的方式之一。根据上述分析，考试招生制度的改革一定会对学生、教师和学校管理产生影响。

对学生的影响体现在三个方面：首先，选择权的增加可能给学生带来更大的心理压力。新高考制度设计的初衷是让学生根据自己的兴趣、爱好，结合报考专业的要求，做出对考试科目、考试次数、所学专业等关乎学生高考成绩，甚至是职业生涯的高利害选择。而学生在做选择时，很可能面对自身没有清晰的学科爱好和职业规划以及对高考政策、大学专业特点和应该掌握的相关信息缺乏了解的状况，诸多不确定因素会给学生造成比较大的心理负担。其次，合格考试、等级考试、高考、一科多次考试使学生在高中学习过程中有很多时间处在备考状态中，可能会导致学生学业负担加重。最后，由于学生不能正确建立选科、高考和人生规划之间的关系，在选科和多次考试的过程中滋生"投机心理"。根据鲍嵘和罗佳敏的研究，有些学生为获得较高分数，不得不选择能考高分的学科，还有些学生利用两次选考考试时段的调整差来安排考试，导致学考和选考为相同理科学科的学生存在知识点重复学习的现象，上课状态懈怠。①

对教师的影响主要表现在教师职业压力加大上。压力来源包括以下四个方面：一是理科教师的教学任务需求与其自主性之间产生矛盾，由"自主决策"转变到了"被动选择"。二是在新高考推进的过程中，教师面临着多重职业发展压力。其中，失业转岗与职称晋升有障碍是较明显的两大职业发展压力。例如，由于物理选考学生少，个别物理教师面临失业或转岗。还有些学校的职称晋升要求是教师须在原教授的学科内进行职称评级，不得跨学科。这样，转岗教师面临职称晋升障碍。三是学校领导不完全遵循改革试点方案中所倡导的理念，存在着理解性误区，没有营造支持性的工作氛围，增加了教师的焦虑情绪。四是面对学生自主选科，不是过去的文理科固定班级上课，教师不能准确界定自身的绩效考核范围。考评方案滞后，引发教师质疑。

对学校管理的影响体现在四个方面：首先，新高考促进了普通高中教育任务逐渐扩大的趋势。新高考的选择性对学生职业能力规划的要求、实施综合素质评价对学生的未来公民教育以及高考命题中对学生社会主义核心价值观的培育都会促进普通高中教育任务的逐渐扩大。其次，教育教学管理的复杂性增加，学校需要根据自身的实际情况探索并实施新的管理模式。柳博认为将学考作为高校招生录取的重要依据，增加学生的选择性，必然要求高中学校提供多样化的课程教学安排，以满足不同

---

① 鲍嵘、罗佳敏：《新高考背景下理科教师的职业压力研究——基于 S 市 J 高中的案例》，载《江汉大学学报（社会科学版）》，2017(5)。

学生选择的需要。① 再次，教师队伍建设遇到新问题，需要学校找到解决对策，促进教师专业发展。新高考实施过程中，出现了某些学科教师资源的阶段性匮乏或过剩，缺乏具备相关学科背景或经验的教师，或新教师的上岗培训、某些学科教师的转岗等一系列与教师队伍建设相关的议题需要学校积极面对，妥善解决，在变革中促进教师专业发展。最后，学校需要开设高质量的职业规划或人生规划的课程，帮助学生了解自己，学会选择，促进学生全面而有个性的发展。

（二）理论和研究的支撑

1. 成人学习理论

美国波士顿大学教育学院教授马尔科姆·诺尔斯（Malcolm Knowles）在 1968 年提出了"成人教育学"概念。诺尔斯认为，成人学习者具有如下五个基本特征：①能够进行自我指导的学习；②积累了比较丰富的、不同种类的生活经验，这些经验对今后的学习产生影响；③具有学习的需要，并且这些需要可以改变其社会角色；④学习以问题为中心，以任务为导向，有强烈的运用已有知识解决问题的意识；⑤内在动机与学习产生的动力远远胜于外在因素。

成人学习理论为教师培训需求分析的合理性与必要性提供了重要的理论依据。普通心理学的观点认为，人们在活动中总是从一定的动机出发，并且指向一定的目的；动机是激励人们进行某种活动的内部动力或者内部原因。动机以需要为基础，当人们认识到某种需要的时候，这种需要就转化成了推动人从事某种活动的动机。

成人学习理论对教师培训有很重要的启示。主要包括两个方面：①教师培训必须认识到成人学习的实用性动机，了解该动机背后的具体需求是培训有效的关键因素。②教师作为成人学习者，在培训之前已经积累了一定的教学经验。培训者需要了解并尊重教师的个人经验，充分考虑以往积累的经验对教师学习的影响，尊重教师的主体性。

---

① 柳博：《选择性：高考制度改革的机遇与挑战》，载《教育研究》，2016(6)。

2. OTP 模型理论

OTP 模型是一种经典的人力资源培训需求分析模型，它最早由麦吉(McGee)和塞耶(Thayer)于 20 世纪 60 年代初期提出。他们认为，完整的培训需求分析应该从组织层次分析、任务分析以及人员分析三个层次来进行，即只有通过组织(O)、任务(T)和人员(P)三个层次的综合分析，才能够系统、客观、准确地识别出培训需求。组织层次分析是对组织的发展战略、资源及环境等多个方面进行分析，识别组织发展中存在的问题以及面临的机遇与挑战，以确定是否需要采用培训促进组织目标的实现；任务分析则侧重于描述工作岗位的性质，明确员工的工作职责，以明确培训的内容；人员分析是从受训者的实际状况出发，考察员工的知识结构、技能、能力、态度以及工作绩效，以确定受训者应该接受何种培训。①

OTP 模型理论从组织、任务、人员三个层次进行培训需求分析的观点，为我们开展北京市海淀区高中教学管理干部培训需求的调查研究提供了科学的分析模型。培训需求一般包括外部需求和内部需求两个方面：外部需求是指社会发展与政策等外部环境变化或工作本身对受训者提出的任务性培训要求；内部需求是指受训者个人成长与专业发展过程中产生的培训要求，是外部需求和学习内驱力在受训者头脑中的反映。只有将外部需求和内部需求结合起来，才能使受训者产生持续而稳定的学习动机，从而达到培训的目的。

3. 关于培训需求的研究

从中国知网 2000—2018 年的文献检索来看，关于"高考改革背景下高中教学管理干部培训需求的调查研究"检索到 0 篇；以"高考改革背景下高中教师培训需求的研究"为关键词进行检索，共检索到 19 篇。这 19 篇文章主要是分学科的研究，缺乏对培训需求进行整体性研究和分层、分类的研究。最后，以"中小学教师培训需求"为关键词进行文献回顾，共检索到 481 篇。通过对这些文献资料的阅读，我们

---

① 李慧慧：《新高考背景下普通高中教师培训需求调整——以宁波市为例》，硕士学位论文，宁波大学，2017。

发现，中小学教师培训需求研究集中在培训需求来源、培训需求内容和研究对象三方面。

从培训需求来源来看，教育改革对教师的要求、学校发展对教师的要求、教师个人的发展需要，是教师培训的依据。只要社会有变革，组织要发展，个人要进步，培训的需要就会产生。北京教育学院在所承担的"国培计划——培训者研修项目"培训管理者研修班培训实践中，认为有效把握教师培训管理的首要环节就是做好培训需求分析，即从宏观的社会需求、中观的组织需求和微观的学员岗位需求三个层面来理解和思考教师培训需求问题。赵德成、梁永正建议把教师主观愿望和绩效差距整合起来，以便准确、有效地识别培训需求。[①] 宋林飞认为面临高考改革的诸多挑战，培训者要找准高考新政策实施的核心问题，找到问题解决的有用经验，从高考新政策的普遍培训、问题解决的专题培训、岗位问题的解决学习三个层面选择行动策略。[②] 李慧慧借鉴人力资源管理中的OTP经典培训需求分析模型，结合普通高中的组织特点与教师职业特点，从组织需求、个体需求两个方面和组织、任务、人员三个层次对新高考实施以后普通高中教师的培训需求进行了研究，对我们的研究有一定的借鉴意义。[③]

从培训需求内容来看，姚春燕认为高中教师的培训需求主要体现在知识培训需求、技能培训需求、能力培训需求、素质培训需求四个方面。[④] 陆真、赵露露、孙海蓉提出了基于新课程改革的教师培训关注的焦点，即在教师知识和能力提高的针对性培训基础上，关注课程标准、教材模块结构与功能的深入理解、来自实践的科学探究的案例教学以及教学设计与科学探究模式的选择与应用。[⑤] 余新在《有效教师培训的七个关

---

① 赵德成、梁永正：《培训需求分析：内涵、模式与推进》，载《教师教育研究》，2010(6)。

② 宋林飞：《高考新政下调研、教研与培训行为的调适性变革》，载《上海教育》，2015(36)。

③ 李慧慧：《新高考背景下普通高中教师培训需求调查——以宁波市为例》，硕士学位论文，宁波大学，2017。

④ 姚春燕：《高中教师培训需求分析》，载《知识经济》，2016(4)。

⑤ 陆真、赵露露、孙海蓉：《现状、需求、困惑与焦点——来自新课程江苏实验区高中化学教师培训的调查报告》，载《化学教育》，2006(9)。

键环节》一文中提出，要从宏观的社会需求、中观的组织需求和微观的学员岗位需求三个层面来理解和思考教师培训需求问题。社会需求分析强调要立足于其立项的社会背景，体现"社会价值是什么""为社会发展解决什么问题"以及"在教育改革与发展过程中发挥什么作用"，注重从宏观层面上提高学员对其在全面提高教育质量、促进教育公平和义务教育均衡发展中作用的认识。组织需求分析需要回答"培训为学员服务的组织机构要解决什么问题""能解决什么问题"和"如何有效解决这些问题"，主要指向学员工作单位对学员培训的期待。要明确学员工作单位是培训项目的重要利益相关者，密切关注其对培训项目的需求。学员岗位需求分析聚焦在培训对象的工作岗位上，从微观层面上探究学员培训管理工作岗位的专业化发展要求，把宏观层面的社会需求和中观层面的组织需求进一步具体化，有效缩小学员岗位的胜任力与岗位标准要求之间的差距，统整培训在专业理念、专业知识、专业能力和专业精神等方面的专业要求。[1]

从研究对象来看，已有的相关研究有共性、个性研究和分类、分层的研究。共性是教师都面临的需要，是需要的共同点。社会对教师的一般期待、教师的角色、教师的专业发展，这些方面是不同教师都要面对的问题，是教师培训中的共性需求。个性需求是由地域的、学校的、学科的、教师的特殊性所产生的需要。分类是指教师所在学校的类型不同、所教授的学科不同、岗位类型不同，教师所面临的环境、任务和问题就有差异，培训需求就不一样。分层的主要依据是教师的专业水平和成就。在不同的专业发展阶段，教师所具有的知识、能力、经验、阅历不一样，培训的需求也就相应地有所不同。

从对文献的深入分析中，我们发现两个问题：第一，虽然对于教师培训需求的理论与实践研究不少，但是基于高考改革背景下教师培训需求方面的实证性分析并不多，以致诸多研究成果对于实践的可操作性比较有限。第二，教师继续教育需求不仅是教师在成长过程中产生的个人

---

[1]　余新：《有效教师培训的七个关键环节》，载《教育研究》，2010(2)。

需求，也应包括因基础教育发展和改革等产生的任务性培训需求。但从我们前期查阅的文献资料来看，大多数研究是从教师个体成长需要的角度来考察的，这样往往会忽视教育教学任务、任职学校和上级教育行政单位对教师培训的任务性要求，使培训需求带有片面性。

综上所述，我们将高中教学干部这个群体的个人需求与发展改革任务需求结合起来，综合运用调查法、文献分析法，对高考改革背景下高中教学管理干部的培训需求进行深入分析，力求使研究达到客观、完整、准确、真实的效果。

三、核心概念的界定

本文涉及两个核心概念。一是"高中教学管理干部"，指在学校中负责高中教学管理工作的干部。在日常工作中，也称为"高中教学干部"。

二是"培训需求"。按照管理心理学的观点，"需求"是一种渴望获得而又匮乏的心理状态。这种心理状态按照目标管理的理论解释，是人们所追求的价值目标(标准)的理想状态与现实状况之间存在的差距(距离)所引起的一种期望。如果将这种需求放置在"培训"的语境中，则可以推论：培训需求是人们因某种知识、技能或意志等的缺乏而产生的想要获得教育的推动力量。也有学者指出，培训需求是指特定工作的实际需求与任职者现有能力之间的距离，即理想的工作绩效－实际工作绩效＝培训需求。干部培训的需求本质，是针对干部素质的理想状态(标准)与现有水准之间的实际差距(距离)，而采取的旨在缩小或消除这种"差距"的培训教育对策。所以，消除"差距"，缩小目标"距离"是需求的本质所在。

本文认为，培训需求是指在高考改革背景下，教学管理干部主观上所面临的困难、困惑以及客观上新高考方案实施过程中所带来的要求和挑战。

四、研究过程与方法

本文以海淀区高中教学管理干部为样本，与负责高中教育教学管理的海淀区教育委员会基础教育二科密切合作。通过调查分析，我们明确教学管理干部在实际工作中面临的具体困难和困惑，并对其成因进行分析；基于教学管理干部的培训需求，为区级干部培训部门提供实施对策。数据收集的方法包括三种：焦点小组讨论、问卷调查和半结构化访谈。

（一）焦点小组讨论

2017 年 6 月，我们对来自 56 所高中的 68 位教学管理干部进行了焦点小组讨论。为了深刻领会不同层次学校针对研究问题的不同认知，我们按照学校层次把 68 位教学管理干部分成了 5 个组别，具体信息如表 2-2 所示。

表 2-2　焦点小组讨论的各组别信息

组别	样本数量	样本来源
1	13	来自中国人民大学附属中学等 11 所以市级示范校为主的教学管理干部
2	15	来自北京市育英学校等 10 所以区级示范校为主的教学管理干部
3	15	来自北京市第五十七中学等 12 所以"新品牌"学校为主的教学管理干部
4	12	来自北京市师达中学等 11 所以民办学校为主的教学管理干部
5	13	来自中国地质大学附属中学、中国矿业大学附属中学等 12 所学校的教学管理干部

在小组讨论之前，我们向全体干部说明了具体要求，即围绕以下两个问题展开讨论。

①面对高中课程改革和新高考，教学管理干部在实际工作中面对的困惑或困难有哪些？

②请聚焦三个大家最关注的困惑或困难进行研讨，并提出解决思路。

每个小组指定一位教学管理干部作为主持人，围绕上述两个问题，鼓励大家参与，适时激发集体智慧，用 1.5 小时完成讨论，并在大会上分享讨论结果。我们对各组分享的内容做了逐字记录，利用主题分析法对数据进行了分析，确定了 6 大方面 18 个小主题的困难或困惑汇总，并为生涯规划、选课走班、国家课程校本化、教师调配 4 个主题提供了初步的解决对策。

（二）问卷调查

根据焦点小组讨论的数据分析结果，我们用半年的时间以"困难或困惑"和"培训需求"为编制问卷的框架设计了问卷题目，并在 2018 年 9 月通过问卷星对高中教学管理干部进行了问卷调查。共收到有效问卷 46 份，其中副校长 25 人，主任 14 人，副主任 7 人；所有答卷的干部的年龄都在 35 岁以上，65.22％的干部在 45 岁以上，91.3％的干部有 15 年以上的教龄，其中 67.39％的干部兼课，且遍布 14 个学科。相对来说，这些干部应该是教学管理干部中有一定经验、对一线教学很了解的群体，他们的想法值得关注。数据分析结果显示：教学管理干部所面对的困难或困惑相对聚焦，培训诉求相对一致。

（三）半结构化访谈

由于焦点小组讨论和问卷调查都不足以回答产生困难或困惑的原因，2019 年年初，我们对 12 位教学管理干部进行了一对一的半结构化访谈。在 12 位教学管理干部中，教学副校长 6 人，教学主任或副主任 6 人，其中 3 人来自同一学校，其他 9 人来自不同学校；市级示范校 6 人，区级示范校 4 人，普通高中 2 人。访谈时间最长为 1 小时 35 分钟，最短为 16.28 分钟，平均大约 40 分钟。

为了节省教学管理干部的时间，提高访谈效率，我们提前给被访谈者发放了访谈提纲，确定好时间，按照一位访谈者对一位被访谈者实施访谈的方式展开。其中，我们对 8 人的访谈进行了录音，对其他 3 人采用笔录的方式记录要点。最后，按照所列的研究问题，我们对数据进行了主题分析，提炼出核心要点，并结合焦点小组讨论和问卷调查，形成了相对可信的研究结论。

五、 研究发现

（一）在高考改革背景下， 教学管理干部在实际工作中面临的具体困难和困惑

依据焦点小组讨论的数据分析结果，问卷调查从学校管理、课程管理、教师管理和学生管理四个方面有针对性地设计了题目，结果如下。

1. 学校管理

如图 2-1 所示，首先，高达 86.96% 的教学管理干部认为"实施'走班'制度后的师资调配问题"是他们面临的困难之一，这与访谈数据的分析结果一致。其次，"选课走班后的学生管理问题"位居第二，有 56.52% 的教学管理干部选择该项。最后，52.17% 的教学管理干部选择了"教务管理的问题"和"学生的选课和生涯发展规划指导"；在访谈中，每位教学管理干部都提到的问题是学生的生涯规划教育。还有 5 位教学管理干部谈到了学校组织构架的变革问题。

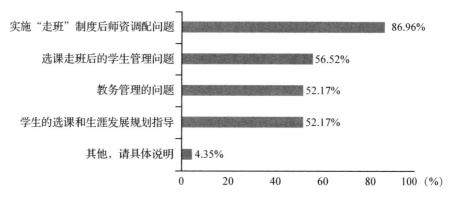

图 2-1　高中教学管理干部在学校管理方面存在的困难与困惑

2. 课程管理

图 2-2 是从课程管理的角度来看教学管理干部所面临的困难。位列前五名的选项是"对高考政策和评价方法的理解和把握""学科素养的解读与培养""课程整合""课程设置和安排""课程资源开发"，这五项都有一半以上的教学管理干部选择。在访谈中，这五项也是干部们提到最多的，而

且他们更详细地谈到了跨学科整合课程是难点。还有几位教学管理干部谈到教学方式变革的问题，但只是谈到概念层面而已。

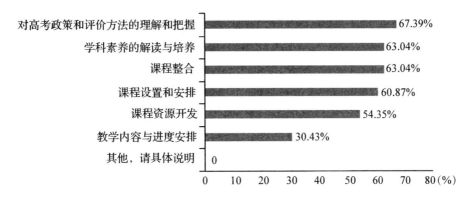

对高考政策和评价方法的理解和把握　67.39%
学科素养的解读与培养　63.04%
课程整合　63.04%
课程设置和安排　60.87%
课程资源开发　54.35%
教学内容与进度安排　30.43%
其他，请具体说明　0

图 2-2　高中教学管理干部在课程管理方面存在的困难与困惑

3. 教师管理

从教师管理的角度来看，如图 2-3 所示，教学管理干部所存在的困难与困惑的前五项分别是"整合教师资源""有效开展校本研修""解决教师心理健康和职业倦怠问题""对教师进行评价"和"指导教师的专业技能"。在访谈中，所有教学管理干部都谈到了这五项内容，其中"整合教师资源"是教学管理干部所面对的最大挑战。

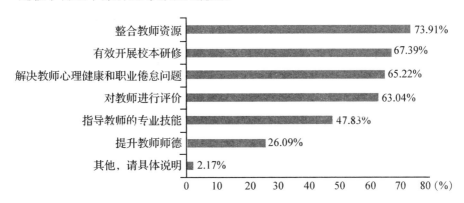

整合教师资源　73.91%
有效开展校本研修　67.39%
解决教师心理健康和职业倦怠问题　65.22%
对教师进行评价　63.04%
指导教师的专业技能　47.83%
提升教师师德　26.09%
其他，请具体说明　2.17%

图 2-3　高中教学管理干部在教师管理方面存在的困难与困惑

4. 学生管理

从学生管理的角度来看，如图 2-4 所示，教学管理干部所面对的主要挑战分别是"学生的选课与生涯发展规划""选课走班带来的学生自我管理问题""学生的综合素质评价""选课走班带来的学生自我管理问题"；30.43％的教学管理干部选择了"进行家校沟通"。在访谈中，教学管理干部最关注的是"学生的选课与生涯发展规划"和"选课走班带来的学生自我管理问题"，前者是教学管理干部工作中的难点问题，后者是已经陆续发现但还未完全明朗的问题。例如，一位教学管理干部谈道：有的班主任到高三就没有所在班的课了，但一直承担班主任工作；学生一天都在上课，所以根本见不到班主任。这样，对学生出现的问题就不能全面掌握。还有一位教学管理干部谈道：班主任、学科导师、生涯规划导师，各自的职能是有所不同。由于绝大多数学校刚刚开始选课走班，所以还有很多问题没有真正被揭示出来。

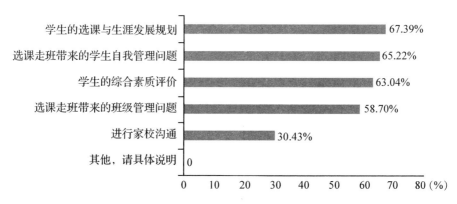

图 2-4 高中教学管理干部在学生管理方面存在的困难与困惑

综上所述，高中教学管理干部在实际工作中面临的主要困难包括实行"选课走班"后的师资调配、学生发展指导、与课程改革和招生制度改革相关的校本教研方式创新和教师专业发展、教师绩效评价、学生综合素质评价、课程整合和教学方式的变革六个方面。其中，关于产生后三项困难的原因，教学管理干部在访谈中的认识都只是停留在概念层面。导致不能深入探究的主要原因为：在实践层面，还没有真正全面贯彻和实施新课程标准、新教材和新高考方案；教学管理干部对这三项困难基本上停留在感性认识层面，难以分析其产生问题的具体原因。所以，下面只针对前三个方面产生的原因做细致分析。

（二）高中教学管理干部在实际工作中面对的三大困难产生的原因分析

1. 实行"选课走班"后的师资调配

新高考与旧高考最明显的不同是考试科目不同。旧高考文理分科，除语文、数学、外语三科必考外，理科生加考理科综合(包括物理、化学、生物)，文科生加考文科综合(包括政治、历史、地理)，学校通过文理科分班上课即可。而新高考不分文理科，除语文、数学、外语 3 科必考外，北京方案在上述理科综合和文科综合所列的 6 门科目中自主选择 3 科考试，这就派生出 20 种选项。如果允许学生自主选课，而不是"拼盘"选课，学校需要为这 20 种组合配备教师。由此产生的问题和背后的原因可以概括为以下三点。

(1)教师的编制数不够

教师的编制数是依据师生比给定的。过去，学校按照一个班级 40 人配备教师，而新高考的选择性打破了这种相对整齐划一的编班方式。正如一位教学管理干部所说：我们学校 20 种组合都有学生选。过去，比如说地理，文科大约 2 个班，如今是四五个班。这样，在一段时间内，就增加了对某一学科教师的需求量。而现在的编制数满足不了某一阶段对某一学科教师的大量需求。

(2)对教师的"潮汐式"需求没有合理的解决措施

由于新高考不分文理科，随学随考，高一年级有 10 个学科参加合格考试。合格考试结束后，某些学科的教师需求量大幅减少，导致教师工作量骤减。并且，每年学生选择的学科不一致，对于某个学科教师的需求量时多时少，导致师资调配难度增加。有些教师会出现某段时间没岗的情况，影响教师的收入和工作积极性。

(3)教师安排的复杂性增大，给教学管理干部带来压力

行政班、学科教学班，以及各类和各层次班级的教师安排的复杂性增大。另外，合格考和选考的教学班的课时不同，行政班和教学班的教师安排需要综合考虑教师能力、工作量、工作的便捷性等各种因素。即

使安排妥当，由于同一学科教师需要同时上课，如果遇到某一教师临时生病，也会导致没有教师顶替授课。这些情况都使得师资调配的难度增加，排课困难。

2. 学生发展指导

如果说实行"选课走班"后的师资调配问题是教学管理干部所面临的基础性问题，那么学生发展指导则是考验教学管理干部课程领导力的核心问题。学生发展指导是帮助学生建立高中学科、大学专业和今后职业之间的联系，结合个人兴趣、信念、理想和个人特质，帮助学生学会选择、走好人生每一步的重要教育活动。导致学生发展指导成为难点问题的原因有以下三点。

(1)没有进行学生发展指导的经验

旧高考只需要选择文理科，即二选一，课程固定，无须选择。而新高考不分文理科，学生需要从20种组合中选择最符合个人兴趣和大学专业要求的一种组合。由于这种选择具有高利害性，又没有现成的经验，而国外的经验不能与中国的招生制度相匹配，使之成为难点问题。

(2)没有专业师资

目前，学校对学生进行发展指导的教师多为心理教师。他们多从自我认知、人际交往和心理调适等方面对学生实施教育，这与目前新高考背景下学校所需要的学生发展指导的课程内容不匹配。学校需要的学生发展指导教师应该对高中各个学科有所了解，熟知大学专业和招生政策，了解职业发展路径，能为高中生提供专业指导。目前学校内的相关教师严重匮乏。大学和校外咨询公司的专业人士可以提供一些帮助，但是校外人员不能保证稳定而连续地为学校提供支持，或者咨询费太高，学校没有专项资金支持，导致杯水车薪，难以为继。也有的教学管理干部认为职业规划师不接地气，不能满足学生和学校的需求。

(3)教学管理干部自身没有学生发展指导方面的知识和技能，并且缺乏指导教师开发相关课程的知识和技能

在访谈中，有的教学管理干部谈到了开发校本化的学生发展指导课程的必要性：不同学校的学生需求不同，如中国人民大学附属中学的学

生可能更关心北京大学、清华大学等高校的专业设置和招生要求；而本学校的学生更需要去看一看北京工商大学、北京联合大学的情况。开发学生发展指导课程的过程中出现的问题，有以下五点：一是不能科学地确定课程内容；二是没有稳定的课程资源；三是需要整合的资源太多；四是耗费的精力太大；五是开发出来的课程不够系统。绝大多数教学管理干部认为自己没有指导教师开发此类课程的能力，但是都认为教学管理干部必须领导和参与此类课程的开发、实施和评估。

(4)"导师制"不能真正落地

多数教学管理干部谈到了学校目前实施的"导师制"：多数学校没有清楚地界定导师的职责，确定其与班主任、学科教师之间的职能有何不同，导致"导师制"形同虚设。

3. 与课程改革和招生制度改革相关的校本教研方式创新和教师专业发展

正如一位教学管理干部所说：招生制度改革的目的之一是倒逼和推动高中课程改革和学校教育教学方式的变革。这就意味着虽然教师有过去课程改革的经验，但本轮课程改革，特别是高考改革仍然会对教师带来从理念到实践的冲击。在访谈中，几乎所有教学管理干部都提到了对校本研修方式和教师专业发展的担忧。其背后的原因有以下四点。

(1)教师对于高考改革和课程改革的理解不到位

教学管理干部提到以下三点制约教师理解高考改革和课程改革的因素：一是对国家人才培养方式变革的理解不到位；二是对课程改革的必要性和重要性的理解不深入；三是对本学科核心素养培养方式的理解有欠缺。导致理解不到位或出现偏差的原因有两点：一是认真学习并理解了相关内容，但是仍然存在认知误区；二是虽然参加了全员培训，但是由于学习动力不足，没有入脑入心。

(2)教师对于如何把学生发展核心素养和学科核心素养的培养落实在教育教学工作中没有清晰的认知

首先，教师不能透彻地理解"学生发展核心素养"和"学科核心素养"等概念的内涵。其次，教师以现存的知识结构不能达到新高考的要求。

最后，教师对课程的跨学科整合能力不够，而具备相关技能的教师严重缺乏。虽然教学管理干部提到的这三大问题针对的是教师，但是从某种意义上说，很多教学管理干部也存在这些问题。

（3）主、客观因素导致中年以上教师的专业发展成为难点问题

之所以成为难点问题，在于一些教师不思进取、职业倦怠、家庭负担重、身体不好等。这些因素导致他们缺乏学习动机，不愿拥抱变化，进而不能应对高考改革和课程改革对教师提出的新要求和新挑战。在访谈中，绝大多数教学管理干部提到这个问题，其中一位教学管理干部对此非常担忧，因为学校30岁以下的教师所占比例不足10％。如何调动40岁以上的教师应对变革的积极性，是教学管理干部需要应对的难点之一。

（4）校本教研的针对性有待于进一步提升

在访谈中，绝大多数教学管理干部对学校的校本教研的内容和方式比较满意，列举了一些校本教研的实例。但是，谈到应对新高考改革和课程改革背景下所出现的新问题和新挑战的校本研修的内容和方式时，教学管理干部表示了自己的忧虑。一位教学管理干部这样说：目前的资源很丰富，教师可以在网上学习各种各样的知识，但是面对高考改革背景下教育教学中亟待解决的问题，还需要创新校本教研的方式。另外，由于新高考的排课要求增加，因此校本教研的时间难以保证。所以，教师的校本教研的内容需要重新界定，方式需要创新，以应对高考改革和课程改革带来的新问题。

上述三大困难和原因分析为我们深入理解高中教学管理干部的培训需求提供了实证依据，也为确定教学管理干部的培训需求奠定了良好的基础。

（三）基于上述困难确定教学管理干部的培训需求

根据访谈和问卷调查中开放题的数据分析结果，教学管理干部有如下培训需求。

第一，学习新高考方案和与高中课程改革相关的政策方面的内容，以便能够把握方向。教学管理干部建议最好请高考方案的制订者和课程标准的研制者实施培训。

第二，针对高考改革中的难点问题进行按需专题培训。主要包括生涯规划教育方面的知识、技能、课程研发方法、经验分享、资源介绍等；选课走班中所出现问题的应对策略、方法和经验介绍；系统的"导师制"的运行机制等。教学管理干部建议按照学校的层次组班培训，要充分暴露各项工作中的问题，集思广益，让教学管理干部在培训结束时能够获得带得走的、可用的"东西"，或者是做某项工作的思路，或者是一个方案等。还有的教学管理干部建议采取"任务驱动式"培训；整个培训过程以完成任务为目标，通过"做中学"掌握相关知识和技能。

第三，学习能学以致用的教育教学理论，更新知识结构和个人认知。多数教学管理干部都强调理论的重要性，但是明确提出不想学不接地气的、不能学以致用的理论。提到的培训内容包括"学科核心素养培养和学科育人的落实""教学质量监控和增值性评价""学生发展指导""教师绩效评价""教材整合"等。在培训方式上，强调结合案例、加强讨论、主动学习。

第四，学习教学管理干部岗位所需要的技能，提高实践能力。提到的内容包括"课堂观察""课程方案的规划""如何指导教师进行课程研发"等；希望能结合案例、采用现场教学的方式、在名家引领和学员参与的学习氛围中，掌握知识和技能；特别强调实际操作和同行成功实践经验的分享。

除以上细致的描述之外，问卷调查也提供了一些有用的信息。从培训方式来看，如图 2-5 所示，在 46 份有效问卷中，86.96％的教学管理干部选择"同行介绍经验、互相交流"，69.57％的教学管理干部选择"与名师和名校长研讨互动、交流对话"，说明教学管理干部比较看重经验分享和互动交流。

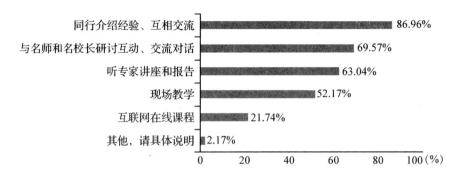

图 2-5　高中教学管理干部喜欢的培训形式

从对培训者的选择来看，如图 2-6 所示，高达 89.13％的教学管理干部选择"经验丰富的名校长"，84.78％的教学管理干部选择"教育领域的专家"，说明教学管理干部既重视培训者的专业性，又重视实践智慧的学习。

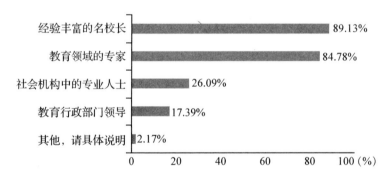

图 2-6　高中教学管理干部喜欢的培训者

对于培训时间的安排，如图 2-7 所示，63.04％的教学管理干部倾向于"分阶段，小集中"，说明他们更期望持续性学习的模式；有三分之一的教学管理干部倾向于每周半天的时间安排模式。

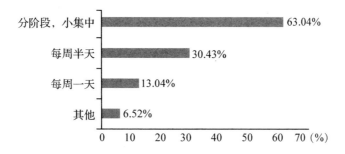

图 2-7　高中教学管理干部喜欢的培训时间

综上所述，面对高考改革，高中教学管理干部有着诸多困难和困惑。产生这些困难和困惑的原因既有社会因素，也有特定学校的因素，还有教学管理干部自身的因素。干部培训部门，要基于教学管理干部的困难和困惑，充分考虑产生这些困难和困惑的原因，以及教学管理干部的培训需求，才能更好地提高培训的针对性和实效性。

六、　区级干部培训部门的实施对策

通过研究，我们对高中教学管理干部的培训需求有了更深刻的理解。为了满足高中教学管理干部的培训需求，切实服务于干部的学习和工作，作为区级干训部门，我们提出以下对策。

（一）工学同步，　促进学以致用，　缓解工学矛盾

高中教学管理干部作为成人学习者，有其自身的学习特点。我们在整体推行高考改革过程中，在自上而下设计培训项目的时候，应该关注教学管理干部的实际需求和面临的困难，切实解决好他们的工学矛盾，创建良好的评价激励措施，确保培训适切、有效。

成人学习的特点之一是关注实践，希望能够解决在工作中遇到的实际问题。同时，教学是学校的中心工作，教学管理干部是最忙碌的一个群体。组织干部进行脱离工作实际的培训不仅会增加他们的负担，还不能保证学以致用，不能提升工作的实效性。因此，我们设置"必修课＋选修课"相结合的课程结构。必修课基于教学管理干部的共性需求，针对工

作中的重点和难点问题，保证工作与学习同步，确保解决实际问题；选修课针对教学管理干部的个体差异，允许个人根据需求、时间安排选择合适的课程。同时还采用"线上＋线下"相结合的培训方式，以提高培训的针对性与实效性。

（二）运用敏捷理念开发课程，加强培训的针对性与及时性

面对高考改革所面临的新问题和新挑战，学校干部急需能解决实际问题的培训课程。而传统培训课程的开发周期过长，课程内容更新滞后，实践类课程的数量和质量不尽如人意，所以需要在开发和实施课程上有所创新。我们考虑运用敏捷理念开发培训课程。敏捷理念是一种快速响应与调整变更，保证一定灵活性和稳定性的课程开发理念。与传统课程开发相比，敏捷课程开发具有开发成本低、时效性高、灵活性大的特点，强调课程开发人员、学员和专家协同工作，通过迭代执行开发步骤来确保课程的持续改进和完善，以快速应对在教学管理工作中出现的新情况、新问题，确保课程的针对性，增强培训的实效性。

（三）合理设置培训课程，提升高中教学管理干部的专业能力

课程设置是实现培训目标、完成培训任务的基本保证。在新高考改革的政策要求下，合理设置培训课程，将有利于帮助教学管理干部提升专业能力，以适应变革的要求。

我们将依据教育部出台的中小学幼儿园教师培训课程指导标准的要求与教学管理干部的实际需求，设置具有针对性与实效性的培训课程方案，并确定"线上培训＋线下培训"相结合的方式。"线下培训"以专题培训为主，邀请专家举办讲座或讨论会，内容围绕"与高考改革相关的政策方面的内容""高考改革中的重点难点问题""学以致用的教育教学理论""高考改革背景下教学管理干部所需的实践能力"等方面展开，主要通过"理论学习＋团队讨论＋实践演练"的方式进行。培训中增设实践演练的模块，目的是引领教学管理干部切实参与到实践过程中，从学校改革的实际情况出发，为他们提供相关专业课题研究的方向，引导他们开展具

体的研究活动。培训中还可开展主题式的校本研修活动，针对学校的具体情况开设"问题诊断案例课程"，增强校际教学管理干部的沟通与合作；同时可以组织教学管理干部参观学习与交流研讨，借鉴其他学校改革的成功经验。"线上培训"指搭建互联网培训平台，为教学管理干部提供与高考改革相关的学习资源，以便教师利用碎片化时间展开自主学习。通过专题培训与自主学习相结合，教学管理干部在培训过程中会完成专业知识的转化并积累一定的实践经验，有利于自身专业能力的不断提升。

（四）创新培训机制，立足长期效果，关注培训效果

首先，创新培训机制。许多教学管理干部在访谈中提出，优质校教育教学观摩是最期望的教学方法，希望能到经济发达地区观摩考察、学习借鉴。因此，需要创新培训机制，建立多元化的培训方式，避免传统的、单一的以专家讲座为主的教学模式，避免枯燥乏味的培训，以提升教学管理干部参训的积极性。其次，创建长期跟踪指导机制。一部分教学管理干部在访谈中提出，干部培训不是简单地在培训机构学习几天就能解决所有问题和困惑的；希望能与授课专家建立长期的联系，以随时讨论新高考改革中遇到的困惑与问题。基于这些需求，我们尝试建立一种长效机制，针对教学管理干部返岗实践后所出现的新困惑给予"售后式"的跟踪指导，这在一定程度上会有效地保证培训的质量。

（五）干部培训教师要努力提升专业能力，做干部学习的促进者和服务者

干部培训教师的专业能力直接影响着干部培训的质量。作为培训的组织者，如何确保培训需求调研的科学性、课程设置的适切性、课程实施的实效性，如何做好学情分析，如何开发能够满足干部需求的课程，如何调动干部学习的积极性等，都需要干部培训教师有一定的专业功底，并在实践中不断磨练，才能更好地服务于干部学习。

首先，干部培训教师应与教学管理干部进行充分的沟通，努力营造出良好的组织氛围，明确在当前的教育环境中改革的科学性与必要性，并征集教学管理干部对学校改革实施方案的意见和建议。通过有效的沟

通，教学管理干部可以理解并认同新高考改革背后的教育理念，打破陈旧的观念，在理念上认同即将开展的教育改革活动。

其次，干部培训教师需要深入一线学校，及时了解在高考改革实施过程中学校遇到的困难与问题，在面对实行"选课走班"后的师资调配、学生发展指导、与课程改革和招生制度改革相关的校本教研方式创新和教师专业发展、教师绩效评价、学生综合素质评价、课程整合和教学方式的变革中的困惑时，探究具体问题背后的理念与原因。

最后，干部培训教师需要加强培训，提升自身的专业素质。为保证新高考各种理念的落实，干部培训教师需要接受相应的培训。培训内容主要包括新高考制度的指导思想、改革目标、教育理念以及相关政策等，以帮助教学管理干部找到改革的突破口，进行相应的教学实施；还包括计算机多媒体知识、学科前沿知识、教法培训等。除了常规培训外，干部培训教师同样可以选择脱产或全日制进修，参加中、长期的课程进修，或参加解决实际教育教学问题的研讨会等。培训方式的多样化，可以提高干部培训教师的专业素质，更好地满足教学管理干部的培训需求。

专家评语：北京市海淀区中小学干部研修中心针对高考改革背景，及时对本区高中教学管理干部的培训需求进行了深入的调查研究，为后面开展更有针对性的培训打下了很好的基础。调查研究做得很深入、很规范、很科学，特别是查阅并研究了大量的相关文献，在研究报告中做了大篇幅的阐述，给设计问卷和访谈提纲做了理论上的准备。在研究中，首先选择了56所高中的68位教学管理干部进行焦点小组讨论；又进行了问卷调查和访谈调查，对取得的数据和资料做了深入的分析，形成了研究成果。该文发现了高中教学管理干部在高考改革背景下的六个方面的困难，据此提出了四个方面的培训需求，并提出了相应的实施对策。

点评专家：北京教育学院 李春山教授

城市副中心教师专业发展需求及培训策略
——以通州区为例

北京市通州区教师研修中心

马耀国　肖月

【阅读摘要】随着新课程改革的进一步推行，专业发展已经成为教师胜任、担当新时代教育使命所面临的主要问题之一。新课程改革在教育观、课程观、教师观、学生观等方面对教师提出了全新的要求，教师专业发展面临着更多的来自内部和外部的困难和障碍。而通州作为北京城市副中心的区域定位，使学校布局发生了变化，以满足人们日益增长的对教育的需求。同时，多所名校的进驻，促进了本土学校的变革与发展；再者，区域定位对于学校的教育教学质量提升和教师的专业发展提出更高的标准和要求。因此，在副中心教育发展的背景下，为进一步促进教师的专业发展，提高区域教育教学质量，需要对教师的专业发展现状进行整体调研分析，把握教师在培训形式、培训内容、培训资源等方面的真实需求，并在此基础上探索有效促进教师专业发展的创新型培训策略，让教师有真正实际的获得。

【阅读关键词】副中心建设；教师专业发展需求；培训策略

一、 问题的提出

（一）教育改革形势的要求

教师专业发展是一个持续不断的、复杂的动态培养过程。随着教育改革的不断深入，自身专业发展已经成为教师胜任、担当新时代教育使命所面临的主要问题之一。

近年来，一系列教育改革的政策文件为教师培训和教师专业发展指明了方向。《国家中长期教育改革和发展规划纲要（2010—2020年）》提出，"完善培养培训体系，做好培养培训规划"。2018年，《中共中央 国务院关于全面深化新时代教师队伍建设改革的意见》在"基本原则"的第五条中提出："根据各级各类教师的不同特点和发展实际，考虑区域、城乡、校际差异，采取有针对性的政策举措，定向发力，重视专业发展，培养一批教师。"2019年，《中国教育现代化2035》指出："夯实教师专业发展体系，推动教师终身学习和专业自主发展。"2019年，《中共中央 国务院关于深化教育教学改革全面提高义务教育质量的意见》指出：按照"四有好老师"的标准，建设高素质、专业化的教师队伍。因此，结合区域实际，以改革形势为方向引领，不断规范建设教师发展体系，创新培训举措，增强培训的针对性和实效性，才能充分发挥区域教师培训机构的服务与支撑作用。

（二）通州区教育发展的需要

2019年9月，北京市委、市政府印发了《首都教育现代化2035》，提出推进首都教育现代化的总体目标：到2020年全面实现"十三五"发展目标，总体实现教育现代化。到2035年实现高水平的教育现代化，满足新时代首都人民对更加公平、更高质量教育的需要。通州的区位优势独特，特别是作为北京城市副中心的加速发展，"世界眼光、国际标准、中国特色、高点定位"成为北京城市副中心教育的发展方向。为此，通州区提出了"打造教育强区"的战略，迎来了前所未有的发展机遇与挑战。

1. 区域定位给通州区学校布局和教师的专业发展带来变化与挑战

"十三五"时期是通州区建设副中心的关键时期，是打造教育强区、实现教育跨越式发展的重要时期。多所名校进驻通州区，因其办学起点高，教师整体层次高，且拥有众多优质资源，对本土学校和教师提出挑战。教师就要适应区域发展的节奏，快速提升专业水平，加快教育教学质量追赶名校的步伐。这其实对教师培训提出更高的标准和要求，即要站在副中心的高度，精心谋划教师专业发展的提升路径。

2019年，通州区出台的《关于促进通州区教师素质提升支持计划

(2017—2020 年)》指出：随着城市副中心建设的深入推进，副中心教师队伍建设的关注度持续增高，人民对公平而有质量的教育的向往更加迫切。要构建科学合理的教师全员培训体系，加强顶层设计，依据教师发展阶段、岗位和年龄特点，一人一案按需施训，打造具有副中心特色的教师分层、分类、分岗培训体系。这充分体现了高质量推动城市副中心教育发展是时代赋予的重任与使命。

2. 市级优质资源的全面助力，为区域教师培训带来挑战

2017 年 4 月，北京市正式发布《关于促进通州区教师素质提升支持计划(2017—2020 年)》。这是北京首次针对区一级教育发展所做的规划，将举全市之力，为通州区教师素质提升和城市副中心教育的发展助力。在计划实施过程中，北京市教育委员会精准支持，整合高等学校、研究机构、教师培训机构和中小学的优质资源，优化和健全通州区教师专业发展支持服务体系，聚焦学科教学改革、新中高考改革等重点目标任务。通过强化教师专业培训、加大对学科教学的指导力度等措施，通州区快速提升教师的整体素质，全面提高北京城市副中心教育的整体水平。因此，在配合市级资源单位做好该支持计划的推进过程中，有必要针对通州区教师的专业需求和发展现状，并结合区域实际规划特色教师培训项目，开辟新的培训路径。

3. 本土教师队伍的缺失，需要尽快提升教师的专业素养

由于长期作为远郊区县，通州区的教育投入不足、师资结构不合理等，通州区的教育与先进区县相比相对落后，教师队伍的现状与城区和周边区县相比存在较大差异。通过调研发现，区域教师具有年轻化的优势，虽然学历层次高，但是教非所学的比例占 80%，急需专业素养、专业能力提升的培训。同时，也存在特级教师和市级学科带头人、骨干教师比例较低等问题，不能适应城市副中心发展对人才的需求。未来，通州区将是北京市整体推进教育优质均衡的重点区域之一。因此，实现"世界眼光、一流的教育"的目标注定不是轻而易举的事情，这需要有国际标准、一流的教师队伍。教师培训部门作为区域教师专业发展的权威引领部门无疑要肩负起这一使命，也必须对副中心建设背景下教师专业发展的需求进行整体调查与分析，并在此基础上探索有效促进教师专业发展的创新型培训策略，从而助力教师的专业发展。

二、 文献综述

（一）国外研究现状

20 世纪 80 年代以来，教师专业化成为世界各国广泛关注的热点之一。在这一背景下，明确教师职业的专业性，进行以专业化为核心理念和策略的改革，成为教师教育发展的潮流与趋势。[①]

英国教育社会学家莱西（Lacey）比较重视教师专业化发展的形成过程，认为教师专业化就是要根据专业化发展目标，促进教师通过各种专业化的培训学习和持续训练，最终成为教学工作的专业成员。[②]

经济合作与发展组织也十分关注教师问题。1998 年，该组织的教育研究与革新中心发表了有关"教师在职与专业发展"的专门报告。报告指出：教师有持续的专业发展的机会，不可能希望职前的教师培训能培养出可满足日益增长的期望的教师，尤其是面对日益变化的社会、经济和教育环境。[③]

因此，世界各国针对教师专业化展开深入的研究与实践。美国的教师专业化是一个连续的、包含整个职业生涯的终身过程。英国形成了职前培养、入职辅导和职后提高的发展理念。法国教师专业化发展包含职前教育、在职培训、职后提高一体化以及教师培训终身化等。俄罗斯主要是培养具有个性和创造性的教师个体。日本学者认为教师专业化包括专业理想和专业道德、专业理论知识和专业技能、教师自主权三个方面。可见，国外关于教师专业化理念的研究是比较系统和全面的。[④]

---

① 曲铁华、冯茁：《专业化：教师教育的理念与策略》，载《教师教育研究》，2005(1)。

② 沈胜林：《教师专业化发展模式的特征及构建》，载《教育科学论坛》，2019(35)。

③ 朱益明：《教师培训的教育学研究》，博士学位论文，华东师范大学，2004。

④ 司宛灵、桑彬彬：《国内外教师专业化现状研究综述》，载《广西广播电视大学学报》，2018(6)。

通过对国外研究的分析，我们了解到教师专业化发展教育机构是教师专业化的主要实现途径。1861 年，拉萨尔(La Salle)在法国兰斯创立世界上第一所师资培训学校。此后，奥地利、德国等纷纷出现了一些短期师资培训机构。① 英国的教师培训经历了从师徒制到大学和师范院校成为教师培训场所的变化。美国的"驻校模式"，建立以区域为单位的教师培养和发展团体，设置严格的组织结构，增强了教师的认同感。加拿大西部的阿尔伯塔省逐步形成了包括省教育部、大学教育学院以及教师专业协会等主要利益相关者的责任共享制，推进教师专业化内涵的深化与发展。②

（二）国内研究现状

中小学教师继续教育制度已经成为我国中小学教师专业发展的重要保障。时代的变化和教育的发展，要求教师培训必须与时俱进。

我国的一些学者专家和一线的教育改革者对教师专业发展进行了许多理论和实践的研究。叶澜教授认为教师的专业素养应该包括专业理念、专业知识结构和专业能力结构等方面。顾泠沅教授领衔开展了以校本教研、校本培训、课例研究等为主要形式的"行动教育研究"计划等。顾明远教授认为，专业化与开放性是我国教师教育当前面临的两大问题。教师是专门职业，必须经过专门的学习和训练。③

从全国范围来看，人们在追求学校内涵式、持续性发展的过程中，都不约而同地把目光投向了教师，都在想方设法地为教师的专业发展提供条件，并在本土化、区域化的教师培训实践中摸索出了不同的有效途径。比如，北京市顺义区与首都师范大学联合探索出的"真情境、小问题、高观点，贴近学科，实践取向"的教师培训策略；甘肃省兰州市在教师培训中积极创建以"建体系、创模式、搭平台、优课程、抓研训、保投入"为一

---

① 曲铁华、冯茁：《专业化：教师教育的理念与策略》，载《教师教育研究》，2005(1)。
② 何二林、潘坤坤、马士茹：《我国教师专业化的内涵、影响因素及发展策略——基于近二十年教师专业化发展的文献分析》，载《河南科技学院学报》，2019(2)。
③ 丁文平：《新课程背景下小学教师专业发展研究报告》，载《当代教育论坛》，2010(10)。

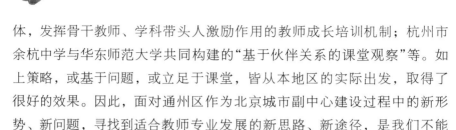

体，发挥骨干教师、学科带头人激励作用的教师成长培训机制；杭州市余杭中学与华东师范大学共同构建的"基于伙伴关系的课堂观察"等。如上策略，或基于问题，或立足于课堂，皆从本地区的实际出发，取得了很好的效果。因此，面对通州区作为北京城市副中心建设过程中的新形势、新问题，寻找到适合教师专业发展的新思路、新途径，是我们不能回避的重要课题。

三、 概念的界定

（一）教师专业化

教师专业化是指教师逐步获得教育专业所需要的知识和技能，在长期的工作中不断地充实自我、提升自我，最终成为一名合格的教育工作者的专业成长过程。

（二）教师培训

教师培训的概念，有广义和狭义之分。广义的教师培训泛指对在职教师的再教育，包括合格培训和进一步提高训练，即学历补偿教育和非学历教育。狭义的教师培训特指对已经取得合格资格的教师进行旨在更新知识结构、拓宽知识面、提升知识水平、提高专业技能的再教育，仅指非学历教育。基于目前我国教师的发展态势，在职培训的任务主要是教师内在素质的提升。因此，本文旨在研究狭义的教师培训。

（三）培训策略

策略是人们在不同的现实情境中，考虑条件的可能，针对具体的问题，为达成目标而提出的方式、方法与途径。它既具有原则性与指导性，更具有操作性与实践性。本文主要探讨教师的培训策略问题，也正是为了在实践中能够加以实施与操作。

四、 研究目的和意义

（一）研究目的

① 把握北京城市副中心建设背景下的教师专业发展现状及培训需求，形成全区教师队伍调研报告，为教育委员会的行政决策服务。

②基于调查研究所获得的事实与数据，进行理性分析，从而系统、深入地揭示经验的实质，丰富教师培训理念，为促进教师的专业发展积淀经验与成果。

③ 探索有效的教师培训策略，形成一套适合通州区发展实际的教师培训的基本做法，凸显其特色，促进教师的专业发展。

（二）研究意义

①丰富教师培训理念，加强培训内容结构化、序列化的整体建构，为促进教师的专业发展积淀经验与成果。

②探寻教师培训的新途径、新做法，为通州区不同层次、不同需求的教师提供有针对性、高效率的研修与培训，以适应北京城市副中心建设发展的新要求。

五、 研究内容

①北京城市副中心建设背景下的教师专业发展现状及培训需求的分析研究。

②北京城市副中心建设背景下的教师专业发展需求及培训策略的理论依据、实现条件研究。

③北京城市副中心建设背景下的教师专业发展需求及培训策略的实践应用研究。

六、 研究方法

（一）文献研究法

本文主要运用文献研究法来收集、整理和运用与教师专业发展需求相关的教育教学理论，在分析比较的基础上，为研究提供充实可靠的理论依据。

（二）调查研究法

本文将调查问卷与访谈的形式相结合，获得第一手资料。在此基础上，了解不同发展阶段教师的培训需求，进行相关的数据分析，制订出有针对性的培训计划。

（三）行动研究法

本文主要运用行动研究法分层开展培训，关注受训教师的表现，及时调整培训预设的方案。深入课堂了解教师在教学思想和教学行为上的改变，采用数据分析的方式，开展课堂观察。以此为依据，反思开展培训后的效果，总结优势与不足，调整培训的内容与方式，进一步寻求提高培训实效的方法与策略。

（四）经验总结法

本文主要对培训实践经验进行分析概括，全面、系统、深入地揭示经验的实质，将其上升到教育理论的高度，找到可以运用和借鉴的规律性的东西，为其他地区开展教师培训提供借鉴。

七、 研究成果

（一）培训需求调研

精准实施教师培训，实现教师内涵的提升，就需要充分了解教师专业发展现状和发展需求，探究影响教师专业发展的因素。因此，开展全员问卷调研，全方位了解区域教师的结构、特点、问题、需求。在此基础上，针对全员(参与调研的总人数为8738)问卷调研数据进行专业化、有针对性的分析。

表 2-3　教师教学中需要的知识

教师教学中需要的知识	人数	比例
任教学科专业与前沿知识	6363	72.82%
对课程改革、新课程标准、新教材的理解与把握的知识	6352	72.69%
学生学习心理方面的知识	4781	54.72%
教师专业发展方面的知识	5725	65.52%

表 2-3 表明，对于任教学科专业与前沿知识，以及对课程改革、新课程标准、新教材的理解和把握的知识是教师急需补充的知识。同时，对教师专业发展、学生学习心理方面的知识也有迫切的学习愿望与需求，这为有针对性地开展教师培训奠定了基础。

表 2-4　教师教学中欠缺的能力

教师教学中欠缺的能力	人数	比例
多媒体、信息网络的应用能力	4333	49.59%
分析处理教学内容、整合课程教材的能力	3346	38.29%
教育科研和论文撰写的能力	4791	54.83%
运用现代教育教学评价的能力	3165	36.22%
课堂教学过程的组织与监控能力	1565	17.91%
课堂教学活动的实施能力	1302	14.90%
设计教学模式、实施教学方案的能力	1880	21.52%
科学的教育方法和创新教育能力	2908	33.28%
人际交往与师生沟通的能力	918	10.51%
其他	112	1.28%

表 2-4 表明，在教师实际教学过程中，学校和教研部门普遍注重对于

教学设计、课堂教学活动实施能力等的培训。而教师往往欠缺的是教育科研和论文撰写的能力，多媒体、信息网络的应用能力，分析处理教学内容、整合课程教材的能力，运用现代教育教学评价的能力等。

表 2-5　希望参加集中培训的形式

希望参加集中培训的形式	人数	比例
专家讲座、报告型	3263	37.34％
与专家研讨互动、交流对话型	2942	33.67％
观摩名师课堂教学型	6361	72.80％
案例评析、参与式培训型	4211	48.19％
专题沙龙型	1234	14.12％
同行介绍经验、教学展示、共同研讨型	3090	35.36％
教育故事型	1262	14.44％
在专家的指导下自学—反思型	1024	11.72％
实地参观考察型	2500	28.61％
在专家的指导下进行课题研究型	1295	14.82％
其他	44	0.50％

表 2-5 表明，在培训形式方面，教师的专业发展更依赖于学科领域名师带来的课堂教学实践的专业分享以及自身参与的实践性培训获得的体验。如观摩名师课堂，在案例评析、参与式培训中提高专业技能；在专家报告及与专家互动交流中获取有用的信息等。除此之外，教师对于培训形式的需求呈现多样化的趋势，这就为教师搭建个性化的培训发展平台提供了依据。

表 2-6　影响培训满意度的主要因素

影响培训满意度的主要因素	人数	比例
培训课程与师资	6631	75.89％
培训管理与服务	1722	19.71％
食宿条件	385	4.41％

　　表 2-6 表明，在培训效果的考量方面，教师在注重组织管理的同时，更加关注课程的整体规划设计和培训师资的合理科学配备。即教师更多地注重自身是否有实际的获得，这比培训的组织管理，以及外在条件的优劣重要得多。

表 2-7　提升综合教育品质希望解决的问题

提升综合教育品质希望解决的问题	人数	比例
教师专业水平	5937	67.94%
校长办学水平	3022	34.58%
教师待遇	6984	79.93%
家长综合水平	4121	47.16%
教学硬件	3033	34.71%
课程理念	3647	41.74%
其他	167	1.91%

　　表 2-7 表明，提升综合教育品质希望解决的问题中，除了关乎个人的待遇的问题外，最突出的就是教师充分认识到实现副中心教育教学质量的提升，必须要尽快提高自身的专业水平。

表 2-8　初中思想品德教师的性别差异对比

性别	总人数	比例	思想品德教师	比例
男	2217	25.37%	24	25.26%
女	6521	74.63%	71	74.74%

表 2-9　初中思想品德教师的学校所在地差异对比

学校所在地	总人数	比例	思想品德教师	比例
城镇	3725	42.63%	42	44.21%
乡镇所在地	2816	32.23%	26	27.37%
乡村	2197	25.14%	27	28.42%

表 2-10　初中思想品德学科教师的学历差异对比

学历层次	总人数	比例	思想品德教师	比例
中专	42	0.48%	0	0
大专	859	9.83%	4	4.21%
大学本科	7065	80.85%	84	88.42%
其他	772	8.84%	7	7.37%

表 2-8、表 2-9 和表 2-10 表明，针对初中思想品德教师进行基本信息等分析，形成系统的学科教师队伍的发展报告，为学科教师队伍的发展提供有针对性、建设性的意见，为精准培训打下坚实的基础。

以上调研和分析数据为培训课程体系的构建与培训策略的创新实施提供了广阔的空间。只有清晰地了解教师参与培训的动机，把握教师的专业发展需求，才能通过培训给教师带来实际的效益。

（二）培训策略研究

1. 分层研修打造策略

分层培训是依据教师原有的知识水平及现有的教学水平存在的差异，将教师按年龄、学历、职称及实际的课堂教学水平分成不同的培训群体，采取不同的形式，进行有针对性的培训。分层培训作为促进教师专业发展的一种新理念，是在师本的基础上提出来的，它充分兼顾了教师自我职业成长和教师专业发展的双重需求，是一种促进教师快速成长的培训方法。[①]

（1）针对教师群体特点分层研修

整体构建，加强新教师素养提升。面对副中心的形势和新教师的需求，建立健全新入职教师为期一年的规范化培训制度，实施通州区新任教师三年培训体系建设。培训课程内容涵盖专业态度、专业知识、专业技能、专业行为。利用创设区校协同机制、创建集团化或片区联合培养模式、建设新教师培养基地、系统实施"新教师教学风采展示活动"等举措，促进新教师专业素养的快速提升。

---

① 姚君：《分层理念下教师专业发展培训研究》，载《教学与管理》，2016(27)。

定向服务，实施对农村教师的精准支持。通州区农村教师占主体，为了促进优质资源向农村倾斜，制订持续的农村教师支持计划，从师德修养、专业视野、专业能力等方面打造专业培训课程。采取网络研修、送教下乡、专家指导等多种形式，增强培训的针对性和实效性。如为了强化农村小学骨干教师的专业能力，依托清华大学和北京大学的专家资源，开展"国际视野下未来教育人才拓展实践高级研修"培训项目。采用学术报告、体验教学等方式高端引领，促进农村教师的专业发展。

(2)针对不同学科教师的发展需求分层研修

关注变化，助力教师专业成长。基于教育部对小学科学课程标准进行修订完善，且小学科学课程的起始年级调整为一年级的形势变化，根据通州区的师资队伍情况，整体设计培训课程，开展针对小学一年级科学教师的专项培训。在培训过程中，注重基于教师需求，创新培训方式，将理论培训与实践研修相结合，以此帮助教师深入理解课程标准，不断提升教师的科学素养和教学水平。

专业修炼，提升教师专业水平。基于对音乐教师队伍的调研，了解教师迫切得到高水平专家指导的需求，适时开展中小学教师参加的音乐教师合唱培训大师班，以促进教师的专业发展。培训采用合唱、声乐、伴奏等系统教学与实践活动穿插并进的形式，通过专家排练讲座、名师引领、问题研究、实践反思、舞台实践等系列活动，从"音乐文化、教育理念、专业技能、协调合作"等方面提升中小学音乐教师的综合素养。

(3)针对教师队伍的短板分层研修

基于课程改革，开展学科专项能力提升培训。通州区的教育发展状况不均衡，教师的教学水平和教学技能参差不齐。其中科学教学更为突出，教师的实验意识不强，实验技能不高，实验指导能力有限。为不断适应中高考改革的形势，更加关注学生科学素养及实验技能的培养，开展了"中小学教师科学素养及实验技能提升高级研修班"培训。中学物理、化学、生物和小学科学教师分三期参加轮训。设计具有前瞻性、实效性、差异性、互动性和融合性的特色课程，采取专家讲座、现场观摩、实验操作、分层研讨、反思交流等方式，优化教师的知识结构，拓展教师的科学视野，提升教师的实践能力和实验技能，为学生的全面成长提供动力源泉。

基于师情，开展教非所学教师培训。从通州区教师队伍的调研中发现，初中史、地、政、生各科教非所学教师所占比例为 50％左右。这些教师缺乏学科专业基础；个别教师敢说敢讲，不顾及科学性问题；缺乏学科思维品质，学科教学技能有待提高；专业能力相对较弱，部分教师教学不能做到游刃有余。因此，组织教师围绕新中高考改革等方面进行主题式、系统性的培训，帮助教师更好地理解新中考的政策精神，准确把握新中考的方向，从而夯实教师的学科专业基础，促进教师针对学科教学方法和策略的改进，有效提升教师适应新中考的学科教学能力。

2. 网络研修精准策略

网络研修是指有效利用"互联网＋"手段，在线开展研修活动。这种研修不仅延展了教师教与学研究的实施方式，有助于提升教师未来教与学研究的能力，而且有效破解了区域教师研修过程中遇到的"时间空间受限、资源共享不充分"等难题，向教师提供精准化、个性化、多样化的在线研修服务供给，适应未来教师的专业发展需求。

建构体系，提升研修效益。通州区积极创新建立教师网络研修培训体系，在学前、小学、初中、技术活动部门成立网络在线直播教研室，进行面向全区网络在线的研修。同时，分不同学段创设网络研学课程，在幼儿园学段引入浙江无限宝项目；小学学段引入首都师范大学靠谱(COP)项目；中学学段与北京师范大学高精尖项目合作，进行基于"互联网＋"实现分学段培训的精准供给。同时，依托智慧课堂、学习方式变革等项目，进一步开展网络研修课程的开发与运行模式的探索，提升研修效率。

依托项目，提高教学效率。在靠谱项目实施过程中，选择 4 所小学作为实验校，通过针对语文、数学、英语等学科教师 7×24 小时不间断的网络支持服务和非正式学习，为参与研究的教师提供量身定做的研修活动，为教师成长为卓越教师提供发展与培育实践性知识的网络学习空间。活动中，项目学校的青年教师以年级段为小组共同观摩网络课例并做记录，课后结合专家们给出的大数据课例分析报告进行研讨交流，从而感悟如何优化课堂教学结构，提高课堂教学效率。同时，为所有项目学校提供点对点的跨区(跨省)交流服务，促进教师的知识流动和先进经验的交流，为教师展示教学风采提供舞台。

3. 系统研修聚焦策略

在教育"深综改"的背景下，通州区的教师培训遵循"研学共振"理念，构建"系统教研"的培训体系。"研学共振"是指教育系统中各要素之间的和谐、互动关系，它希望实现的是从教育内部到外部的全面研修升级。而"系统教研"是"研学共振"理念下的教研实践路径。针对当前教研工作中依赖个人经验和单向传授的弊端，培训可以解决新手期、发展期、熟练期、成熟期、卓越期教师的专业发展问题。系统教研就是构建跨学科、跨学段、具有系统性的课程设计和组织实施模式。

系统构建，聚焦教师专业发展。从整体区域的教师专业发展来考虑，利用部门协同、横纵打通、整体发力、系统思考、穿越边界，强化学术研究，注重问题解决和方向引领，不断探索创新研修课程的特色化之路。如开展的语文学科教师研修课程的设计与实施活动，以融通为指导思路，联合中小学联片学校进行跨学段教学研究，重点关注学生的阅读素养在不同学段中应该达到的水平以及表现特点，培养学生阅读思维的系统性、连贯性，以研究视角充分聚焦变革下的系统课程设计与深化实施的路径，以此培训教师从多维视角进行课堂教学改革，提升课堂教学质量。

系统实践，促进教师专业发展。在学科培训中进行系统的研究与实践，探索教师分层分类培训的规律。基于学科教师的专业发展现状与分层分类，体现了教研内容结构化、教研过程序列化和教研方法多元化。如针对小学数学教师开展的"学、教、研、改、创"五阶递进式教研模式，就是将通州区小学数学教师的专业发展阶段划分为入职期、适应期、发展期、成熟期和卓越期，通过对教师的需求分析，整体设计结构化、系统化的区域课程研修活动，引领教师逐步实现从"教材—教学—教研—教育"的发展。打破教研员单纯利用"个人教研经验"和"师父带徒弟式"的简单低效的教研方式，深层次介入教师专业发展的过程，引领学校的校本研修、校际的合作研修、骨干教师的团队研修，构建具有实效性的研修课程设计与实施系统，促进教师的专业发展。

4."靶向"研修策略

"靶向式培训"主张依据培训对象的需求精准确定培训目标，并把培训目标不断细化成子目标，形成相互衔接又自成体系的教师培训"目标树"。精准的培训目标为教师培训提供了明确、具体的指向，对整个教师培训过程与环节具有规范以及指导作用，从根本上规避了教师培训的盲目性。[①] 通州区的教师培训在调研诊断需求的基础上，实施"靶向"精准培训，全面提升教师培训的专业化品质。

"靶向"诊断需求，实施精准供给。经过需求诊断，培训逐渐走向精准供给，服务教师的专业发展。一是新入职小学教师"靶向"。研修中心与"名校建分校"中的小学合作，将课题转化的课程纳入该校以新教师为主体的整校教师能力提升项目。在这个过程中，新教师的任职能力和学校的整体实力得到提高。二是偏远农村发展期中学教师"靶向"。研修中心积极发挥教科研部门支持学校发展项目的优势，实施以"通过培训获得自我持续发展的路径和方法"为培训目标的偏远农村中学发展期教师"自主发展"培训项目。三是职业态度"靶向"。为促进全区教师成为师德高尚、远离职业倦怠、拥有阳光心态的教师，开展统摄"十三五"全周期的"师德十个一"的项目培训。四是以基本主题为核心的"靶向"。展示交流培训，总结、提炼基层学校的教师培训经验和创新模式，提升校本培训特色校的品牌形象，发挥示范、引领和辐射作用，推进全区教师培训的均衡发展。

"靶向"精准定位，实施输出培训。通州区开辟的教育优秀人才成长路径，激活了教师的成才梦想，有力地促进了教师的专业发展。研修中心组建以骨干教师为核心的培训专家团队，与北京教育学院联合完成部分国家级培训任务，为甘肃兰州、内蒙古翁牛特旗、广东深圳、浙江杭州、江苏等地培训多批中小学干部和骨干教师；为山西、湖南、内蒙古等地的地理、生物、物理、语文、音乐骨干教师面授培训课程；为中国

---

① 周波：《教师精准培训：内涵、理念、特征与意义》，载《继续教育研究》，2018(4)。

教师研修网、北京市数字学校讲授小学、初中、高中多学科网络数字课程。在此过程中，历练、锻造了通州区的名家教师队伍，借船出海，修炼自身，不断提升区域培训品质。

虽然在研究中总结出一些基于教师专业发展需求的培训策略，但随着副中心教育对教师专业发展的标准越来越高，今后还要不断完善建立各级资源库，结合项目需求情况，满足学校和教师的发展需求，努力转型升级，调整培训决策；要继续组织基于精准服务的系列下校调研和指导活动，了解学校在发展阶段的困境和精准服务的需求，统一协调相关学科和市区研修力量，及时给予学校支持；同时，要针对不同群体的培训展开有针对性的研究，细化研究内容，探究实施策略，从而形成更加显著的研究成果。

总之，教师培训工作是教师专业成长的助推器。只有不断研究新形势下的教师专业发展需求，创新教师培训策略，探索有效的教师成长之路，才能实现培训的高质量与高效益。

专家评语：该文以北京城市副中心建设背景下教师专业发展需求及培训策略为研究主题，探索通州区的教师专业发展需求和培训。该文旨在以提高区域教育教学质量为目标，对教师的专业发展现状进行整体调研分析，把握教师对于培训形式、培训内容、培训资源等方面的真实需求，并在此基础上探索有效促进教师专业发展的创新型培训策略。该文采用文献研究法、调查研究法、行动研究法、经验总结法等研究方法，结合不同年龄段教师的培训需求，积极进行分层研修、网络研修、系统研修、"靶向"研修等培训策略的探索与实践，开展有针对性、个性化、精准化的培训，为城市副中心建设过程中的教师专业发展做好指引。该文通过对区域教师专业发展需求的调研分析，以及对培训实践经验的分析概括，全面、系统、深入地揭示经验的实质，不仅丰富了教师培训理念，为促进教师的专业发展积淀经验与成果，同时为其他地区开展教师培训提供借鉴。

点评专家：首都师范大学 乔爱玲副教授

"互联网＋"背景下中小学校长信息技术
培训需求研究——以通州区为例

北京市通州区教师研修中心

刘晓敏

【阅读摘要】"互联网＋"时代、北京城市副中心建设、"深综改"持续推进等都对通州教育提出了新的更高的要求，其中之一就是加快教育现代化。为此，我们开展了"互联网＋"背景下通州区中小学校长信息技术培训需求的调查研究。通过调查及调查结果分析，我们得出的调查结论为：第一，通州区中小学校长对信息技术能力提升的重要性认识比较到位，也愿意通过参加培训提升自身的能力；第二，"十二五"期间开展的中小学校长信息技术培训取得了一定的效果，但也存在着诸多需要改进之处，在培训内容、培训形式、培训师资、考核措施、培训途径、激励措施、课程设置等方面仍需进一步结合校长的实际需求改进提升；第三，加强信息技术培训设计，重点在培训课程设计上进行改进和提升；第四，今后中小学校长信息技术培训应着眼于通州区作为北京城市副中心的定位，以更高的标准、更专业的培训做好服务与引领。

【阅读关键词】"互联网＋"；中小学校长；信息技术培训需求

一、 问题的提出

（一）信息技术培训大背景

教育部对干部、教师在信息技术能力提高方面都有明确的要求。特别是在当前"互联网＋"时代，信息技术在教育中的应用与普及已经影响到中小学教育教学管理的各个方面。

2017 年，北京市对全市中小学教师(包括学校校长及其他干部)等系列人员开展了基于信息技术能力提升的全员性培训，笔者以区级辅导员的身份参与了此次培训。参与培训的直接体会是对中小学校长的信息技术培训还需要进一步加强。作为学校发展的领军者，校长的信息技术水平直接影响着学校干部、教师和学生的信息技术能力的提升和学校现代化管理水平。

（二）通州区教育发展背景

北京城市副中心建设对通州教育提出了新的更高的要求，其中之一就是提升教育现代化水平。如基于云技术智慧校园等平台的开发与运用，学校教育教学管理工作更加简洁化、高效化。中小学校长对教育现代化起着重要的推动与引领作用，做好"互联网＋"背景下中小学校长信息技术培训需求调研是提升校长信息技术水平和信息化领导力的前提。

（三）"深综改"的持续推进

随着教育"深综改"的持续推进，通州教育要实现弯道超车，除了需要来自市区的支持和引领外，增强自身建设是教育发展的主要途径。"信息技术是现代化教育发展的主动力，是教育体系建设的关键。"[①]我们还需要推进教育与信息技术的深度融合，促进教育内容、教学手段和方法的现代化。因此，有效开展中小学校长信息技术培训是提升其综合管理能力以及教育教学领导力的重要途径。

（四）改进通州区干部培训工作的需要

在"十二五"期间，通州区组织开展了中小校长信息技术的一些通识性培训。虽然得到了中小学校长的认可，取得了一些成效，但对中小学校长信息技术培训的实际需求关注还不够，还存在诸多需要改进之处。为了提高中小学校长信息技术培训的针对性和实效性，需要加强此项研究。

----

① 张莉：《信息技术与教育教学深度融合实现教与学的方式变革》，载《黑龙江科学》，2016(5)。

二、 文献综述及核心概念的界定

（一）文献综述

通过在中国知网进行文献检索，我们发现关于中小学校长信息技术培训需求的研究不多；再以"中小学校长信息技术培训"为关键词进行检索，共检索到2005—2017年相关硕士及博士论文、期刊50余篇，重点遴选30余篇做了文献梳理。这些研究主要分为三个方面，即校长信息技术素养标准研究、信息技术与校长培训整合研究和对校长信息化领导力的调查研究。

尤殿龙的《中小学校长教育技术素养标准的研究》、吴景松的《中小学校长信息素养评价指标体系建构概说》、祝智庭和闫寒冰的《〈中小学教师信息技术应用能力标准(试行)〉解读》等，这些研究侧重校长、教师信息技术素养标准，探索校长及教师个人信息技术素养的评价指标体系①②③；王佑镁的《中小学校长信息素养与学校互动发展的实证研究》、梁世宝的《基于网络教育环境下对现代中小学校长培训模式的研究》等重在研究信息技术与中小学校长培训整合④⑤；马维荣的《海南省中小学校长信息化领导力调查研究》、王雅琼的《中小学校长信息化领导力调查研究——以山西省为例》、宋晨菲的《中小学校长信息化领导力现状调查与提升策略研究——以安阳地区为例》等重在研究中小学校长信息化领导力的现状或提升策略。⑥⑦⑧

---

① 尤殿龙：《中小学校长教育技术素养标准的研究》，载《科教文汇》，2006(12)。

② 吴景松：《中小学校长信息素养评价指标体系建构概说》，载《教书育人》，2007(23)。

③ 祝智庭、闫寒冰：《〈中小学教师信息技术应用能力标准(试行)〉解读》，载《电化教育研究》，2015(9)。

④ 王佑镁：《中小学校长信息素养与学校互动发展的实证研究》，载《现代教育技术》，2009(3)。

⑤ 梁世宝：《基于网络教育环境下对现代中小学校长培训模式的研究》，硕士学位论文，东北师范大学，2005。

⑥ 马维荣：《海南省中小学校长信息化领导力调查研究》，硕士学位论文，海南师范大学，2013。

⑦ 王雅琼：《中小学校长信息化领导力调查研究——以山西省为例》，硕士学位论文，西南大学，2016。

⑧ 宋晨菲：《中小学校长信息化领导力现状调查与提升策略研究——以安阳地区为例》，硕士学位论文，河南大学，2016。

总的来说，这些研究对于校长信息技术培训工作很有借鉴意义，但是针对中小学校长信息技术培训需求的研究还没有深入开展。我们认为在"互联网＋"背景下开展有效的需求调研是提高干部培训工作的针对性及做好信息技术培训的前提。特别是在通州区建设北京城市副中心的重要时期，了解校长对信息技术的培训需求，加强信息技术培训是提升通州区教育现代化水平的有效举措，更是助力通州教育跨越式发展的重要途径之一。

（二）核心概念的界定

1."互联网＋"

2013 年年底，马化腾等人在《互联网＋：国家战略行动路线图》中系统阐述了对互联网与传统产业关系的看法："互联网＋"是指互联网加传统行业的各行各业。本文中的"互联网＋"主要侧重"互联网＋"教育干部培训。

2. 培训需求

赵德成、梁永正认为，培训需求分析是指在规划与设计培训方案之前，由有关人员采取各种方法和技术，对组织情况及其成员的知识、技能和态度等方面进行系统的鉴别与分析，以确定是否需要培训，谁需要培训及需要什么内容的培训的一种活动。[1]

参考赵德成、梁永正两位学者的概念界定，结合干部培训工作的实际，本文的培训需求指培训对象对培训内容、培训形式、培训师资、考核措施、培训途径、激励措施、培训课程的真实需求及建议。

三、 研究目的与意义

（一）研究目的

本文的研究目的是了解"互联网＋"背景下通州区中小学校长信息技术培训的实际需求；结合实际需求提出对中小学校长信息技术培训的建议。

---

① 赵德成、梁永正：《教师培训需求分析》，9 页，北京，北京师范大学出版社，2012。

（二）研究意义

本文的研究意义是了解中小学校长信息技术水平的现状及培训需求，为"互联网＋"背景下中小学校长信息技术培训工作提供第一手材料，提升干部培训工作的针对性和实效性，推动"互联网＋"背景下的信息技术为中小学校长管理工作提供更好的帮助与支持。

四、 调查方式及调查对象

（一）调查方式

1. 问卷调查方式

我们采用自编问卷的方式进行调查，并且为了问卷的收发快捷及调查的便捷，依托问卷星调查平台采用网络形式发放与回收。

2. 访谈方式

在问卷调查的基础上，设计访谈提纲，以弥补问卷调查的不足。

（二）调查对象

我们对通州区中小学的 64 位校长进行全员调查，有效问卷为 56 份。

五、 调查结果分析

（一）问卷调查结果分析

1. 通州区中小校长的基本信息

通州区中小学校长队伍的男女比例约为 7：3。30～35 岁的占 3.57％，36～40 岁的为 0，41～45 岁的占 16.07％，46～50 岁的约占 33.93％，51～55 岁的约占 42.86％，56 岁以上的占 3.57％。所学专业为文科、理科和其他学科的比例为 1：1：1。参与调查的校长中，正高级职称占 3.58％，高级职称占 85.71％，中级职称约占 10.71％；小学有 31 位，初中有 14 位，九年一贯制有 5 位，完全中学有 6 位；区直学校占

44.7％，乡镇学校占 55.3％。

2. 参加信息技术培训的态度和原因

对于参加信息技术培训的态度，46.43％的校长非常愿意参加培训，46.43％的校长愿意参加培训，7.14％的校长持无所谓态度，如表 2-11 所示。对于参加信息技术培训的原因，集中在教育教学管理需要和自我提高需要两方面，还有一小部分服从安排，如表 2-12 所示。整体来看，校长们对信息技术培训工作比较重视，也意识到了这是做好学校管理工作的有力支持。

表 2-11　参加信息技术培训的态度

项目	选项	小计	比例
参加信息技术培训的态度	非常愿意	26	46.43％
	愿意	26	46.43％
	无所谓	4	7.14％
	不愿意	0	0

表 2-12　参加信息技术培训的原因

项目	选项	小计	比例
参加信息技术培训的原因（多选题）	政策规定，服从上级安排	10	17.86％
	校长任职资格认定	7	12.50％
	评优晋升需要	7	12.50％
	教育教学管理需要	48	85.71％
	自我提高需要	36	64.29％
	其他（请注明）	0	0

3. 参加信息技术培训的情况

当前中小学校长参加信息技术培训的情况是，参加过一次培训的校长占 39.29％，两次的占 26.79％，三次的占 1.79％，三次以上的占 19.64％，没有参加的占 12.50％，如表 2-13 所示。对培训目的和进程的了解情况是，62.50％的校长在培训前了解培训的内容，37.50％的校长不确定或不太了解培训的内容，属于听从安排、被动参加培训，如表 2-14 所示。

表 2-13　参加信息技术培训的情况

项目	选项	小计	比例
参加信息技术培训的情况	无	7	12.50%
	1 次	22	39.29%
	2 次	15	26.79%
	3 次	1	1.79%
	3 次以上	11	19.64%

注：数据比例之和不是 100%，是由于按四舍五入法处理的。

表 2-14　对培训目的和进程的了解情况

项目	选项	小计	比例
对培训目的和进程的了解情况	非常了解	0	0
	了解	35	62.50%
	不确定	15	26.79%
	不太了解	6	10.71%
	不了解	0	0

4. 对已参加过的信息技术培训的评价

培训内容符合工作需要的情况为：14.29% 的校长非常满意，66.07% 的校长满意，19.64% 的校长不确定，如表 2-15 所示。对培训效果的反馈情况为：3.57% 的校长非常满意，62.50% 的校长比较满意，32.14% 的校长认为一般；还有 1.79% 的校长不满意，认为无论是在培训与工作需要相符上还是培训效果上都需要改进和提升，如表 2-16 所示。对培训的认可程度为：17.86% 的校长非常认可，57.14% 的校长较认可，23.21% 的校长认为一般，1.79% 的校长较不认可，如表 2-17 所示。

表 2-15　培训内容符合工作需要的情况

项目	选项	小计	比例
培训内容符合工作需要的情况	非常同意	8	14.29%
	同意	37	66.07%
	不确定	11	19.64%
	不同意	0	0

表 2-16　对培训效果的反馈情况

项目	选项	小计	比例
对培训效果的反馈情况	非常满意	2	3.57%
	比较满意	35	62.50%
	一般	18	32.14%
	不满意	1	1.79%

表 2-17　对培训的认可程度

项目	选项	小计	比例
对培训的认可程度	非常认可	10	17.86%
	较认可	32	57.14%
	一般	13	23.21%
	较不认可	1	1.79%
	非常不认可	0	0

5. 对信息技术培训的期待

对培训时间的期待依次是假期(23.21%)，学期初期(10.71%)，学期中期(33.93%)，期末、期中考试期间(5.36%)，无所谓(26.79%)，如表 2-18 所示；对培训频率的期待依次是一周或几天(67.86%)、半个月(16.07%)、一个月(5.36%)、长期进行(10.71%)，如表 2-19 所示；对培训形式的期待依次是面对面集中培训(48.21%)、面授远程培训(25.00%)、校本培训(33.93%)、面授＋远程的混合培训模式(35.71%)、远程教育＋校本培训(28.57%)，如表 2-20 所示；对教学模式的建议依次是系统课堂讲授(32.14%)，专家讲座(19.64%)，案例教学(60.71%)，互动"研讨式"模式(28.57%)，案例教学、实际操作、实地考察(46.43%)，发资料自学(5.36%)，导师指导自学(12.50%)，利用网络自学(17.86%)，"任务驱动式"模式(8.93%)，如表 2-21 所示；对课程结构的建议依次是必修模块＋选修模块(71.43%)、全部为选修(23.21%)、全部为必修(8.93%)，如表 2-22 所示；对课程内容的建议依次是信息技术政策及理论培训(16.07％)、支持学校管理软件及平台培训(69.64％)、支持教师教学软件及平台培训(73.21％)、支持学生管理软件及平台培训(46.43％)、网络研修及网络课堂培训(30.36％)、智慧校园平台的使用培训(53.57％)、教学评价软件的使用培训(48.21％)、网络安全方面的培训(23.21％)，如表 2-23 所示。

表 2-18　对培训时间的期待

项目	选项	小计	比例
对培训时间的期待	假期	13	23.21％
	学期初期	6	10.71％
	学期中期	19	33.93％
	期末、期中考试期间	3	5.36％
	无所谓	15	26.79％

表 2-19　对培训频率的期待

项目	选项	小计	比例
对培训频率的期待	一周或几天	38	67.86％
	半个月	9	16.07％
	一个月	3	5.36％
	两个月	0	0
	长期进行	6	10.71％

表 2-20　对培训形式的期待

项目	选项	小计	比例
对培训形式的期待（多选题）	面对面集中培训	27	48.21％
	面授远程培训	14	25.00％
	校本培训	19	33.93％
	面授＋远程的混合培训模式	20	35.71％
	远程教育＋校本培训	16	28.57％
	其他（请注明）	0	0

表 2-21　对教学模式的建议

项目	选项	小计	比例
对教学模式的建议（多选题）	系统课堂讲授	18	32.14％
	专家讲座	11	19.64％
	案例教学	34	60.71％
	互动"研讨式"模式	16	28.57％
	案例教学、实际操作、实地考察	26	46.43％
	发资料自学	3	5.36％
	导师指导自学	7	12.50％
	利用网络自学	10	17.86％
	"任务驱动式"模式	5	8.93％

表 2-22　对课程结构的建议

项目	选项	小计	比例
对课程结构的建议（多选题）	必修模块＋选修模块	40	71.43％
	全部为选修	13	23.21％
	全部为必修	5	8.93％
	其他（请注明）	0	0

表 2-23　对课程内容的建议

项目	选项	小计	比例
对课程内容的建议（多选题）	信息技术政策及理论培训	9	16.07％
	支持学校管理软件及平台培训	39	69.64％
	支持教师教学软件及平台培训	41	73.21％
	支持学生管理软件及平台培训	26	46.43％
	网络研修及网络课堂培训	17	30.36％
	智慧校园平台的使用培训	30	53.57％
	教学评价软件的使用培训	27	48.21％
	网络安全方面的培训	13	23.21％
	其他（请注明）	0	0

对培训激励的期待依次是搭建展示平台(23.21%)、职称晋升(21.43%)、高级培训(23.21%)、荣誉称号(21.43%)、行政职务晋级(5.36%)、信息技术能力认证激励(64.29%)、发表教育科研论文(14.29%)，如表2-24所示；对评价方式的建议依次是传统式(笔试、笔试＋操作)(10.71%)，表现式(平时表现＋论文＋作品)(7.14%)，等级激励式(发证书)(25.00%)，实效式(利用所学提升工作能力)(57.14%)，如表2-25所示；对培训教师的期待依次是有丰富一线经验的信息技术专家(80.36%)，理论水平先进的信息技术专家(14.29%)，有实践经验的一线校长或干部(51.79%)，软、硬件能力较强的技术人员(25.00%)，如表2-26所示。

表2-24 对培训激励的期待

项目	选项	小计	比例
对培训激励的期待(多选题)	搭建展示平台	13	23.21%
	职称晋升	12	21.43%
	高级培训	13	23.21%
	荣誉称号	12	21.43%
	行政职务晋级	3	5.36%
	信息技术能力认证激励	36	64.29%
	发表教育科研论文	8	14.29%
	其他	0	0

表2-25 对评价方式的建议

项目	选项	小计	比例
对评价方式的建议	传统式(笔试、笔试＋操作)	6	10.71%
	表现式(平时表现＋论文＋作品)	4	7.14%
	等级激励式(发证书)	14	25.00%
	实效式(利用所学提升工作能力)	32	57.14%
	其他(请注明)	0	0

注：数据比例之和不是100%，是由于按四舍五入法处理的。

表 2-26 对培训教师的期待

项目	选项	小计	比例
对培训教师的期待（多选题）	有丰富一线经验的信息技术专家	45	80.36%
	理论水平先进的信息技术专家	8	14.29%
	有实践经验的一线校长或干部	29	51.79%
	软、硬件能力较强的技术人员	14	25.00%
	其他（请注明）	0	0

6. 信息技术培训存在的问题和建议、改进途径

(1)当前信息技术培训存在的问题

问卷的第 34 题对信息技术培训存在的问题进行了开放性调查，问题主要集中在以下几方面。

①课程结构不够合理，各课程或各部分之间的衔接不够。

②培训内容与工作联系不够紧密，针对性不强，缺乏实用性。

③培训时间设置不合理，产生工学矛盾。

④开展的培训太少，不能满足需要。

⑤培训中理论指导多，实际操作和应用少。

⑥培训中和培训后的实践跟进少，培训成果应用、转化少。

(2)校长对信息技术培训的建议

①安排适当的集中培训，尽量安排有针对性的自学。

②培训内容既有通识培训，更有分专业的培训。

③开展分层培训、个性化培训，不搞一刀切。

④培训紧密联系校长的工作实际，关注实际获得，突出实用性。

⑤合理安排培训内容、时间，做好顶层设计。

⑥适度开展学校管理软件培训。

⑦增强实际操作指导，提高应用能力。

⑧开展下校的针对性指导。

(3)校长认为改进信息技术培训的途径

①集中培训与网络培训相结合，以自学为主。

②开展网络培训，线上线下相结合。

③开展案例教学，强化实际操作。

④每学期开展基于问题解决的集中培训。

⑤开展"学习—上机—跟踪实践"形式的培训。

⑥建议编写印发学校信息化培训手册。

⑦理论讲解与实践操作相结合。

⑧专家与学员多互动，培训后进行下校指导。

⑨加强宣传，让校长认识到教育信息技术的重要性。

⑩加强基于专业需要的培训。

（二）访谈结果分析

在问卷调查的基础上，为了进一步了解通州区中小学校长对信息技术的实际需求，我们又对部分校长做了访谈。访谈以面谈、电话采访和微信联系等沟通形式进行。以下是对通州区一所小学、一所中学(包括初中部与高中部)和一所初中进行的访谈结果及分析。三位校长都是在本校任职三年之内的校长，且对信息技术支持学校办学与管理工作做了一定的尝试。其中，女校长一位，男校长两位。

1. 校长认为对工作更有帮助的信息技术培训

这种信息技术培训是与学校管理以及教育教学密切相关的软件培训，如数据调查统计软件、文献搜索、微课制作、图片处理、智能手机与电脑连接共享、视频录制软件、Pad 教学培训、传图识字、UMU 互动平台、教师备课辅助软件、理化生实验模拟软件。

2. 期待开展以下形式的信息技术培训

①信息技术与学科教学融合专题讲座和实际操作。

②开展案例教学，提高对信息技术教育的认知与理解。

③利用网络平台和现场操作指导培训，提高应用能力。

④开放自主选课平台，课程分模块设计，提供多种选择。

⑤依据人多数人的需求开展集中培训，依据个别需求开展个性化培训。

3. 对信息技术助力学校发展的设想

①加强翻转课堂教学、Pad 教学等实践与探索。

②开展教师信息技术培训行动研究。

③数字校园助推学校科学管理。

④完善网络课堂建设，实现线上、线下教学相结合。

⑤提高智慧教室的使用效益，尝试应用 Pad 进行教学。

⑥逐步建立微课资源库，为学生提供学习的资源。

⑦学校教育教学管理全部实现网上办公，对每天、每周、每月、每学期、每学年的工作数据进行管理和数据分析，为干部教师工作减负。

六、 研究结论和建议

（一）研究结论

①通州区中小学校长对"互联网＋"时代背景下的信息技术能力提升的重要性认识到位，也愿意通过参加培训提升自身的能力。

②"十二五"期间开展的信息技术相关培训一定程度上促进了校长能力的提升，也存在着诸多需要改进和提升之处。在培训内容、培训形式、培训师资、考核措施、培训途径、激励措施、课程设置等方面仍需进一步结合校长的实际需求改进提升。

③加强信息技术培训设计，重点在培训课程设计上进行改进和提升。

④今后中小学校长信息技术培训应着眼于通州区作为北京城市副中心的定位，以更高的标准、更专业的培训做好服务与引领。

（二）研究建议

"互联网＋"时代的到来、北京城市副中心建设的快速推进、基础教育的持续变革，使得推进通州教育面临着前所未有的机遇和挑战，推进教育现代化是教育取得突破的有力抓手。在现阶段，教育特别是教育信息技术的快速发展与高素质校长、教师相对匮乏的矛盾逐步凸显出来。精准定位、高效务实的干部信息技术培训是推进教育信息技术现代化的关键。结合调研，我们提出以下建议。

1. 培训内容

要以学校管理中的实际问题为目标设置培训内容，突出干部普遍关注的教育教学热点、难点问题，切实满足培训者的需求。以干部管理实践为出发点和归宿，变"信息技术理念培训"为"信息技术支持下的学校管理实践能力培训"。

①开展与学校管理以及教育教学密切相关的软件及平台培训。开展支持教师教学的软件及平台培训、支持学校管理的软件及平台培训、支持学生管理的软件及平台培训、智慧校园平台的使用培训、教学评价软件的使用培训、Pad 教学培训等。

②开展具体应用软件类的培训，如智能手机与电脑连接共享、视频录制软件、传图识字、UMU 互动平台、教师备课辅助软件、理化生实验模拟软件。

2. 培训形式

①开展"集中面授＋远程培训""集中面授＋远程培训＋校本实践指导""线上线下相结合"等形式的培训，不断创新培训形式，让培训更加便捷、有效。在教学模式上突出案例教学和实践操作指导。

②开展分层培训。根据校长的操作能力分组教学，分层教学，不搞一刀切。

③录制网络微课，结合校长的实际开展常用应用软件的微培训。

3. 课程结构

结合校长的需求，做好系统思考和顶层设计，开发课程模块；课程结构上采取"选修＋必修"或"全部选修"，增强干部的自主选择性，增强他们的学习积极性。

4. 培训时间

培训时间包括两方面：一是集中宽松的时间安排干部集中学习，二是在其他项目培训中嵌入信息技术模块教学内容，不再单独占用干部的时间。

5. 培训师资和班级设置

①区级培训者进一步结合校长的需要，加强信息技术课程开发。

②引进高校具有较强实践能力的专家教师进行培训指导。

③开展 20 人以内的小班教学，提高培训的针对性和实效性。

④班内按实际操作能力和年龄段进行分组。

6. 培训激励

结合本区的实际，争取市内外的高校资源，尝试信息技术能力认证、搭建展示平台、授予荣誉称号、开展高级培训、发表论文等激励形式。

通过本文的研究，作为通州区的干部培训部门，我们进一步了解了中小学校长的信息技术培训需求，更加明晰了"互联网＋"时代、城市副中心建设背景下，做好中小学校长信息技术培训的着力点和关键点，为提升校长的信息领导能力提供借鉴。

专家评语：北京市通州区教师研修中心针对本区干部培训的实际情况，专门对中小学校长的信息技术培训需求做了调查研究，这种做法在北京市校长培训中还是独特的。调查方案设计得很好，问卷有较好的信、效度，也做了深入访谈，取得了大量的实际数据，对数据做了很好的分析，得到了具体的研究结论。该文特别提出了今后中小学校长信息技术培训应着眼于通州区作为北京城市副中心的定位，培训应充分考虑校长的多种实际需求，在此基础上做好培训设计和理论与实践上的引领。

点评专家：北京教育学院 李春山教授

中小学教师创新素养现状调查研究
——以石景山区为例

北京教育学院石景山分院

武瑞

【阅读摘要】基于理论探讨与实践调研，本文认为中小学教师的创新素养由教师创新态度、教师创新思维、教师创新知识、教师创新能力四个要素构成，这四个要素是有机统一的。创新态度包含教师对待新方法、新知识以及新理念的态度；创新思维包含问题思维、批判思维、发散思维等；创新知识包含创新本体知识、学科教学知识、新领域的知识；创新能力包含科研能力、信息技术能力，教学创新能力等。对全区中小学教师创新素养现状的抽样调查显示，北京市石景山区中小学教师创新素养现状的总体情况是比较好的，总的平均分达到了 3.99。从各维度来看，教师的创新态度总体得分最高，平均分达到了 4.33；教师的创新思维和创新知识得分差不多，均居中；教师的创新能力得分相对较低些。同时，不同教龄、不同荣誉级别的教师在这些维度上存在着显著性差异。因此，在未来的职后教育中要加强对中青年教师的培训力度，创新培训形式，提升培训实效。

【阅读关键词】创新素养；中小学教师

一、 研究背景及问题的提出

创新是一个民族进步的灵魂，是一个国家兴旺发达的不竭动力。党的十八大以来，习近平同志高度重视创新发展。2015 年，习近平同志在党的十八届五中全会第二次全体会议上指出："我们必须把创新作为引领发展的第一动力，把人才作为支撑发展的第一资源，把创新摆在国家发展全局的核心位置，不断推进理论创新、制度创新、科技创新、文化创新等各方面创新，让创新贯穿党和国家一切工作，让创新在全社会蔚然成风。"习近平同志在中央财经领导小组第七次会议上还指出："创新驱动实质上是人才驱动。为了加快形成一支规模宏大、富有创新精神、敢于承担风险的创新型人才队伍，要重点在用好、吸引、培养上下功夫。"创新人才的培养在教育，教育要从小抓紧。青少年是祖国的未来，培养青少年的创新素养是中小学教育刻不容缓的责任。

信息化是当今时代发展的大趋势，代表着先进生产力。信息社会与农业社会和工业社会最大的区别，就是不再以体能和机械能为主，而是以智能为主。信息社会需要什么样的大脑，就需要我们的教育培养出什么样的孩子。因此教育除了传统的知识技能传授的功能外，最主要的功能应该是培养能够适应社会的全面发展的人。2016 年 9 月，教育部颁布

《中国学生发展核心素养》，明确提出"中国学生发展核心素养"共分为文化基础、自主发展、社会参与三个方面，综合表现为人文底蕴、科学精神、学会学习、健康生活、责任担当、实践创新 6 大素养。创新作为学生的发展的核心素养之一，再一次唤起了我们对于学生创新素养培养的重视。

创造性人才的培养关键在教育，而教育的关键则在于拥有一支高素质的具有创新精神的教师队伍。然而，目前中小学教师在创新方面还存在着缺失。一项调查发现，27.40% 的教师不喜欢对新的教育问题进行探索，认为自己不具备一定的创造力；60.00% 的教师对此表示模糊；31.00% 的教师缺乏对周围的教育现象和自己的教育实践的审视和反思习惯。① 因此，在教师职后学习的过程中重视教师创新素养的培养应该成为一项重要工作。要想培养学生的创新素养，教师又该具有什么样的创新素养呢？创新素养的内涵是什么？中小学教师的创新素养又包含哪些基本的要素？目前中小学教师创新素养的现状如何？我们又该如何在职后学习中进一步培养教师的创新素养呢？这些都是摆在我们教师培训工作者面前的重要问题。

二、 核心概念及研究综述

（一）素养

关于素质与素养，有学者认为这两个词为同义词，可以互换使用。也有学者对二者的内涵做出了区分，认为这两个词语所代表的内涵不尽相同，素质更多强调的是先天的禀赋，而素养更多强调的是后天的教养。还有学者认为素质是上位概念，既包含先天禀赋，也包含后天教养，而素养一词主要指向后天教养。② 通过中国知网 2010 年以来的文献检索可以看出，在 2017 年以前的学术研究中，素质一词使用的频率较高；自

① 魏志耕：《中小学教师教育素质的提升与继续教育策略》，载《中国成人教育》，2002(3)。
② 余文森：《核心素养导向的课堂教学》，4 页，上海，上海教育出版社，2017。

2017 年开始，素养一词的使用频率呈直线上升。近几年来，在学术研究领域，两个词语的使用频率大体一致，如图 2-8 所示。由此可见，素养一词在现今的学术领域越来越受欢迎。本文认为，对于素质与素养的含义做过多的解析并无很大意义，关键在于要界定清楚本文所指的范围。本文是关于教师创新素养的研究，更多地关注教师后天的养成，因此采用素养一词。

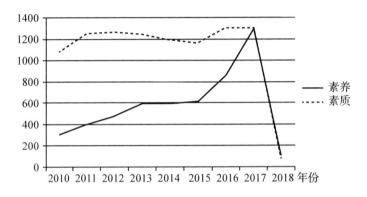

图 2-8　素质与素养概念的使用频率

（二）创新

关于创新的定义，不同的研究者从不同的角度去研究。心理学家们从思维的角度去解密；科学家们则更多地从成果产出的角度在解读；脑科学家们从大脑生理解剖的角度来探秘；还有许多其他的行业工作者，如管理者、信息工程专家等，都在从不同的专业角度解读着创新。有学者曾就各家之观点，归纳出四种体系。其一为着眼于成果者，所重视的是作品；其二为着眼于过程者，所重视的是创造的心理过程；其三为着眼于创造者其人，重视创造者的人格表现；其四为着眼于环境者，重视文化及生理背景。[①]

对于创新的理解，目前学术界并未形成统一的界定，不同学派基于不同的理论及研究基础，都提出了各自的界定与理解。比如，弗洛伊德

---

① 陈龙安：《创造性思维与教学》，13～14 页，北京，中国轻工业出版社，1999。

(Freud)认为，创新主要来源于无意识联想。格式塔理论认为，创造力的关键在于顿悟，而顿悟的关键在于对感知经验的重组。吉尔福德(Guil-ford)认为，创造的重要一步就是打破常规及发散思维，个体的人格也决定了个体是否具有创造力。斯滕伯格(Sternberg)和吕巴尔(Lubart)的创造力投资理论认为，智力、知识、思维风格、个性、动机、环境等都是影响创造力的一部分，这是一种融合的理论。罗伯特·韦斯伯格(Robert Weisberg)从认知学的视角认为创造性思维源于普通思维，创造性思维只不过是获得了非凡成果的普通思维。尽管有时创造性思想和产品会产生深远的影响，但产生创新的机制却非常普通。海耶斯(Hayes)提出的十年规则研究证明，许多领域的重大创新成果都是个体在该领域经过长期的专业积累实现的，这一研究很好地证明了罗伯特·韦斯伯格的观点。[①]

关于创新的理解目前在学术界可谓众说纷纭，莫衷一是。而我们要探究的是教师应该具备什么样的创新素养，可以说这是一个很难给出确定答案的命题。本文主要立足于中小学教师的实际层面，结合相关的理论研究成果，探讨可能的答案。

（三）教师创新素养构成的相关理论研究

目前对于中小学教师创新素养构成这一问题的研讨还没有形成定论。但是不同的学者从不同的角度进行了归纳总结。比如，许义文在《论教师创新素质》一文中，提出创新素质的十大构成要素：创新意识、创新情感、创新勇气、创新精神、创新意志、创新信念、创新知识、创新思维、创新技法、创新能力。教师在此基础上，还应该具备先进的教育思想、多元的知识结构、较强的教研能力。[②] 张中华在《论中小学创新型教师的基本素质》一文中指出，"创新型教师除了具备教师应具备的一般素质外，还应具有特定的、适应创新教育的素质，主要包括创新性的教育理念、创新性的

---

① ［美］罗伯特·韦斯伯格：《如何理解创造力：艺术、科学和发明中的创新》，金学勤、胡敏霞译，92～104页，成都，四川人民出版社，2017。

② 许义文：《论教师创新素质》，硕士学位论文，复旦大学，2002。

人格特征、多元化的知识结构和扎实的科研能力。"①方飞等人在《论中小学教师创新素养的构成》一文中指出，教师的创新素养应该包括创新精神、创新教育观、创新的课堂教学策略、信息素养、教研能力。② 以上研究是在广义的基础上对创新型教师应该具有的各项素质进行了归纳总结。

朱旭东在《"高素质、专业化和创新型"教师内涵建构》中，对高素质、专业化及创新型教师三个概念进行了区分与厘清。朱教授认为，教师的高素质应该包含教师的专业基本素质、科学文化素质、艺术文化素质，跨文化能力，学术阅读写作和表达能力，共同体组织协调领导能力，数字技术和信息技术能力，终身学习能力等。总之，这些素质也是任何一个平常个体以及专业人员都必须具备的。所谓教师专业化就是从教师专业内部来讲，包含学习专业、教授专业和学科专业以及专业精神几个方面。所谓创新型教师是指教师要具有丰富的想象力和好奇心，具有教育创新思维和创新行动，具备对教育实践的元反思能力，具备较强的问题解决能力，能形成教育教学特色风格。③ 该研究对教师应该具备的各种基本素质进行了区分与界定，对创新型教师的特点从更具有针对性的角度进行了界定。

师保国在《教师的创新素养：意义、内涵及其提升》中，提出了基于KSAs模型的教师创新素养结构，即教师的创新素养包括教师的创新知识、创新技能及创新态度三个方面。所谓创新知识，区别于教师的文化知识和本体性知识，指的是教师进行教学创新活动所具备的各种知识和观念，尤其是对创新、创造活动本身所持的认识。教师的创新技能是指教师在已有的知识、经验和实践基础上，产生新颖且有价值的教学产品或行为的能力特征。教师的创新态度是指教师在教学创新过程中表现出来的态度、情感和价值观等多种品质。④

通过以上各种理论的分析可以看出，在早期的研究中，人们对于教师创新知识能力与本体知识能力的区分并不明确，往往将教师本体所需的基

---

① 张中华：《论中小学创新型教师的基本素质》，载《山东教育学院学报》，2003(4)。
② 方飞、朱宏芳、刘建才：《论中小学教师创新素养的构成》，载《江西教育科研》，2007(12)。
③ 朱旭东：《"高素质、专业化和创新型"教师内涵建构》，载《中国教师》，2017(11)。
④ 师保国：《教师的创新素养：意义、内涵及其提升》，载《人民教育》，2018(Z2)。

本能力与创新能力并排罗列，如将多元知识、科研能力、信息素养等与创新观念、创新技能等一起强调。而近期的研究者，更加注重将教师创新所需要的核心素养与教师的基本素养做出区分，更有针对性地指向教师的创新活动，而非一概而论。比如，朱旭东对专业化、高素质、创新型的区分；师保国指向教师的教学创新活动，以及教师对创新本身的理解等。

（四）教师创新素养构成的实践调查研究

中小学教师创新素养具有其独特性。我们对中小学教师进行了开放式的问卷调查，题目为"您认为中小学教师创新素养包含哪些要素？请您将您能想到的尽量写出来"。我们随机抽取石景山区各中小学教师 50 位，平均年龄为 40；78％的教龄在 10 年以上；学科分布为语文、数学、外语、体育、劳动技术、信息技术、道德与法治、科学、生物、美术、音乐、物理、生物、心理等。共收集条目 225 条。研究人员通过对数据进行分析整理，将同质性的条目进行归纳整理，共整理归纳 7 个类目、25 个条目，如表 2-27 所示。

表 2-27　教师创新素养构成要素的条目归纳

类目	条目
知识	丰富的知识结构
	扎实的专业知识
	具有与时俱进的教育观念
能力	具有跨学科、跨学段知识整合的能力
	具有扎实的学科专业能力
	具有动手实践的能力
	具有问题意识及问题解决的能力
	具有较好的学习力及终身学习的能力
	具有沟通协作的能力
	掌握创新方法与策略
	具有适应客观环境的能力

续表

类目	条目
品格与精神	勇于探索，具有创新精神
	对新事物充满好奇心
	具有良好的心理素质
	感染力强，具有人格魅力
	有个性，多才多艺
创新思维	爱思考，具有良好的思维习惯
	具有创新思维的能力
	善于逻辑思考，具有一定的智力水平
	善于批判反思，具有质疑精神
研究能力	具有一定的教育科研能力
	自主探究，具有研究性学习能力
道德与法治	具有高尚的道德修养及基本的教师职业道德素养
	拥有法治观念，具有社会责任感
信息素养	具有信息素养及信息技术实践能力

综合上述的调查结果分析，我们从 5 个层面对教师创新素养做出如下归纳。

在知识层面，首先要具备丰富的知识结构，包含广博的科学文化知识、与时俱进的教育观念、先进的教育理念、中华优秀传统文化知识、国际先进的教育理念、信息相关知识等。其次包含扎实的专业知识、学科专业知识、学科教学知识、跨学科整合知识等。

在能力层面，首先包含基本的专业能力，如沟通协作的能力、动手实践的能力、问题解决的能力、终身学习的能力、适应客观环境的能力、信息技术能力等。这些都是作为专业从业人员应该具备的基本能力。其次包含作为教师应该具备的独特能力，如扎实的学科专业能力、跨学科知识整合能力、跨学段教学整合能力、教学研究能力等。这些是教师应该具备的独特的专业能力。

在品格与精神层面，首先要具有人格魅力，具有较强的感染力，有个性，多才多艺。其次要具有较强的心理素质，不仅能够做好自身的心理调节，还要能帮助学生进行心理调节。最后要具有创新精神，要具有好奇心，勇于探索，善于发现。

在创新思维层面，首先要拥有良好的创新思维习惯与方式。其次要掌握基本的创新方法与能力。最后要敢于批判，敢于反思，敢于实践，敢于动手。

在道德与法治层面，首先要具有高尚的道德修养与教师职业道德修养。师者德为先，这是作为一名优秀教师应该具备的最基本的素养。其次要有法治观念，要具有社会责任感。教师只有懂法、遵法、守法，才能培养出适应社会需求的创新型人才。

从创新的融合理论角度来看，智力、知识、思维风格、个性、动机、环境等都是创造力的一部分，这是一种广义上的分析。一切的专业知识、专业能力都是创新的基础，基础也是构成要素的一部分；创新思维、创新态度、创新技能是创新的核心，是构成要素的核心部分；环境对于创造重要性的影响不言而喻，是构成要素的外围部分。这每一个部分都是教师创新素养不可或缺的内容。一线中小学教师对于教师创新素养构成的认知就是一种广义的认知。

三、　研究内容及方法

（一）中小学教师创新素养构成要素指标的提出

教师工作具有特殊性，它的主要内容是培养人、塑造人，因此对教师自身素养的要求比较高。要想培养学生的创新能力，首先教师要具备一定的创新素养。而在教师所具备的职业素养中，与教师工作的创新性关系最密切的几个要素就构成了教师的创新素养。教师的主要工作就是教育教学，教师工作的创新性也主要体现在教学与教育的创新之中。那么要实现教师工作的创新性，需要教师具备一些什么样的素养呢？比如，当课上一位学生总是提出超出课纲的问题时，教师要怎么办？教师遇到从没遇到过的问题学生时该怎么办？同样的授课内容面对不同的对象，教师是怎么处理的？当一个新的教育理念出现的时候，教师是如何面对的？等等。教师工作的创新性就体现在这样的日常教育教学活动中，它不等同于重大的科技创新，也不等同于思想文化创新。它就是指教师在日常教育教学活动中能够培养学生创新能力的态度、认知及行为以及教师自身理念、知识、能力的不断创新等。无论是培养学生的创新能力，还是教师自身创新能力的体现，都包含教师对待新理念、新方法、新知识的态度，教师在教育教学活动中所展现的创新知识，教师开展教育教学创新活动的能力以及决定教师工作创新成果的创新思维等要素。简要分析如下。

1. 教师创新态度

社会心理学认为，态度是指对任何给定的客观对象所持的情感、认知和行为意向。态度具有内在性和持久性，它与人的行为是相互影响的。所谓教师创新态度，就是指教师对待教育教学活动中的新颖事件所表现出的情感、认知和行为意向。教师创新态度影响教师创新行为，教师创新态度是教师创新素养发展的前提。面对课堂上一位思维特别发散的学生，教师的情感表现如何？当面对重复性的工作任务时，教师的行为倾向如何？是更倾向于打破常规，还是习惯于按部就班？当面对新的教育理念时，教师是如何认知的？等等。态度决定高度，教师创新态度是教师整体创新素养的重要内容之一。

2. 教师创新思维

任何新事物都是由创造性思维催生的，创新思维是创新的核心。因此，创新思维是教师创新素养的核心。所谓教师创新思维就是指教师在教育教学问题解决过程中所展现的思维品质。教师的思维品质直接决定了教育教学工作的效果与质量。在教育教学工作中，发散思维、问题思维、批判思维都是非常重要的思维品质。心理学理论普遍认为发散思维是创新思维的核心。吉尔福德提出发散思维由流畅性（产生多个想法），灵活性（从不同的角度产生不同的想法），独创性（产生的想法与众不同）与精细性（完善、细化新想法）四部分组成。在日常教育教学中，教师是否习惯引导学生通过不同路径达到预期目标，是否鼓励学生从不同的角度看待同一问题，是否能抓住学生与众不同的想法并将其完善细化，都是教师发散思维品质的体现。创新总是源于问题的发现，创造性个体首先是具有问题意识、善于发现问题的。在日常教育教学中，教师是否善于发现问题、组织问题并以问题为核心开展活动，是否关注学生问题意识的养成以及发现问题能力的训练等，都是教师问题思维品质的展现。教师还要具有批判思维，不从众。敢于质疑的批判思维习惯也是创新思维的重要内容之一。面对信息繁多的课外资源，如何选取课外材料作为课堂教学的补充，是否能发现教材中的瑕疵等，都是教师批判思维品质的体现。

3. 教师创新知识

创新知识是教师创新素养的基础。教师创新知识包含教师对创新本体知识的认知，以及要完成一项创新教育教学工作所需要的专业知识及其他支持性知识。教师要具备基本的关于创新知识的认知，要通过对于创新相关知识的学习学会判断何为创新，学会培养学生的创新能力等。教师还要不断学习，不断获取完成某项创新性教育教学工作所需的专业知识与相关领域知识，不断扩充自己的知识面。比如，当进行一项跨学科教学活动时，可能就会涉及学科领域外的教师并不熟悉的知识，而这些知识的学习就是教师创新知识的获取。古人云，博而通，只有知识广博才能通达，也只有通达才能灵活应对。而灵活是实现创新的必要条件之一。创新知识是实现一切创新行为的基础。

4. 教师创新能力

创新能力是教师创新素养的关键。只有通过实践将问题转化为成果，才能最终实现创新。教师创新能力就包含实现教育教学创新实践所需的各种能力。与教师教育教学工作创新密切相关的几种能力包括科学研究能力、信息技术能力、教学创新能力等。科学研究能力是将教育教学工作从经验水平提升到理论水平的重要能力之一。科研成果可以很好地改进教育教学工作，从而实现教育教学工作的创新。信息技术不断创新并改变着现代课堂教学模式，信息技术能力的与时俱进对于实现教育教学工作创新也具有很重要的作用。教学创新能力是实现教师教育教学工作创新的重要能力之一。通过教学反思，教师可以认真查改问题，提升教育教学工作质量。教学内容及方法的不断创新，尤其是创新思维训练方法的掌握与使用，可以很好地促进教师教学工作的创新，帮助教师培养学生的创新能力。

（二）中小学教师创新素养现状的调查方法

基于以上的教师创新素养构成要素的提出与分析，我们将教师的创新素养内容分为四个部分：教师创新态度、教师创新思维、教师创新知识、教师创新能力，这四个部分又是有机统一的。教师创新态度包含教师对待新方法、新知识以及新理念的态度；教师创新思维包含问题思维、批判思维、发散思维等；教师创新知识包含创新本体知识、学科教学知识、新领域的知识；教师创新能力包含科研能力、信息技术能力、教学创新能力等。基于此，我们设计了基本的问卷框架，形成了"中小学教师创新素养现状调查问卷"。

在确定问卷基本内容框架的基础上，我们选取不同学历、学段、教龄、荣誉级别的教师进行访谈，根据访谈结果细化了调研问卷的内容，形成了"中小学教师创新素养现状调查问卷"草稿。之后，我们对该问卷进行了测试，根据测试结果删除和修改了一些问卷题目，形成了问卷的正式稿。

1. 研究对象的特征

本次调研结合教师的个人特征，采用随机抽样的方法抽取北京市石景山区 274 名中小学教师作为研究对象，如表 2-28 所示。

表 2-28　研究对象的特征

类别		人数	比例
学历	本科以下	8	2.92%
	本科	225	82.12%
	硕士研究生	41	14.96%
	博士研究生	0	0
学段	小学	153	55.84%
	初中	102	37.23%
	高中	19	6.93%

续表

类别		人数	比例
教龄	5 年及以下	39	14.23%
	6～10 年	57	20.80%
	11～15 年	40	14.60%
	16 年及以上	138	50.36%
荣誉级别	市级骨干教师或学科带头人	36	13.14%
	区级骨干教师或学科带头人	34	12.41%
	校级骨干教师	34	12.41%
	无荣誉称号	170	62.04%

2. 中小学教师创新素养现状的调查结果分析

本调查问卷采用 SPSS16.0 专业统计软件对调查结果加以统计分析。在量表的信度方面，量表的 Cronbach α 总系数为 0.923，表明量表具有较高的内部一致性。在量表的内容效度方面，主要采用专家判断法，邀请了教学及科研方面的专家共同对问卷指标进行了修订。

四、 研究分析及发现

（一）中小学教师创新素养的总体特点

表 2-29 中小学教师创新素养现状

维度	平均分	标准差
教师创新态度	4.33	0.45
教师创新思维	4.10	0.49
教师创新知识	3.92	0.48
教师创新能力	3.63	0.64
总分	3.99	0.43

通过表 2-29 可以看出，北京市石景山区中小学教师创新素养现状的总体情况是比较好的，总体平均分达到了 3.99；从各维度来看，教师创新态度的总体得分最高，平均分达到了 4.33。这说明，目前中小学教师

在创新态度上都很积极，创新意识很好。教师的创新思维和创新知识得分差不多，均居中。教师创新能力的得分相对较低。

（二）不同学历的教师创新素养的特点分析

表 2-30　不同学历在教师创新态度、创新思维、创新知识、创新能力方面的方差分析

维度	F 值	P 值
教师创新态度	3.776	0.024
教师创新思维	2.129	0.121
教师创新知识	0.138	0.871
教师创新能力	0.121	0.886

由表 2-30 可以发现，教师创新态度的 P 值小于 0.05，达到显著性水平，表示不同学历的教师在创新态度方面存在显著性差异。不同学历的教师在创新思维、创新知识、创新能力三个方面没有显著性差异。基于教师对待新方法、新知识、新理念的相关问题的分析可以看出，中小学教师在对待新知识、新方法、新理念的态度方面总体上是非常积极并且接纳的。但是不同学历的教师在态度方面存在一定差异。学历越高对于态度的判断越谨慎，持怀疑批判的态度越多。这说明学历高的教师对于创新态度的认知判断要更严格。

（三）不同荣誉的教师创新素养的特点分析

表 2-31　不同荣誉在教师创新态度、创新思维、创新知识、创新能力方面的方差分析

维度	F 值	P 值
教师创新态度	4.577	0.004
教师创新思维	5.024	0.002
教师创新知识	12.371	0.000
教师创新能力	8.936	0.000

由表 2-31 可以发现，不同荣誉的教师在创新态度、创新思维、创新知识、创新能力四个方面的 P 值均小于 0.01，表明不同荣誉的教师在创新态度、创新思维、创新知识、创新能力四个方面均存在显著性差异。

　　通过相关题目分析可以看出，在教师创新态度方面，荣誉级别与教师创新态度的相关性很高。荣誉级别越高的教师在创新态度方面越坚定。在教师创新思维方面，所有级别的教师都比较注重问题意识的培养，但是市级以上骨干教师更具有问题意识，在课堂中会更多地思考如何设置问题，并围绕问题展开教学。荣誉级别的增长同教师的批判思维及发散思维均呈正比关系。在关于教师对创新本体知识的考查中，荣誉级别越高的教师越倾向于肯定创新并非来自天赋，也就意味着他们更加相信创新素养可以通过后天的培养来提升。而荣誉级别低的教师则更倾向于表示肯定或者不确定，也就是说他们对于创新来源于天赋这一看法的认同程度更高。荣誉级别较高的教师更倾向于认同学生的创新能力可以通过训练得到提高，而荣誉级别低的教师对这一观点持怀疑态度的则较多。荣誉级别高的教师对于不断更新学科教学知识的需求相对更多。荣誉级别越高的教师自主开发校本课程的比例也越高，组织跨学科实践活动的比例也越高，对于人文素养的提升有利于教师工作的创新观点的认同度也越高。这充分说明，教师创新知识与工作经验积累的相关性很高。在教师创新能力方面，荣誉级别越高的教师独立主持区级以上课题的比例越高，荣誉级别越高的教师越倾向于将教学反思转化为研究论文。荣誉级别高的教师倾向于认同课题研究能提高教育教学工作质量这一观点。在信息素养方面，大部分教师都会在课堂上借助教育技术手段。荣誉级别高的教师利用大数据进行教学质量分析的比例较高。荣誉级别高的教师指导的研究性学习活动获得区级及以上成果奖的比例较高。在思维导图、头脑风暴这类推广度较高的思维方法运用方面，荣誉级别高的教师使用比例较高，但是在六顶思考帽、戏剧教学法等较新的思维方法的使用上并没有呈现出明显的优势。

（四）不同教龄的教师创新素养的特点分析

表 2-32　不同教龄在教师创新态度、创新思维、创新知识、创新能力方面的方差分析

维度	F 值	P 值
教师创新态度	1.693	0.169

续表

维度	F 值	P 值
教师创新思维	3.555	0.015
教师创新知识	0.832	0.477
教师创新能力	1.498	0.103

由表 2-32 可以发现，教师创新思维的 P 值为 0.015，小于 0.05，表明不同教龄的教师在创新思维方面存在显著性差异。在教师创新态度、创新知识、创新能力方面没有显著性差异。

在问题意识方面，关于"设置一个好的问题并不容易"一题，随着教龄的增加，教师选择完全认同的比例分别为 30.77%（5 年及以下）、33.33%（6～10 年）、25%（11～15 年）、42.75%（16 年及以上）。关于"在课堂中经常围绕问题展开教学"一题，随着教龄的增加，教师选择完全认同的比例分别为 23.08%（5 年及以下）、31.58%（6～10 年）、22.5%（11～15 年）、42.03%（16 年及以上）。关于"是否进行过学生问题思维能力的训练"一题，随着教龄的增加，教师选择完全同意的比例基本上增高。由此说明，问题意识与教龄增长呈正相关。在批判意识方面，关于"我能发现教材中的瑕疵"一题，教师选择不确定的比例随着教龄的增加变低；选择完全符合的比例随着教龄的增加逐渐增高。关于"我认为对各类补充学习材料进行筛选并不容易"一题，5 年及以下和 16 年及以上教龄的教师选择不确定及完全符合的比例相对较高。在发散思维方面，不同教龄的教师表现无显著差异。

最后，我们通过两个开放性的问题，就教师创新素养发展的主要障碍及如何提升教师创新素养进行了调研。关于问题"您认为阻碍教师创新能力发展的主要因素是什么"，39.09% 的教师认为主要因素是时间精力有限，事务性工作太多；11.52% 的教师认为考试与升学的压力是主要因素之一；37.04% 的教师认为教师自主创新的意愿与素质是主要因素之一；12.35% 的教师认为环境与技术的局限是影响创新的主要因素之一。还有教师认为，教师待遇低、生活压力大、无用培训多、培训效果差等也是影响教师创新的重要因素。关于问题"在提升教师自我创新素养方面，您更希望得到什么样的帮助"，27.54％的教师认为多参加专业培训是必要的，有机会应该多参加各级各类的培训学习。26.54％的教师认为实践指导学习非常重要。13.14％的教师表示没有或者不清楚。14.86％的教师认为加强理论学习，增强综合素养，强化创新相关前沿知识学习，加强科研指导和信息素养培养等非常重要。17.75％的教师认为要给教师减负，让教师有更多自由支配的时间，同时提供更广、更高的平台，提供机会与各方支持也至关重要。

五、 研究讨论及建议

基于上述分析，在职后学习中我们建议从以下几方面加强改进。

（一）加强理论学习， 提升培训实效

知识是创新的前提，只有对创新相关领域的知识有丰富的积累与扎实的掌握，才能融会贯通，实现创新。目前广大中小学教师关于创新本体知识的认知还较为模糊与欠缺。因此职后培训中，要增加创新本体知识的相关培训，通过对创新内涵、创新方法、创新教育教学策略的讲解，提升广大中小学教师对于创新本体知识的认知，从而提升其创新意识。另外，创新的前提一定是拥有丰富广博的文化知识，这样才有融会贯通的资本。因此，展开学科以外的通识知识学习也是十分必要的，如关于中华优秀先进理念的学习、关于中华优秀传统文化的学习等。只有走在前面，不断丰富自身的知识，提升自身的学识，才能积累创新的资本。

（二）创新培训形式， 增多观摩实践

培训的效果很重要的一部分取决于培训形式。教师作为成年学习者，具有学习目的性强、先验经验丰富、主观认知固定、学习功利化等特点。因此培训过程中，要不断创新培训形式，以更加符合成人学习特点的形式展开培训。课堂观摩与实践是大多数教师较为喜欢的培训方式之一，尤其是有针对性、有计划性的课堂观摩实践。因此，在培训日常中，积累并打磨各种优质的创新教育教学案例至关重要，通过对教育实践中创

新教育教学案例的学习与分享，更加直观地培养教师的创新意识，从而提升教师的课堂创新水平。

（三）基于实际研究，提升科研效果

目前，大部分的中小学教师都具有科研意识，而且也积极开展并参与各种层面的科学研究。然而其科研效果却并不明显，尤其是通过科研发展日常教育教学能力方面的效果并不明显。中小学教师开展科研工作的部分原因是出于功利化的目的，如评职称，而并非是源自教育教学实践需求。而且科研工作很多时候只是流于形式，并不能实际解决教育教学中的真实问题。因此，在实际的培训中，要加强源于问题的实践研究指导，要重点培养中小学教师的问题意识，让其学会切实地从教育教学实际出发去发现问题，基于问题开展研究，实现以研促教。同时，要进一步巩固并加强科学研究方式方法的培训与学习，让中小学教师熟练掌握教育科研的方法，采用适合的符合实际的方法展开研究，从而提升科研效果。

（四）提供技术支持，提升信息素养

信息技术的介入，在很大程度上引领着教育教学的创新。创客、机器人竞赛、微课、翻转课堂、平板教学等基于信息技术的教育革新，不断引领着教育领域的教学创新。新技术的冲击也对中小学教师提出了新的挑战。因此加强信息技术相关能力的培训也至关重要。在教育教学实践中，教师对于各种信息技术学习的需求也越来越大，如动画的制作、音视频的处理、微课的制作等内容的学习。

（五）改善环境建设，创设创新平台

环境对于创新的影响是潜移默化的，尤其是开放民主的环境建设是非常助益于教育教学工作创新的。因此学校要不断加强开放型校园环境的建设，为广大师生搭建更为开放的环境，从而潜移默化地促进教育教学创新。另外，民主开放的管理形式，也有助于教育教学的创新。在允许的范围内，给予教师更多的民主与自由，可以更好地激发教师的创新

意愿与发展教师的创新实践能力。多鼓励创新，建立科学合理的教育教学创新评价奖励机制也是重要的保障措施之一。学校的重视与环境制度的支持是激发广大中小学教师进行教育教学创新的重要保障。

关于中小学教师创新素养的建构与培养的研究是一项艰巨的任务。本文仅是局限于区域范围内，基于实践调研，进行了初步探讨，其研究效果还有待进一步的实践验证。希望通过对这一问题的持续关注与深入探究，能够在区域培训方面对中小学教师创新素养提升有所助益。同时，关于这一问题的研究还有待在今后的一线教育教学实践过程中进行深入挖掘与持续关注。创新是国家持续发展的动力，更是教育工作的根本使命。因此加强中小学教师创新素养培养也将是未来教师培养工作的重中之重。

专家评语：该文以石景山区为例，对中小学教师创新素养现状进行了调查研究。首先，建构了中小学教师创新素养框架，包含教师创新态度、教师创新思维、教师创新知识、教师创新能力四个要素。这对于理解中小学教师创新素养具有积极的意义。其次，应用该素养框架对石景山区的中小学教师创新素养现状进行了调查。研究发现，北京市石景山区中小学教师创新素养现状的总体情况较好，但不同教龄、不同荣誉级别的教师存在着显著性差异。基于这些发现，该文还对教师的职后学习提出了相关建议。总的来说，该文对于理解并提升教师创新素养具有较积极的意义。

点评专家：北京师范大学教育学部　周金燕副教授

中小学体育教师职业倦怠原因与对策
——以门头沟区为例

北京市大峪中学　张长军

北京市门头沟区教师进修学校　刘文祥

【阅读摘要】本文以门头沟区 40 所中小学在职体育教师为研究对象，采用问卷调查、数据统计和分析对比法，对门头沟区中小学体育教师进行职业倦怠和教师专业发展的问卷调查及专家访谈，运用 SPSS 对问卷进行分析，结合访谈记录归纳整理，分析研究得出结论：情绪衰竭是门头沟区体育教师职业倦怠显著性的主要方面，尤其在受教育程度、班级数量和班级学生数量因素方面具有显著性差异。本文通过访谈一线体育教师、体育教研组组长、体育教研员和校长，了解体育教师的职业发展状况①，归纳总结克服职业倦怠的策略，以期为门头沟区体育教育教学发展提供参考。

【阅读关键词】中小学；体育教师；职业倦怠；对策研究

一、 研究概述

健康的生活方式已成为人民对美好生活向往的目标，人民对于身体健康的需求已成为对美好生活的愿望。习近平同志在党的十九大报告《决胜全面建成小康社会 夺取新时代中国特色社会主义伟大胜利》中强调，广泛开展全民健身活动，加快推进体育强国建设。目标是加快全民健身活动的开展，促进全民身体素质的提高。

青少年身体素质的强弱关系着国家未来的发展，体育作为身体教育的主要途径，肩负着提高学生身体素质，发展学生生理、心理和社会适应能力的任务。中共中央、国务院颁发的《关于加强青少年体育增强青少年体质的意见》，教育部发布的《切实保证中小学生每天一小时校园体育活动的规定》和中共中央政治局委员、国务院副总理刘延东在全国学校体育工作座谈会上的讲话等均在强调增强青少年身体素质和促进学生健康成长的重要性。青少年通过学校体育来增强体质，发展体能、心理和社会适应能力；体育教师是学校体育的实施者，在完成体育教学任务的过程中起到关键的作用。

体育教师要在空旷的篮球馆、田径场运用不同的形式，组织学生进

---

① 尹志华、汪晓赞、季浏：《对中、小学体育教师专业标准制订基本问题认识的实证研究》，载《中国体育科技》，2011(6)。

行练习和比赛。体育教师通过身体教育发展学生的体能和智能，通过讲解要领、示范规范动作，使学生模仿思考并不断练习获得技能，在此过程既有身体练习又有脑力练习；同时体育教师要不断地巡回指导学生进行学习，这样才能使学生达到增强体质的目的；体育教师能否进行有效的教学，对能否实现学校体育使命起着尤为关键的作用。① 普通文化课堂是以脑力思考为主的基础知识教育，主要是引导学生进行脑力思考；普通文化课堂环境安静，体育课堂情景的复杂程度不同于普通文化课堂情景。因此，在具体的、复杂的体育课堂情景中，体育教师承担着课前设计合理的教学练习队形的脑力劳动；承担着课堂教学的组织及示范的体力劳动；要承担着学生练习过程中的安全责任；承担着培养学生的终身体育意识、良好意志品质和生活习惯的任务②；肩负着青少年学生身体健康的教育和指导工作，进行专业发展才能适应体育改革发展的要求；承担着各类教学比赛和职称评定的压力，长期的体力和脑力劳动致使部分体育教师产生职业倦怠，进而影响体育教学的发展。教师是教学顺利开展的重要因素，教学是学校体育的中心环节，也是学校体育改革的重点和难点。③

二、 研究目的和意义

本文在借鉴国内外研究成果的基础上，以门头沟区 40 所中小学在职体育教师为研究对象，探究体育教师职业倦怠产生的原因及对策。本文旨在进一步帮助门头沟区体育教师克服职业倦怠，促进体育教师专业发展，提高门头沟区中小学体育教师在教学中注重"健康第一"的指导思想意识，强调教学的实践性，突出学生学习主体地位的专业理念；使体育教师熟练掌握体育学科基础知识、基本技能和基本技术。④ 本文还旨在使

---

① 刘钊：《石家庄市区省级示范高中体育教师教学能力研究》，硕士学位论文，河北师范大学，2016。

② 陈琦：《从终身体育思想审视我国学校体育的改革与发展》，硕士学位论文，北京体育大学，2002。

③ 毛振明：《探索成功的体育教学》，304 页，北京，北京体育大学出版社，2001。

④ 张丹：《体育教师在学校教育中的作用之研究》，载《黑龙江科技信息》，2010(17)。

体育教师认真钻研业务，敢于创新，不断改进，把握体育课程的最新研究成果，不断提高自己的专业水平；发展体育教师驾驭课堂的能力、运用多种教授方法的能力、撰写教学设计的能力、课堂组织管理能力、组织语言表述的能力、探索创新信息技术运用的能力、开展教研结合的能力，从而提高门头沟区体育教师教育教学的整体水平，推动本区中小学体育教师队伍的建设。[1] 同时也能让更多的人去关注关心体育，理解认同体育教师的工作，认识到体育对学生现在和将来生活的重要性，从而促进体育的快速发展。

三、 研究对象与研究方法

（一）研究对象

为了能够调查到每一位体育教师，本文采用非概率抽样中的配额抽样法进行研究对象的确定，以门头沟区 40 所中小学在职体育教师为研究对象。

（二）研究方法

1. 文献资料法

本文通过中国知网搜索关于 2007—2017 年体育教师职业倦怠的文献资料，共搜索到 310 篇相关文献，其中学位论文 73 篇，会议论文集 10 篇，期刊文章 227 篇；研究中小学体育教师职业倦怠的共计 170 篇，其中关于农村体育教师职业倦怠的有 23 篇；研究高校和中职体育教师的共计 140 篇。通过阅读、整理文献资料，有关体育教师职业倦怠现状调查分析研究的文献有 186 篇，关于体育教师职业倦怠成因及对策的文献有 124 篇。通过对查阅的资料进行研究和学习，本文对职业倦怠和体育教师职业倦怠的相关信息和研究成果有了更深入的掌握，并认识教师职业倦怠产生的心理因素，归纳总结文献资料作为本文的根

---

① 严先元：《教师怎样进行校本研修》，35 页，长春，东北师范大学出版社，2004。

本思想和理论支撑。

2. 问卷调查法

根据马氏职业倦怠量表(Maslach Burnout Inventory)，结合门头沟区体育教师的基本情况和职业倦怠调查状况，编制调查问卷。依据研究任务对门头沟区在职的 126 位体育教师发放问卷，共计回收问卷 120 份，回收率达到 95％。统计回收有效问卷，其中 120 份问卷有效，调查问卷的有效率达到 95％。

3. 数理统计法

本文使用 SPSS 20.0 软件统计分析调查问卷数据，探究体育教师职业倦怠产生的因素。

四、 调查问卷的设计与制定

依据马氏职业倦怠量表设计本文的调查问卷，对门头沟区中小学体育教师的职业倦怠进行测量。马氏职业倦怠量表由情绪衰竭、去人格化和个人低成就感 3 个部分组成。情绪衰竭量表包括 8 个条目，主要评估教师由教学压力引起的情绪反应；去人格化量表包括 6 个条目，主要评估教师在教学中对学生的态度；个人低成就感量表包括 8 个条目，主要评估教师对自己教学的观点与认知。在情感衰竭和去人格化两个分量表上，个体的得分越高，表明倦怠水平越高；分量表中的个人低成就感是反向计分，得分越高表明倦怠程度越低。三个分量表共 22 个条目，选项以陈述句的形式呈现。调查者依据自己的情感和体会对选项进行 1～5 的 5 级打分，中间值为 2.5；2.5 分及以上表明职业倦怠较重。[①]

本文运用 SPSS 20.0 对调查问卷的信效度进行分析，依据调查数据运用信效度分析方法对除基本信息外的所有数据进行信效度分析。标准化 Cronbach α 系数为 0.714。KMO 值用于判断是否有效度，KMO 值为 0.828。所有研究项对应的共同度值均高于 0.4，说明本文的调查问卷具

---

① 　王砾：《云南省中学体育教师职业倦怠影响因素研究》，硕士学位论文，云南师范大学，2014。

有较好的信效度。①

五、 研究结果分析

（一）门头沟区体育教师的基本情况

本文采用非概率抽样中的配额抽样法对门头沟区 126 位中小学体育教师进行调查，共收回问卷 120 份。通过统计分析可以看出，男教师 89 人，女教师 31 人；已婚教师 97 人，未婚 23 人；21 年以上教龄的占 43.33%，0~5 年教龄的占 23.33%，6~10 年教龄的占 8.33%，11~15 年和 16~20 年教龄的均占 12.5%；大专及以下学历的占 2.5%，本科的占 79.17%，硕士及以上的占 18.33%；初级职称的占 28.33%，中级职称的占 50.83%，高级职称的占 20.83%；小学中心校的占 13.33%，小学的占 36.67%，初中的占 35%，高中的占 12.5%，中职的占 2.5%；深山区的占 12.5%，浅山区的占 56.67%，城区的占 30.83%。需要说明的是，数据比例之和不是 100% 的，是由于按四舍五入法处理的。

（二）门头沟区体育教师的职业倦怠分析

1. 门头沟区体育教师的职业倦怠总体分析

本文依据职业倦怠的三个维度，从情绪衰竭、去人格化和个人低成就感三个方面进行分析，对教师的性别、教龄、学历、职称、学校类型、学校区域进行数据分析。表 2-33 为门头沟区体育教师的职业倦怠分析。

表 2-33　门头沟区体育教师的职业倦怠分析

维度	情绪衰竭	去人格化	个人低成就感
平均数	2.78	1.98	2.40
标准差	0.70	0.66	0.71

---

① 杨海燕、姚中源：《农村小学教师职业倦怠原因及对策研究——基于双因素理论对 HGY 学区的案例分析》，载《中国人民大学教育学刊》，2018(2)。

从表 2-33 的数据分析可以得出结论，门头沟区体育教师的职业倦怠主要体现在情绪衰竭方面。情绪衰竭维度的得分为 2.78，明显高于去人格化和个人低成就感维度。

2. 门头沟区体育教师职业倦怠的性别和婚姻因素分析

通过对问卷数据和相关因素的分析发现，体育教师职业倦怠三个维度中，在性别维度得分方面，情感衰竭的男教师为 2.78，女教师为 2.79；去人格化的男教师为 2.02，女教师为 1.89；个人低成就感的男教师为 2.42，女教师为 2.33。在婚姻状况维度得分方面，情感衰竭的已婚教师为 2.79，未婚教师为 2.76；去人格化的已婚教师为 2.01，未婚教师为 1.89；个人低成就感的已婚教师为 2.40，未婚教师为 2.40。性别、婚姻方面的差异不大，无显著性差异。

3. 门头沟区体育教师职业倦怠的教龄和职称因素分析

通过对问卷数据和相关因素的分析发现，6～10 年和 21 年以上教龄的教师情感衰竭较为明显，分别为 2.89 和 2.94；0～5 年、11～15 年和 16～20 年教龄的教师相差不大；去人格化和个人低成就感维度的各教龄段相差不大。中级和高级职称教师的情绪衰竭较为突出，分别为 2.85 和 2.80；初级职称教师的情感衰竭为 2.64，低于中、高级职称教师；去人格化和个人低成就感维度相差不大。

4. 门头沟区体育教师职业倦怠的学校类别、地域和工作量因素分析

通过问卷数据分析得出，小学中心校处在深山区和浅山区，但是班级数、学生数较少，课时量小；小学、中学和高中多处在城区，班级数、学生数多，课时量重；只有 1 所深山区初级中学和 3 所浅山区初级中学，学生人数、课时量也少。从数据来看，深山区教师在情感衰竭、去个性化和个人低成就感三个维度的得分都高于浅山区和城区；在学校类型方面，小学体育教师在情绪衰竭、去个性化和个人低成就感三个维度的得分最高，高于小学中心校、初中和高中教师；在工作量方面，15 节课以上的体育教师在情感衰竭三个维度的得分明显高于 0～8 节课和 9～14 节课的体育教师，情感衰竭的得分分别为 2.92、2.48 和 2.68。

（三）门头沟区体育教师职业倦怠的显著性分析

依据问卷分析和访谈归纳总结得出，门头沟区体育教师职业倦怠体现在情绪衰竭方面。通过 SPSS 相关因素分析得出，门头沟区体育教师职业倦怠具有显著性差异的有两项因素：一是受教育水平，二是班级学生数量，结果见表 2-34、表 2-35。

表 2-34　受教育水平对体育教师职业倦怠的影响分析

维度	大专以下	本科	硕士及以上	F 值	Sig.
	M(s)	M(s)	M(s)		
情绪衰竭	2.25±0.25	2.83±0.69	2.64±0.74	1.584	0.209
去人格化	1.28±0.35	1.98±0.64	2.07±0.72	1.934	0.149
个人低成就感	1.42±0.19	2.44±0.70	2.36±0.67	3.178	0.045

表 2-34 的数据显示，受教育水平越高，去人格化越严重，本科高于大专及以下，$P = 0.067$，边缘性显著；硕士及以上高于本科，$P = 0.052$，边缘性显著。

表 2-35　班级学生数量对体育教师职业倦怠的影响分析

维度	20 人以下	20~30 人	30~40 人	40 人以上	F 值	Sig.
	M(s)	M(s)	M(s)	M(s)		
情绪衰竭	2.64±0.51	2.63±0.70	2.80±0.75	3.08±0.62	2.112	0.102
去人格化	1.80±0.49	2.04±0.64	2.03±0.74	1.91±0.58	0.603	0.614
个人低成就感	2.29±0.50	2.38±0.81	2.38±0.72	2.54±0.60	0.422	0.737

表 2-35 的数据显示，班级规模超过 40 人，教师的情绪衰竭明显高于 20~30 人的班级，$P = 0.019 < 0.05$；其他班级人数的差异不显著。经分析得出，学生越多，教师处理课堂的压力越大，越容易产生疲劳感。现在教师最担心安全事故的发生，时刻谨记安全第一的教学原则；教师既兼顾教授学生技术技能和发展学生的身体素质，又要时刻保证学生的人身安全和良好的课堂秩序。因此人数越多，压力越重，越易出现职业倦怠。

（四）改善体育教师的职业倦怠，有效进行专业发展的调查分析

本文从教师自主学习的时间和愿望、培训的理想方式和收获、自主发展的困难等方面分析中得出结论，教师愿意自主专业发展，希望以观摩课的形式进行学习。对于专业发展存在的困难，教师普遍认为存在教学压力大、学校不重视、评职评优不合理等问题，希望有公平竞争和激励考核制度做保障，结果见图 2-9、图 2-10、图 2-11、表 2-36、表 2-37、图 2-12。

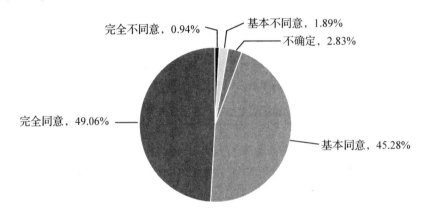

图 2-9 渴望专业发展培训的调查分析

图 2-9 显示，94.34％的教师愿意进行专业发展培训，2.83％的教师不确定，2.83％的教师不愿意进行专业发展培训。

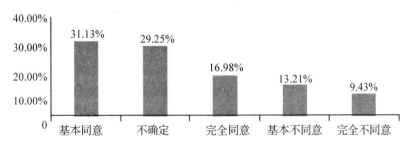

图 2-10 用于自主专业发展的时间调查分析

图 2-10 显示，48.11％的教师愿意在课余时间进行自我专业发展，29.25％的教师表示不确定，22.64％的教师不愿意在课余时间进行自我

专业发展。

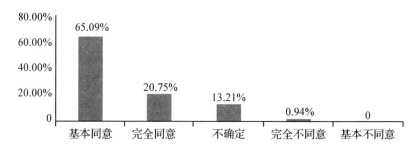

图 2-11　各类培训收获的满意度调查分析

图 2-11 显示，85.84％的教师认为各类培训对自我专业发展有很大收获，13.21％的教师认为不确定，0.94％的教师认为各类培训对自我专业发展没有收获。

表 2-36　教师自主专业发展的影响因素面临最大的制度困难调查

项目	完全同意	基本同意	不确定	基本不同意	完全不同意
体育教师的职称评定公平、合理	8.49%	28.30%	32.08%	18.87%	12.26%
校领导重视体育教师的专业成长	11.32%	30.19%	30.19%	14.15%	14.15%
就专业发展而言，学校现行制度令人非常满意	6.60%	38.68%	23.58%	17.92%	13.21%

表 2-36 显示，36.79％的教师认为评职公平、合理，31.13％的教师认为评职不太公平、合理；41.51％的教师认为校领导重视体育教师的专业成长，28.30％的教师认为校领导不重视体育教师的专业成长；45.28％的教师认为学校现行制度有利于专业成长，31.13％的教师认为学校现行制度不利于专业成长。

表 2-37　教师自主专业发展面临的困难因素调查

项目	分类			
专业发展最大的困难	工作压力大	学校氛围不好	本人基础差	本人意志力薄弱
	69.81%	50.00%	13.21%	14.15%

续表

项目	分类			
收获最大的培训方式	观摩优质课	与同事交流	教学反思	自学
	69.81％	54.72％	33.02％	24.53％

表 2-37 显示，工作压力大是造成教师专业发展困难的主要因素，占 69.81％，学校氛围不好占 50.00％，因本人因素的占 27.36％。对于促进专业提高的培训方式，教师偏向于实践的学习和交流，主要是观摩优质课和与同事交流，分别占 69.81％ 和 54.72％；教学反思和自学分别占 33.02％ 和 24.53％。

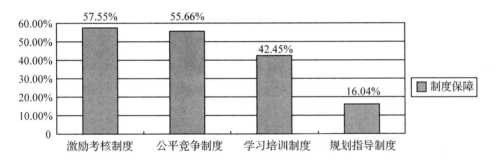

图 2-12 自主成长过程中最希望学校提供的制度保障调查

图 2-12 显示，教师希望学校能够制定较好的激励考核制度和公平竞争制度，分别占 57.55％ 和 55.66％；学习培训制度占 42.45％；规划指导制度占 16.04％。

六、 门头沟区体育教师职业倦怠的原因分析

通过对调查问卷的统计和相关因素分析，结合体育教师、体育学科主任和教研员的访谈，体育教师压力较大的原因主要体现在教学任务较重；产生个人成就感较低的因素，主要是学校对体育教师的关注度较低、对体育工作的重视不足导致工作疲劳和工作热情低落。

（一）繁重的教学和训练促使体育教师产生倦怠感

问卷调查分析发现，每周15节课以上的教师情感衰竭最为显著。在学校体育工作中，体育教师要完成基本的教学目标和任务，完成体质健康监测项目技术动作的教授，要培养学生的体育兴趣和终身运动意识，使学生掌握至少一项运动技术。

体育教师要进行课余训练，使体育特招生能够提高水平，参加高水平比赛，培养学生优良的意志品质和人格魅力。一年四季都处在风吹日晒的环境中，每天的这些基本工作给体育教师的体能上带来了巨大的挑战。

经济的发展促进了城市化水平的提高，造成在农村上学的孩子越来越少；大部分孩子都集中到城市，造成在城市上学的孩子较多。优质资源学校的学生人数较多，相应的体育教师承担的体育课程较多，教学任务重。

（二）学校对体育育人功能的不重视促使体育教师产生倦怠感

依据体育教师专业发展的问卷分析和访谈归纳，学校不重视体育教师的专业成长，不重视体育工作，体育教师在一些外出培训、学习机会方面存在各种劣势，与其他学科的培训学习机会不均等。没有良好的体育教学氛围是形成教师倦怠感的主要原因。

（三）评职评优的现行环境和方式的不公平、不合理促使体育教师产生倦怠感

体育教师取得比赛成绩时得不到学校的肯定，存在绩效奖的奖励制度不合理现象。申请器材和资料时没有其他学科批示得及时等原因，促使体育教师产生很大的失落感。学校对于体育工作的不重视、不理解、不认同，使体育教师开展教学、训练和体育活动等较难，从而产生倦怠感。

（四）不注重自我专业发展促使体育教师产生倦怠感

少数体育教师只是完成基本的教学任务，教学中无安全事故，学生能基本掌握技术就满足，对于自身专业发展不关注、不思考，也不愿意去学习，用大量的时间沉迷于自己的兴趣爱好，对于现代教育改革的发展无所适从，产生较大的紧迫感。

七、　门头沟区体育教师克服职业倦怠的对策

（一）教育委员会制定合理的制度，　加大并合理分配体育师资

教育行政部门、学校制定有效措施合理分配师资力量，对于学生人数多、班级人数多的学校给予更多的教师编制，吸收研究生成为学校体育教学和开展运动训练的新力量，减轻教师在教学与训练事务上的工作量。教育行政部门、学校整合体育师资分配，对于班级人数较少的学校，调动体育教师到学生人数较多的学习任教，从而缓解教师的工作压力。

（二）教育委员会和学校共同建立合理的评职评优制度

教育部门和学校采取合理措施提高体育教师的工资，采取包括课时费、课外训练补贴和训练竞赛获奖奖励等方式提高体育教师的经济待遇，建立公正合理的评职评优制度、体育教师考核制度与考评制度，使所有学科被等同对待。

（三）教育委员会和学校共同为体育教师创设良好的教科研氛围和专业发展环境

教育委员会教学管理部门开展市级骨干、学科带头人和特级教师示范课，让体育教师通过实践学习更多的教育教学手段和方法，使市级、区级教育部门开展学校间的交流，开展区内学校间、区外学校间的交流和学习，联系名校名师观摩常规课堂，促进体育教师在实践教学中专业能力的提升。

（四）教育委员会和学校鼓励体育教师积极主动进行自我成长规划

教育委员会和学校为体育教师创造形式多样的进修机会，鼓励体育教师自主进行专业发展，加强业务能力，优化自身的知识结构，丰富自身的教学手段，把新的教学理念和信息技术融会贯通于教学之中，从而提升教学质量。

专家评语： 体育教师是学校体育的实施者，在完成体育教学任务的过程中起到关键的作用。但是，随着当前体育教师要承担各类教学比赛和职称评定的压力，长期的体力和脑力劳动致使部分体育教师产生职业倦怠，进而影响体育教学的发展，阻碍学校体育改革的进程。

该文以门头沟区中小学体育教师为研究对象，包括深山区、浅山区和城区内的 5 所高级中学、11 所初级中学、15 所完全小学和 9 所小学中心校的体育教师。该文采用问卷调查、数据统计和分析对比法，对门头沟区中小学体育教师进行职业倦怠和教师专业发展的问卷调查及专家访谈，运用 SPSS 对问卷进行分析，结合访谈记录归纳整理，分析研究得出结论：门头沟区体育教师职业倦怠显著体现在情绪衰竭维度，特别是学历因素和班级人数因素方面具有显著性差异。该文通过访谈一线体育教师、体育教研组组长、体育教研员和校长，了解体育教师的职业发展状况，归纳总结克服职业倦怠的策略，以期为门头沟区体育教育教学发展提供参考。

点评专家：首都师范大学教育学院 乔爱玲副教授

第三章　教师培训的路径之一
——多样态课程保障

基于教师核心素养的教师培训课程的开发与实践
——以西城区为例

北京市西城区教育学院　　孟欣　冯品钰　刘静 李劲松

北京思纽教育科技研究院　　杨帆

【阅读摘要】本文在相关政策文件和文献梳理的基础上，结合区域教师培训特色和"十三五"教师培训要求，对教师核心素养的内涵进行界定；依据所界定的教师核心素养，经过实践改进，构建了具有区域特色的三阶四维混合式教师核心素养课程体系。其课程价值取向上具有指向综合素养的综合性，课程结构上具有三阶四维的系统性，课程实施方式上具有混合式培训的灵活性。本文瞄准教师核心素养的培训目标，设计培训课程方案，完成培训任务，开发并使用混合式管理平台，积累了丰富的课程资源。

【阅读关键词】教师核心素养；教师培训；课程开发；实践研究

一、 研究问题

党和国家高度重视教师队伍建设，先后推出了一系列教师教育政策提高教师队伍质量。2011 年，《全国教育人才发展中长期规划(2010—

2020 年)》指出：“到 2020 年，培养和造就一支品德高尚、业务精湛、结构合理、充满活力的高素质、专业化、创新型教育人才队伍。”2014 年，《教育部关于全面深化课程改革 落实立德树人根本任务的意见》要求“教师教育院校要创新教师培养模式，着力提升教师综合素质，增强育人能力”。2014 年，在第 30 个教师节前夕，习近平同志在北京师范大学勉励广大师生做有理想信念、有道德情操、有扎实学识、有仁爱之心的“四有”好老师。当代教师面对社会发展对人才的需求，需要全面提升核心素养，并将其转化为外在的教育教学能力。

对于党和国家的要求，北京市西城区也积极响应落实。2016 年 11 月，《中共北京市委教育工作委员会 北京市教育委员会关于“十三五”时期中小学干部教师培训工作的意见》指出，教师培训的选修课内容重在开阔教师视野，拓展教师知识面，提升教师核心素养，可涵盖通识类、学科知识类、教育学与教育心理学、学生研究与学生发展类(含核心素养和生涯规划)等。同时《西城区“十三五”时期教育事业发展规划》还指出：“人力资源还不能完全满足教育改革发展的需求，教育人才培养的途径和模式需要进一步探索，促进教育人才发挥作用的平台不够，教育领军人才数量依然不足。”

在党和国家如此重视教师队伍建设的教育深化改革大背景下，从事区域教师培训工作的我们需要研究：什么是教师专业发展的必备品格和关键能力，即教师的核心素养究竟是什么？如何构建促进教师核心素养发展的培训课程来落实国家关于教育教学的政策方针？如何在“十三五”期间，有效组织区域教师培训，开发和建设高质量的培训课程并形成体系，从而提高教师的核心素养？

二、 研究现状及概念的界定

根据本文的研究内容和研究目的，从教师核心素养的研究基础及概念界定、课程开发依据、“互联网＋”对教师培训的影响三个方面进行了文献梳理和研究述评。

（一）教师核心素养的研究基础及概念界定

本文对国内外文献进行了梳理。《核心素养的构建：回到原点的教育追问和反思——访北京师范大学林崇德教授》一文中呈现了经济合作与发展组织《素养的界定与遴选》对核心素养的划分，如图 3-1 所示。这给我们架构教师核心素养提供了一个思考的框架，即"人与工具、人与社会、人与自我"①的三维思考框架。

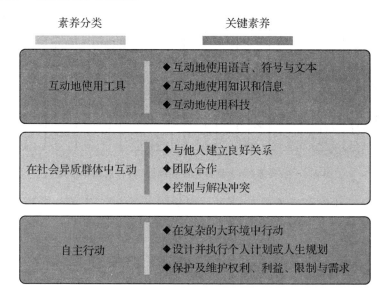

素养分类　　　　　关键素养

互动地使用工具
- ◆互动地使用语言、符号与文本
- ◆互动地使用知识和信息
- ◆互动地使用科技

在社会异质群体中互动
- ◆与他人建立良好关系
- ◆团队合作
- ◆控制与解决冲突

自主行动
- ◆在复杂的大环境中行动
- ◆设计并执行个人计划或人生规划
- ◆保护及维护权利、利益、限制与需求

图 3-1　经济合作与发展组织的核心素养框架

聚焦到教师素养，叶澜教授将教师素养分为教师基础性素养、教育专业素养和复合型专业素养三大类。②

2012 年 2 月 10 日，教育部颁布了中小学、幼儿园的教师专业标准，其基本理念是师德为先，学生(幼儿)为本，能力为重，终身学习，从专业理念与师德、专业知识与专业能力三方面构建了教师专业标准。以《小

---

① 《核心素养的构建：回到原点的教育追问和反思——访北京师范大学林崇德教授》，载《基础教育课程》，2016(9)。

② 教育部师范教育司：《教师专业化的理论与实践》，23 页，北京，人民教育出版社，2003。

学教师专业标准(试行)》为例，其基本框架如图 3-2 所示。

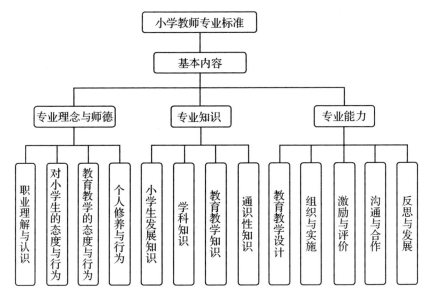

图 3-2　教育部《小学教师专业标准(试行)》的基本框架

由此，在思考框架的基础上，聚焦教师素养，依据专业标准，对教师核心素养进行解构、分类和重组，我们提出教师核心素养的三个基本层次：基础素养、发展素养和专业素养。其中，基础素养与发展素养是相对而言的，二者是教师专业发展中不可或缺的两大素养；教师是完成教育教学工作的专业人员，其专业素养是教师核心素养的重要组成部分。

具体到西城区教师培训，为科学制订"十三五"教师培训计划，提高培训的针对性、实效性，我们对西城区中小学教师进行了培训状况和需求的调研。关于教师最期待提升的核心素养调查显示，学前教师最期待提高的核心素养，位于前五位的依次是师德修养、信息技术应用能力、学科专业水平、教育教学技能、审美能力，见图 3-3。

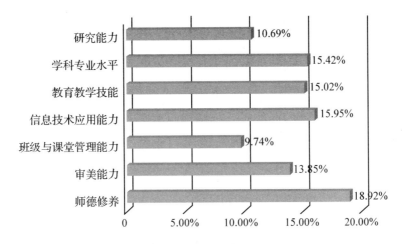

图 3-3　学前教师最期待提高的核心素养

小学教师最期待提高的核心素养，位于前五位的依次是师德修养、信息技术应用能力、审美能力、学科专业水平、教育教学技能，见图 3-4。

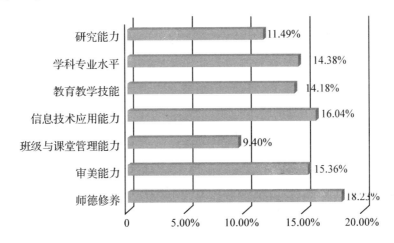

图 3-4　小学教师最期待提高的核心素养

中学教师最期待提升的核心素养，位于前五位的依次是师德修养、信息技术应用能力、学科专业水平、审美能力、教育教学技能，见图 3-5。

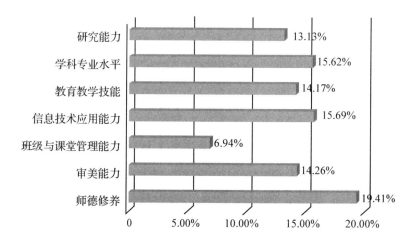

图 3-5　中学教师最期待提高的核心素养

上述数据表明，学前、小学、中学教师，对教师核心素养的内容需求是非常近似的。综合中小幼教师的调研数据，最期待提升的核心素养，排在前四位的是师德修养(24.37％)、信息技术应用能力(23.84％)、学科专业水平(16.22％)和审美能力(12.64％)。

结合调研数据，我们再次聚焦西城区教师的需求，将本文中的教师核心素养界定为教师教育教学过程中所需的关键品格和必备能力。具体包括道德素养、审美素养、信息技术素养和学科专业素养四个方面。具体的研究和思考过程如图 3-6 所示。

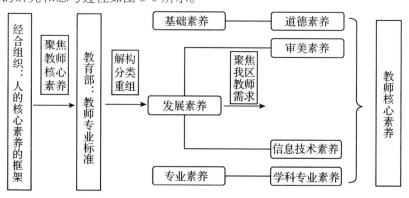

图 3-6　西城区教师核心素养概念的形成过程

文中所述的西城区教师核心素养内涵的界定，是在大量理论学习的基础上，吸收借鉴已有的思考框架，创造性地提出的三个基本层次，同时结合区域教师的自身发展需求而提出的。西城区教师核心素养内涵的界定既为教师专业发展理论提供了鲜活的例证，也是开展教师培训实践工作的基础。在此基础上，进行"十三五"教师培训课程的开发，分别针对道德素养、审美素养、信息技术素养和学科专业素养四个模块开发课程，并实施培训。教师核心素养的构建是否恰当，还要进一步接受实践的检验。

（二）课程开发依据

1. 现状分析——区域教师培训课程开发的现状

"深综改"背景下教师专业成长的重要性越发凸显，而承担着教师培训重任的区域教师培训机构也在积极探索、研究教师培训课程的开发。梁文鑫等从 TPACK(Technological Pedagogical Content Knowledge)的框架出发，对信息化时代教师应该具备的知识体系进行了具体的分析，形成了基于 TPACK 的教师培训课程体系，并在此基础上对信息化时代教师培训者以及培训课程设计提出了展望。[①] 王冬凌提出："以师为本、以生为宗、实践取向、终身学习"应成为区域教师培训课程建设的核心理念，以基于并引领需求为核心思想，以激活教师的实践知识为重要取向，以宽基础、小模块、多选择为基本架构。[②]

通过梳理我们发现，现行研究重视培训方式方法，而对培训内容不够重视。究其原因，是缺乏理论的指导，未能从发展目标出发，选择恰当的学习经验，筛选培训内容，并进行不断的优化和调整。我们的研究瞄准教师核心素养的提升，丰富教师培训内容，不断探索系统的、科学的、核心的教师培训课程。

---

① 梁文鑫、孙丽娜：《面向信息化时代的教师培训课程开发》，载《中小学教师培训》，2013(11)。

② 王冬凌：《构建区域教师培训课程新体系》，载《中国教育报》，2010-11-26。

2."互联网＋"对教师培训的影响

随着大数据、云计算、人工智能等相关技术领域的日渐成熟，互联网的发展异常迅猛。《北京市"十三五"时期教育改革和发展规划（2016—2020年）》提出，建立开放、多元的在线教育管理与公共服务体系，促进教育与互联网深入融合，培育"互联网＋教育"新型发展形态。"十三五"开局正值国家启动"互联网＋"行动计划之际，在这种背景下，从国培计划到区域教师培训，各级各类教师培训项目都或多或少地使用了网络，但"互联网＋"背景下教师培训课程开发的相关研究仍显薄弱。本文以"互联网＋"为篇名检索发现，果红提出按照教师的学习愿望与发展需求，构建菜单式、自主性、开放性、多元化的教师培训机制。① 本文所要构建的课程中也将体现这种特色，并深入研究"互联网＋教师培训"在区域教师培训课程开发中的定位与运用。从由上关于"互联网＋"的相关研究中我们可以发现，互联网为教师培训提供了优质高效的平台，我们在借鉴以上研究的基础上结合培训内容打造西城区教师培训的网络平台。

三、 研究内容

（一）研究问题

①什么是教师核心素养？本文对教师核心素养的内涵进行了界定。

②如何开发西城区"十三五"教师培训课程？在教师核心素养研究的基础上开发设计西城区教师培训课程。

（二）研究内容

①进一步明确和细化教师核心素养的内涵和外延，这也是确定教师培训课程目标的核心。

②开发教师培训课程。依据课程开发理论，确定课程开发依据，明

---

① 果红：《"互联网＋"背景下的教师培训改革：着力点、着眼点、切入点、深化点、生长点》，载《中国成人教育》，2016(16)。

确培训目标，组织培训内容，选择培训资源，确定培训方式，从培训内容、培训资源、培训流程等方面全面构建、开发教师培训课程。

③实施、改进培训课程，并进行过程性评价，收集关于培训效果的案例和数据作为进一步研究和课程改进的重要依据。

具体来看，本文在相关政策文件和文献梳理的基础上，结合区域教师培训特色和"十三五"教师培训要求，对教师核心素养的内涵进行界定；依据所界定的教师核心素养，设计西城区教师培训课程框架。在培训目标方面，瞄准教师核心素养，构建更为系统和精准的培训目标；在培训内容方面，构建四个模块的教师培训课程；在培训方式方面，采取基于活动的混合式研修方式。

四、 研究方法

（一）文献研究法

以"核心素养""教师核心素养""教师培训课程"为关键词，截至 2019 年 3 月分别查到文献 22838 篇、47 篇、161 篇，选取其中的 89 篇进行深入研究，下载教师队伍建设、专业发展相关政策文件 12 篇，对文献和文件进行深入阅读和分析，为教师核心素养的概念界定、教师培训课程开发奠定理论基础。

（二）调查研究法

从教师职业需求和社会发展研究入手，广泛开展问卷调查和专题调研，获取教师专业发展需求的相关信息与有效数据。针对数据进行整理，分析聚焦区域特点，从而获得教师核心素养的具体指向以及教师培训的改进意见。问卷调研采用自编的教师培训需求调研工具，用问卷星的方式开展调研。题型包括主观题与客观题。客观题共 34 道，其中有 21 道单选题，8 道矩阵单选题，5 道多选题。矩阵单选题下有多个描述性内容，供教师根据实际情况选择作答。经数据统计，问卷调研的内容涉及教师基本信息、学识专业素养、教育教学素养、教学情况、培训情况五个方面。共调研

4376 人，其中学前教师 484 人，小学教师 1997 人，中学教师 1895 人。

总之，本文采用行动研究的方式，在具体的研究方法上使用文献研究法和调查研究法，在教师培训课程开发和实施的过程中，经历设计课程—实施课程—反思调整课程—再次实施课程的过程，在不断实践和反思的过程中推动研究。

五、 研究目的和意义

（一）研究目的

本文的研究目的是开发促进教师核心素养提升的"十三五"培训课程，满足区域教师培训的发展需求，促进区域教师核心素养的发展。

（二）研究意义与研究价值

第一，为同人提供开发教师培训课程的借鉴。城区教师核心素养培训课程开发在教师培训专业领域占有核心重要的地位。本文构建了指向教师核心素养的综合性课程体系，在进行理论构建的同时，也进行了实践检验。第二，满足一线教师核心素养发展的需要。本课程方案已在区域教师培训中应用，并不断优化，发挥对广大一线教师专业发展的指导与促进作用。

六、 研究成果

（一）构建了具有区域特色的三阶四维混合式教师核心素养课程体系

培训课程是教师培训中的重要环节，直接影响着培训的质量和效益。[①] 培训课程体系是指将培训课程结构化、逻辑化的动态开放系统。本文在界定教师核心素养基本概念的基础上，系统构建了符合本区教师培训

---

① 王姣姣：《教师培训课程研究的新视角——以 11 份"国培计划"课程方案为例》，载《教育理论与实践》，2015(14)。

需求的三阶四维混合式教师核心素养课程体系。该课程体系具有如下特点。

1. 课程价值取向具有指向教师核心素养的综合性

价值理性和工具理性历来是教育领域所存在的两种价值取向。"教育的价值理性追求教育对象精神和品格的发展和完善，教育的工具理性致力于实现教育对象知识和技能的充实与提升，两者皆有其存在的合理性，相辅相成。"[1]在课程体系构建之初，本文就充分认识到课程价值取向的重要性，结合政策文件及本区教师的需求，界定了教师核心素养的内涵和外延，如图 3-7 所示，有机整合价值理性和工具理性，以促进教师的核心素养发展为目标，既提升教师的专业知识和专业技能，又促进学习者的情感、态度和价值观等情意品质的发展；重视课程的综合性，将专业知识、专业技能和专业情意以教师核心素养的概念集中呈现出来，在培训课程目标的设置、课程结构的构建、课程内容和资源的选择等方面直接瞄准教师核心素养的综合提升和发展。

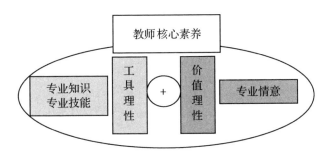

图 3-7 指向教师核心素养的课程价值取向

2. 课程结构具有三阶四维满足多元需求的系统性

依据多元的培训需求，本文搭建了"三阶四维"的课程结构。其中三阶是指三个学科阶段：幼儿园、小学和中学；四维是指教师核心素养的四个维度，即道德素养、审美素养、信息技术素养、学科专业素养。经过两年的开发应用，针对各学段特点已经形成了 530 学时的通识课程库和 11 门共计 780 学时的学科素养课程库，其中既有打通使用的课程，又

---

① 曾煜：《中小学教师培训课程价值取向的重构：工具理性与价值理性的整合》，载《中国成人教育》，2014(10)。

有对某一学段针对性更强的课程。课程结构见表3-1。

表 3-1　教师核心素养的三阶四维课程结构

课程结构	道德素养课程	审美素养课程	信息技术素养课程	学科专业素养课程
幼儿园	幼儿心理健康教育几个主要问题 生命视野中的教育观 创建安全的幼儿园——幼儿园完全事故责任及其防范 ……	表演美学——表演艺术基础知识和基础训练 艺术领域（美术、绘画）教育活动设计与指导 ……	幼儿园教学中的信息技术应用	
小学	教学中的德育 叶圣陶教育思想解析 训练中的德育 ……	《论语》与中华优秀传统文化 ……	你中招了吗？——PPT设计"七宗罪" ……	小学数学游戏课程的开发与设计 教师心理健康与个人成长专题培训
中学	心理健康教育的科学认识与有效实施 阳光心情 魅力师魂 目标管理在学生发展中的应用	"舍与不舍"：老舍的中华优秀传统文化观 走进音乐的世界 油画与水墨的魅力	网络课件的设计与制作 用Excel挖掘教学信息（2010） ……	中学作文教学实操训练营 化学教师教学核心素养提升 ……

注：限于篇幅，表格中未呈现出所有课程，仅列出部分学员选课率较高的课程。道德素养课程有17门、213学时，学员任选5门，共计25学时；审美素养课程有17门、195.5学时，学员任选5门，共计25学时；信息技术素养课程有17门、126学时，学员任选5门，共计25学时；学科专业素养课程依据学科学段开设，每学科60学时。

3. 课程实施方式具有混合式培训的灵活性

通过网络平台开发丰富的学习资源和精品课程，教师利用工作以外的碎片化时间进行在线学习，不仅能有效地解决教师在职学习的工学矛盾问题，而且可以对同一个学习内容反复琢磨、反复理解、不断尝试，直到完全掌握。此外，根据我们所面临的工学矛盾突出的现状，依据多

方需求设计了适合本区教师培训实际情况的混合式培训。如图 3-8 所示，
这种混合式培训在培训内容方面注重理论与实践结合、通识与专业结合、
师德与师能结合；培训方式方面又具有线上与线下结合、反思与指导结
合、学习与研讨结合的灵活性，改变了培训者教的方式和学员学的方式，
极大地满足学员多元化的学习需求。

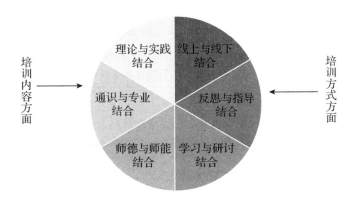

图 3-8　混合式培训的整合示意图

综上所述，经过理论研究和实践改进，本文构建了具有区域特色的
三阶四维混合式教师核心素养课程体系，其特点如图 3-9 所示：课程价值
取向具有指向综合素养的综合性，课程结构具有三阶四维的系统性，课
程实施方式具有混合式培训的灵活性。

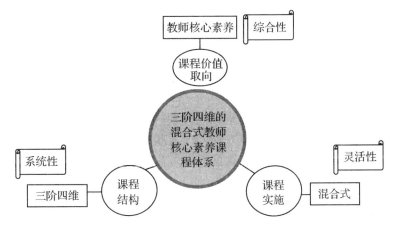

图 3-9　三阶四维混合式教师核心素养课程体系的特点

（二）用研究推动培训，顺利完成"十三五"培训任务

课程实施过程同时也是科学实施培训的过程。本文通过文献研究和调查研究了解培训需求并精准定位培训目标，制订培训方案，按照所设计培训方案一边实施培训，一边反思改进，用行动研究的原则和方法指导培训课程实施的全过程。如表 3-2 所示，研究过程与培训过程很好地进行了匹配，用研究的思路推进教师培训。

表 3-2　研究过程与培训过程的实施顺序

时间	研究过程	培训过程
2017 年 2 月—9 月	查阅教师核心素养、课程开发等相关文献，梳理分析归纳得出教师核心素养的基本框架，确定课程开发的基本理论依据和框架	了解培训需求，确定培训目标，依据确定的培训目标设计培训方案，开发培训课程
2017 年 9 月—2018 年 1 月	构建三阶四维的教师核心素养培训课程体系，研究混合式培训的特点和构成	培训课程的试行
2018 年 1 月—2 月	反思改进教师核心素养的课程结构，拓展和调整培训资源	反思实施过程，调整改进培训方案
2018 年 2 月—7 月	观察受训教师核心素养的发展，积累课程资源和培训案例	实施培训课程
2018 年 7 月—9 月	调整和拓展培训资源和培训素材，设计课程评价量表	再次反思实施过程，调整改进培训方案
2018 年 9 月—2019 年 2 月	总结研究过程，形成研究成果和培训成果	再次实施培训课程

本文依据教师核心素养的基础研究和政策文件，制订了"十三五"北京市西城区教师继续教育培训课程方案，体现混合式方式、学科深度融合、核心素养培养因素，采取线上与线下结合、理论与实践结合、通识与专业结合、师德与师能结合的方式，围绕法律法规与师德、综合审美素养、信息技术能力、学科专业素养四个模块开展；通过线上与线下相结合的混合式培训模式，分期逐步推进培训，要求学员完成四个模块不

少于 100 学时的培训内容，获得区级专业必修课 10 学分。

依据培训方案，我们结合各高校的优势，邀请北京师范大学、华东师范大学、西南大学等高校专家专门为西城区录制发展教师核心素养的课程。组织学院的教师对第四模块学科专业素养进行课程的开发和线上课程的录制。在"十三五"期间，前三个模块的培训已经全部完成，全区 5239 位教师完成 80 学时的核心素养通识模块的培训任务，取得 4 学分。学科专业素养模块已有 2415 位教师完成培训，取得 6 学分，涉及小学语文、中学语文、小学数学、初中数学、中学化学、中小学美术、小学道德与法治、中学地理、中学物理、非美术教师美术素养提升(艺术素养)、中小学书法、中小学心理健康 12 个学科。受训学员攻坚克难、努力学习，在规定期限内圆满完成了各项培训任务，项目取得了预期效果。受训学员的学习热情高涨，积极看课、提交作业、参加主题研讨、互动交流，提出的问题得到了班主任或者专家的解答，优质成果不断涌现。前三个模块的具体学情统计见表 3-3。

表 3-3 三期受训学员参与学习的各项量化指标

类别	第一期 （小学、幼儿园）	第二期 （初中、高中）	第三期 （校外单位及 直属单位教师）	总计
学员数	2490	2214	638	5342
登录人数	2456	2214	638	5308
学习人数	2438	2210	638	5286
合格人数	2433	2198	608	5239
视频研讨	8236	14997	1781	25014
主题研讨	7302	6612	1880	15794
提问数	398	1269	337	2004
作业数	2434	2201	610	5245
学员看课总门数	22991	21236	9965	54192
受训率	98.60％	100％	100％	99.40％
学习率	99.30％	99.80％	100％	99.60％
合格率	97.70％	99.30％	95.30％	98.10％

在第三次实施培训课程的过程中，我们制定了《专业必修课学科培训教学绩效评价表》。学员需要在学科培训后期填写此问卷，对本班班主任的教学态度、教学内容、教学环节、教学方法、教学效果五大方面20个细节进行评价。第三期学科培训受训学员共计454人，评价详情见表3-4。

表 3-4　专业必修课学科培训教学绩效评价表

评价角度	评价内容	很好	较好	一般	较差	差
教学态度	爱岗敬业，为人师表	400	8	1	0	0
	尊重学员，师生关系融洽	400	8	1	0	0
	备课充分，组织严密	344	64	1	0	0
	遵守学校规章制度，按时上、下课	400	8	1	0	0
教学内容	教学设计紧密围绕教学目的，符合学科培养目标	396	11	2	0	0
	教学内容丰富、信息含量大，能够与时俱进	388	19	2	0	0
	理论联系实际，讲授的知识应用性强	387	20	2	0	0
	教学条理清晰，重难点突出	390	17	2	0	0
教学环节	讲授内容层次清楚，通俗易懂，进度适当	392	15	2	0	0
	课堂组织管理合理有效	389	19	1	0	0
	作业布置合理，重视学员反馈	389	18	2	0	0
	能结合学科专业特点安排教学实践课程	390	18	1	0	0
教学方法	以学员为主体，教学符合成人特点	385	24	0	0	0
	善于运用启发式教学法，与学员形成良好互动	389	20	0	0	0
	教学手段灵活、多样，能够调动学习兴趣	389	20	0	0	0
	教学语言流畅、生动，板书设计合理	386	22	1	0	0

续表

评价角度	评价内容	很好	较好	一般	较差	差
教学效果	难度适中，学员能理解和掌握所学内容	389	20	0	0	0
	所学内容能与工作实践相结合，对教育教学有帮助	387	19	3	0	0
	学习后自身素养有提升	386	21	2	0	0
	学员的学习热情和学习能力得到提高	381	26	2	0	0

从表 3-4 可以看出，学员对班主任自己录制视频并裁剪成微课形式，以及将配套的主题研讨、作业一起部署到平台的培训方式是非常喜欢的；通过网络课程与面授课程中与班主任的接触，学员对本班班主任的能力及培训工作非常认可；学员通过培训，对自己的收获也非常满意，对自己的教育教学有帮助，自身素养有提升，学习热情和学习能力均有提高。

（三）建成并使用混合式教学管理服务平台

混合式培训的顺利高效实施，需要一个功能完善、操作便捷、体验良好的培训平台做支撑。本文从课程目标、内容和组织形式等方面进行融合设计，建成并使用混合式教学管理服务平台，见图 3-10。平台有强大的学习、互动、评价和监控功能。学员可以在平台上根据自己的需求按照规定的要求选择课程，观看视频，提交作业，参与主题研讨，提出问题，了解学习进度，查看或共享学习资源等。班主任在管理平台可以清晰看出学员数、登录人数、学习人数、合格人数、作业数、提问数、受训率、学习率、合格率等信息，全面了解学员的学习详情，通过推送通知和优秀作业鼓励学员积极投入学习。学员在学习过程中产生的专业和技术方面的困惑分别由专业的指导教师和技术人员予以回答。混合式教学管理服务平台把管理者、培训师和教师等相关人员密切联系起来，面向本区教师，兼顾管理、培训和学习，在传统教师培训与管理流程的基础上，充分整合培训者的业务需求、行政管理者需求和教师学习需求，发挥网络平台的优势促进教师进行更有意义的学习。教师培训平台由课程开发系统、教学支持系统和教育管理系统组成；网络教育平台具有功能集中、交互功能强大、

答疑功能完善、学习评价方式恰当等特点，实现培训全过程的跟踪、反馈与交流的同时满足不同学员的个性化学习需求。

图 3-10　混合式教学管理服务平台的首页

（四）形成丰富的教师核心素养培训课程资源

"教师培训课程资源是支持教师培训内容与实施培训活动的主要载体。"①课程资源的丰富程度以及开发和运用水平在很大程度上决定了课程实施的范围和水平。教师核心素养培训课程资源是教师培训取得成功的核心要素之一。

首先，拓展渠道，集区内外优质教师培训课程资源，以院研修员为课程开发的主体，充分利用区域及学院特级教师、学科带头人与优秀骨干教师等开发和建设培训课程，同时与高校合作共同开发培训课程，逐步充实和打造培训课程资源。组织学院的教师进行课程的开发和线上课程的录制，汇集了一批高质量、多样化、可选择的教师培训课程。

其次，注重利用平台上学员的生成性资源。据统计，通识课的网上培训共有 24211 次课程评论、1982 次有效提问、507 次专家答疑。这些评论、提问以及专家的答疑，不仅是学员深入学习和思考的有力证据，更构成了鲜活有效的生成性资源。本文对受训教师所提出的教育教学中有代表性的问题进行了归纳整理，汇集成册，形成了专家点评作业集锦、主题研讨及专家指导荟萃，发放给学员作为学习资料；此外学科培训也汇聚了一批优质教学微课资源。这些来自学员、培训教师、指导教师的丰富资源共同构成了具有西城区教育学院特色的基于教师核心素养的本地成果资源库。同时，对生成性资源进一步加工制作，形成包含微课设计成果、学习简报、作业成果、主题研讨内容、学习问题集在内的本地生成性资源，为教师常态化研修提供资源保障，如图 3-11 所示。

图 3-11　生成性资源的构成

限于篇幅，本文仅摘录模块一法律

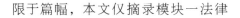

①　曲正伟：《我国教师培训课程资源建设的现存问题及政策框架》，载《教育科学研究》，2019(1)。

法规与师德的学习过程中某位学员提问与导师答疑的内容，呈现如下。

学员提问：怎样才能加强教师的师德意识？

专家答疑：师德意识是教师的自觉意识和行为。首先，教师应该不断加强自己的职业道德教育，明确教师职业道德的具体原则、内容和要求，明确教师的职责，树立良好的职业道德意识，加强自身的师德修养。其次，教师应该树立"学为人师，行为世范""师者，人之模范也"等观点，增强自己对教师职业的身份认同，加强自己的职业认同感。同时，教师也要通过反思、自励、自省、学习等方式进行自我教育，学会"慎独"，逐渐将教师职业道德的基本原则和规范转化为个人内心的要求和坚定的信念，内化于心，外化于行，最终形成良好的教师职业道德行为习惯。

七、 研究反思

（一）应重视教师培训课程的理论基础和顶层设计

"教师培训课程开发是一个理性化的过程，应该有一定的理论做支撑。"[①]本文在这方面做了一些尝试，结合政策文件和本区教师的需求，界定了教师核心素养的概念，并据此设计培训目标，精选培训内容，初步构建了具有区域特色的混合式教师核心素养课程体系，取得了较好的培训成果。但如何丰富和深化教师核心素养的内容，继续优化课程结构，能否有更好的培训方式、培训内容，应该说我们还在路上。

（二）教师培训应紧扣时代脉搏、 紧跟改革步伐

经济全球化深入发展，信息网络技术突飞猛进，国际竞争、大数据、"互联网＋"、人工智能……新时代的特征给教育带来了诸多挑战。作为教师培训者，我们需要在新时代背景下重新思考教师培训的定位和方向，

---

① 郑志辉：《教师培训课程开发中存在的问题——基于课程结构优化的视角》，载《中小学教师培训》，2011(10)。

混合式学习、学生核心素养、学科核心素养、考试改革、师德培养等都是值得研究的内容。紧扣时代脉搏、紧跟改革步伐的教师培训方能更有针对性地服务基层教师，引领教师专业发展。

（三）具有一定的局限性，许多方面尚待进一步思考

本文的研究有广阔的实践舞台，西城区受训学员为研究提供了大量的研究样本和研究空间，同时区域的特殊性使得研究结论的推广具有一定的局限性。本文仅以西城区教师为样本，具有一定的局限性。众所周知，西城是教育强区，参照西城区教师的需求研发产生的教师核心素养理论及三阶四维混合式教师核心素养培训课程体系，对大中城市的教师培训有较好的适用性，但对于老少边穷地区则适用度降低。

由于能力水平以及研究条件的限制，本文还存在许多需要进一步改进、完善的问题。例如，教师核心素养能否进一步聚焦和细化；如何进行基于教师核心素养的教师培训课程体系的评价；如何更好地为教师专业发展提供智力支持，让教师在混合式培训方式下持续关注、持续学习、持续成长等。面对教育情境的复杂性，面对教育改革的迅猛步伐，特别是西城区作为新一轮基础教育改革的示范区，教师培训将面临更大的机遇与挑战。作为教师培训机构的工作者，我们将以此研究成果为基础，进一步拓宽研究视野，继续深入开展教师培训的相关研究。

专家评语：该文在分析党和有关教育政策文件及文献研究的基础上，依据本区域教师培训特色与区域"十三五"教师培训工作的要求，对教师核心素养的内涵进行了界定，即基础素养、发展素养和专业素养，并认为专业素养是教师核心素养的重要组成部分。根据所界定的教师核心素养，经过教师培训课程的实践改进，构建了具有本区域特点的三维四阶混合式教师核心素养培训课程体系。其中三阶是三个学科阶段，即幼儿园、小学、中学；四维是教师核心素养的四个维度，即道德素养、审美素养、信息技术素养和学科专业素养。教师核心素养课程的目标和指导意义在于：一是课程价值取向指向教师核心素养的综合性；二是课程实

施方式有一定混合式培训的灵活性；三是三维四阶的课程结构满足教师多元需求的系统性。该文进而用研究推进培训，聚焦教师核心素养的培养目标，设计培训课程方案，开发并使用混合式管理培训平台，丰富培训课程资源，提高培训的实效与针对性。

点评专家：北京青少年研究所 余逸群教授

实践取向的新教师培训课程设计
——以西城区为例

北京市西城区教育研修学院

李玮

【阅读摘要】新教师走上工作岗位之初，往往会遭遇许多现实困难而感到难以胜任，其根本原因在于教育教学实践性知识缺乏。设计实践取向的新教师培训课程，是帮助新教师胜任岗位工作、实现专业成长的保证和基础。本文在研究相关文献的基础上，遵循实证调查—分析问题—提出建议的研究思路，采用质与量相结合的研究方法，对区域新教师实践性知识构成的发展状况、现有培训对新教师的作用和影响状况加以分析整理，依据调查结果，从课程目标、内容、实施及资源等方面对区域新教师培训课程设计方向提出了建议。

【阅读关键词】新教师；实践性知识；课程设计

一、 研究背景

教育部 2011 年颁布的《教师教育课程标准解读(试行)》中，把"育人为本、实践取向、终身学习"作为教师教育课程必须秉持的三个基本理念。《中共北京市委教育工作委员会 北京市教育委员会关于"十三五"时期中小学干部教师培训工作的意见》明确提出，中小学教师培训工作要以专业引领、实践取向、面向全体、开放多元为原则，推进教师培训的供给侧改革，完善分类、分层、分岗的教师培训体系，突出师德素养和教育教学实践能力的提升，加大对新教师的培训力度。以往区域新教师培训是以理论讲座、专题讲授为主要形式的培训活动，虽然在一定程度上引发新教师产生共鸣，但也容易产生新教师感动、激动、心动却不知如何行动的现象。理念、知识、技能灌输式的教师培训课程无法取得实效，因此不断提高、增强培训活动的有效性和适应性，设计和实施实践取向的教师培训课程，既是顺应和遵循国家和北京市教师培训工作创新发展的意见和要求，也是帮助新教师胜任岗位工作、实现专业成长的保证和基础。

二、 研究综述

随着人们对教育实践和教师职业复杂性认识的不断深化，实践性知识作为教师专业发展的重要知识基础，在教师成长中发挥着不可替代的作用这一观点已得到普遍认同。新教师处于职业生涯初期，并没有丰富的日常教学实践，只是根据以往的零散的经验组成了一些关于教学的认识，实践性知识处于相对缺乏的状态。吕冬梅在《从教师发展阶段理论看教师专业发展》一文中认为，刚刚开始任教的教师处于适应阶段，需要对教学方法做出合理选择、建立师生间相互信任关系、调节好师生之间的距离。[①] 在新入职教师成为熟手教师的每个阶段当中，教师通过在实际教学情境中处理、解决各种困难获得实践性知识。实践性知识在教师专业发展中发挥着不可替代的作用。郑彩国在《知识转型与新教师培训的范式选择》一文中认为，新教师具有一定的专业知识和教育理论素养，但知识结构仍然存在缺陷：从知识类型来看，他们在课程知识、教学法知识、关于学生身心发展特点的知识以教育环境、教育生态的知识和社会背景知识等方面明显不足；从知识的性质来看，他们所具有的知识大多属于陈述性知识而较少属于程序性知识，实践性知识更加缺乏。[②] 新教师的知识结构及其特点，体现出与其他阶段教师不同的发展需求和发展内容，指引着教师教育和教师培训工作向实践转型，加强对新教师知识和实践

---

① 吕冬梅：《从教师发展阶段理论看教师专业发展》，载《亚太教育》，2015(31)。
② 郑彩国：《知识转型与新教师培训的范式选择》，载《中小学教师培训》，2010(4)。

能力的培养。

在国外，关注实践是教师培养的价值取向。魏敏敏在《美国实践取向的教师培养模式及启示》一文中介绍了美国自 20 世纪 80 年代以来为克服传统教师教育模式带来的教育质量不高的困境，开始实行实践取向的教师培养模式，建立教师专业发展学校，通过在实践中进行教学研究，培养了教师的实践与反思能力，使理论和教学实践有效结合。[①] 陈昱宁在《英国教师教育课程设置的实践取向研究》一文中介绍了英国教师教育课程设置的历史传统和现实需求，并从合理性、必要性和可行性三方面对英国教师教育课程展开评述与研究，得出多元文化背景下的英国教师教育课程，具有目标清晰合理、内容翔实广泛、实践渠道畅通灵活等特点，以学校为基地，将实际工作与学习研究紧密结合，成为英国教师教育的一大特色。[②] 在我国，随着基础教育改革的不断深入和世界范围内实践取向教师教育的不断发展，人们逐渐认识到实践才是教育的根本特性，教育实践的情境性和复杂性要求教师教育和教师培训工作向实践转型。倪小敏在《实践取向：职前教师教育模式的重构》一文中分析认为教师实践性知识的构成、教师实践性知识的来源等方面决定了教师教育必须采取实践取向的价值观。[③] 王少非在《教师教育课程的实践取向：何为与为何》中认为教师教育课程之所以要秉持实践取向，既是教师专业的实践性本质的要求，也是人们对支撑教师专业实践的知识基础的认识加深的必然结果，更是理论取向的教师教育课程遭遇困境的必然选择。[④] 2011 年，教育部颁布了《教师教育课程标准（试行）》，把"实践取向"作为教师教育课程的基本理念。

综上所述，教育和教师专业的实践性本质要求，决定了教师培训课程必须要秉持实践取向，面向具体的教育情境和教学活动，解决教师的实际问题、提升教师的实践性知识与能力水平。新教师作为教师队伍中

---

① 魏敏敏：《美国实践取向的教师培养模式及启示》，载《学周刊》，2018(36)。
② 陈昱宁：《英国教师教育课程设置的实践取向研究》，硕士学位论文，四川师范大学，2018。
③ 倪小敏：《实践取向：职前教师教育模式的重构》，载《教师教育研究》，2010(1)。
④ 王少非：《教育教育课程的实践取向：何为与为何》，载《教师教育研究》，2013(5)。

的特殊群体，其所处的专业阶段和知识构成决定了新教师培训课程更需要"实践取向"。课程各要素均应围绕"实践"进行，建构相应的课程体系，选择恰当的培训内容和培训方式，关注理论和实践的有机融合，帮助新教师更好地理解和改善教育实践，解决教育实践问题，提升实践智慧。但现有研究中，对"实践取向"教师培训(教育)课程的探讨主要集中在职前教育(师范生)阶段，对职后教师特别是新教师涉及较少。作为专门从事理论与实践研究的区域中小学教师培训机构，从实践取向的角度对构建新教师培训课程开展探索和研究，是区县培训机构改善培训效果、提高培训质量的必然选择。

三、 研究过程

（一）研究对象和研究方法

本文以 2018 年区域新教师为研究对象。在查阅文献、借鉴相关研究结果的基础上，结合区域新教师的实际，编制了《区域新教师实践性知识研究调查问卷》。问卷由四部分组成：新教师基本情况(性别、学历、毕业院校等)，新教师现有实践性知识水平，新教师实践性知识的影响因素和新教师实践性知识的获得途径。借助问卷星网络平台，采取随机取样的方式，由新教师对问卷无记名作答。运用 SPSS 统计软件对调查结果加以统计分析，并辅之以个别访谈和相关资料查阅。此次参与问卷调查的新教师共计 205 人，基本情况如表 3-5 所示。

表 3-5　参与调查的中小学新教师基本情况

类别	性别		学历			毕业院校		教育实习经历	
	男	女	本科	硕士	博士	师范类	非师范类	是	否
人数	42	163	141	57	7	141	64	177	28
比例(%)	20.49	79.51	68.78	27.80	3.41	68.78	31.22	86.34	13.66

注：数据比例之和不是 100%，是由于按四舍五入法处理的。

（二）研究内容与结果分析

1. 新教师现有实践性知识水平分析

新教师现有实践性知识水平主要通过新教师认为最重要、最需要及最有帮助的三类知识来说明和体现。统计结果显示，新教师心目中最为重要的三类知识分别是关于教学的知识、关于学生的知识和关于课程的知识，见表 3-6。

表 3-6　新教师认为最重要的实践性知识情况统计

最重要的实践性知识	频次	比例
关于课程的知识，如课程的体系和组织形式	101	49.27%
关于学科内容的知识	76	37.07%
关于学科教学法的知识	86	41.95%
自己所处环境的知识，包括人际环境（与学生、同事、家长等）和政策环境等	32	15.61%
关于自我的知识，包括了解自己的教学能力、教学风格、长处和不足等	68	33.17%
关于学生的知识，包括学生的心理水平、认知能力等	123	60.00%
关于教学的知识，包括课堂管理和组织、教学的计划和实施等	129	62.93%

统计结果显示，对新教师开展教育教学最有帮助的三类知识分别是关于教学的知识、关于学生的知识和关于学科教学法的知识，见表 3-7。

表 3-7　新教师认为最有帮助的实践性知识情况统计

最有帮助的实践性知识	频次	比例
关于课程的知识，如课程的体系和组织形式	89	43.41%
关于学科内容的知识	66	32.20%
关于学科教学法的知识	105	51.22%
自己所处环境的知识，包括人际环境（与学生、同事、家长等）和政策环境等	47	22.93%

续表

最有帮助的实践性知识	频次	比例
关于自我的知识，包括了解自己的教学能力、教学风格、长处和不足等	69	33.66%
关于学生的知识，包括学生的心理水平、认知能力等	106	51.71%
关于教学的知识，包括课堂管理和组织、教学的计划和实施等	133	64.88%

统计结果显示，新教师当前最需要的三类知识分别是关于教学的知识、关于学生的知识和关于学科教学法的知识，见表 3-8。

表 3-8　新教师认为最需要的实践性知识情况统计

最需要的实践性知识	频次	比例
关于课程的知识，如课程的体系和组织形式	70	34.15%
关于学科内容的知识	56	27.32%
关于学科教学法的知识	106	51.71%
自己所处环境的知识，包括人际环境（与学生、同事、家长等）和政策环境等	43	20.98%
关于自我的知识，包括了解自己的教学能力、教学风格、长处和不足等	88	42.93%
关于学生的知识，包括学生的心理水平、认知能力等	114	55.61%
关于教学的知识，包括课堂管理和组织、教学的计划和实施等	138	67.32%

2. 新教师实践性知识的影响因素分析

在新教师实践性知识的影响因素方面，调查问卷采用 5 点计分，按照"影响很大""影响较大""一般""影响较少""没有影响"顺序排列，通过 SPSS 软件测得均值分数。得分越低表明影响程度越高。从统计结果可以看出，对新教师开展教育教学工作、完成教学任务的影响程度均值从高到低，依次为关于教学的知识（1.550）、关于学生的知识（1.561）、关于学科教学法的知识（1.576）、关于学科内容的知识（1.586）、关于课程的知识（1.618）、自己所处环境的知识（1.737）和关于自我的知识（1.880）。此结果也与新教师认为最有帮助和最需要的三类实践性知识相一致，见表3-9。

表 3-9　新教师实践性知识的影响因素分析

内容	选项	均值
关于教学的知识	对教学的热爱	1.717
	教学经验的积累	1.693
	管理课堂	1.420
	工作责任心	1.444
	通过合理的评价激励学生	1.478
关于课程的知识	领会学科课程标准	1.576
	了解所教内容在整个学科课程体系中的位置	1.659
关于学科内容的知识	理解和把握教材	1.556
	认清所教学科的价值	1.615
关于学科教学法的知识	使用合适的教学方法	1.498
	关注学科动态	1.712
	选择恰当的教学方式	1.532
	解决学生的学习问题	1.561
关于学生的知识	了解学生的知识水平	1.566
	了解学生的学习需求	1.571
	关注学生的进步	1.546
自己所处环境的知识	乐于与同行分享教学体验	1.698
	了解教学改革的方向	2.020
	校长对教学的支持	1.629
	了解任教班级的情况	1.600
关于自我的知识	曾经的生活经历	2.327
	根据自己的风格设计教学	1.912
	曾经的学习经历	1.859
	对自己的教学能力和不足有清晰的了解	1.576
	在学校建立良好的人际关系	1.727

（1）关于教学的知识

关于教学的知识包括教师的教育理想与信念、对学生的认识，以及在具体情境中表现出来的班级管理、学生激励与评价等多种行为。对本区新教师的调查显示，多数新教师虽然毕业于师范院校，具备较为扎实的专业知识，也具有中小学教育实习经历，获得了对教育职业和职业体验的初步感受。但在职业生涯初期，尚未完全实现从学生到教师身份的转换，原有教学信念、学生观不足以帮助新教师解决复杂的实际问题，需要在实践中进一步学习"教学组织""课堂管理""学生评价"等实践性知识。在访谈中有新教师说："入职前我知道当老师挺辛苦的，但辛苦在哪儿没太想过。入职后我发现设计课真是挺难的，这是自己完全没想到的。在课堂中，我成为一个传授者，不再是知识的输入者，而是输出者，想传达给学生什么，需要自己去生成、去准备。包括课的设计、课堂的控制，这些都不太容易做。而且入职的时间越长，我发现空白的东西越多。特别是想不出来课的时候，我确实是挺焦躁的。"

（2）关于学科的知识

关于学科的知识包括学科内容知识和学科教学法知识。若要使学科知识对教师的实践产生影响，必须将学科价值与意义、学科概念原理等细化到具体的学科学习方式、学科内容表征上。从统计结果来看，新教师已经初步具有"学科教学法"的意识，希望能够获得学生学习该学科所需掌握的内容和特定方法，也需要在设计新教师培训课程时加以关注和回应。

（3）关于学生的知识

虽然在教师专业发展阶段理论的研究中，新教师在入职初期一般只关注自身教学流程和教学内容的呈现，对学生的关注有限，但在调查中，新教师对学生知识的需求度已经达到55.61％，说明新教师已经在实践中认识到良好的师生关系是顺利完成教学任务的必要手段，教育教学的设计与实施需要以了解学生的心理和认知水平为前提条件。

（4）关于课程的知识

课程知识是教师能够系统、全面地思考特定学科的知识，而非简单地完成特定课时的知识点讲授。新教师虽然已认识到"课程标准""学科课程体系"在教学实践中的重要作用，但对课程知识的形成、丰富需要在实践中不断体验和提炼，需要在教师培训中多加关注和指导。

(5)关于自我的知识

关于自我的知识包括新教师以往的生活和求学经历，对自我的认知以及对教育环境的认知。调查显示，本区新教师在任职初期，虽然非常关注教学，但因为缺乏具体经验的支撑，反而认为以往生活和教育经历对完成教育教学任务帮助不大。这并非意味着教师的自我意识不强，而是教师依旧处于学习、积累阶段，尚未将个人风格与教育教学统一起来，并非常常在意周遭环境的评价。有受访教师说："学生成绩是我衡量自己工作的主要标准，虽然觉得同事间不会有那么强的竞争，但还是会有压力。我会觉得学生不太支持我，我那么付出、那么卖力，学生却在成绩上没有体现。这个时候我就觉得特别有挫折感。"也有新教师表示："同事的关心、教学上的起色、领导的认可是工作中最高兴的事情。"

3. 新教师实践性知识的获得途径分析

在新教师实践性知识的获得途径方面，调查问卷列出了学历深造、参加市区级培训活动等 14 种研修形式，同样采用 5 点计分，按照"影响很大""影响较大""一般""影响较少""没有影响"顺序排列，通过 SPSS 软件测得均值分数。得分越低表明影响程度越高，见图 3-12。

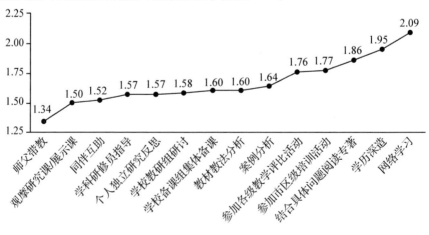

图 3-12　新教师实践性知识的获得途径分析

从统计结果可以看出，新教师认为对自己完成教育教学任务帮助最大的前五种形式分别是师父带教、观摩研究课/展示课、同伴互助、学科研修员指导、个人独立研究反思。新教师认为最没有帮助的是网络学习。由此可见，新教师对教学场景的感知、对教学方案的设计、教学策略的制定仍然处于模仿的阶段，渴望得到来自培训机构研修员、学校指导教师和同伴的帮助与支持。新教师希望观摩成熟的研究课、展示课，对他人的教学方案、教学过程依赖性较强。新教师实践性知识的获得途径为新教师培训课程的实施形式提供了参考。

四、　研究思考和建议

对新教师实践性知识的构成和获得途径研究显示，新教师的实践性知识是动态的、变化着的，是融于现实的教学实践活动之中的，是可以通过学习而获得的。这对于区域新教师培训课程的设计具有重要的参考价值，从区级层面对新教师培训课程的目标定位、内容选择、实施方式、资源利用进行系统思考和整体谋划，有意识地培养发展新教师的实践性知识，让他们在实际的教育情境中不断观摩、领悟、实践、反思到再实践，从而促进新教师实践性知识的获得和发展。

（一）课程目标：　从着眼通识走向聚焦实践

明确的课程目标是培训有效开展的前提。针对新教师"实践性知识匮乏"的主要问题，结合教育部的《教师教育课程标准(试行)》和中共北京市教育工作委员会、北京市教育委员会的《关于"十三五"时期中小学干部教师培训工作的意见》等教师培训的规范化标准要求，新教师培训课程目标应从"着眼通识"走向"聚焦实践"。一方面，培训课程应指向具体的教学活动和教学情境，关注新教师迫切需要解决的实际问题，帮助教师理解和改善教育实践。另一方面，培训课程应引导新教师关注和研究成功教学行为背后的原则和规律，帮助新教师主动建构教育知识，积累实践经验，发展实践性知识。培训课程目标应该从对教师理念、知识、技能的"灌输"转变为教师对理念、知识、技能的"理解"与"发展"。

例如，在中学道德与法治学科的"素材如何运用于教学"一课中，课程主题设计依据来自政治研修员的前期调研："本学期培训基于问题确定主题和内容，请每位新教师提出一个或两个自己目前感到最困惑的问题"。

研修员根据新教师普遍反映的共性问题，把"素材如何运用于教学"作为培训的主题和重点，以课程设计满足新教师的需求，使教师更好地聚焦学习内容，见图 3-13。

研修员：在本学期，青年教师活动基于问题确定课程主题和内容；请每位教师提出一个或两个自己目前感到最困惑的问题，作为后续活动的参考

> 政治生活课程教学中如何提高学生的参与度？
> 如何运用资源进行教学，突出教学重点？
> （具体而言就是材料很多，但如何组织教学不太会）
> 如何深度挖掘教材？
> 文化生活如何用于设计学生感兴趣的活动？
> 在与学生互动的过程中，如何进行追问？
> 政治生活内容如何提高学生的课堂参与度？
> （更接地气，调动学生的积极性）

"素材如何运用于教学"

图 3-13 中学道德与法治课例

小学数学研修员将新教师培训的关注点聚焦于教学设计，将课程目标定位于："通过学习，新教师了解并掌握分析教材的基本方法，能独立进行教材分析；能在研读教材的基础上进行有效的教学设计及课堂教学实践。"据此研修员确立了"新教师教学设计能力提升"一课，将课程目标凝练和整合为一个培训主题，以"主题"为课程设计的主线，引导后续内容有序展开。

（二）课程内容：从知识获取走向能力提升

课程内容是课程的载体。教师实践性知识的情境性、个体性、缄默性的特点，决定了新教师培训课程内容的选择和设置，不应忽视先进理念和理论知识的重要作用，更不应局限于理念、理论知识的约束，应该还原真实教育情境，围绕教育教学的具体问题和新教师应具备的专业能力展开，促进新教师对实际问题的深入理解，不断优化教学行为，改进教学实践。依据调查中新教师实践性知识的获取需求，我们认为新教师培训课程的内容应该围绕以下几方面展开。

1. 教学设计方法

教学设计是教师能力的集中体现，也是教学理论应用于教学实践的必经之路。加强教学设计研究，提高教学设计水平，是提高新教师的专业素养、提高课堂教学质量和效益的重要保证。

2. 学科课程标准

国家课程标准是国家对基础教育课程的基本规范和要求，体现着国家对不同阶段的学生在知识与技能、过程与方法、情感态度与价值观等方面的基本要求，规定各门课程的性质、目标和内容框架，提出教学要求和评价建议。课程标准对教材编写、考试评价及教师的教学起着重要的指导作用。因此新教师正确理解和把握课程标准就显得十分重要。课程标准理应作为重要的培训内容。

3. 学科教学方法与策略

不同的学科知识类型和性质存在差别，决定了不同学科在教学方法与策略上也要有所不同。针对具体学科内容进行教学方法与策略的研究与学习，是教师学科知识中的核心部分，也是新教师培训的重点和难点。

4. 教与学的一般规律

学生的学习规律是所有教法、学法采用的依据。新教师要想有效开展教学，必须以了解学情为基础，正确认识学生学习的特点，研究学生的认知特点和学习规律，掌握评价与激励学生的方法与策略，才能保证教学有的放矢，有所成效。

5. 学科知识体系与基本思想

教师通过理解所教学科的知识体系、基本思想与方法，能够实现对教学内容的深度挖掘，建立各教学内容、环节间的内在联系和逻辑关系，从而把教学建立在深度的思维水平之上。

6. 教学实施路径

教学顺利推进的关键要素有哪些？有效教学的实施策略是什么？这些都是新教师迫切需要了解和解决的现实问题。因此，我们认为带领新教师感受和体悟教学的一般过程，也是非常重要的培训内容。

7. 教学评价标准

评价一节好课的标准，是新教师能有效利用教学时间、调整和改进

教育教学方式、高效完成教学任务。

在课程内容的组织形式上，应该围绕目标、系统设计，加强各次研修活动和一次研修活动若干环节的内在联系，使课程内容呈现出一定的结构性和逻辑性。

例如，在小学数学"新教师教学设计能力提升"一课中，以"研究课"帮助新教师感知具体的教学情境，直面实际问题，以"教学设计研究专题讲座"剖析实践规则，以"教学设计交流活动"帮助新教师巩固教学设计方法，加深自身教学行为的反思重构，见图3-14。

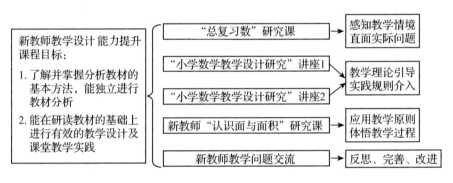

图3-14　小学数学学科课例

在中学化学"基于核心素养的化学新教师基本教学技能提升研究"一课中，围绕化学学科核心素养展开理念和实践研究，结合案例，在教学设计、实验操作、说课等方面发展新教师的基本教学技能，夯实新教师的教学基本功，见图3-15。

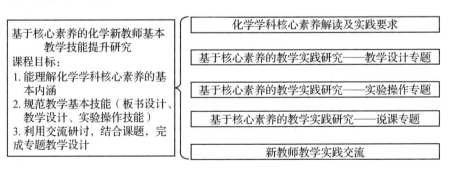

图3-15　中学化学学科课例

（三）课程实施： 从简单模仿走向反思重构

根据陈向明等人的研究，只有当教师作为主体，在问题情境中，不断反思和提炼自己已有的教育教学经验，并将其上升到信念层次，才能有效指导后续教育教学 。虽然新教师在教学知识、学科知识和教学法知识方面都相对欠缺，但培训并不是对新教师进行单纯理论培训和技能训练，而是要将培训、研究与新教师的日常教学有机结合，让新教师借助"专题""项目"学习解决具体问题。培训实施要围绕主题、系统设计，加强课程中各次培训活动或一次培训活动各环节的内在联系，呈现出逻辑性和整合性。结合新教师希望观摩成熟的研究课、展示课的学习需求，为新教师提供相关理论指导和案例支持，借助优秀课例、案例促进新教师实践性知识的生成。利用"观摩案例—分析案例—设计教案—实施教案—反思完善"的线索，以课例或案例为载体，创设真实的教学情境，并通过分析案例，引导新教师整合相关教育理论和教育思想，使新教师不仅能够借鉴优秀课例的具体教学行为，还要梳理和总结具体情境下的教学原则与策略，并加以实践和运用，通过对话反思和重构，见图3-16。

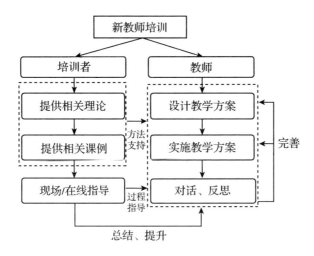

图 3-16 新教师培训课程的实施

（四）课程资源： 加深和丰富教师的实践体验

新教师实践性知识的学习和发展不仅仅依靠自身，更需要得到学习共同体的支持。在培训课程实施的过程中，还应该创建区域、学科、学校等不同层次、不同类型的新教师学习共同体，为新教师开展学习、研究、交流搭建支持平台，促进他们对自身教育教学行为的反思与重构。在本区域新教师培训实践中，不仅邀请高校专家、名师、名校长，还充分挖掘学习者资源，将一线普通青年教师"引进来"担任主讲教师；不仅让新教师在一线各中小学、幼儿园学习实践，更借助博物馆、美术馆、名人故居等社会资源，鼓励他们"走出去"，在实践中学习和发展；不仅有线下丰富的培训内容，还充分利用现代信息技术和网络资源，开发适用不同学科、不同学段和涵盖师德师风、教育法规、职业规划指导、中小幼实践案例分享等专题的网络课程，进一步提高了培训的实效性和灵活性，满足新教师自主性、多样性的学习需求。培训资源的有效挖掘和利用，将培训的主阵地从课堂内向课堂外延伸，沟通了理论与实践、个人与社会，大大拓展了学习空间，促进新教师实践性知识与能力的发展。

专家评语： 新教师的岗前培训是其今后胜任教师工作的重要环节，尤其是新教师教育教学实践性知识与技能在岗前培训中占有重要地位。该文在相关文献研究的基础上，通过问卷调查与个别访谈等方式，对该区域新教师进行了实证研究，对新教师实践性知识水平、实践性知识的影响因素、实践性知识的获取途径进行了系统的分析与梳理。据此，该文提出了对新教师开展教学知识、学生知识、学科教学知识三类知识的培训，并从课程目标、内容、实施和资源诸方面对新教师培训课程设计方向提出了建议，从而促进新教师实践性知识的习得和发展。这对于区域新教师培养课程的设计具有一定的参考价值与作用。依据第一、二次专家修改意见，该文的作者补充与增添了新教师实践性知识培训中的若干教师案例，丰富了文章的内容。

点评专家：北京青少年研究所 余逸群教授

书院式干部培训课程设计
——以顺义区为例

北京市顺义区教育研究和教师研修中心

李君美 刘晓英 赵书华 西胜男 杨袁予童

【阅读摘要】北京市顺义区"十二五"干部培训调研结果显示，学员既要求有短期"术"的传授和训练，更要求有长期"道"的浸润和涵养，通过优化培训方式以期全面提升人文素养和综合素质。通过寻觅和探索，"书院式培训"应运而生。干部培训通过读书、讲书活动让区域干部汲取优秀传统文化中的管理智慧，秉承古代书院"开放办学、自主研究"的办学思想和"博学、审问、慎思、明辨、笃行"的治学精神；通过书院面授、工作坊和主题游学等方式，引导区域干部自我修身、尊重学术、崇尚研究，全面提升他们的人文综合素养，让更多的一线干部从中获取持续发展的精神养分。为此我们把书院式培训与干部的通识培训对接，着力丰富培训课程的内容，优化课程的实施方式和管理方式，用弘扬优秀传统文化的方式实现干部培训方式的创新。

【阅读关键词】书院；书院式；书院式干部培训课程

一、 问题的提出

在"十二五"期间，顺义区依据"面向全员、突出骨干"的培训思路，通过 43 个培训项目顺利完成了全区教育系统 1159 名干部的全员培训任务，并通过与北京师范大学等高校合作的教育改革项目、覆盖全体干部 80% 以上的高校浸润式集中培训、聚焦问题的专题培训以及异地挂职学习等丰富多元的途径和方式，全面促进了教育干部的领导能力和服务水平。

与此同时，我们针对"十二五"区域教育干部培训工作进行了全面问卷调研。调研结果聚焦在以下两个问题上。

一是培训促进干部提高文化修养和教育理想情怀方面的效果亟待提升。调研报告显示，本区"十二五"干部培训在促进干部专业成长方面的得分比较高。但具体分析教育及管理观念更新、专业能力提升、思维方式改善、文化修养提高、教育理想及专业情怀五个方面，文化修养提高、教育理想及专业情怀两个方面，比其他几个维度的得分低。这一结果也从另一个侧面反映出一线干部对培训全面提升人文涵养和综合修养的高期待，见表3-10。

表 3-10　"十二五"期间的培训促进干部专业成长调查

维度	教育及管理观念更新	专业能力提升	思维方式改善	文化修养提高	教育理想及专业情怀
平均分	4.29	4.22	4.25	4.10	4.10
标准差	0.99	1.00	1.01	1.05	1.04

二是在教育干部全员培训的几个维度中，学员对培训形式的满意度相对较低，需要我们进一步丰富和优化干部培训的形式，见表3-11。

表 3-11　培训整体满意度情况调查

维度	培训目标的满意度	培训内容的满意度	培训形式的满意度	培训过程的组织满意度
平均分	4.17	4.19	3.98	4.28
标准差	1.03	1.04	1.03	1.00

进入"十三五"，教育综合改革也渐入深水区，我们的管理干部面临着更多的困惑和疑难。面对顺义教育转型升级的挑战，干部综合能力素质的快速提升已经刻不容缓。我们的干部培训也必须适应这种转变，即变"短期培训"为"长期涵养"。根据名优干部的成长规律，仅仅有外部培训是不够的，需要激发干部的内在精神动力：变"被动受训"为"主动选学"，每位干部的学科背景不同，学习的需求也不一样，通过提供菜单式课程让干部实现自主选学；变"扬长"为"补缺"，每位干部在自己的专业领域都有特长，但在管理理论方面储备不足，我们引导干部通过再读教

育理论经典，来全面厚实自己的理论素养；变"输入"为"输出"，鼓励部分优秀干部走上干部培训讲坛，进行专题讲座，不断靠近自己的教育理想，提升自己的专业理论水平，以此实现本区名优干部在质量和内涵上的提升。

基于"十二五"干部培训存在的问题，也为更好地应对"十三五"面临的挑战，我们在提升干部人文素养、丰厚理论积淀、激发成长动力、鼓励自主研修方面下功夫。通过广泛查找文献，我们的研究视野逐渐聚焦在我国传统书院这一培养方式上。中国古代传统书院倡导的读书、讲书、藏书、修书等文人活动，"开放办学、自主研究"的教育思想，"博学、审问、慎思、明辨、笃行"的治学精神以及鼓励切己体察的研修方式正好适合本区干部对培训学习的需求。因此我们提出"书院式干部培训课程建设"的愿景，创建开阔的学习场域和平台，以期通过课程内容的设置和实施方式的确立逐步引导区域教育干部在书院式通识培训中弘扬中华优秀传统文化，厚实人文积淀，激发高远的教育理想和情怀，给现实的管理实践提供丰厚的精神支持。

二、 文献综述

（一）国内的研究

1. 书院的简介

书院是中华优秀传统文化的代表。在我国，书院源出于唐代私人治学的书斋和官府整理典籍的衙门，是一种由儒家士大夫创办并主持的文化教育机构。它是围绕著书，开展包括藏书、读书、教书、讲书、修书、著书、刻书等各种活动，进行文化积累、研究、创造与传播的文化教育组织。

自书院产生以来，我国对书院的研究从未间断。从概念研究上看，有的学者认为，中国古代书院是一个多层次的综合教育体系；书院的建立打破了以往官学和私学、高等教育和基础教育互不往来的格局，实现两者之间的有机结合、平衡发展，极大地促进了我国文化教育和学术的发展与繁荣。有的学者认为，书院是实现通识教育和专才教育相结合，力图达到均衡教育目标的一种教育管理制度，既是教育和教学组织，又是学术研究机构。

2. 书院的特点与功能

从书院的特点上看，一般认为书院在培育人才的过程中，把做人与治学结合起来，使德行与学问融为一体；书院崇尚学术研究，在教育方法上注意培养学生的学习兴趣与学习能力；书院名儒学者治学注重求实、创新。综合来看，书院具有人文性、选择性、自修性、传播性等特点。

针对中国传统古代书院的特点及功能对现代高等教育和大学书院改革的文献较多。比如，黄燕在《书院教育的当代回归》中指出：21世纪创新人才培养需要借鉴中国传统书院教学中重视人文、注重通识教育、强调教学等长处。[①] 朱汉民在《书院精神与书院制度的统一——古代书院对中国现代大学建设的启示》中指出，传统书院中体现的"价值关怀的人文精神""知识追求的学术精神"及其两者统一的精神对于我国现代大学精神建设具有十分重要的影响。[②] 傅首清在《古代书院教育对创新型人才早期培养的启示》中指出，创新人才培养过程可借鉴古代书院体现的人文精神，设置"博学"课程、创设"审问"环境、培养"慎思"习惯、经历"明辨"过程、培养"笃行"品质。[③] 王剑敏在《古代书院制的精髓及对我国现代高等教育的启示》中指出，"培养完人的教育理念""以生为本的教学模式""开口办学的讲会制度""平等和谐的师生关系"等都是古代书院制的精髓。[④] 吴锋、汤建奎在《试论传统书院对当代高校设立书院的启示》中指出，古代书院传承的自主研读经典、开放式教学、文化传承的特质，值得现代高校书院制改革借鉴学习。[⑤] 陈平原在《大学何为》之《大学之

---

① 黄燕：《书院教育的当代回归》，载《学海》，2010(5)。

② 朱汉民：《书院精神与书院制度的统一——古代书院对中国现代大学建设的启示》，载《大学教育科学》，2011(4)。

③ 傅首清：《古代书院教育对创新型人才早期培养的启示》，载《教育研究》，2013(6)。

④ 王剑敏：《古代书院制的精髓及对我国现代高等教育的启示》，载《扬州大学学报（高教研究版）》，2014(6)。

⑤ 吴锋、汤建奎：《试论传统书院对当代高校设立书院的启示》，载《扬州大学学报（高教研究版）》，2014(6)。

道——传统书院与 20 世纪中国高等教育》篇中指出，传统书院精神是当代大学进行改革的思想之源。胡适认为书院和科举是中国的两大传统，对书院的教育功能和价值非常推崇。毛泽东对传统书院的好处也很认可，他在《湖南自修大学创立宣言》中提出：“课程简而研讨周，可以优游暇豫，玩学有得”，认为书院教育真正实现了“以文化人”。①

依据以上文献综述，结合区域的实际情况，我们认为书院的特点主要聚焦在人文性、选择性、自修性和传播性。在书院的功能方面，主要聚焦在培养“博学、慎思、审问、明辨、笃行”的综合型人才。本文将借鉴书院的这些特点与功能，建设符合区域实际的教育干部培训课程。

3. 书院的实践探索

近年来，北京、江苏、上海等教育先进地区，将书院引入基础教育领域，建立起公立书院、官办书院。如北京海淀区的敬德书院，将现代教育书院的功能定位为中小学课程建设、教学研究、传播、培训和积累。

在干部培训领域引入书院是一种新的尝试和做法。比如，苏州市成立了苏州教师书院，是科级机构，隶属于市教育局，具体职能有七项。其中引人关注的有调研教师的继续教育需求，制订培训计划；组建全市教师继续教育专家资源库，开发教育项目，构建教育平台；总结推广名师的教育教学优秀成果等。江苏省邳州市委开办“精进书院”，并以此构建干部教育培训新模式，目前已经取得很好的培训实效。

（二）国外的研究

欧美大学书院制教育与我国书院制教育的功能不同。牛津大学于 1096 年建校，白建校至今实行的都是书院制度。学院除要照料学生的食宿外，还安排各类体育、团体社交活动，负责指派导师（tutor）照顾学生。各学院的财务状况不一，有的学院财大气粗，拥有广大的场地及良好的设备或福利，如客房、图书馆、研究室等。大学所扮演的角色主要是代表各学院统一安排全校课堂讲授（lecture）、讨论会（seminar）以及颁发毕

---

① 萧伟光：《“第一个北大”思维中的书院精神》，载《博览群书》，2015(8)。

业文凭等。哈佛大学的本科生教育特色之一是住宿制和导师制，这是长期演化的产物，其蕴含的理念几乎与哈佛学院的年代一样久远，即学院式生活方式。哈佛大学 4 个世纪的历史本身就是学院创办者们为实现创办一所真正住宿制学院的崇高目标而不断努力的历史。共同学习一直意味着共同生活，住宿制为本科生的学院体验奠定了坚实的基础，学生们在宿舍楼特有的氛围中形成归属感、交流与合作意识。哈佛大学的本科生导师制比较复杂，有一年级的导师、二年级至四年级的导师，另外还设有新生导师委员会、舍监、高级导师、导师等。

国内外书院制的研究两相比较，中国书院制更注重人文涵养研究，而欧美书院更注重学生管理制度的研究。我们的培训管理研究主要是吸收和借鉴我国书院的性质、功能和特点，尤其是借鉴它"博学、审问、慎思、明辨、笃行"的教育精髓和"精简民主"的管理方式，为本区干部培训的现代管理植入优秀传统文化的基因，从而促进本区干部培训的优质、可持续发展。

三、 概念的界定

（一）书院式干部培训课程

本文中的书院式干部培训课程定位在干部的通识培训课程上，是指传承中国传统书院读书、讲学的人文活动和"博学、审问、慎思、明辨、笃行"的治学精神，通过持续的主题浸润培训，将科学、人文、艺术等内容融合于培训内容，实现科学素养与人文修养的双修；通过工作坊和主题游学等方式引导区域内教育干部立足实践，培养教育理想和情怀的干部通识培训课程。

（二）书院式干部培训课程建设

在课程建设方面，本文所指的课程建设有别于严谨的学科课程建设，是针对区域干部培训实践活动而言的。因此我们将书院式干部培训课程建设分为三个方面，即课程内容、课程实施方式及课程管理方式。

四、　研究目的和意义

（一）研究目的

1. 回应"十二五"区域干部问卷中反映的培训需求

本文的一个研究目的在于解决"十二五"区域干部问卷中反映的问题：一是培训对干部文化修养、教育理想和情怀的关注度不够；二是短期大规模集训多，长期全面系统培训少。本文将借鉴中国传统书院的精神，通过构建包含人文修养、艺术修养、教育管理理论和实践创新等内容的通识培训课程，解决"十二五"培训中存在的问题，提升教育干部培训的质量和实效。

2. 构建具有区域特色的书院式干部通识培训课程

本文的另一研究目的在于依据区域教育的实际情况，建设促进区域干部成长、满足干部发展需求的书院式通识培训课程，从而促进区域教育干部的全面、优质、可持续发展。

（二）研究意义

1. 为全体干部提供丰富人文底蕴的场域

依托稳定、长效的书院式培训课程及书院平台，为全体干部提供丰富人文底蕴的空间和环境，将浸润、濡染和熏陶干部的人文修养放在日常；涵养区域干部的道德情操、人文品格、管理修为和教育情怀，让他们获得可持续发展的精神滋养。

2. 让书院式培训成为本区高端教育管理人才的成长平台

一方面，书院式培训能够成为优秀教育资源"外引内培"的土壤，吸引一大批专家聚集在书院，成为区域干部培训的优质智力资源；另一方面，推出一批优秀干部在书院讲学，通过不断输出自己的办学思想，向教育专家的行列迈进，为本区高端教育管理人才提供成长平台。

3. 促进区域干部培训课程体系的进一步完善

将书院的精髓植入培训课程建设，更好地统筹通识培训和专业培训、

全员培训和分层分岗培训，完善优化本区干部培训的课程体系。

五、 研究内容

（一）书院式通识培训课程的内容

这是本文研究的核心内容。我们立足干部综合素养提升这个基点，从全面通识培训的角度出发，采用日常涵养和讲授结合的方式，逐步固化书院式培训的课程模块，循序渐进地丰富课程内容和主题，并注重各单元内容的前后衔接和整体贯通。最后形成以课程模块和课程单元为主体的书院式通识培训课程体系。

（二）书院式通识培训课程的实施方式

我们在尝试书院教育的多种方式基础上，沉淀固化包括经典阅读、专题讲学、工作坊、主题游学等课程的实施方式，作为本区书院式通识培训课程的实施方式。

（三）书院式通识培训课程的管理方式

本文借鉴古代书院的精简民主的管理方式，探讨当下书院式通识培训课程的管理方式，主要包括选课、上课、评价反馈和学分登记管理方式的探索。

六、 研究方法

本文主要以书院式干部培训的功能定位为出发点，以书院式课程逐年设置与实施为切入口，以书院式课程体系的动态建设为过程，促使学分管理制度和课程管理制度的构建与完善，最终形成一整套书院式干部培训课程体系，包括结构框架、课程内容、课程形式及课程管理制度。

在研究方法方面，主要运用行动研究方法开展研究工作，即以解决实际问题为目标通过设计行动计划、实施行动、分析问题、反思提升等过程开展研究。同时在行动研究过程中辅助使用调查法，以期对书院式课程的实践应用效果进行追踪和评价。

七、　研究成果

（一）预期内成果

经过前四期的实践和摸索，书院式培训基本体现了人文性、选择性、自修性和传播性的特点，也基本实现了"博学、审问、慎思、明辨、笃行"的功能。从现场问卷反馈和课后跟进反馈来看，基本达到了预期的研究目的。我们在书院面授课程内容的安排上，突出了书院式培训的人文性特点，课程模块围绕文化经典、科学思维、艺术欣赏和生命关怀等人文内容展开，同时也突出了书院式培训博学的功能。在课程实施上，面授课让学员自愿选学，同时将面授学习资料同步分享到书院学习群，让其他干部也能自修学习，突出了书院式培训的选择性和自修性；在面授课中的实践分享模块，一线校长通过到书院讲学，他们的实践经验经过提炼和升华，在全区范围内得到了传播，并且通过后期顺义区教育委员会和研修中心公众号的发布，突显了书院式培训的传播性特点；通过主题工作坊培训师创设的学习情境，学员充分地沉浸到深度学习和思考中，不断地与讲授专家和同伴进行深度切磋，历经审问、慎思和明辨的思维过程，达到内心的逐步澄明，助力管理境界的提升；通过主题游学培训，学员进入一个改进修为的场所，在行动中学习，在实践中改进，突显了书院式培训笃行的功能。在培训管理方面，利用课程公开、在线报名、扫码签到、手机终端评价和学分自动认定的简单易行方式，始终以方便学员为出发点，助力学员的自主学习，从课程管理上体现了人文性。

1. 形成了干部通识培训的稳定的六大课程模块以及动态的课程单元主题

书院式通识培训课程的内容涉及面广，经整合基本固定在以下六个模块：经典阅读与文化传承、科学进步与科学教育、艺术欣赏与审美体验、教育追求与生命关怀、文明对话与世界视野、管理实践与经验分享。经典阅读与文化传承模块用于提升干部的人文素养；科学进步与科学教育模块用于提升干部的科学素养；艺术欣赏与审美体验模块用于提升干部的艺术修养；教育追求与生命关怀模块用于培养干部的教育情怀；文明对话与世界视野模块用于开阔干部的世界视野以及应对信息化浪潮；
管理实践与经验分享模块用于促进干部的理性思考及不断提升理论水平，
见表 3-12。

表 3-12　书院式通识培训课程模块和内容

单元模块	经典阅读与文化传承	科学进步与科学教育	艺术欣赏与审美体验	教育追求与生命关怀	文明对话与世界视野	管理实践与经验分享
第一单元（2017 年上半年）	从中华优秀传统文化中寻求教育管理的智慧和艺术	思维导图与即兴演讲 1 思维导图与即兴演讲 2	教育人的音乐修养 教育人的美术修养		法治时代的学校智慧管理	
第二单元（2017 年下半年）	从《道德经》中汲取教育管理的智慧 从国学的角度解读干部修养	脑科学与基础教育改革	中国楹联的教育内蕴	阳光心态做管理		从教育教学到教育管理的蜕变
第三单元（2018 年上半年）	用心读《学记》，潜心做教育 改造我们的文风 学习《帝范》传承的领导智慧		中国书法发展概况及名家名作欣赏		21 世纪核心素养与国际化人才的培养	学校管理心得
第四单元（2018 年下半年）		脑科学研究成果对基础教育的影响		教育与良知	新时代教育管理方式的变革 移动互联网时代的教学与学校变革	我的校长专业成长之路

（1）经典阅读与文化传承模块

本模块主要是选择教育类和管理类的经典书籍，由著名学者和一线优秀校长进行导读分享，引导广大干部教师从传统经典中汲取教育管理的智慧，提升管理的人文元素。比如，新加坡南洋理工大学的终身教授张延明在对十三经进行整体解析的基础上，详细解读了《帝范》《中庸》《吕氏春秋》等对领导和管理者的借鉴价值和意义；牛栏山第一中学校长张华礼分享了带领全体教师学习《道德经》的体会；北京市顺义区第二中学校长陈坤清分享了通过《学记》读懂教育的体验。

（2）科学进步与科学教育模块

本模块主要选择脑科学和学习科学等与教育密切相关的前沿科学成果，帮助干部教师学会运用最新科学成果指导或调整自己的管理实践，提升教育管理的科学性。比如，请脑科学研究专家、教育部前副部长韦钰先生主讲"脑科学研究成果对基础教育的影响"，让我们的教育管理行为有更多实证科学成果作为依据；请美国芝加哥德保罗大学的斯托克（Stock）和穆尔（Moore）教授进行"改变教师思维"的工作坊训练，通过一周工作坊的行为强化和固化，引导学员思维方式的渐变。

（3）艺术欣赏与审美体验模块

本模块包括提升管理干部的音乐修养、美术修养和书法修养等主题，旨在提升干部的人文修养和审美情趣，提升干部的综合素养。学员的评价反馈表明，他们对这个模块的认可度仅次于管理实践与经验分享模块。

（4）教育追求与生命关怀模块

本模块主要引导干部增强对教育本质的思考，激发干部对真、善、美的内心向往，以关照生命质量的视角培养干部的教育情怀。锦州市委党校田玉娟教授讲"阳光心态做管理"，北京大学文东茅教授讲"教育与良知"，增强干部对"求真、向善、尚美"的教育价值的内在认同。这个模块的反馈表明，学员在主观感受方面的改变很大。

（5）文明对话与世界视野模块

本模块是要帮助干部从容应对信息化和国际化的浪潮，增强干部的信息技术驾驭能力、国际理解能力。比如，北京师范大学国际与比较教育研究院的腾珺副院长做"国际理解与教育"解读，北京开放大学原副校长张铁道博士讲"移动互联网时代的学校变革"，提升干部迎接国际化和信息化浪潮的能力。

(6)管理实践与经验分享模块

本模块是引导本区域内的管理干部进行经验提炼和输出，通过书院分享的方式惠及其他干部，同时促进校长本人理论水平的提升。先后有杨镇一中张春德校长、顺义八中梁学军副校长、西辛教育集团朱秋庭校长做了管理实践经验的分享。数据反馈表明，这样的书院分享最受干部的欢迎。

2. 形成了书院式课程实施方式

(1)常年开课、自主选学的面授课

我们以半年为一期，每期提供六个学习主题的课程供给，以定期(每周四)讲授为主。学员自主选学(每期选报两个主题)，同时将每一次的主题学习资料同步分享到书院学习群，使不到现场听课的干部也能通过自修学习，突出了书院式培训的选择性和自修性；每一期完课后，我们会把本期的课程内容和培训情况发布到顺义区教育委员会或研修中心的公众号上，使培训内容得到了更广泛的传播。前四期的培训内容详见表 3-13。

表 3-13　书院式培训前四期的培训内容及反馈统计

主题	主讲人	时间	人数	满意率（%）
教育人的音乐修养	梁洪来，北京市基教研中心音乐学科教研员	2017 年 4 月 6 日	64	100.00
思维导图与即兴演讲 1	赵书华，顺义区教育研究和教师研修中心干部培训专职教师	2017 年 4 月 11 日	83	98.47
从中华优秀传统文化中寻求教育管理的智慧和艺术	胥天寿，文化学者	2017 年 4 月 13 日	176	94.35

续表

主题	主讲人	时间	人数	满意率（%）
思维导图与即兴演讲2	赵书华，顺义区教育研究和教师研修中心干部培训专职教师	2017年4月18日	77	100.00
法治时代的学校智慧管理	刘晓英，顺义区教育研究和教师研修中心干部培训专职教师	2017年4月20日	121	100.00
教育人的美术修养	魏宗安，顺义区教育研究和教师研修中心美术教研员	2017年4月25日	75	98.04
脑科学与基础教育改革	韦钰，教育部前副部长	2017年10月24日	109	100.00
从《道德经》中汲取教育管理的智慧	张华礼，牛栏山第一中学校长	2017年10月26日	217	100.00
从教育教学到教育管理的蜕变	梁学军，顺义第八中学副校长、正高级教师	2017年11月2日	80	100.00
阳光心态做管理	田玉娟，锦州市委党校副教授	2017年11月16日	169	100.00
中国楹联的教育内蕴	彭博，东城区广渠门中学教育集团语文高级教师	2017年11月23日	129	98.97
领导干部的政治修养	薛梅，北京市委党校教授	2017年11月30日	139	99.17
21世纪核心素养与国际化人才的培养	腾珺，北京师范大学副教授	2018年4月4日	211	97.88
用心读《学记》，潜心做教育	陈坤清，顺义区第二中学校长	2018年4月12日	90	98.99
科学创建学校管理流程	张春德，杨镇第一中学校长	2018年4月19日	112	98.65

续表

主题	主讲人	时间	人数	满意率（％）
学习《帝范》传承的领导智慧	张延明，新加坡南洋理工大学教授	2018 年 4 月 30 日	273	97.40
改造我们的文风	孙金鑫，《中小学管理》杂志社主编	2018 年 5 月 10 日	121	98.60
中国书法发展概况及名家名作欣赏	张艳军，顺义区文化馆	2018 年 5 月 17 日	110	98.93
脑科学研究成果对基础教育的影响	斯托克教授和穆尔教授，德保罗大学	2018 年 10 月 11 日	141	93.10
移动互联网时代的教学与学校变革	张铁道，北京开放大学原副校长	2018 年 10 月 18 日	193	97.12
教育与良知	文东茅，北京大学教育学院院长	2018 年 11 月 8 日	362	100.00
我的校长专业成长之路	朱秋庭，顺义区西辛小学教育集团校长	2018 年 11 月 15 日	133	100.00
新时代教育管理方式的变革	褚宏启，北京开放大学校长	2018 年 11 月 22 日	317	100.00
基于脑科学研究成果改善教师思维	斯托克教授和穆尔教授，德保罗大学	2018 年 10 月 15—19 日 2018 年 10 月 22—26 日	95	以学员的书面感悟呈现

（2）主题工作坊

主题工作坊培训需要参加培训的干部全部脱产学习一周。主题工作坊的培训师通过创设丰富的情境让学员充分地沉浸在深度学习和思考的氛围里，通过反思自己的管理实践环节，不断地与讲授专家和同伴进行深度切磋，历经审问、慎思和明辨的思维过程，完成内心的逐步澄明，助力管理境界的提升。在第四期书院式培训中，就"基于脑科学研究成果改善教师思维"这一主题，我们请到美国德保罗大学斯托克和摩尔两位教授，开展了为期一周的主题工作坊培训尝试，对于发展干部思维的科学性、固化科学思维的步骤、形成科学思维的习惯起到了积极作用。

(3)主题游学

主题游学培训让学员在行动中学习、改进。我们与上海浦江书院合作，组织部分干部进行了主题游学尝试。在浦江书院的静雅环境中，学员静心品读国学经典、品味儒家先贤的教育情怀，更重要的是每日要进行早课，在孔子像前敬拜行礼、齐颂经典；在游学期间，让自己言行有礼，在恭敬中使自己变得庄严，提升修为。学员在培训感受中这样写道："一周的浦江书院学习，产生很多感慨。经历过无数的培训，书院式培训还是第一次接触，不是用头脑学习，而是用生命感受。短短的一周，是人生一段难得的经历。这种浸润直达内心，将成为永久的记忆。"

3. 形成了书院式课程管理方式

书院式培训，以学员为中心，在充分尊重学员自主性的基础上，形成了菜单选学的课程管理方式，即课程公开、在线报名、扫码签到、手机终端评价和学分自动认定的简单易行的课程管理方式。不强制，不统一要求，突显书院式培训管理的人文性。下文以第三期的面向全区下发到校的选学通知、供在线选课的课程发布表和现场培训反馈为例进行具体介绍。

第一部分：面向全区下发到校的选学通知

关于组织参加"十三五"第三期书院式干部选修课培训的通知

各教育单位：

第三期书院式干部选修课于4月开课，请各单位干部培训工作负责人收到通知后组织本单位干部报名参加，报名截至2018年3月26日下午5：00。

报名须知：

1. 所有正式任命的干部都可报名参加，每位干部最多可选报两个专

题；建议各位校长选听 4 月 30 日的讲座。

2. 学员自行扫描课程对应的二维码(表格中略去)，填写相关信息即可完成报名。

3. 报名成功后因故不能参加培训的学员，不用请假也不用调课，下一学期再选，选学干部的听课学分以听课当天的签到表为准。

教委组织科

研修中心干训科

2018 年 3 月 19 日

第二部分：供在线选课的课程发布

"十三五"第三期书院式干部选修课培训课程安排表

授课教师及简介	授课时间	授课内容
滕珺 北京师范大学副教授	4 月 4 日(周三) 9：00—11：00	21 世纪核心素养与 国际化人才的培养
陈坤清 顺义区第二中学校长	4 月 12 日(周四) 9：00—11：00	用心读《学记》， 潜心做教育
张春德 杨镇第一中学校长	4 月 19 日(周四) 9：00—11：00	科学创建学校 管理流程
张延明 新加坡南洋理工大学教授	4 月 30 日(周一) 9：00—11：00	学习《帝范》传承的 领导智慧
孙金鑫 《中小学管理》杂志社主编	5 月 10 日(周四) 9：00—11：00	改造我们的文风
张艳军 顺义区文化馆	5 月 17 日(周四) 9：00—11：00	中国书法发展概况及 名家名作欣赏

第三部分：现场培训反馈

每次课后的学员反馈问卷通过问卷网生成，学员现场手机作答。我们围绕研究目的，共设置了 6 个小问题。

1. 您对本次培训的总体感觉：

A. 非常满意　　B. 满意　　C. 一般　　D. 不满意

2. 本次培训对您影响最大的为：

A. 拓展了知识面　　　　　B. 了解了前沿的教育理念

C. 人文素养得到了提升　　D. 借鉴了更多管理实践经验

3. 本次培训对您认识上的最大帮助表现在：

A. 提供了思考问题的新角度

B. 提高了透过现象认识本质的能力

C. 提高了提问、质疑和反思的能力

D. 其他

4. 本次培训对您实际工作的最大作用为：

A. 给我的实际工作提供了思路和方向

B. 给我的实际工作提供了方法和技术

C. 纠正了以往管理行为上的偏差

D. 其他

5. 您认为本次培训教师：

A. 专业水平和授课水平都高

B. 专业水平高，授课水平待提高

C. 专业水平一般，授课水平高

D. 专业水平和授课水平都有待提高

6. 您认为本次培训在课程内容和组织管理方面还有哪些需要改进？

　　培训结束后，我们可以马上读取学员填答的统计详情，根据客观题的反馈情况判断培训内容的针对性、实效性以及授课教师的情况，根据主观题可以看到学员对培训内容和组织管理的改进建议，然后在下一次授课中改进。每一道题的统计都很清楚，以第三期"21世纪核心素养和国际化人才的培养"反馈问卷第4题为例，如下。

第三期书院式干部培训课程"21世纪核心素养和国际化人才的培养"问卷示例

4.本次培训，对您的实际工作的最大作用为：

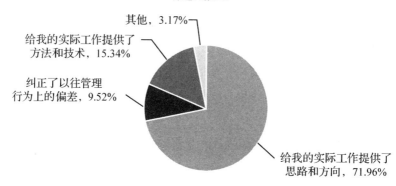

图1　本次培训对实际工作的最大作用

表1　本次培训对实际工作的最大作用的回复情况

选项	回复情况
给我的实际工作提供了思路和方向	136
给我的实际工作提供了方法和技术	29
纠正了以往管理行为上的偏差	18
其他	6

4. 充实了区域干部培训的课程体系

在以往的干部培训中，全员参与部分在内容和时间上都做了统一要求；其他分岗分层培训也是在固定时间通过短期集中培训完成。

现在的书院式培训，面向全体干部开设课程，但是以选修的方式实施，给学员极大的自主选择空间，同时也为更多渴望学习的干部提供了充足的课程供给，充实了区域干部培训的课程内容，完善了干部培训课程体系，见表3-14。

表3-14　"十三五"时期干部培训课程总览

基本板块	培训内容	具体实施	学分
理论大讲堂	涉及经济、政治、军事、文化多个领域	教工委统一组织，每年寒暑假全体干部集体学习	16

续表

基本板块	培训内容	具体实施	学分	
校本培训	各学校自主培训	学校组织，培训档案材料交干训科备案	10	
各分岗分层培训（含挂职学习）	各岗位各层级干部应知应会的基本知识和能力	进行短期专题培训，名校挂职，跟岗学习	挂职一周记4学分	10
书院式选修通识培训课程	涉及教育管理者的基本素养、基本能力、教育教学热点、艺术修养等	以选修课的形式实施，学习者根据自己的兴趣和学分自选	选修一次并完成反馈记1学分	

在5年期间修完总学分36分，每10个学时记1分

（二）衍生成果

在书院式培训的前期探索中，除了基本达到预期的研究目的外，我们在实践中还收获了很多生成性成果，主要有如下几方面。

1. 增强了干部培训的实效

经过前四期24次主题培训的运行，书院式通识培训做到了覆盖区域干部全员，累计培训了近4000人次。这种培训尝试帮助学员克服了如下三大现实矛盾。

第一，助力克服供需矛盾。干部自主选择培训内容，在一定程度上解决了培训课程供给与学员需求之间的矛盾。学员反映，有了长期固定的课程供给，自己可以根据需要随时选学。

第二，助力克服工学矛盾。每一期的培训时间和地点都提前下发到学校，学员通过自主选择有效避开了工学矛盾。如果报名后临时有工作不能参加学习的也没关系，不用请假也不用换课，自己可以有时间再学。

第三，助力克服主动与被动的矛盾。书院式课程是全面选修课，选不选、选什么、选课后实际听不听全交由学员自己定。培训部门只需根据最后的实际听课情况做好学分记录即可，这样把学习培训的主动权完

全交给了学员。有位小学副校长已经从学校调到镇教育助理的岗位，还坚持每期都来学习。她说不管自己在什么岗位，都要有管理的站位和相应的能力，书院的面授课都对她的帮助很大。

2. 搭建了区域优秀管理者成长的平台

一批一线校长走上书院讲台，进行高质量的"输出"，提高了自身的理性思考水平，提高了专业表达能力。前四期的实践中，先后有四位一线校长和一位副校长走上书院讲堂，分享了自己的管理经验。在书院讲学的基础上，首都师范大学附属顺义实验小学任志梅校长还被衡水市教师进修学校等邀请去讲学，并登上了明远教育书院的讲坛；牛栏山第一中学张华礼校长应邀到海南去讲学。

3. 传播了干部培训的创新经验

书院式干部培训，通过在传承优秀传统文化的过程中实现干部培养方式的创新，作为一种创新人才培养方式，入选顺义区"梧桐工程"，获得顺义区委组织部第四批"人才创新项目"评选一等奖第一名。书院式干部培训的经验在区域内得到了传播。

八、 研究讨论和建议

（一）课程内容方面

前四期的实践探索，形成了较为系统的书院式干部通识培训课程，稳定和固化了六个基本课程模块。今后将根据各单元的实际情况，每期聚焦一个培训主题，围绕主题发力，满足干部在某些主题上不断进阶学习的需求。

（二）课程实施方面

我们将探索包括经典阅读分享、主题沙龙和书院系列游学等更为丰富的培训方式，满足不同层次干部的学习需求。

（三）课程评价方面

在目前单一的学员课后反馈评价的基础上，将积极探索学员的追踪评价、学习效益和实践改进状况评价等多种评价方式。

　　专家评语：教育干部培训应该在培训课程、培训方式上不断创新，使之适应新的形势和要求。顺义区教育干部培训部门根据本区教育干部的具体情况率先进行了书院式培训，秉承古代书院"开放办学、自主研究"的办学思想和"博学、审问、慎思、明辨、笃行"的治学精神，把书院式培训与干部通识培训对接，着力丰厚培训课程的内容，优化课程的实施方式和管理方式，用弘扬优秀传统文化的方式实现干部培训方式的创新。该文的课题做得不错，对书院式干部培训的含义界定清楚，在书院式培训课程内容、课程实施方式、课程管理方式三个方面进行了卓有成效的研究，并进行了实践，取得了很好的研究成果。研究成果与书院式干部培训的界定一致，与研究目标一致，为其他地区的教育干部培训提供了一个可以借鉴的范本。

点评专家：北京教育学院　李春山教授

发掘文化资源 构建干部培训地方课程
——以丰台区为例

北京市丰台区教育工作委员会　　薛红
北京市丰台区教育科学研究院　　王晓利

　　【阅读摘要】文化自信是一个民族发展中更基本、更持久的力量。北京市丰台区有着丰富宝贵的文化资源，以文化人，文化育人。丰台区委教工委以高度的教育自信和文化自信，聚焦干部培训，开展了"发掘丰台文化资源，构建领导干部培训地方课程"的实践研究。该研究扎根于丰台区的特色文化资源，注重丰台区领导干部的家国情怀和党性修养，明确地方课程开发的时代定位，反复斟酌课程开发的顶层设计，形成专业研究团队，深入调研，挖掘整理，构建了现场教学的"五色课程"，进而探索新时代干部培训的新路径、新方法，推进丰台区干部培训特色课程体系建构，并以此促进教育系统领导干部政治素养、专业化水平和治校能力的进一步提升。

【阅读关键词】文化资源；地方课程

进入新时代，党和国家对教育工作者，特别是学校领导干部，提出了许多新要求，在新时代要有新担当、新作为。同时，对教育"培养什么人、怎么培养人、为谁培养人"的思考和追问，促使教育系统领导干部成长发展的需求发生了新变化。干部培训工作面临新的挑战，迫切需要培训部门拓宽眼界、打开思路，去发掘和开发多样化的培训课程，丰富培训内容，创新培训方法和途径，从而保证干部培训工作能够符合新时代的新要求，满足教育系统领导干部成长和发展的需求。

优秀文化是涵养社会主义核心价值观的重要源泉。丰台区有着丰厚的文化资源，涵盖了革命文化、中华优秀传统文化、社会主义先进文化和创新文化的许多方面。这些是非常优质的干部培训资源，对提升领导干部的政治素质，筑牢"四个意识"，坚定"四个自信"，意义重大；对涵养领导干部的家国情怀，激发热爱丰台、建功立业在丰台的壮志豪情，能够起到积极的促进作用。

一、 立足时代需要，明确课程构建的价值定位

习近平同志在全国教育大会上强调，坚持立德树人，坚持扎根中国大地办教育，坚持以人民为中心发展教育，要把教育同生产劳动和社会实践相结合。目前中小学干部培训的国家课程重在统一要求，重知识性，灵活性和针对性稍差。我们构建地方课程，是为了更好地完成国家课程，丰富培训的形式，强化培训的效果，为培养新时代的新干部提供更好的服务。此次构建的地方课程，属于国家课程的政治模块范畴，是想在实施国家课程之中，更好地满足干部发展的时代需求、个性化需求，突出政治需求、党性需求；课程内容扎根本地区，强调立德树人的根本目标，发掘区域文化资源，为区域校长的本土需求服务，结合工作岗位和思想实际，为校长提供"往心里走，往实里走"的培训课程。

（一）地方文化资源的利用有助于领导干部的全面发展

党的十九大报告指出：文化自信是一个国家、一个民族发展中更基本、更深沉、更持久的力量。地方文化资源作为一种基因文化，是先辈们智慧的结晶，是人类历史文明的珍贵遗存，是延续民族根脉不可替代的教育资源。人的社会化进程与文化有着极大的联系，一个人如果疏远或脱离了所处文化的形态，那么势必会阻碍其自身的社会化进程。本土的地方文化具有鲜明的地域色彩，生活、工作在该地域的人们总会与本地的地域文化产生着种种的联系。丰台区有着丰富宝贵的文化资源，完全可以实现以文化人，文化育人。一方面，丰台教育系统的领导干部，应该熟悉丰台、热爱丰台，进一步升华为对祖国的热爱，对办好人民满意的教育和促进丰台教育"高水平、有特色"发展的使命担当；另一方面，学校的领导干部，要运用好地域文化资源服务于学校的发展、教师的发展、学生的发展，服务于立德树人的根本任务，也是其重要职责之一。

熟悉的事物总能引起情感上的共鸣。丰台是我们区学校干部生存、生活的客观环境，丰台文化深深影响着干部的思想、观念、价值取向。在丰台这片热情的土地上，丰台文化在每位丰台校长心中都不陌生。但他们常常因为"身在此山中，不识真面目"，对丰台文化缺乏系统全面的了解与自觉认识，进而影响到对身边资源的充分和有效利用。因此，发挥丰台文化的特别之处，把丰台文化的内在精髓发掘出来，形成丰台校长培训的地方课程，为校长的全面发展服务是我们研究的初衷。

丰台区丰厚的文化资源为构建区域特色干部培训课程提供了可能。我们认为，如果充分利用和开发地域文化资源，构建干部培训特色课程体系，势必对领导干部的全面发展起到积极的促进作用。

（二）构建干部培训地方课程能够为地方文化的发展做出贡献

干部培训离不开课程支撑。从某种意义上说，学校干部培训是依托已有知识、形成新知识、发挥新知识作用的过程。从知识学的角度来讲，地方性知识和地方课程相互依存，互为作用。地方性知识能够为地方课程的开发提供理论依据和现实内容材料。反过来，地方课程的开发，可以对地方性知识进行深度的挖掘、有效的传播，甚至还可以对地方性知识的创新产生一定的作用。"越是地方的，就越是世界的"。挖掘地方文化资源中的精华部分纳入地方课程，有利于激活地方文化，传承文化精髓，让文化基因后继有人。课程是文化传递的最直接的方式，由于国家干部培训课程不可能顾及每个地方的个性需要，故地方课程就应该承担起这样的重任。①

发掘丰台的文化资源，构建丰台领导干部培训的地方课程，有利于领导干部知丰台、爱丰台，增强对丰台文化的自信，有利于干部提升带领师生热爱丰台、建设丰台的家乡情感，有利于建设文化丰台，推进"五位一体"的区域发展战略目标的落实。

多年来，我们的干部培训课程，对身边的特色文化资源挖掘利用不够，对干部的党性教育，以讲座方式宣教的多，通过实地考察，现场体验的少。领导干部更多的是作为培训的客体，被动接受多，参与挖掘培训资源少。这样忽略了校长本身也是培训的主体之一。带领领导干部感受身边的特色文化，体验特色文化，认同特色文化，挖掘整理特色文化，构建干部培训的地方课程，可以激发干部用文化的内涵精神，践行引路人的使命，引领教师做好"四个引路人"的楷模。同时，以干部的实际行动，促使师生形成对本土文化的热爱，弘扬和发展丰台地方文化，增强干部对丰台文化的自信。使领导干部成为地区精神文明建设的重要参与者、贡献者，为促进丰台文化影响力的提升，做出教育系统应有的贡献。

二、 解读文化资源的内涵， 注重课程开发的顶层设计

丰台文化资源，是指在丰台这个特定地域范围内，受自然、历史、地理等的影响，在人民长期的生产、生活过程中创造的，发挥积极作用

---

① 潘洪建：《地方性知识及其对课程开发的诉求》，载《教育发展研究》，2012（12）。

的物质财富与精神财富。从物质层面来看，文化资源主要指纪念馆、博物馆、卢沟桥、大葆台、长辛店留法勤工俭学旧址等；从精神层面来看，文化资源主要指航天精神、抗战精神、火车头精神、戏曲精髓等。相对于物质文化资源，精神文化资源更加可贵，它是一个地区永远的历史记忆，是一个地区成长发展的基因。"地方性"是地方课程的生命所在，要充分体现地方文化与地方特色。让领导干部了解地方性知识，形成"地根"意识，践行领导干部的办学使命，促进地方青少年的成长，建设文化丰台，进而推进整个区域的发展。

干部培训地方课程，是指以干部专业标准为指导，依据丰台学校干部的需要，充分利用丰台的文化资源为材料和媒介开发设计的课程。本文所指的干部主要指学校的领导干部，包括正职和副职干部。

为了使课程开发顺利进行，更有效地实现教育系统领导干部培训的创新，我们立项了北京市教育科学规划课题"开发利用丰台文化资源，构建领导干部培训地方课程"，成立了由教工委书记领衔、丰台教育党校六位同志参加的课题研究小组。我们还特聘中国教育科学研究院四位专家全程参与并指导课题的研究与课程的开发。

我们首先研制了《丰台区校长培训地方课程开发方案》，对课程开发的背景、目标、内容以及方法等做了明确阐释。在此基础上，我们邀请中国教育科学研究院、北京开放大学专家和课题组成员一起共同研讨，拟定了《课程编写大纲》，进一步明确了课程编制的具体要求。

（一）明晰课程总体定位

我们设计的地方课程的名称为：丰台干部培训区本"五色"研修课程。课程开发目标是为落实国家课程的政治素养培养目标服务，改变传统的讲授式的培训方式，变室内听讲为现场体验，深化培训效果，彰显文化丰台，推动丰台区"五位一体"战略发展目标的落实。为此，我们立足丰台文化，发掘出五类资源，构建了"五色"课程。针对每类资源选取一个资源单位，每类资源课程有 8 课时，独立成课并为参加课程的学习者提供学习手册(读本)。

（二）提出课程指导思想

我们提出的课程指导思想为：以习近平新时代中国特色社会主义思想和党的十九大精神为指导，贯彻落实全国教育大会和北京市教育大会的精神，落实《丰台区"十三五"时期中小学干部培训工作实施意见》的具体要求，开发领导干部培训"五色课程"，创新培训方式，丰富培训途径，以此提升领导干部的政治素质，筑牢"四个意识"，坚定"四个自信"；涵养领导干部的家国情怀，激发热爱丰台、建功立业在丰台的壮志豪情。同时发挥好领导干部领头雁的作用，办好人民满意的教育，促进师生的成长与发展。

（三）梳理课程总目标

我们的课程总目标为：挖掘、整合丰台文化资源，形成富有特色的干部培训课程。以此课程提升教育系统领导干部的党性修养、文化自信、责任担当和热爱丰台的家乡情怀，激发教育系统领导干部建功立业、办人民满意的教育的壮志豪情，努力造就一支政治过硬、专业化水平高、治校有方的中小学校长队伍；同时通过领导干部将丰台文化资源所蕴含的教育价值，融入学校教育，传递到师生，增强师生对丰台文化的热爱，进一步升华到对祖国的热爱，从而促使丰台文化资源在落实立德树人根本任务、引导学生培育和践行社会主义核心价值观上发挥最大效能，促进师生和学校的全面发展。

（四）形成课程开发理念

我们的课程开发理念为：地方课程是整个干部培训课程体系的必要构成部分，目的是立足本地区干部的需要，形成扎根意识，放眼世界，服务未来学校的发展。

1. 遵循校长专业标准

将"以德为先、育人为本、引领发展、能力为重、终身学习"的校长专业发展理念贯穿于课程开发始终。

2. 以学习者为本

适合学习者的认知基础，注重学习者的情感体验，满足学习者的学习需求，激发学习者内在的积极性。

3. 坚持建构主义学习理论

尊重学习者的已有经验，用特色资源创设有效的情境，引发对主题思想的深入追问与深度学习，促进学习者新的认知建构。

（五）坚持课程设计的基本原则

1. 时代性原则

课程设计要紧紧把握时代发展的脉搏，深入挖掘蕴含在"五色"文化资源中的思想观念、人文精神、理想信念、时代精神、价值追求。回望历史，关注未来，立足现在，在教育发展的大视野中引导学习者认识今天的责任担当。

2. 科学性原则

课程的整体架构和内容的细节编排，突出合理、和谐，符合学习者的需要，能够更好地发挥区域资源的优势。

3. 体验性原则

课程设计坚持"学、研、论、做"等研修环节，突出实地考察、体验、互动交流，促使学习者在体验中感悟、概括、提升。

4. 开放性、发展性原则

课程设计没有标准答案，从点到面，注重拓展学习资源和实践空间，把课程放在丰台、北京、时代发展的大背景下不断丰富、发展。

5. 特色性原则

课程设计突出丰台的区域文化特色，深入挖掘其内涵价值，为学习者在跨界学习中体认家乡文化和强化使命担当创设情境，搭建平台。运用教育引导式学习工具，突出课程的活动式、参与式、互动式。①

---

① 孟凡丽：《多元文化背景中地方课程开发研究》，博士学位论文，西北师范大学，2003。

（六）课程体例

为更好地体现课程设计的思想与原则，课程体例包含如下环节。

1. 开场引入

我们通过开场讨论、视频介绍或暖场游戏等，紧紧抓住学习者，调动学习者积极的学习情绪。

2. 任务驱动

学习者围绕课程目标、学习主旨设定任务—根据任务分组完成—凡研讨或考察均设计个人或小组需要完成的任务单—设定真任务(如为某个展馆设计宣传文案并真正放置到展馆供使用)开展学习活动。

3. 体验先行

学习者带着任务单实地考察、阅读、座谈等，用各种方式收集资料。

4. 集智共创

我们提前分组，明确研学目标和要求。学习者集体整理、策划、研讨、分享，生成学习成果，并就后续如何实践展开务实的讨论。

5. 总结反思

学习者对学习内容、学习方式及如何落实等问题进行焦点讨论。

（七）课程的学习评价

学习结束后，我们针对学习过程及学习效果，通过问卷和访谈，收集学员的评价反馈。

通过学员的反馈，我们对课程目标、课程内容、学习形式、课堂组织等方面进行修改或调整。

三、 实地深入浅出， 科学构建"五色课程"体系

（一）广泛调研， 为地方课程资源的筛选做充分准备

丰台的区域文化资源非常丰厚，从历史到未来，不同领域、不同角度凝结着中华民族发展的文化精髓。作为教育系统领导干部培训的课程

应该从哪里开始？哪个角度切入？深入探讨哪些问题？收获怎样的感悟？带着这样一些思考，本文本着"立德树人"的总目标，以干部的党性修养为主要需求，对各类文化资源进行了细心、深入、广泛的调研。先从资料收集了解入手，进而和文化资源单位友好协商，达成学习意向，然后身临其境地去感触和发掘。参观相关展馆，查阅大量资料，访谈相关人员，阅读了百万计的文字信息，为后续工作做好了各种准备。表 3-15 为实地调研、参观走访实录。

表 3-15　实地调研、参观走访实录

时间	地点	调研内容
2018 年 6 月 20 日	中国人民抗日战争纪念馆、中国人民抗日战争纪念雕塑园	了解展馆的资源信息，收集资料素材，与场馆人员座谈
2018 年 7 月 24 日	北京铁路局丰台机务段	参观"毛泽东号"展览馆，听讲解，了解"毛泽东号"的过去与现在，观看视频，收集相关资料
	北京铁路局北京动车段	实地参观，感受国家铁路迭代发展的速度，收集资料素材
2018 年 8 月 2 日	丽泽商务区、总部基地	参观相关展览，收集资料素材，与招商局杨局长座谈
	中国园林博物馆	参观展馆，听取讲解介绍，与场馆领导座谈，收集资料素材
2018 年 8 月 3 日	中国运载火箭技术研究院	参观航空博物馆，走访火箭车间等，了解相关情况，收集资料素材
2018 年 8 月 17 日	中国人民抗日战争纪念馆	再次参观抗日战争纪念馆，有针对性地补充收集信息
2018 年 9 月 28 日	长征学院	有针对性地补充收集文字资料
2018 年 10 月 5 日	中国园林博物馆	观摩公众教育课程和国庆临展，有针对性地补充收集资料
2018 年 11 月 22 日	丰台园博园	实地考察，感受"化腐朽为神奇"的故事，与负责领导交流，收集相关资料

在广泛调研的基础上，本文对收集上来的原始资料进行了初步筛选，做了分析比较，依据资源本身体现的文化内涵，以习近平同志对教育论述的"九个坚持"为指导，按照干部党性修养的需要，确定了第一期开发的五类资源。五类资源的核心内涵，正好符合了五种颜色的寓意折射。

红色是国旗的颜色，红色资源课程以抗日战争为主要内容。抗日战争是中国近现代史上的重大事件，而中国全面抗日战争的爆发地——卢沟桥，就在丰台。

蓝色是天空的颜色，蓝色资源课程以航天科技为依托，以中国运载火箭技术研究院为基地。航天人为贫弱的新中国走向强大做出了突出的贡献，而丰台就是中国"两弹一星"启程的发祥地。

绿色是草地的颜色，绿色资源课程以丰台园博园为基地。这段丰台人"化腐朽为神奇"的故事，告诉人们在追求绿色健康发展的过程中，需要坚持和坚守生态和谐，进而引发校长对构建学校和谐生态的思考。

金色是辉煌的颜色，金色资源课程选用"毛泽东号"机车组的光荣故事来展开。北京铁路局丰台机务段的这个资源反映了中国劳动者追求的那种不平凡的劳动精神。

银色代表了未来，银色资源课程以丽泽商务区为主要内容。他们做的正是面向未来的建设。

（二）提炼主题，聚焦多领域的跨界学习

五色文化资源，跨越时空，跨越领域，各有鲜明的特点。但在时代发展的进程中，它们又都具有共同的时代精神，如使命担当、艰苦奋斗、家国情怀、开拓创新等。结合新时代对教育的希望、对干部素养的要求，在众多丰富的文化资源中，学校干部培训课程应该如何选择和开发呢？红色、银色两个课程方案的第一稿完成时，课程研发小组进行了深入研讨。大家认为两个课程方案是一个很好的开始，但课程的话题有些宽泛。如何有效用好各类文化资源的课程价值？经研讨，大家达成以下共识。

首先，根据五色资源各具的突出特点提炼每一课程的主题，使每一课程研究的主旨内容明确、聚焦，以利于课程学习的深入。

其次，围绕主旨对每一课程资源做好整合并与教育联结，学习时既能感触不同时段、多个领域的发展，突显家乡丰台的丰厚文化；又切实为提升干部的领导力素养发挥效能，实现课程总目标。

再次，对不同领域、不同时空的文化资源进行整合聚焦，使五色各课程的主旨更明确，主题更鲜明，内容更深刻，并形成五色课程各自的主题。具体内容如下。

红色之旅——忆抗战历史，读《论持久战》，学战略格局。主题是"战略格局"。

蓝色之旅——领会航天精神，感悟使命担当。主题是"使命担当"。

绿色之旅——走进绿色家园，体悟生态和谐。主题是"生态和谐"。

金色之旅——平凡岗位上不平凡的敬业奉献。主题是"敬业奉献"。

银色之旅——看丰台经济腾飞，论教育开拓创新。主题是"开拓创新"。

最后，为增进校长对家乡的了解和文化自信，增加"启程——概览丰台悟家园"和"点亮丰台——研修课程总结"两个专题课程，使五色课程在立足家乡发展、感触多个领域、引发校长思考的框架中，形成较为完整的体系。

（三）抓住特点，力求每一课程都充满魅力

仅以"红色之旅——关于中国人民抗日战争纪念馆基地的现场学习"课程为例。抗日战争是国人都知道的一段历史，丰台领导干部更不止一次地走进纪念馆基地。为了让课程有新意，我们认真研究课程的切入点，以找到更恰切、更深刻的价值所在。我们经过对抗战史实资料的大量研读与梳理后认为，几十年后再回望这场战争，我们的目光不能仅停留在战争的过程，而应通过过程反观战争留给我们的启示与思想。当时中国共产党不是执政党，但抗日战争全面爆发之初，共产党的领袖毛泽东发表的经典名著《论持久战》却对抗日战争起到了重

要的战略指导作用。《论持久战》运用战略思想和辩证唯物主义方法，深刻分析了抗日战争的背景、性质、形势和特点，科学预见战争的前景和进程，提出了指导战争获胜的战略方针和战术策略。我们认为研读《论持久战》不仅能帮助干部们深入认识抗日战争的背景、过程、意义，还能让他们充分了解中国共产党在抗日战争中的中流砥柱作用，同时帮助他们学习理解战略思想、战略领导在组织发展中的现代价值。于是，"战略格局"、阅读《论持久战》分别被确定为红色之旅课程的主题与主要研修内容。

恰在此时，由中央党校杨信礼教授执笔的《重读〈论持久战〉》一书由人民出版社出版了。《重读〈论持久战〉》诠释了战略思想的内涵与价值，重点分析了贯穿《论持久战》的五大思维方式与思维方法：整体思维、过程思维、价值思维、辩证思维与主体思维。显然，重读《论持久战》在当今时代对国家发展、教育发展都有着重要意义；而《重读〈论持久战〉》更坚定了我们的选择，也帮助我们把课程设计得更合理、更深刻。

同样，我们在反复研读大量文献资料和实地考察体验的基础上，对蓝、绿、金、银"四色课程"也分别进行了多次的创意研讨，并在不断的追问与思考中，对课程设计进行精雕细琢、反复打磨，力求每一课程都充满魅力，使课程开发一步步走向深入。

在课题研究过程中，我们得到了相关单位的大力支持，所到之处无不受到热情接待。相关单位毫无保留、无私奉献，为我们提供了非常珍贵的文献和影像等资料，这为我们的研究提供了强有力的支撑。我们得到了对课程开发十分有价值的大量资料：中国人民抗日战争纪念馆提供的为中学生开发的系列课程资料——"中国抗日战争大事记"；中国运载火箭技术研究院提供的 2012 版《中国航天事业发展的哲学思想》一书和航天博物馆解说词；"毛泽东号"机车展览馆提供的"毛泽东号 70 周年纪念册"；丰台区投资促进局提供的视频及相关介绍资料；丰台园博园提供的"化腐朽为神奇"绿色生态资料；卢沟桥文化旅游区办事处提供的雕塑园、宛平城、卢沟桥的资料；北京铁路局北京动车段提供的关于我国高铁事业发展的资料；中国园林博物馆提供的绿色生态资料等。这些资料对"五色课程"的开发与设计具有十分重要的意义，也为下一步"五色课程"的持续开发奠定了基础。

（四）注重体验， 促进学习者在互动与自创中联结、 感悟、 提升

课程设计遵循体验性原则，以学习者为本，突破传统培训课程的报告、讲座、答疑等范式，引入教育引导的理念和工具。我们通过焦点讨论、阅读书籍、参观考察、活动参与、研讨交流、动手绘制、自创行动方案等多种形式，激发校长在原有经验的基础上，与跨领域学习建立有效联结，在亲身体验与思考中感悟所学所见，追问课程的主题元素，建构新的认知，实现新的提升。

（五）持续研讨， 有序高效地完善课程体系

综上所述，课程的开发过程，就是研发小组学习研究的过程，是汇聚众智的探索过程。从制订开发方案到形成课程及读本方案，先后进行过多次正式研讨，利用微信等网络工具进行交流研讨，随时发生、不计其数。表 3-16 为课题研究过程的主要事项记录。

表 3-16　课题研究过程的主要事项记录

时间	工作内容	结果
2018 年 3 月	撰写课题申请报告	立项市级课题
2018 年 4 月	考察、遴选专家资源	选定中国教育科学研究院为合作单位
2018 年 5 月	研究课程开发方案	形成课程开发方案框架
2018 年 6 月	研究第一批开发的课程主题和调研资源单位	确定主题和调研资源单位
2018 年 7 月	研究课程结构和教材编写体例	确定课程结构和教材编写体例
	研究各类课程的调研提纲	形成调研思路

续表

时间	工作内容	结果
2018 年 9 月	谈论教材初稿、讨论教材二稿、研讨教材三稿	交流、补充、调整、完善
2018 年 10 月	研讨教材四稿	提出修改意见
	研讨各色课程主题	形成明确的课程主题系列
2018 年 11 月	研讨教材五稿、研讨教材六稿	调整绿色课程设计
	研讨教材整体设计	完善整体设计意见
2018 年 12 月	研讨教材整体设计	完善意见
	研究结题报告的撰写、修改完善	完成结题报告

在每一次研讨会上，与会者均以科学研究的态度，提前做好准备，充分发表见解，听取不同意见，深入分析各种因素，形成有效共识。科学、严谨的研究使"五色课程"走向深入；研讨成果丰富，保证了课程质量和教材开发水准。

四、 升华区域资源， 形成"五色课程"的鲜明特点

在广泛调研丰台区域文化资源的基础上，我们初步完成了课程建构。接着，我们在继续深入研读资料、反复考察研讨、精心构思创设、不断修改完善的过程中，完成了红、蓝、绿、金、银五类资源课程每色一课的 1.0 版研发工作。

（一）课程呈现的基本样态

仅以"金色之旅——'毛泽东号'机车纪念馆"课程为例。这一课的主题是"平凡岗位上不平凡的敬业奉献"，共 4 课时。(此课与"启程——概览丰台悟家园"相组合，共 8 课时。)

1. 课程目标

了解"毛泽东号"的历史；研讨"毛泽东号"所传承的敬业精神；发现校园中的敬业奉献；探讨如何建设"绿色敬业奉献"的校园文化。

2．开场讨论

在观看介绍"毛泽东号"视频片段的基础上，围绕视频内容展开讨论，重在热身、调动学习积极性，引入学习。

3．参观展馆、观看视频、发掘精神

带着任务单参观"毛泽东号"机车纪念展馆，观看现任机车长刘钰峰事迹的视频。根据任务单的要求展开讨论，挖掘"毛泽东号"机车团队的劳动精神。

4．课堂活动：看数据，讲故事

对发生在学校平凡岗位上的某些数据进行小调查，并讲述其中敬业奉献的故事，分享其中的思考。

5．汇聚众智

围绕"作为校长，为创建学校敬业奉献的氛围/组织文化，可以提供哪些支持"进行研讨并形成方案框架。

6．本课内容的回顾与反思

总结学习收获，并为"毛泽东号"机车展览室写下参观留言。

7．课后拓展学习

从"读万卷书，行万里路"两个角度给出拓展学习建议，把学习延展到课后。

为方便学习，将课程相关补充资料上传到云端，并在手册上加注二维码。

五色课程的呈现如"金色课程"一样，形成了相对一致的课程模式，即有明确的"课程目标"—有开场讨论—相应的学习任务—相关的活动体验—联系实际的思考研讨—当日学习的回顾与反思—课后学习拓展等。不同的是，根据课程不同的内容与主题，学习任务、学习活动的设计安排不同。比如，红色课程设计了读毛泽东同志的《论持久战》，参观抗日战争纪念馆；蓝色课程安排了"读一读，理一理""看一看，听一听""探一探，想一想"3 个模块，不仅有阅读，也有参观，还有与大国工匠高凤林师傅的对话交流；等等。

（二）课程呈现的鲜明特点

1. 时代性

从历史走向未来，立足现在，注重资源内涵的时代性。从丰台丰富的历史积淀中，挖掘富有时代意义的精神内蕴；从丰台生动的社会变迁中，发现饱含习近平新时代中国特色社会主义思想的地方元素。结合新时代对学校干部的使命担当的新要求，我们对课程资源的核心内涵进行了提炼升华，使课程资源与新时代新作为的干部发展要求相对应。如"毛泽东号"机车展览馆——敬业奉献；中国运载火箭技术研究院——使命担当；丽泽商务区——开拓创新；中国人民抗日战争纪念馆——战略格局；北京园博园——生态和谐。如此激励教育干部不断砥砺前行，为丰台更加美好的明天努力奋斗。

2. 本土性

每位领导干部的成长首先要涵养的是家乡情怀，突显热爱丰台、服务丰台教育的崇高情感。启程——发现家乡美好，激发探索热情(唤醒)；"毛泽东号"机车展览馆——发现身边的敬业奉献，激活对教职员工的情感(反思)；中国运载火箭技术研究院——荣誉感，热爱丰台(升华)；丽泽商务区——打开眼界，改变对丰台的成见，对未来家乡发展有信心，鼓舞工作干劲(落地)；中国人民抗日战争纪念馆——从历史中学习经验教训，成为立足本地、有战略格局的优秀校长(行动)；北京园博园——感受和体味家乡生态的美好(赋能)；点亮丰台——综合收敛(以终为始，出发)。

3. 参与性

从成人的学习规律出发，注重体验参与。只有让受训者的身心参与进来，形成自我的体验感悟，才能转化成干部素养的一部分。我们将丰台区特色文化资源融入课程，通过实地体验、专家报告、工作坊研讨、实践研修等多种形式，打造有地方特色的参与式、引导式培训。体验先行，尊重干部的已有经验，激发干部作为学习研修主体的内在动力，激发他们自觉参与，提升研修质量。

4. 独特性

从情感出发，将感性认识升华到理性认识，最终落实到实践。各课程模块相对独立，每个模块以启动情感认同—升华思想认识—学习不同经验—探讨学校管理的脉络进行安排，引导校长完整感受丰台从古至今在不同领域的变迁发展，并最终落实到本职工作中去探讨和践行学习收获。

5. 深刻性

探讨设计主题时避免走马观花。针对资源项目的特点，结合干部的能力建设，从资源单位的历史沿革、优秀文化传统及先进经验等提取相关元素，设计有针对性的学习主题和具体目标，深度挖掘每一个文化资源的价值内涵。一个资源单位讨论一个主题，产出一个成果，而非游客般走马观花的参观；利用互动环节加深学员体验，提升学习效果；参观结束后，就地进行总结和研讨，固化学习成果。每一课都有结合干部具体工作的相关实践产出。

6. 发展性

从一点到一面，不断拓展学习资源和实践空间。丰台区具有丰富的资源，这些资源应当成为教育广大干部职工的财富。一个干部研修课程，从一点出发，但并不拘泥于某一点，就必须保持课程的开放性、多样性。时间有限，但是思想无限。因此，参观某一个场地，但不拘泥于该场地，而是把课程放在整个丰台的大背景下，放在丰台、北京的大定位下，放在京津冀的大格局下。课程也是不断发展的，目前是 1.0 版，从设计上保持迭代开发，不断丰富、发展。

真正好的培训课程，首先是满足受训干部发展的需要：能获得新知；能引申思考；能有新的发现；能激发在实践中努力创造的欲望……由此，培训课程既是一种学习的平台，也是引领和激发创造的平台。

（三）课程还有待完善的方面

结合地域文化资源研发校长培训课程，是对校长培训路径与方式的积极探索。明确的课程目标、突出的课程主题、丰富的学习资源、跨领域的有效整合、引导式的课程设计是"五色课程"建构的关键。首期开发的"五色课程"集中了多方智慧，但课程能否更好地适应新时代领导干部成长发展的需要，亟须在培训的实践中检验，并有针对性地进行改进、调整和完善。"五色课程"的发掘、开发刚刚起步，无论是深入挖掘其课程价值，还是与学校建设、教育发展、干部素养提升恰切联结，都需要继续进行深入的探索。本文也是北京市教育科学"十三五"规划2017年度一般课题(CDDB17227)"开发利用丰台文化资源构建校长培训地方课程的研究"的阶段成果之一。我们今后还会继续深入该课题研究。

下一步计划在以下几个方面展开。

①开展第一轮试课，每次人数以30～35人为宜。及时倾听学习者的反馈，做好课程实施效果的调研，并对其进行有效的调整。

②研制与本课程配套的教师教学指导用书。

③开发课程评价工具。

④进一步丰富课程资源，强调课程开发的可持续性，迭代1.0版，开发2.0版，构建一色多资源多课程和一资源多色课程的丰台教育系统领导干部培训特色课程体系。

专家评语：进入新时代，党和国家对基础教育学校领导干部提出了许多的新要求，干部培训工作面临新的挑战。在国家统一实施干部培训课程的前提下，如何针对不同地方的需求，发掘和开发多样化的培训课程，丰富培训内容，创新培训方法和途径，从而保证干部培训工作能够符合新时代的新要求，满足教育系统领导干部成长和发展的需求。丰台区以高度的教育自信和文化自信，聚焦干部培训，开展了"发掘丰台文化资源，构建领导干部培训地方课程"的实践研究。该研究扎根于丰台特色文化资源，明确地方课程开发的时代定位，针对干部的家国情怀和党性修养的提升，构建了以现场教学为主的"五色课程"，并确立了课程实施的方式，编写出了相应的教材；希望通过这些课程的实施，帮助学校干部筑牢"四个意识"，坚定"四个自信"，促进学校领导干部政治素养、专业化水平和治校能力的进一步提升，同时也探索出了新时代基础教育干部培训的新路径、新方法。

　　文章主题突出，逻辑清晰，文字通畅，比较全面地反映了丰台区的研究与取得的成果。该文对当前各地中小学干部培训部门拓宽眼界、打开思路，去发掘和开发多样化的培训课程，做好培训课程开发和建设工作有一定的指导意义。

点评专家：北京教育学院 齐宪代教授

生物开放型教学实践活动课程设计
——以西城区为例

北京市西城区教育研修学院

张怡

　　【阅读摘要】2016 年年初，北京市制订了《北京市中小学教师开放型教学实践活动计划(2016—2020 年)》(简称《实践活动计划》)，其目的是构建中小学教师开放型教学实践活动的管理服务平台，为全市义务教育阶段教师提供个性化、多样化的教学实践服务，全面提升中小学教师的教学实践能力。在推进《实践活动计划》时，重要的就是为教师提供丰富的、有针对性的教学实践活动资源，满足教师个性化、多元化的学习与发展需求。

　　北京市生物骨干教师团队成为北京市中学生物开放型教学实践活动资源的建设者，从课程建设的角度开展生物开放型教学实践活动的研发与实施；依据课程主题、课程目标、内容选择、课程实施、课程评价反馈等方面进行每个开放型教学实践活动的设计，有效提升生物开放型教学实践活动的研修质量，为生物教师个性化、多元化的学习与发展提供支持。

　　【阅读关键词】开放型；生物教学实践活动；研修课程；教师专业发展

一、 问题的提出

教育大计，教师为本。有好的教师，才有好的教育。培养造就高素质、专业化的教师队伍，是实现深化首都教育综合改革、促进义务教育优质均衡发展和全面实现首都教育现代化的要求。2016 年年初，北京市教育委员会发布了《北京市中小学教师开放型教学实践活动计划(2016—2020 年)》。

在推进《实践活动计划》时，要为教师提供丰富的、有针对性的教学实践活动资源，满足教师个性化、多元化的学习与发展需求。北京市生物骨干教师团队成为北京市中学生物教师开放型教学实践活动资源的建设者，依据课程构建要素以及生物教师开放型教学实践活动资源的建设需求，从课程主题、课程目标、内容选择、课程实施、课程评价反馈等方面进行设计与实施，做到"两确保、一促进"，即确保开放型教学实践活动满足选课生物教师的实际需求、确保开放型教学实践活动的研修质量，通过实施生物开放型教学实践活动促进生物教师的专业发展。

针对"十二五"时期北京市教师培训的研修课程设计、内容选择等方面存在的针对性不强、不能切实解决教师教学与教研中的实际问题；研修方式单调、不够灵活、缺乏吸引力；受训教师对项目缺乏自主的选择性，积极性、主动性不强，工学矛盾突出等问题，生物开放型教学实践活动的设计与实施注重提升生物教师的生物教学素养，包括指导学生、教学设计、教学实施、教学评价等方面的能力。生物开放型教学实践活动研究的重点应该是在生物开放型教学实践活动课程的设计和实施中落实北京市深化教育改革的要求。在生物开放型教学实践活动的实施中激发生物教师专业发展的动力，通过各区生物教师在开放型教学实践活动中的交流研讨，提升实施生物课程的能力，促进区域教育均衡发展是研究的难点，如图 3-17 所示。

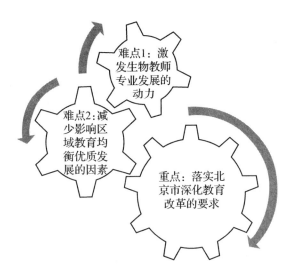

图 3-17　生物开放型教学实践活动研究的重点和难点

二、 研究目的与意义

《国家中长期教育改革和发展规划纲要(2010—2020 年)》第十七章"加强教师队伍建设"提出:"教育大计,教师为本。有好的教师,才有好的教育。……严格教师资质,提升教师素质,努力造就一支师德高尚、业务精湛、结构合理、充满活力的高素质专业化的教师队伍。"教师的在职研修是加强教师队伍建设、促进教师专业化发展、提高教师队伍综合素质和整体水平的重要途径,是推进素质教育、促进教育公平、提高教育质量的重要保证。生物教师是教师队伍的重要组成部分,然而北京市郊区承担生物教学的教师中存在"教非所学"的现象,严重影响生物教学的质量,亟待通过实施生物开放型教学实践活动提升选课教师的生物教育教学能力,保证生物教学质量。

(一)创新教师在职培训课程

教师在职教育中有三类研修课程,分别是公共必修、专业必修和选修、校本研修。北京市在全面调整、规范、完善市、区、校三级教师研修体系的基础上，创新教师研修方式。开放型教学实践活动就是对教师研修的有益探索。生物开放型教学实践活动属于专业必修课程，以解决生物教育教学的实际问题和促进生物教师的专业发展为主要内容，将问题转化为研修主题，在确定研修课程的目标、内容时，突出教师的实践体验及经验分享。设计切实可行的研修课程，有效解决教师专业发展与教学问题，助力教师进入专业发展的快车道。

（二）丰富教师研修内容

按照课程建设理论，根据国家、北京市对生物科学课程的要求和学校特色发展对生物教师的要求，针对不同发展阶段生物教师专业发展的需求，以支持教师课堂教学的问题解决、重点分析、难点突破、教与学评价及生物学科的教学基本技能提升、教学理念更新、学科思想方法渗透、加强师德师风建设等为主要内容，构建主题化的开放型教学实践活动课程，遵循成人的学习特点，充分调动生物教师的主观能动性，运用先进教育理论指导生物教学，帮助教师在已有经验基础上找到专业再提升的生长点。

（三）提高"教非所学"生物教师的学科育人能力

对于郊区"教非所学"的生物教师来讲，参加开放型教学实践活动研修，将是提高生物课程实施能力的一条有效途径；不同区域间生物教师参加开放型教学实践活动研修，可以相互切磋、交流生物育人经验，共同提高教书育人水平。

可以说，生物开放型教学实践活动的设计与实施是对生物教师在职教育研修课程建设与实施途径的有益探索。

三、 研究方法与过程

（一）文献研究的启发

在做文献研究时，我们发现 2015—2017 年国内对于"开放型教学"有

126 篇研究文章，内容以如何指导学生的学习为主；"教学实践活动"的研究文章有 17 篇，也是以如何设计学生的学习活动为主；没有检索到以教师在职培训的"开放型教学实践活动"为研究内容的文章。以"国外开放型教学实践活动""国外生物教师培训"为题名进行检索，没有检索到相关的文献。这可能与国内外教师在职教育研究者研究的视角、内容等方面的差异有关。

1. 开放型教学实践活动突出开放性

开放型是个经济学概念，如开放型经济。在教育供给侧改革中，特别是教师在职教育改革创新实践中，开放型是指给教师提供的在职教育内容和形式是开放的；给教师提供的学习资源、培训者广泛而多元是开放的；教师在参与实践活动中，教师之间的交流互动是开放的。生物教学实践活动是指教师在参加开放型教学实践活动时，不但要倾听，更重要的是以活动者的身份参与到教与学活动中去，在与课程资源提供者、课程资源分享者的交流互动中，完成研修，提高实施生物课程的能力，实现专业发展。

2. 开放型教学实践活动突出实践性

在教师培训需求的文献研究中，我们注意到，国外中小学教师培训非常关注受训主体，采取灵活多样的培训形式，实践"邀请教育"。其内容与北京市开放型教学实践活动设计的初衷有一定的相关性。

"邀请教育"理论，由美国学者威廉姆（William）和贝帝（Betty）提出。我们将"邀请教育"理论应用到教师培训中，即在实施中小学教师培训中组织邀请教师参与到培训的过程，让教师在互动式的培训氛围中发现自我、寻求共同的突破，感受培训所带来的收获。这一理论充满着人性的关怀，教师在培训的过程中作为学生的身份，应该被培训者重视，能愉快地接受培训。此外，从世界范围来看，目前教育对话正以各种各样的形态体现在新的教育理念和教育实践中。学校课堂教学需要对话，教师培训更需要走向理解与对话。在培训过程中，根据不同的培训内容采取不同的培训形式，使各项培训呈现出活力。教育教学技巧的培训采用案例教学法，让教师在分析案例的基础上提出解决问题的办法并进行相互交流；教育理论与信息的培训，采用专题讲座和读书研讨培训法，让教师在自主学习、相互探讨与自我反思中不断提高自身的理论素养和认识水平。这些方式不仅能促进教师积极主动地投入、参与教师培训的活动，而且有助于培养教师自主探索解决问题的能力。

19世纪至20世纪初，美国实用主义教育家杜威，构建了以经验为中心的课程理论，即活动课程论。他认为学校科目相互关系的真正中心，不是科学，不是文学，不是历史，不是地理，而是儿童本身的社会活动。他主张编制课程应与学生的生活经验发展顺序相一致，使学生掌握解决实际问题的知识；提倡学生"在做中学"。他认为传统的学科课程论不能照顾学生的需要、兴趣和个性，提出让学生在活动中学习，通过活动获得经验，培养兴趣，解决问题，培养科学的思想、态度和思维方法。

因此说，生物教师开放型教学实践活动的研发，可以借鉴"邀请教育"理论、活动课程论的基本原理，将教师作为活动课程的主体，在开放型教学实践活动课程设计时，突出活动课程的特点。具体如下。

第一，经验性。注重通过不同区域生物教师教学经验的交流分享，促使生物教师生物教学知识的丰富和完善，促进生物教师获得专业成长。

第二，主体性。生物开放型教学实践活动课程设计与实施，尊重不同区域生物教师改进教学行为的主动性，并借助开放型教学活动平台，加强跨区域生物教师间的交流合作。

第三，综合性。力图打破教师在职培训中"讲座—听讲""观摩—模仿"的方式，以深化生物课程改革的重点、解决生物教学遇到的问题或克服生物教学中的困难为活动主题，在不同区域生物教师组成的学习共同体中，开展多向交流与合作；使处在不同专业发展阶段与水平的教师，都能在原有基础上有所思考、教学行为有所改进，甚至在以后的教学实践中取得研究成果。

第四，乡土性。生物开放型教学实践活动课程的设计与实施，务必结合北京市不同区域的发展要求与特点，以及参加培训教师所在学校的特色及教师自身的发展状况，选择并开展研修活动，做到满足生物教师的实然需求；并在一定程度上满足生物课程改革及北京市"四个中心"建设的应然需求，体现对《中共中央 国务院关于深化教育教学改革全面提高义务教育质量的意见》的贯彻。

（二）行动研究的思考

从生物开放型教学实践活动开展的实际情况出发，构建生物开放型教学实践活动研修课程的整体框架及评价反馈机制，为完善生物开放型教学实践活动课程夯实基础。同时，利用开放型教学实践活动的实施为跨区域教师学习共同体搭建交流平台，延伸或扩大开放型教学实践活动的影响力。研究路径如图 3-18 所示。

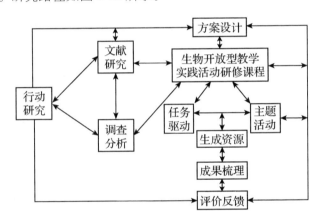

图 3-18　生物开放型教学实践活动的研究路径

以调查分析生物骨干教师研发的生物开放型教学实践活动为切入点，保证研究根植于开放型教学实践活动本身，发现问题，解决问题。

1. 北京市各区生物骨干教师发布的开放型教学实践活动有差异

我们利用北京市中小学教师开放型教学实践活动的管理服务平台，将 2016—2017 年北京市生物骨干教师发布的开放型教学实践活动进行统计整理。16 个区中有 12 个区的骨干教师共发布 144 门课程，各区生物市级骨干教师发布的课程数量如图 3-19 所示。

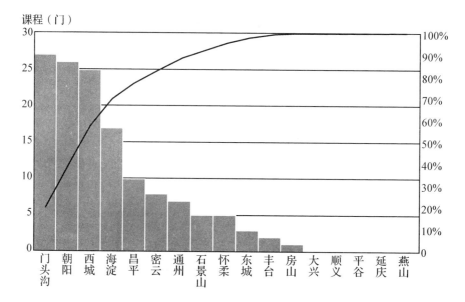

图 3-19　2016—2017 北京市各区生物开放型教学实践活动的开设情况

从各区生物骨干教师发布开放型教学实践活动的数量来看，各区间的差异还是很大的，可能的原因为：一是生物开放型教学实践活动刚开始不久，动员早的区和动员晚的区相比，骨干教师研发课程的数量多；二是各区义务教育阶段生物骨干教师人数的差异大，导致发课数量有差异。

2. 不同岗位骨干教师发布的生物开放型教学实践活动侧重点不同

我们从北京市中小学教师开放型教学实践活动的管理服务平台下载了 144 门开放型教学实践活动的主题及内容，包括我们开设的 14 门课程。其中 5 门课程有主题，内容过于简略，因此在分析主题、内容、形式时以 139 门课程为主体，如表 3-17 所示。

表 3-17　生物开放型教学实践活动情况

主题	数量	形式
生物特级教师专业发展之路等	15	报告、研究课、研讨
初中生物实验教学研究、任务与问题设计等	26	研究课、实验、讲座
初中生物课堂教学中培养学生阅读能力方法初探等	71	听课交流、讲座、案例分析

主题	数量	形式
初中生物基于中考改革的研讨等	12	听评课、讲座
生物校本课程体系构建等	15	听评课、讲座、实践

通过数据分析发现，生物骨干教师因岗位不同开设的课程及活动形式有差异。生物学科教研员多采用讲座、案例分析的方式，活动主题集中在"生物专业知识与技能"（19％）、"生物教师专业发展与职业道德"（11％）、"生物教学评价与命题研究"（9％）；一线骨干生物教师多采取听评课、实践与交流的方式，活动主题集中在"生物教学知识与学法指导"（51％）、"生物校本课程建设与资源开发"（11％）。

教研员多从生物教师队伍建设的角度研发生物开放型教学实践活动，注重提升生物教师的职业素养、专业知识和能力，主要的形式是讲座与研讨；在讲座中教研员提供的教学案例成为教师分析的素材，每位教师结合自身的教学实际情况探讨提高学生生物学科素养的方法和策略。一线骨干教师多从生物教育教学技能示范的角度提供开放型教学实践活动，主要的形式是研究课与交流；研究课的内容和教学实施过程成为教师研讨有效教学的鲜活案例，有利于教师总结梳理生物教育教学的实践经验。

3. 生物开放型教学实践活动的设计是有效实施的基础

《义务教育生物学课程标准(2011 年版)》(简称《生物学课程标准》)是体现国家对生物教育教学要求的文件，对生物课程的实施具有重要的指导作用。针对一线生物教师中存在的研读课程标准不深入、认识不到位的情况，设计并实施"研读课程标准，明确生物学课程实施方向"的开放型教学实践活动。

表 3-18 生物开放型教学实践活动"研读课程标准，明确生物学课程实施方向"的设计方案

项目	内容	设计意图
活动目标	明确研读《生物学课程标准》的意义；知道生物学课程标准的具体内容；探讨解决实施生物学课程标准中出现问题的方法和途径	明确具体的课程目标，有利于课程实施，有利于过程性评价

续表

项目	内容	设计意图
活动内容	探讨《生物学课程标准》对教学的指导意义；学习《生物学课程标准》的内容；梳理每个主题中的重要概念及概念之间的关系；交流《生物学课程标准》实施中遇到的问题及解决途径	考虑到教师作为成年人学习的特点，活动内容的选择是以教师的经验为基础，有利于课程目标的达成
参加活动人员	新教师、熟练期教师、成熟期教师、骨干教师	课程标准的研读对于不同专业发展阶段的教师都有重要意义；专业发展阶段的不同能够使参加学习的教师相互分享经验
活动过程	阶段一： 8：30—8：50，参加学习的教师介绍自己的学校及参加学习的期望，相互认识，形成临时学习共同体	选课教师来自通州、房山、大兴、昌平、门头沟、顺义，要让教师在开放型教学实践活动中相互交流学习，突出生物教师的主体性，需要建立学习共同体
	阶段二： 8：50—9：50，学习《生物学课程标准》的主要内容，交流对《生物学课程标准》倡导的课程理念及设计思路的认识 9：50—10：00，休息	突出开放型教学实践活动的经验性，让不同区域的生物教师分享经验
	阶段三： 10：00—11：00，学习《生物学课程标准》的具体内容，尝试将每个主题中的概念及概念间的关系用图式的形式表现出来，讨论教学中如何落实概念教学	重要概念是《生物学课程标准》的特色，需要教师理解和掌握；在开放型教学实践活动中突出乡土性、经验性，引导生物教师深入理解50个重要概念以及概念之间的联系，保证在课堂教学中落实概念教学
	阶段四： 11：00—11：30，交流实施《生物学课程标准》中出现的问题，教师间分享解决生物教学中存在问题的方法和途径，建立不同区域生物教师间的联系，形成教师学习共同体	突出开放型教学实践活动的综合性，让每位生物教师参与研讨交流，分享经验的同时相互学习借鉴；利用"微信群"加强跨区域教师学习共同体的建设

从上述设计方案可以看出，生物学科骨干教师依照课程理论、遵循成年人的学习规律，确定生物开放型实践活动的主题，按照研修课程要素制定了明确、具体、可操作的目标，将课程内容与课程目标对应，有利于课程目标的达成。特别是课程实施中，体现出开放型教学实践活动的特点：以教师为主体，基于生物教师的经验，创设问题情境，促进教师间的交流合作，在研讨中生成新的认知，提高综合能力。利用生物开放型教学实践活动为生物教师搭建交流平台，形成跨区域学习共同体，分享教育教学经验。

每个开放型教学实践活动最多允许有 10 位教师选课，课程实施后教师在平台上填写的《评价表》是课程的一部分。生物骨干教师可以通过平台了解教师的收获和意见建议。

从选课教师对开放型教学实践活动的满意度来看，都是"很满意"，继续选课参加开放型教学实践活动的意愿强烈。课程评价的表述中呈现了课程实施对教师教育理念、教学行为改善的影响力。如果我们把上述开放型实践活动看成是一个系统，生物骨干教师与选课教师以及选课教师之间就有以下的互动关系，如图 3-20 所示。

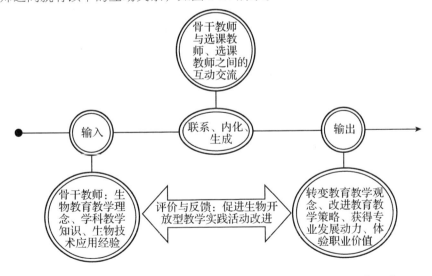

图 3-20　生物开放型教学实践活动中骨干教师、选课教师之间的互动

生物骨干教师通过评价与反馈，能够不断改进生物开放型教学实践活动，以满足教师专业发展的需求。从教师对 139 门课程的评价整体来看，生物教师的满意度很高，说明生物开放型教学实践活动给全市生物教师搭建了学习交流平台，骨干教师提供的教学案例都有学习的价值。由于开放型教学实践活动是教师培训供给侧改革的探索，课程研发与实施上对骨干教师提出更高的要求。

北京市开放型教学实践活动是一种面向北京市全体初中教师的开放式选课。由于供给侧课程的数量无法满足选课教师的需求，开放型教学实践活动一直处于"供不应求"的状态，教师基本不能连续选课。面对这种情况，骨干教师需要从一线生物教育教学中存在的问题出发，针对不同专业发展阶段教师的需求，确定主题鲜明、实践性突出的研修课程。课程目标具体可操作，课程内容的选取要贴近选课教师的区域特点，设计能够让教师主动参与的生物教学实践活动，引导教师在分享经验中积累学科教育教学知识、提升学科育人能力。特别是让生物开放型教学实践活动课程的本身能够引发教师进行教学反思，以此提升生物学科开放型教学实践活动的实效性，既满足教师专业发展的需求，也能够引领教师在日常教学工作中不断反思、改进教学行为，更好地为学生提供高质量的生物学课程，促进学生的全面发展。

四、 研究结论与建议

按照课程建设理论，根据国家、北京市对生物学课程的要求和学校特色发展对生物教师的要求，针对不同发展阶段生物教师的专业发展需求，以解决教师课堂教学的问题、重点分析、难点突破等为主要内容，构建主题化的开放型教学实践活动课程，促进选课的生物教师开展教学反思，提高学科育人能力。

（一）引领生物教师做北京教育现代化的实践者

1. 从"学科教学"到"学科育人"

北京市考试招生制度改革的实施中，对基础教育提出更高的要求。

生物开放型教学实践活动课程建设要以满足北京市深化教育改革的要求、学校发展需求及生物教师自身发展需求为出发点和目标。生物学课程不但要传授生物学科知识、研究方法，更重要的是给学生提供丰富的学习资源，引领学生创新实践，提高生物学科素养。

北京市"义务教育课程计划修订""学科教学改进意见"及中考招生改革，对学科教育教学提出全面育人要求。生物教学中如何落实《生物学课程标准》倡导的理念，切实贯彻北京市深化教育综合改革的要求，是生物开放型教学实践活动设计与实施中需要践行的。特别是中考增加了生物学科(与化学组合)，如何落实北京市生物考试要求，贯彻北京市招生制度改革的精神，是生物开放型教学实践活动设计中一个重要的课题。

2. 从"区域教育均衡"到"优质发展"

完善自律性、创新性的教师研修体制，是教师研修面临的一大挑战。让每一位教师享有研修的自主权，是促进教师成长、形成教师学习共同体所需要的。摒弃传统的指令式培训，寻求促进发展的教师研修，探究从"有效传递模式"转向"合作建构模式"，让教师基于自身实践，分享实践知识，反思教育体验，把握教育理论，真正实现自主的专业发展。生物开放型教学实践活动是在北京市范围内跨区域的教师研修新样态，做好生物开放型教学实践活动课程建设的研究为推进素质教育、促进教育公平、提高教育质量提供重要保证；同时能够搭建跨区域教师学习共同体，为区域教育均衡优质发展做出更大贡献。

3. 从"松散活动"到"构建生物开放型教学实践活动课程"

在分析生物骨干教师研发的生物开放型教学实践活动时，发现存在"松散活动"现象，即骨干教师根据自己的教育教学情况，研发的开放型教学实践活动，缺乏整体设计。我们根据《教师教育课程标准(试行)》提出的在职培训课程"加深专业理解""解决实际问题""提升自身经验"三大方向，结合生物学科课程改革发展的需要，从"生物教师专业发展与职业道德""生物专业知识与技能""生物教学知识与学法指导""生物教学评价与命题研究""生物校本课程建设与资源开发"五方面，构建生物开放型教学实践活动课程框架，包括模块课程主题及目标，如图 3-21 所示。这样有利于生物骨干教师根据生物开放型教学实践活动的特点及自身的教育教学特点选择内容、确定实施方式，构建起每位生物骨干教师特有的生物开放型教学实践活动课程。

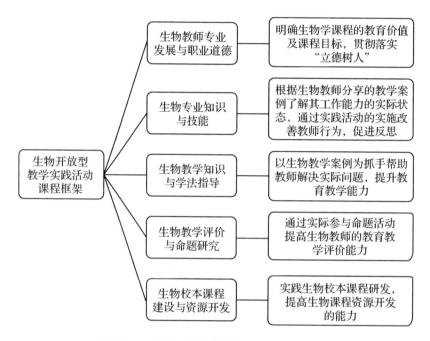

图 3-21 生物开放型教学实践活动课程框架

4. 从"线性设计"到"建立生物开放型教学实践活动模型"

每位生物骨干教师都有自己的教育教学特色，能够从多角度、多层次发现生物课程实施中存在的问题。因此在研发每个生物开放型教学实践活动时，避免针对单一问题的"线性设计"，应落实"两关键和两环节"，构建起生物开放型教学实践活动的模型。骨干教师是设计开放型教学实践活动的主体，教师是参与教学实践活动的主体。提高教师实施生物课程的能力、落实立德树人是开放型教学实践活动的目标。生物开放型教学实践活动模型如图 3-22 所示。

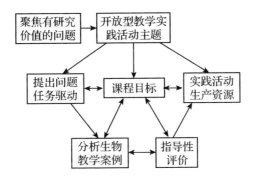

图 3-22　生物开放型教学实践活动模型

　　模型中的"两关键"为：一是要聚焦生物课程改革中出现的问题，确定有研究价值的问题，将其转化为开放型教学实践活动的主题，引领生物教师开展教学实践活动；二是研制实践活动课程时，课程目标要明确具体，有利于提高实践活动课程的有效性。"两环节"为：要将课程目标转变为实践活动有待解决的问题，调动教师的主观能动性，让他们参与到问题的解决中；针对提出的问题设计相关实践活动，注重生物教学案例的筛选，尤其要发挥教师的主体性、经验性、乡土性、综合性。骨干教师要运用鼓励、指导性评价促使教师在参与实践活动中生成资源，获得问题解决的策略和路径，真正提高生物课程育人的能力。

（二）反思开放型教学实践活动， 做新时代的教师培训探索者

1. 利用信息技术了解教师的真实需求，加强开放型教学实践活动的针对性

　　由于开放型教学实践活动平台没有"生物教师专业发展需求调研"，因此对选课教师的专业发展状况没有评估。骨干教师提供的生物开放型教学实践活动在北京市开放型教学实践活动平台上处于"供不应求"的状态；不同学段、不同岗位的骨干教师发布的课程基本处于"全被选"（除个别远郊区生物骨干教师发布的课程外），也就是说谁能"抢"到课谁就上，是否需要，就不在考虑范围内。这种缺乏针对性的开放型教学实践活动的研发和选课，存在·定程度的资源浪费。

今后应在平台上增加教师需求的调研功能，即依据学科教师专业发展阶段的特点，利用信息技术平台的优势，设计"评价教师专业发展状况""了解选课教师需求"的问卷。以数据统计分析为基础，为选择生物开放型教学实践活动的教师，推送适切的开放型教学实践活动课程，真正落实教师的个性化学习。

这样做的好处有三个方面：一是满足生物教师的个性化学习需求，将专业发展需求相近的生物教师组成学习共同体。二是提高开放型教学实践活动的针对性，从供给侧讲应把开放型教学实践活动推送给最需要的教师，减少、避免培训资源的低利用率甚至浪费，提高培训供给侧改革的效益。三是保证骨干教师除了从教师评价获取改进课程信息外，能够在课程研发前广泛了解到教师的实际需求，提高课程研发的针对性。图 3-23 为信息技术支持开放型教学实践活动的研发。

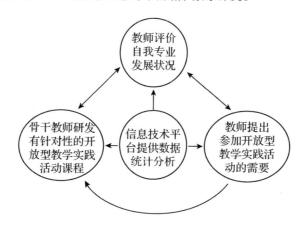

图 3-23　信息技术支持开放型教学实践活动的研发

2. 建立开放型教学实践活动成果库，提升平台的资源库功能

各级各类骨干教师将自己多年的教育教学成果以开放型教学实践活动的形式分享给选课教师，除了课程主题、课程目标、课程内容及实施环节外，应发挥信息技术及"互联网＋"的特点，建立开放型教学实践活动成果库，提升平台的资源库功能，为北京教育现代化过程中的教师队伍建设"留痕"。

2018 年 1 月 20 日，《中共中央 国务院关于全面深化新时代教师队伍建设改革的意见》，特别提出：着力提升思想政治素质，全面加强师德师风建设。因此，后续生物学科开放型教学实践活动，应加强引导生物教师践行社会主义核心价值观、在生物教学中渗透中华优秀传统文化等课程的研发，以期落实国家对政治上可靠、教育教学能力上高质量的教师队伍建设要求。

附录：生物开放型教学实践活动"研读课程标准，明确生物学课程实施方向"的评价反馈

活动收获	意见建议	课程评价
通过听课，我们了解了课程标准编写的过程，理解了在实施课程标准的过程中专家通过不断的总结和反思也在对课程标准进行不断的调整和完善；研读课程标准可以为我们的日常教学指明方向，使我们的教学更准确地指向学科教育的核心；张老师还从实施环节上指出应注意的问题和建议，使我很受启发	上课之初老师给了一个案例，让我们分析研读课程标准的必要性和重要性；我很喜欢这个环节，希望老师还可以增加案例分析的内容；我认为案例中的事情也许就是我们教学中发生过的事情；通过分析和反思，我们可以更好地理解课程标准的主旨，更快地把理论和理念转化为课堂教学的实践	反应层学习层
通过本节课的学习，我再次明确了课程标准对于教学的重要性，不仅在于知识的传递、能力的培养，更是对于健全人格的培养；我们教师的责任重大		反应层

活动收获	意见建议	课程评价
通过张老师的课程，我对于《生物学课程标准》的主要内容、编写过程及其在教学中的重要意义有了进一步认识；生物学课程标准不仅是教材编写、教学设计的基础，更是评价的重要依据；作为一名刚入职不久的生物教师，我更应在专业发展过程中打好基础，在教学过程中注重研读《生物学课程标准》	期待张老师以后能够多开展培训，让我们有更多的学习机会	反应层 学习层 行为层
更加明确《生物学课程标准》对教学的指导意义，学习了《生物学课程标准》的具体内容，探讨教学中落实概念教学的重要性，对实施《生物学课程标准》有很大的帮助		反应层
听了张怡老师的课，我深刻体会到，在教学中要认真学习新课程标准，深刻领会其精髓，更新科学的教育教学理念；生物课的教学要注重初中学生与生俱来的对周围世界的探究兴趣和需要，强调用符合初中生年龄特点的方式学习科学，要注意把对学生"学"的关注转向对学生周围世界的关注；生物课的教学要进行科学探究方面的训练，让学生了解科学探究的一般过程、原理、方法、要点，认识科学探究的性质及在科学中的核心作用等，同时还要给他们补充必要的生物基础知识；所以生物教师必须具有精深而广泛的基础知识，必须了解主要的生物学基本事实、理解其基本概念，通晓和弄懂某些辅助性的实验知识和理论知识；此外，教师还要对基础内容、学习方法、教学方法、学生情况等各个方面都有所了解，并把这些知识应用于生物教学；而且生物教师还应该具有指导学生针对所提问题而进行探究活动所需要的种种技能，以及改进教学、评价和课程设置等的新方法和新途径	希望多参加这样的学习	反应层 学习层 行为层
通过本次学习，我的体会如下：新课程标准用高度概括的语言，表述了生物学的基础性、重要性；生物新课程面向全体学生，学生是学习的主体，生物学习要以探究为核心；生物新课程的内容要满足社会和学生双方面的需要，应具有开放性，重视学生的个性化发展以及解决实际问题能力的培养；生物新课程要充分体现知识、能力、情感态度和价值观的三维目标	希望有更多机会参与这样的学习	反应层 学习层

续表

活动收获	意见建议	课程评价
听了张怡老师的课，我受益匪浅：对于新课程标准有了更深层次的理解，尤其是对于新课程标准倡导的理念和设计思路的认识有了很大的扩展和提升；这对于我们今后的教案设计和课堂教学具有指导性的意义，既有理念上的更新，也有实际工作的指导意义；感谢张老师的辛勤付出，希望有机会继续学习		反应层
加深了对课程标准内容、意义的理解，对基本理念、目标等有了更深入的理解，收获很大	希望能在理论的基础上结合课例来进一步分析	反应层
本次培训中学到的理念：围绕着生物学重要概念来组织并开展教学活动，有效地提高教学效益，对学生进行知识的深入理解和迁移应用；教师在设计和组织教学活动时，应注意围绕重要概念展开，精选恰当的教学活动内容，以促成学生对重要概念的建立、理解和应用	教师必须更新教学理念和教学思想，努力实践、探索新的教学模式和教学策略，提高自己的课堂教学水平	反应层学习层
生物学死记硬背的时代已经过去，概念不是一堆死知识，而是用于提出和解决现实世界中与生物学有关的问题；概念学习的方式可以是讲授、演示、实验、资料分析、讨论等，以促进学生对重要概念的建立、理解和应用	培训活动多提供一些解决生物教学中存在问题的方法和途径的指导	反应层学习层

　　专家评语：该文阐述了北京市生物骨干教师团队为落实《北京市中小学教师开放型教学实践活动计划（2016—2020 年）》，从课程建设的角度开展生物开放型教学实践活动的研发与实施，构建主题化的开放型教学实践活动课程，进而助力教师个性化、多元化学习与发展的过程，不仅呈现了生物骨干教师团队在教育培训变革的新形势下直面挑战、锐意改革的创新精神，也彰显了他们巧借资源激发活力的教学智慧。该文按照课程建设理论，根据国家、北京市对生物学课程的要求和学校特色发展对生物教师的要求，针对不同发展阶段生物教师专业发展的需求，对生物开放型教学实践活动的设计与实施进行了有益探索。在研究过程中，他

们以支持教师课堂教学的问题解决、重点分析、难点突破、教与学评价及生物学科的教学基本技能提升、教学理念更新、学科思想方法渗透、加强师德师风建设等为主要内容，遵循成人的学习特点，充分调动生物教师的主观能动性，运用先进教育理论指导生物教学，帮助教师在已有经验的基础上找到了专业再提升的生长点。更为可贵的是，该文改变传统"自上而下灌输"的"教与学"模式，建构了支持性、开放性与协作性三合一的教学模式，拓宽了教师学习的空间，延展了教师学习的深度和广度，为培养教师自主学习、自主发展的能力，成为与时俱进的新时代教育工作者做出了积极的贡献；同时为教育培训和教育科研工作者能力水平的提升探寻出一条有效路径。

点评专家：全国教师教育学会学术委员、北京市哲学社会科学党建研究基地研究员、"国培计划"项目专家 苏小平

第四章 教师培训的路径之二
——多元化模式保障

集团校干部培训设计与实施
——以西城区某小学教育集团为例

北京市西城区教育学院　李玉春　王秀梅　李志娥

北京市西城区教育科学研究院　李战华

【阅读摘要】以西城区某小学教育集团为研究个案，针对此种类型的集团校（集团内设有牵头校，其他学校均为成员校，且各自法人独立；下文中"集团校"均特指此义）在成立之初所面临的困惑与问题，以开展集团内的干部培训为抓手，帮助干部和学校找到推进工作的突破口，渡过集团办学所面临的难关，以培训促进集团校的良性运转与发展。通过实践和研究，本文对相关类型集团校干部培训的特点、设计与实施，进行了理论梳理与提炼、概括与分析，提出了此类型集团校干部培训应把握的基本原则与实施策略等。

【阅读关键词】集团校干部；培训设计；培训实施

一、 研究背景与问题的提出

教育集团是顺应时代发展而生的事物，是促进教育均衡发展的有效尝试。早在 2005 年，《教育部关于进一步推进义务教育均衡发展的若干意见》发布，把推进义务教育均衡发展纳入教育改革与发展的总体规划。2006 年修订的《中华人民共和国义务教育法》，首次从法律的高度强调合理配置教育资源，促进义务教育均衡发展。《国家中长期教育改革和发展规划纲要（2010—2020 年）》提出："到 2020 年，……基本实现区域内均衡发展，确保适龄儿童少年接受良好义务教育。"党的十九大报告指出："努力让每个孩子都能享有公平而有质量的教育。"这对于面向教育对象的普惠性以及教育机会与过程的均衡性如何落地提出了更高的要求，也是推进集团化办学模式的理论支撑和实际意义所在。

北京市西城区的优质教育资源丰富，名校云集，但仍有一些学校在发展中相对比较困难。为扩大优质教育资源的覆盖面，满足人民群众对优质教育日益增长的需求，西城区于 2012 年 9 月开始进行集团化办学模式的探索，组建了北京市第四中学、北京市第八中学、北京小学、北京市第二实验小学 4 个教育集团。之后，日益扩大规模。自 2014 年逐步推广教育集团办学模式，教育集团的总数达到 17 个。2017 年，又扩展到 19 个，共涉及 83 所中小学、幼儿园，占全区中小学总数的 81％。集团的组成形式也更加多样，大大提升了西城区优质教育资源的覆盖范围。但与此同时，也对承担教育集团办学任务的教育干部，即学校管理者们提出了新的问题：面对教育集团这种新生事物，该如何有效地实施集团化管理呢？2017 年，西城区教育培训机构接受了对教育集团干部进行培训的要求，随即成立培训项目组，并开展了培训项目的前期调研。

培训项目组选择了一所集团学校，将培训对象确定为教育集团内 4 所学校的全体校级干部、中层干部以及后备干部，面向这几类培训对象和部分教师开展调研。调研主要采取了问卷、集体座谈与个别访谈等几种形式。

在调研中，我们发现：面对"教育集团"这样一个涉及面广、结构要素复杂的新生事物，身在其中的集团校干部的办学理念、管理方式和管理能力都受到了极大的挑战。如何帮助集团校干部使本校集团化办学处于良好、有机、生态的运行状态，是干部培训机构必须要研究解决的课题。

集团校干部培训应适应当前教育改革发展的新形势，紧跟西城区教育综合改革的步伐，立足于实际问题的解决，科学合理地设计培训内容，采取新的实施策略，以提高培训的针对性与实效性、严谨性与系统性，帮助集团校干部解答面临的困惑，解决存在的问题，进而促进教育集团作为教育改革新生事物的良性发展，从整体上推动基础教育综合改革的不断深入。

那么，教育集团干部培训到底具有什么特点？培训设计应遵循什么样的原则、采取什么样的策略呢？

二、 主要做法与文献启示

（一）主要做法

西城区教育集团校干部培训的设计与实施，是实践中的研究，也是研究中的实践，需要在实践中丰富理论，在理论的指导下推动实践。本文以某教育集团干部培训的个案为例开展研究和实践，取得了成效。其简要历程包括如下几方面。

1. 确定研究方向，厘清核心概念

本文选择西城区有特色的教育集团作为个案，做"西城区教育集团校干部培训项目设计与培训项目实施策略的研究"。为夯实教育集团培训设计与实施的理论基础，首先厘清了如下三个核心概念。

第一，集团化办学。集团化办学指由优质学校牵头，带动周边的普通中学和小学，以组建教育集团的形式进行运作，通过发挥名校的辐射带动作用，以期达到优质教育资源最大程度的共享、优化配置和重新整合，缓解择校压力，并最终达到教育优质均衡化的目的。

第二，培训设计。培训设计是通过培训目标、策略、路径、管理与评价等整体建构，从而将确定的培训需求转化为培训效果的过程。具体包括培训前期培训目标的预设以及培训课程的设计、培训期间培训项目实施与监督的设计、培训后期的培训效果评估的设计等。

第三，培训实施。培训实施是培训方案执行和推进的过程，是把策划与设计变成事实的过程。具体包括培训者的组织与管理、师资选配、经费支撑、硬件资源配置等。

2. 组建研究团队，选择研究方法

我们成立课题研究小组，明确课题组内人员的分工、职责与具体任务。同时，根据研究方向和内容，选择个案研究法为主要研究方法。以北京教育学院原宣武分院组织的"教育集团化建设干部专题研修项目"为个案展开研究。运用追踪、观察、研讨等多种手段，对培训项目中"基础学习""教育集团运行个案学习与研讨""教育集团运行核心问题研修""教育集团章程研讨"四大模块的培训内容进行梳理、对比、分析与评价。总结经验，查找不足，归纳提炼出集团化学校培训的特点，研制出适合不同类型教育集团的培训设计与实施策略。

3. 开展研究活动，整理研究成果

我们查阅、整理关于校长培训与教育集团的研究文献，结合西城区教育集团的实际情况，梳理现有的研究成果，采取集中研究与分散研究相结合的方式，开展个案追踪，初步梳理出培训方案设计的框架与实施方法。在对培训项目进行绩效追踪的基础上，观测培训设计与实施方法对培训对象所产生的实际效果。

（二）文献启示

为了做好"西城区教育集团校干部培训项目设计与培训项目实施策略的研究"，我们广泛而深入地检索文献，为研究与实践提供了深厚的理论依据与实践借鉴。经过大量的文献研究，我们获得的启示主要是在进行培训设计与实施时应把握好如下几个问题。

一是培训设计要具有时代性、规划性与主体性。

二是培训策略要体现整体性、实操性与实效性。

三是教育集团的重要意义、相关机制与发展趋势。

此外，西城区对教育集团的理论研究深具价值。北京小学校长李明新的《办教育集团抓什么》[①]，以及西城区教育委员会的《每个孩子都分享到优质教育资源何以可能》[②]等研究总结了西城区教育集团的经验，对西城区教育集团的发展做出了顶层设计。2017年年初，北京教育学院原宣武分院干部培训部完成了市级重点课题"西城区教育集团办学背景下中小学校长培训需求与对策研究"的全部工作，为本文的研究提供了最直接的参考。

以上的研究文献，涵盖了中小学校长培训设计与实施策略的理论、目标、规划、原则、课程体系等方方面面，也涉及了教育集团的意义、机制、进一步的发展方向等各种问题，为研究与实践提供了理论上的指导与实践中的参照。

三、 集团校干部培训的特点

（一）集团校的干部培训具有突出而鲜明的个性

以往，面向基层学校开展的常规培训的共性比较明显，如基层学校的干部所处的外部教育环境相对一致，组织要求大体一致，团体需求趋向一致。其差异性更多地体现在学员个体的身上。而集团校的干部们所处的外部教育环境，与常规校相比较而言，因"教育集团"这个独特的外部环境而与常规校区别开来。很显然，在教育集团化办学背景下进行干部培训，"集团化"这一鲜明的、突出的个性是不容忽视的。与此同时，同一集团内的学校因为有牵头校与成员校的"身份差别"，且又各自为独立法人，使得参训学员背景的差异性很大。

（二）培训需求凸显， 矛盾集中且呈迫切态势

就所选取的个案而言，基层学校与干部个体在教育集团成立之初所出现的困惑与问题以及由此所带来的培训需求凸显，内容集中。比如，

---

① 李明新：《办教育集团抓什么》，载《北京教育（普教版）》，2018(11)。
② 北京市西城区教育委员会：《每个孩子都分享到优质教育资源何以可能》，载《人民教育》，2016(16)。

干部感到"突然间就不会干活儿了""不知该怎么办""急需有人指点迷津""渴望通过培训学习获取智慧冲破瓶颈"等。由此，可以看出干部对提供解决实际问题的培训的愿望更加迫切。

（三）培训对象的构成更加丰富， 层次多元化

在常规培训中，培训机构一般是将学员分类、分层进行组班、立项，如校长班、书记班、德育干部班、教学干部班等。虽然以往也曾尝试过"复式班"培训，但毕竟学员来自不同的学校，彼此之间不存在更深的联系。而集团校的培训对象是集团内的所有干部，甚至包括了中层后备。这样一来，学员的构成较之以往的项目就更具复杂性、丰富性、多元化了。如此的学员结构，也对培训的整体设计、内容选择乃至培训方式提出了更高的要求，具有更大的难度。

那么，基于集团校干部培训的主要特点，如何推进培训呢？

四、 集团校干部培训采取的步骤与措施

在案例校的干部培训中，针对需求和实际情况，采取了成立专家团队、进行理论引领、开展实践指导、集体攻关研究等相关措施，通过"九大步骤"，圆满、顺利、高质量地完成了培训。

（一）聘请专家， 高端引领， 全程指导

从北京教育学院聘请教授作为指导专家，进行全程指导。在专家的指导下策划培训方案，设计培训活动，逐一实施并邀请多位教授成立了专家团队，进行高端引领，根据不同的需要提供专业指导。

（二）搭建平台， 促进交流， 互动研讨

在专家和培训机构领导的亲自带领下，为集团校搭建起交流的平台，邀请集团校内所有学校党、政正职干部进行深度会谈，提出各自的困惑与问题，由专家把脉，集体研讨。

（三）厘清认识，聚焦问题，确定目标

在反复交流的基础上，逐步厘清集团校干部的认识，就大家提出的各类问题进行聚焦，找出当下共同亟须解决的、带有共性的问题，确定培训目标。此案例把研制教育集团章程，创建集团学校运行机制作为主要任务。

（四）拓展训练，突破自我，改善心智

对集团校内全体干部组织开展"一刻黑暗"情景体验式拓展训练活动，帮助干部发现自我、反观自我、洞见"小我"思维的局限性。重新认识团队的重要性，学会突破自我，改善自己的心智模式，从封闭走向开放，从狭隘走向包容，从茫然走向明晰，从困惑走向创造。

（五）理论学习，提升认识，转变理念

邀请北京师范大学教授、北京四中教育集团校长、北京实验二小教育集团校长、北京小学教育集团校长等为集团干部学员进行专题讲座，促进集团干部转变认识，更新理念。

（六）下校观摩，开阔视野，获取经验

带领学员走进东城区的北京五中教育集团、海淀区中关村三小、朝阳区芳草地国际实验学校、丰台区的第十八中学教育集团等校进行观摩，开阔教育视野，获取鲜活经验。

（七）现场活动，专家跟进，实践转化

集中召开集团校党、政的正、副职干部研讨会，请各校自主申报现场活动主题，开展开放式活动，将干部学员按德育、教学、管理等岗位分组，让他们分别走进集团各校参加学习，由专家团队分组跟进，现场指导。

（八）集中研讨， 思想碰撞， 形成机制

在专家的指导下，组织带领集团校的全体党、政正职干部进行封闭式专题研究学习，集中研制集团章程，就集团运行机制的创设进行思想碰撞，反复研磨，形成文本。

（九）成果发布， 专业强化， 集体提升

召开结业式，正式发布研修成果，特邀法治专家进行专业指导，促进干部对"如何将理论与实践紧密结合"进行深刻思考。同时，把学员的学习研究热情转化为回到工作岗位上进行实践、印证能力的集体提升。

五、 集团校干部培训设计遵循的原则

通过对研究个案的分析梳理、总结提升，根据集团校干部培训的特点，本文提出此类型教育集团干部培训设计应遵循如下三个原则。

（一）针对集团的特点， 聚焦问题， 顶层设计， 多方兼顾，确立培训目标

集团校干部培训项目的设计，应准确把握项目的特点，即集团化学校的背景。这是该类型项目与一般性项目最大的不同之处。由此带来的学员构成、培训需求均具有一定的特殊性。以本次跟踪研究的西城区某小学教育集团培训项目为例，培训对象为校级干部、中层干部和后备干部，均来自新成立的同一教育集团，层级结构复杂。集团内所包括的几所学校处于不同的发展阶段，办学规模、办学水平、发展历史、背景文化各不相同，存在较大的差异，需要解决的问题不一。与此同时，集团化办学作为深化基础教育综合改革背景下推出的新的办学模式，给集团校干部带来了一系列冲击、影响和新的工作要求，主要体现在工作理念、工作机制、工作内容、工作方式和工作量等方面。这就要求培训设计者必须站在全局的视角，厘清脉络，通盘考虑，统筹规划，多方兼顾，对项目设计的各个层次、要素乃至步骤与措施进行精确的把握。

要聚焦问题，进行顶层设计，即明确培训的战略定位是什么，学校亟须解决的核心问题、关键问题是什么，最终要达成什么样的培训目标。为了达成这样的目标，需要什么样的培训组织架构来支撑，要用多久的时间逐步达成，以及达成的路径是什么。在此案例中，培训者在充分研究集团特点、学员情况以及区域基础教育改革现状的前提下，立足教育集团的整体发展目标，抓住一个关键主题，以高站位和宽视野审视和谋划培训设计，确立了培训目标。即通过教育集团干部培训项目，为教育集团搭建交流平台，使集团校干部对"集团化办学"厘清认识、转变观念、统一思想、达成共识；提升集团校干部的理论水平、专业素养与实践能力；提升集团校干部的政治素养、团队协作意识与能力；在集团校内部实现资源共享。利用各种形式的研修和研讨活动，协助教育集团建立集团内部的运行机制，具体包括教育集团的管理交流机制、资源共享机制、教师培训机制、教研机制，最终形成教育集团章程。

针对集团校的特点，聚焦问题，系统思考与设计，是做好集团校干部培训的前提性、基础性原则。

（二）科学甄别，基于需求，个性定制，设计培训内容

干部培训所面对的培训对象本来就存在着个体差异，满足各方的需求，兼顾个体的差异存在一定难度。在以往的培训中，虽然对培训对象做了分层、分类，但个性化体现尚不足、培训目标不易聚焦、培训需求难以实现，影响培训质量和效果。因此，集团化办学背景下的干部培训，需要根据组织要求、干部自身意愿和个性化需求，设计量身定制式的培训菜单，进行富有个性化的培训。

为了使培训设计更贴近教育集团的实际情况、贴近集团校干部的真实需求，提高培训的针对性和实效性，应针对集团化办学模式，遵循"精准培训"的干部培训理念，应以学员为本，展开调研。在培训前，可通过问卷的形式，从干部学员的基本情况、对集团化办学的整体认知和适应情况、学员对培训过程各要素的需求等方面进行调研。在组织开展统一的问卷调查基础之上，还要进行细致深入的专题座谈和个别访谈，包括对集团校的校级、中层、后备干部及部分教师进行个别访谈和分组座谈等。同时，也须向上级教育委员会主管领导进行访谈调研。在进行分析汇总后，形成调研报告。在项目启动后，为了进一步强化培训的精准性，应在不同阶段，面向教育集团的部分干部开展深度会谈。要在普遍了解干部需求的基础之上，专门选取集团化学校的"关键领导层"（正校级干部），作为"一对一"深度了解的主要对象，通过深度会谈，彻底摸清教育集团"关键领导层"的个性化需求，重新审视培训内容与策略，合理调配相应课程，增强过程性项目管理的力度。

无论是培训前调研，还是启动后的"一对一"深度会谈，均应注意对调研对象所表达的信息进行严谨、细致、系统的科学甄别，经过筛选与提炼，更便于层层聚焦，找准集团化办学背景下干部培训的真实需求；深化集团校干部培训的个性化研究，进行个性化课程的定制，使培训有的放矢，将"精准契合需求"落实到位。

正所谓"缺什么补什么，急需什么培训什么"，推动由统一的无差别的培训向适应不同类别、不同层次、不同岗位干部需求的个性化、多样化培训转变。围绕集团化建设和运行的关键问题，明确具体的培训专题，定制个性化的培训方案，设置菜单式、多样性、系列化、结构化、自主参与、开放式的培训课程，既包括具有普遍适用性的通识性课程，又包括聚焦不同层次、不同岗位学员个性需求的专题性模块课程。课程专题可涵盖校长办学思想（或思路）的提升、学校文化建设、制度建构、教师队伍建设、中层干部的指导能力提高等方面。

科学甄别，基于需求、个性定制的培训内容设计，能够保证培训内容与学员需求的一致性，提升契合度，提高培训的质量，强化干部培训的服务功能，有效地推动集团校干部队伍的整体建设。

（三）立足实际，丰富途径，联动操作，创新培训模式

集团校干部培训实施的过程中，既要强化干部学员的"集团"意识，又要充分考虑到校际差异、学员间不同层次的差异，采取分层与分类相结合的"混合式"培训模式。根据培训目标，针对集团校不同职务层级、

不同学科类别干部，建立起分层分类的培训操作体系，采取不同的培训专题组合设计，避免同质化、一个样。在分层分类的基础上，以点带面、以小见大，以实施培训项目为突破口，采取"学院搭平台、集团校派学员、课堂开放化、培训行走式"的新型联动式培训模式。为了凸显牵头校的"领头雁"作用，打破原有"来院培训"的惯例，把主要课堂设在集团校内的牵头校；同时，充分考虑学员"工、学"时间与精力分配，灵活安排课程。一方面，坚持将课堂转移到学校，送培下校，按需选择培训场所，与集团内各校建立起灵活有效的联训机制。另一方面，将课堂外设，以区内外教育集团为"体验式"学习阵地。同时充分依托网络、多媒体等信息化手段，拓展立体式培训空间；通过丰富的、灵活的联动机制的设计，达到培训模式的创新性突破。

在这样的培训中，课堂不再固定到干部培训机构，而是根据培训内容的变化灵活机动地进行选择。比如，有在集团牵头校开放的理论课堂，也有在集团成员校开展的现场学习活动，借助各方联动资源，通过多种实施途径，有效地提高培训的实效性，实现培训效益的最大化。

六、　集团校干部培训的实施策略

经过对集团校培训的跟踪研究，本文提出集团校干部培训的如下三个实施策略。

（一）"模块学习＋专题研究＋任务驱动"策略

在组织培训的过程中，实行学习内容的模块化，围绕关键问题，借助高端讲座、专家指导、交流展示、集体研讨、校际互访、案例分享、专题论坛等形式，开展模块学习；同时围绕模块内容，开展专题研修。本文的个案中，共设置了三个模块内容的学习，包括"教育集团运行个案学习与研讨"模块、"教育集团运行核心问题研修"模块和"教育集团章程研讨"模块。其中"教育集团运行核心问题研修"模块包含学校文化、课程建设、教学变革、校本教研、教师专业发展、学生个性化学习等内容，让各校根据自身的情况和需求，提出各自研修的主题。我们据此调整方案，聘请专家，带队下校，参与指导实践活动及研讨，具有针对性与实效性。

与此同时，配以任务驱动和专题研究。比如，本文选取的个案，其研究任务是建立某小学教育集团的内部运行机制，具体包括教育集团的管理交流机制、资源共享机制、教师培训机制、教研机制，最终形成某小学教育集团章程。这种任务驱动策略，在培训过程中以"核心任务"贯穿模块学习和专题研究，从而统领整个培训过程，调动学员积极探索、研究、分析和解决问题，从而培养学员的创新能力和主动学习能力。

实践证明，这样的培训策略可有效地适应成人培训尤其是集团校干部培训的特点和需要，针对性强、效果好，受到学员的欢迎。

（二）"资源整合＋各方联动"策略

针对集团校干部培训这种新型培训项目，单靠干部培训机构的力量是有限的。干部培训机构需要综合考虑，系统把握，通过多种手段，将包括上级组织、行政主管部门、指导专家、干部培训机构、集团校干部等在内的各种资源进行有机整合和优化组合，使之形成有机整体，服务于集团化办学背景下干部培训的实践，从而保障培训效益最大化的实现。

首先，加强与上级组织、行政主管部门的沟通，以期对培训给予专业的政策指导和有力的政策倾斜，进而提供组织、行政支持和保障。

其次，聘请专家团队深度参与指导，由专家全程跟踪指导。包括指导前期需求的调研工作以及研修方案的策划、设计与制订，指导培训工作的组织实施。同时，结合研修专题分别聘请专家深入集团校、参与现场活动，针对集团干部乃至教师进行跟踪指导。

再次，培训项目团队既是培训者又是研究者，边实施培训边进行研究，研训一体，互促共进。

最后，集团校干部既是受训者，也是培训资源。利用校际学员的互相学习、不同层级干部之间的互相支持，发挥各自学校和干部的优势。各方资源围绕集团化建设及干部队伍建设的总目标，从前期调研、方案研制到项目启动和运行各个程序，充分联动，优势互补，互相借力，沟通密切，共同参与，共同管理，从而发挥学员的自主性，满足培训部门和集团校双方共同的发展需要，实现"双促进""双发展"。

（三）"效果评估＋促进转化"策略

培训效果评估是指对培训部门的工作质量和成效、对学员的学习效果进行评价的过程。培训效果评估主要分为两种策略：过程性评估和结果性评估。其目的是反馈信息，及时反思总结工作，做好当前的培训工作，并为下一次培训方案的制订和培训工作的开展提供准确、必要的信息。在集团校干部培训中，要注重总结培训经验，探索培训模式，采取调研问卷的形式对培训对象进行培训效果调研。为了更详细地了解受训学员的培训感受，还可以组织开展个体访谈等调研形式，具体了解培训内容是否存在缺失，专题研讨是否具有针对性，培训实施环节的满意度等方面的问题。同时，还可同上级组织部门、教育行政部门进行沟通，了解培训工作是否达到了教育行政部门的预期目标，还存在哪些有待改进的地方。

在本文的个案研究中，为了总结培训经验，探索培训模式，我们在训后拟制了"某教育集团干部专题培训项目"培训效果调研问卷，就培训的整体效果、培训的各项专题内容和形式、培训的过程管理等方面对教育集团干部做了调研，形成了培训效果调研报告。在报告中，我们为后续培训提出了合理化的建议。培训结束后，培训团队还持续跟进和关注个案中的教育集团，对4所集团校的干部进行了非正式的访谈，帮助和指导干部持续而有效地将其在培训中获得的新知识、新技能等运用到工作当中，使培训项目发挥最大的价值。

实践证明，综合多种调研方式，全方位、全过程监控与评价集团校干部培训的成效，有效追踪，及时评价，认真总结分析评估结果，形成优化改进策略，并及时促进培训成果的转化，将培训成果有效运用到学员的工作实践和新一轮的培训工作之中，是不断提高培训质量、更好地达成培训目标的重要策略。

七、 相关建议

通过近几年对"教育集团化建设干部专题研修项目"的个案研究，本文发现：开展专门针对集团校干部的专题培训不仅重要而且极其必要。建议高度重视开展针对不同类型集团校的干部培训，紧密结合基础教育综合改革背景下的集团化办学模式，创新培训思路，加强科学研究，以集团校干部为主体办班，以研究带动培训，以培训促进集团校干部的适应性成长和全面发展，从而带动教育集团的健康、良性运行和发展。

专家评语：该文比较全面地反映了面对"教育集团"这样一个涉及面广、结构要素复杂的新生事物，西城区干部培训机构如何通过培训帮助集团校干部，使集团化办学处于良好、有机、生态的运行状态的研究和实践历程。该文提出集团校干部培训应适应当前教育改革发展的新形势，紧跟当地教育综合改革的步伐，立足于实际问题的解决，科学合理地设计培训内容，采取新的实施策略，提高培训的针对性与实效性、严谨性与系统性，帮助集团校干部解答面临的困惑，解决存在的问题，进而促进教育集团作为教育改革新生事物的良性发展，从整体上推动基础教育综合改革的不断深入。该文从集团校干部培训的特点分析入手，通过分析本地区一所集团校开展干部培训的成功经验，提炼出了干部培训采取的步骤与措施和培训设计应遵循的原则，总结出了集团校干部培训的三项实施策略，并建议高度重视开展针对不同类型集团校的干部培训，紧密结合基础教育综合改革背景下的"集团化办学"模式，创新培训思路，加强科学研究，以集团校干部为主体办班，以研究带动培训，以培训促进集团校干部的适应性成长和全面发展，从而带动集团的健康、良性运行和发展。该文对当前各地集团化办学背景下的中小学干部培训工作有一定的指导意义。

点评专家：北京教育学院 齐宪代教授

众筹工作坊助力教师专业发展
——以海淀区为例

北京市海淀区教师进修学校

赵杰志　田成良　樊凯　张镕涵

【阅读摘要】新课程改革需要教师培训者重新思考教师研修工作，在培训的主题、内容、形式和成果转化等方面都应有所创新。教师众筹工作坊，是通过工作坊等组织形式，构建教师学习共同体，从而将教师在教学实践中的经验、智慧汇聚起来，与专家观点相碰撞、融合，从而实现实践问题的解决和学习共同体成员的专业发展。本文聚焦"教师经验和智慧的众筹""个体经验向集体智慧的转变"两个核心问题展开行动研究，激发教师表达观点、报告经验，产出高质量的成果和资源，并进行后续素材的挖掘、加工和资源开发。

【阅读关键词】众筹；工作坊；行动研究

新一轮课程改革对教师和教师研修都提出了新的要求，教与学的方式变革、学习评价、课程建设等新问题亟待讨论和研究。教研工作也面临转型。在全国教研工作会议上，教育部刘利民副部长明确提出教研工作的转型：指导思想转型、工作任务转型和工作机制与方式转型。北京市海淀区在实践中提出，教师研修从"专家报告"转向"众筹学习"，以便更好地服务于教师的工作实践与专业发展。

正是在这一变革背景之下，教师培训者需要重新思考教师研修工作，在研修的主题、内容、形式和成果的资源转化等方面都应有所创新。教师研修需要依据教师学习的规律，营造自主、合作、参与、探究的良好的成人学习氛围，建立协作的、建构的学习组织形式，使教师在参与过程中积极调动已有的知识经验，在引导者的适度帮助下，在与同伴交流中，学会体验并形成自己的观点，最终促进自身经验的建构和集体智慧的形成。① "教师众筹"就是通过工作坊等组织形式构建教师学习共同体，在提升研修质量的同时，形成优质的研修资源。这种"众筹学习"的研修方式可以通过理论与实践的融合集聚多方智慧，从而实现实践问题的解决和学习共同体成员的专业发展。

一、 众筹工作坊研修为教师培训提供了新的视角

（一）"工作坊研修"改变研修的方式

工作坊最早源于以培养工程设计师和建筑设计师为宗旨的德国包豪斯学院，学生的身份是学徒工，"形式导师"教理论知识，"工作室师父"传授技术知识。这种在特定场地进行实践的教学模式被称为工作坊教学。② 目前在我国建筑学、工业设计领域的人才培养，以及医生、护士、翻译等培养方面，有较丰富的工作坊教学研究与应用。在教师教育领域中，对工作坊研修的关注和研究还不成体系，以零散的实践研究和感受评论类的研究为主。

林志淼、蒋凤春分别基于各自的实践，对工作坊研修的必要性、特征、经验做法、实践效果等进行了讨论，一致认为工作坊研修有助于激发教师参与的积极性、发挥自主性、促进反思和资源生成等。③ 刘清堂、张思从认知学徒的视角审视教师工作坊，提出教师工作坊的共同体结构模型，基于认知学徒的视角探讨和建构了教师工作坊的研修模式，并进行了实践检验。④ 刘伟菁论述了工作坊研修的主题选择原则和运作方式，其中运作方式包括"系列跟进式""多点聚焦式""短程互助式"三种。⑤

---

① 申军红：《以众筹式学习深入理解学科德育的内涵与本质——"深入理解学科德育的内涵与本质"工作坊的设计与实践》，载《北京教育（普教版）》，2018(12)。

② 熊久明：《教师工作坊主题研讨活动设计与应用研究》，硕士学位论文，华中师范大学，2017。

③ 林志淼、蒋凤春：《工作坊式教师培训模式初探》，载《中小学教师培训》，2014(8)。

④ 刘清堂、张思：《教师混合式培训中主题研修活动设计模型研究》，载《中国电化教育》，2015(1)。

⑤ 刘伟菁：《教师工作坊研修的主题选择与运作方式》，载《中小学教师培训》，2015(8)。

（二）"众筹"改变研修的供给侧

众筹起源于一个新词——众包（Crowdfunding）。第一个提出这个概念的学者是杰夫·豪（Jeff Howe），他将众筹定义为：由非专业者提供出专业的内容，消费者同时也是内容的创造者。[①] 众筹最早出现在中文学术文献中的定义为：通过互联网将大众以及资金聚集起来，支持由个人或者组织发起的筹资项目。也有学者认为：众筹是一个开放的系统，众筹的投资者主要通过互联网，以捐赠或者以获得有偿回报的方式来提供资金支持，支持特定目标的完成。众筹是随着互联网金融的发展而产生的一种全新的项目融资模式，它充分利用了互联网的传播特性，通过网络方式来发布众筹项目，并由众筹项目者向大众展示项目内容，从而募集所需要的资金援助。

2011年，中国出现了第一家众筹网站"点名时间"。经过两三年的成长，众筹融资已经成为中小企业最重要的融资模式之一。众筹具有以下特点：一是依靠大众。支持者通常是普通的民众，而非企业、公司或者风险投资。二是具备多样性。主要是众筹的内容具有多样性。三是注重创意。项目发起人必须首先将自己的创意文案完成并通过众筹平台机构的审核才能发布。四是再造流程，先产生消费者，后开发产品。五是门槛不高，无论是什么人，只要有创新能力提出自己的想法都可以发起项目。

近年来，"众筹"的理念也开始被引入教育行业，特别是在教育培训与教师研修领域。显然，这里的众筹并非融"资"，而是融"智"。以开阔视野、拓展思维、提升能力、促进成长为目标，采取开放式、发散式的学习形式，集聚众人之力，激发、汇集教师的群体智慧，促进群体的共同发展。但是目前基于众筹理论的研修实践案例非常少，为我们的研究提供了可能。

---

① 夏恩君、李森、赵轩维：《国外众筹研究综述与展望》，载《技术经济》，2015(10)。

（三）"众筹"在经济领域的借鉴

众筹作为一种全新的融资模式发展仅短短几年，但由于其影响较大，因此受到了各界的广泛关注。随着互联网技术与电子商务的蓬勃发展，一些基本工具正在线上或者线下募集资金。2009 年，陈·佩里（Perry Chen）创办了 Kickstarter 网站，帮助那些资金短缺的艺术家、音乐追梦者。积少成多的捐赠可以帮助有梦想的人实现他们的目标，同时支持者也可以得到艺术家回赠的 CD、DVD 以及更多礼品。全世界的众筹市场正在逐渐扩展，众筹行业的发展空间非常广阔，可以演变成形式多样的商业模式，具有不可估计的巨大商业价值。无论是对于创业者或者投资者来说，众筹都带给他们无限的可能。在所有互联网金融的商业模式中，众筹对全世界的经济发展意义最为重大。

首先，与传统融资相比，众筹融资具有低门槛的特质。这种特质有利于初始创业者融资。它的融资优势就在于它可以在众筹平台上获得更多的支持者，而且支持者需要背负的投资压力要比传统融资小得多。其次，与传统融资相比，众筹在融资的同时还具备市场调研的功能。因为如果支持者对项目进行投资，说明项目直接得到消费者的认可。最后，众筹平台也会对项目起到一定的广告宣传作用。项目发起人在把项目投放到平台之初，必会详细介绍项目产品的各个方面，这样所有在网站上观察到项目的人都会对产品有全方面的了解。无论最后投资与否，这些人都会成为之后产品投放市场的潜在买家。即便项目未能成功，项目的全面展示也会吸引到潜在的出资人。经济领域众筹的理念、方式以及原则，给教师研修领域的众筹模式探索带来了新的启迪。

二、 众筹工作坊研修为教师培训升级提供了新的路径

（一）众筹工作坊研修破解教师培训的难题

本文的主要研究目的在于围绕以上问题，在理论上对于教师众筹工

作坊研修形成一个更加清晰的认知。在实践上，首先作为教育大区，我们通过实践的研究，能够很好地服务本区教师的专业素养提升；其次，在与全国不同地区的同人开展深度合作研究的过程中，能够将研究的成果在其他区域进行实验和推广。大样本和多维度的数据能给本文深层次的研究提供很好的保障。实践研究的成果梳理和应用，能够优化研修效果，形成有价值的研修资源。

作为区级研修机构，我们借助研究的优势，根植于教师培养模式的研究，在学校深化教研转型课题的引领下，借助较为系统的研究，提炼出教师众筹工作坊研修模式的特点，总结出此模式的推进路线图；借助案例的追踪和深入研究，对教师众筹工作坊研修模式进行分析，概括出教师众筹工作坊研修的实践策略，提升区域和校本教师研修的水平。

（二）众筹工作坊研修寻求新的增长点

①本文在研修主题的选取与内容的众筹上，努力探索和规划在核心素养的背景下有价值、有需求、有共鸣的研修主题；归纳不同类型研修主题的关键问题，概括特定类型研修主题的内容结构，众筹筛选典型案例和观点。

②本文在研修方式的概括与策略的优化上，借助概括不同类型工作坊研修的组织与实施经验，总结提高工作坊研修效果的有效策略。

③本文在研修经验的总结与效果的评价上，不断探索不同类型工作坊经验总结与交流的有效方式，探索有效的经验众筹和研修评价途径。

④本文在研修资源的收集与成果的转化上，探索不同类型工作坊的资源汇集、整理与成果转化方法。

三、 众筹工作坊研修突出了实践研究的价值

（一）众筹工作坊研修的技术路线图

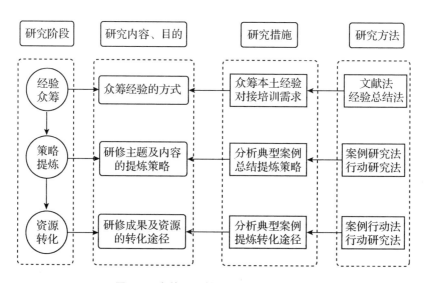

图 4-1 众筹工作坊研修的技术路线图

（二）众筹工作坊研修的操作流程

本文根据前期的规划，按照详细分工，采取文献研究与行动研究相结合的方式，开展课题的推进工作，并与实际工作进行整合，在工作中研究，在研究中工作。通过本文的研究，我们改变了工作方式，提高了工作效率和质量。我们的工作是面向全区教师进行培训，提高教师的专业水平。为提高教师培训的工作效率，我们大胆创新，改变传统的大班授课、专家讲和学员听的模式，采用众筹工作坊研修方式，针对教学中的问题开展讨论，直至找到问题解决的思路和策略，收集大家的经验，筹集大家的智慧，解决真实的问题。全区通过 2 年的实践研究，在中小学共开展 80 多个工作坊的研修班，围绕核心素养、关键问题、学业水平等主题进行深度研讨。图 4-2 为众筹工作坊研修流程图。

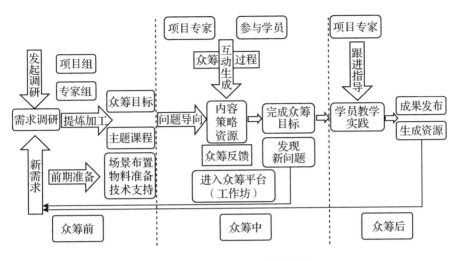

图 4-2 众筹工作坊研修流程图

1. 众筹前的工作

我们发起需求调研，根据调研情况，确定工作坊的主题和研修目标，确定众筹的内容与范围等。为有序地开展研修工作，我们需要做好前期的物料准备工作，如场景布置、人员分组、展示墙报以及准备马克笔、大白纸、即时贴等物料，营造安全、舒适、轻松、有利于参与互动的学习环境，为有效开展研修奠定基础。

以 2016 年区级骨干研修项目为例，在众筹前我们开展了多维度的研修需求征集：聚焦教学改革热点和学科教学面临的新形势、新问题，以区级骨干为众筹主体，紧扣研修主题，突出三个特点：一是选题众筹，面向骨干教师征集教学难题，再与专家团队共同研讨确定课题；二是方法众筹，由各小组成员分别提出问题的分析思路，最终汇总为初步解决方案；三是成果众筹，以班级为单位分享研究成果，同时获取补充建议。多维度的研修需求征集，一方面汇集一线骨干的培训需求与困惑；另一方面征求各层级专家、学者的意见和建议，确保选题的方向性。

为使课外丰富的资源有效地转化为教师的研修课程，需要精心开展调研工作，积极整合各地的优质资源，才能提升研修的针对性。这需要前期做好需求分析，才能把课外资源与教师的需求有效对接，从而成为研修课程。可以通过微信、邮箱、访谈等形式，把一线骨干教师的需求摸清，并且把学员的需求与中高考改革实时对接，让研修课程有效服务教学。然后，带着教师的需求，再跟专家有效对接，让课外资源有效变成符合一线教师需求的研修课程。我们通过与一线教师、专家之间的多轮沟通，最终确定每次的研修主题和研修课程。专家的教育理念和理论，与一线中学教师的认知有较大的差距，需要有效转化，才能变成符合中学教师的研修课程。需求调研流程如图 4-3 所示。

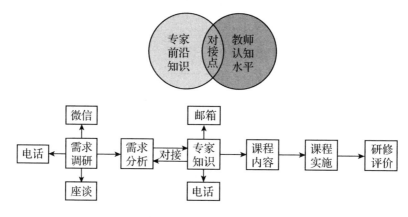

图 4-3　需求调研流程

为全面把握海淀区中小学骨干教师的整体情况和研修需求，以期为骨干教师的再发展提供更加精准的专业支持，北京市海淀区教育委员会教师继续教育办公室开展了面向全区 176 所学校中小学骨干教师的调研。调研使用线上问卷和线下访谈相结合的方式进行数据采集。

骨干教师的研修需求主要表现在对研修主题的深度聚焦、研修内容的学术化需求、研修方式的多元创新以及研修动力的不断内化方面。骨干教师最希望能够解决自身面临的三个问题是课程建设、教学能力和专业学习方面的问题，如图 4-4 所示。其中，研修内容和研修主题主要提及"整本书阅读""教学设计""深度学习"。在研修方式中，课例研修、名师工作室研修(导师制研修)、工作坊是最有效的三项研修方式。能有效促进骨干教师专业成长的三项因素为有发展意向、学校氛围好和身体健康。在研修课程的设计上，需要重点关注骨干教师面临的主要问题，采用骨干教师乐于参与的研修方式，搭建平台，提供骨干教师展示的舞台，激励骨干教师在学校和区域发挥引领作用，促进骨干教师的专业发展。

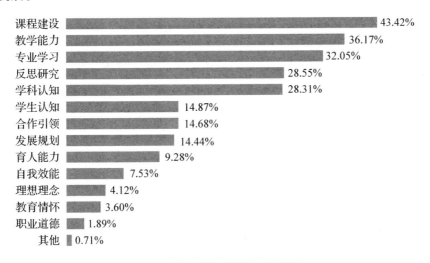

图 4-4　骨干教师希望解决的问题

基于需求分析，研修方案聚焦于指向核心素养培育的骨干教师领导力提升这个主题。课程围绕骨干教师领导力的四大维度展开，既有方向性的引领，又有核心内容的设计；既有线上的网络研修，又有线下的专题讲座、工作坊、现场观摩等。研修时间安排上也考虑骨干教师的现况，更加灵活。课程实施中采取过程性、多元化和及时反馈的评价方式，强调骨干教师学习成果的生成与固化，并且规范管理，追求实效，以期基于骨干教师的真实需求，解决教师的迫切需要，提升骨干教师的领导力。

例如，海淀区高中生物骨干教师研修工作坊，基于核心素养开展众筹学习，运用"基于生物学科核心素养的教学设计及实施"问卷，从生物学科核心素养对生物教学的影响、生物学科核心素养的内涵、基于生物学科核心素养的教学设计、教学实施中可能遇到的挑战、生物学科核心素养的评价五个维度，对海淀区高中生物学科骨干教师进行实名调查。同时，每位学员提交一份自己认为满意的能够体现生物学科核心素养的教学设计，进行作品分析。本文借助专家团队的力量，全面了解情况，深入研究问题，准确把握生物学科骨干教师的教学难题，找到破解难题的办法和路径。基于生物学科核心素养的骨干教师研修工作坊，通过工作坊的组织形式构建教师学习共同体实现众筹学习，将骨干教师的教学实践经验、智慧汇聚起来，在专家的引领下碰撞、融合与提升，集聚多方智慧，形成学生生物学科核心素养的培养策略。

海淀区小学英语骨干教师绘本阅读教学研究工作坊，基于前期调研，结合海淀区小学英语骨干教师的需求与现状，以小学英语绘本阅读教学为突破口和主要载体开展众筹学习。工作坊研修开始前，推荐教师提前阅读彭懿著的《图画书应该这样读》，请教师在微信群里自愿报名认领一个章节准备制作PPT，分享阅读学习体会。要实现工作坊学员的经验重构，不仅要充分挖掘已有的经验，还要调动成员间的思维相互碰撞，促进集体智慧的提升，引发个体的新思考、新生成。认识绘本——《七步读懂图画书》的众筹学习，充分挖掘了每位教师的宝贵经验，使得参与其中的每一位教师都可以从不同的角度来思考，在彼此思维碰撞中得到更多的启迪。事实上参与工作坊的每位骨干教师，都是一座宝藏，具有丰富的一线教育教学的实践经验，有多少位学科骨干教师就有多少座特色宝库。我们要促使骨干教师打开宝库大门，在调动共享资源、经验、心得的过程中，进一步提炼、提升，众筹教育教学资源、经验和策略，实现专业的新发展。

2. 众筹中的工作

聚焦研修主题，以实际的案例，让学员进入众筹平台——工作坊，开始展示汇报；让学员根据自己的经验，开发课例，展示设计的教学活动，小组间相互评价，相互借鉴，共同针对主题讨论解决问题的方案和策略，展开互动交流。工作坊研修可以按筹集的研修内容、教学策略、教学资源等进行分类，并有导师进行提炼总结，给研讨的问题提出合理的建议。针对众筹内容达成目标的，进入众筹后环节；达不成目标的重新从需求开始，重新进入众筹环节。具体策略包括如下几方面。

①组建一个具有平等氛围和分享共赢精神的学习共同体。明确"体验众筹的愉悦，分享共研的智慧"的原则，制定活动评价标准，确保每一位

成员都能在深入探究、充分表达、倾情奉献的同时，最大可能地分享共同体其他成员的智慧，提高自身经验建构的水平。

②创设条件，给教师更多解释教育现实、教育问题的机会。让骨干教师在真实的教学情境中，主动利用已有知识经验进行解释、假设，去提出问题、分析问题、解决问题，在这样的过程中建构自己的新知识经验系统。

③充分利用骨干教师自己的教育教学经验，在协作中共同探讨解决实际问题的途径。精心设计一些教学主题，围绕教学主题开展专题式的研修，挖掘每位教师的宝贵经验，使得参与其中的每一位教师都可以从不同的角度来思考，并从中得到更多的启迪，感受到与他人的联系。

④提供积极的学习支持，为研修者之间的高水平对话搭建脚手架。在研修活动过程中，设计操作性较强的活动支架，运用可视化的研讨方式，促进学习共同体全体研修者经历归纳、发散、比较、分类、抽象、批判、反思等思维活动，完成问题解决策略的提炼与自身经验的建构，并找到印证实践的切入点。

⑤强调对教学进行反思，可以自己完成教学任务的过程为参考对象，对其他人完成同样的教学任务所做出的决策、行动以及由此产生的结果进行审视和分析。同伴之间的相互比较、评价、帮助、激励等途径可以唤醒教师对自我行为的反思，从而形成强大的合力，并逐渐形成一种在教学中研究、在研究中教学的职业生活方式，建立个人和团体的归属感。

另外，海淀区还立足区域资源优势，开发符合中学一线教师实际的拓展课程，让研修者沉浸于真实的学习环境之中，通过角色体验、操作实践，获得直接的知识经验，耳濡目染地感受品质习惯，并通过后续持续跟进，迁移应用，改进行为。同时在研修课程和研修方式上进行了创新，使教师进一步了解学科前沿知识，在动手实践中强化对学科本体知识的理解，为进一步提高学生的核心素养奠定基础。

研修课程，强调关注学科本质、学科价值和实践体验，强调课程开发和实施应在基本理论和实践应用等方面充分考虑教师的基础现状，增强课程的可理解性和实用性。为使研修更具有针对性，具体研修过程如

图 4-5 所示，以有效地落实研修目标。

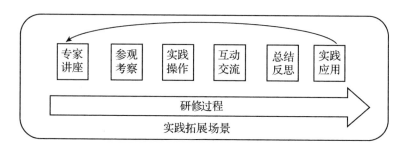

图 4-5 研修过程

专家讲座：它是学员理论提升的基础，所讲授的内容一般都是最先进的前沿知识。专家讲座能让学员与专家面对面沟通，是拓展学员学科视野的重要手段。同时，专家的指导和引领是学员理念转变和专业素养提升的重要保障，能为一线教师的专业发展指明方向，拓宽学科视野。

参观考察：聚焦研修专题，结合专家讲座，多视角地参观考察科研所、实验室等场所，获得浸入式实践体验。一线教师通过实地参观走进真实现场，亲身体验知识的神奇力量，为学习、借鉴、反思、研究提供丰富的实践案例。

实践操作：研修中，在研修主题的引领下，充分发挥科研院所的资源优势。学员不仅学习理论知识，还要亲身参与实践操作，与专家一起进行实践拓展，提升实操能力，注重理论与实践的结合，着力研修效果的提升。

互动交流：根据学员的需求，研修过程中可安排多层次、多角度的互动环节，突出互动生成，力图通过学员与专家无边界的互动交流，充分激活思想，碰撞智慧，形成良性的理论探讨和实践总结氛围。不论是专家讲座，还是参观考察，学员都会积极参与互动交流，深刻理解和内化研修内容。通过交流互动，学员个人的综合能力在学习、交流和碰撞中不断得到提升。

总结反思：结合研修内容和研修过程，学员积极开展研修反思，梳理学习过程中的收获和感悟，总结自己的体会，为掌握和内化研修知识奠定基础，为专业能力提升与拓展提供更多的经验，为生成新知识和经验奠定基础，从而促进反思能力的提升。

实践应用：为使研修具有持续性，学员要把研修内容转化为教学资源，并将其应用到教学实践中去。从研修到研究，学员得到不断的成长和进步。研修结束后，学员把研修课程转化为教学设计，并根据研修内容设计开发教学案例，把研修中的收获转化为教学资源和课程。

例如，高中英语骨干教师读写教学课堂研究工作坊研修，是在教研转型背景之下如何实现骨干教师研修从"专家讲授"向"众筹学习"的转变的一次有益尝试。在充分的需求调研(向自我求证、向书本求证、向他人求证、向实践求证)的基础上，采用众筹工作坊研修的模式，在传统教师培训的各个环节中嵌入众筹学习的特征和内容，实现了从培训需求调研、培训主题和目标设定、培训课程设置到培训实施和评价的全过程"众筹"，从而有效地提升了海淀区高中英语骨干教师研修的质量。

初中历史学视野下教学关键问题的思考与实践工作坊研修，围绕研修主题，设计多个小任务或小活动，按照个人思考、小组交流、组际碰撞的流程，通过"写一写教学设计""说一说设计思路""听一听不同策略""试一试他人的做法""看一看同伴的创意"，形成多环节的本体感受和亲身体验。尤其在"试一试"动手环节，把抽象难以理解的学科素养变得具有可视性。利用基于真实问题的研究和教学真情境的分享，将教学研究方向和实际问题解决有效结合。促进教师在实践中内化外在理论与他人的经验，提升教学能力和解决问题能力。

小学语文基于学业标准指导的小学习作教学内容与评价的实践研究工作坊研修，聚焦小学语文教学存在的问题，聚焦小学语文骨干教师的困惑，研修的内容包括课程内容、教学策略、教学资源、教学成果、教学技能、教学资源等。在研修中尊重学员的已有经验，尊重他们各自的价值，调动参加学员的内驱力，使得研修既是一次研修之旅，又是一次研究之旅。另外，为落实研修效果，采用讲练结合的形式进行巩固，每次研修前、研修中、研修后对学员有练习或作业要求，做到讲座与实践演练有机结合，强化研修内容，促进学员的行为改进。

3. 众筹后的工作

学员将工作坊的众筹成果用于教学实践，尝试解决教学问题，检验众筹成果的可行性。若满足实际的问题和需求，则对成果进行提炼和加工，进行成果推广；若不能解决问题，则进行重新众筹，直至解决问题。总之，希望众筹后，骨干教师能够通过工作坊的研修带走思路、带走方法、带走智慧。众筹成果主要体现在以下几个方面。

①强化理论支撑，拓宽思路。紧密联系教学改革的核心需求，邀请理论专家重点解读教学改革的内容和思路，有效拓宽教师的思路。

②理论联系实际，破解难题。首先通过不同的人、不同的情境、不同的观察视角进行不同观点的对比碰撞，汇集专家、同行、同事的智慧，来实现培训"两带来"（带来问题、带来经验）；其次安排讲授关于系统分析问题、解决问题的工具方法，形成完整的知识链条，促进教师运用众筹的学习方法，提升问题分析的系统性、实际性和时效性，破解难题。

③提炼问题解决的策略，以教学实践性问题的解决为导向。强调教师彼此深度互动，教与研交替进行，关注问题解决的心理驱动和策略的探究，促进教师积极的经验建构与实践运用，促进智慧生成和成果表达。

骨干教师研修，应加强成果和资源意识，聚焦研修主题，设置合理的研修任务，不断地促进教师进行梳理和提炼，有效地促进成果的转化。

研修前任务驱动：聚焦研修目标，设置研修任务，采取任务驱动式研修，以有利于研修目标的达成。始终关注研修内容和任务，能有效地提升研修效果。研修任务有设计一场科普报告、根据研修内容设计教学案例或教学设计、利用研修素材改编试题等。学员可以将研修任务和研修课程紧密联系，并服务于自己的课堂。

研修中交流反思：在研修中，学员梳理真实的感悟和体验，提炼真实的收获，并与自己的工作进行对接，有效迁移到课堂教学中去。研修反思，也会促进反思者理念的更新，从而转化为自己的行为，更好地促进学生的发展。反思内容不在多少，但一定要突出"真实"，可以是收获，也可以是问题和疑问，要为后续研修做好铺垫。

研修后汇报展示：针对研修的成果，给予学员充分的展示机会，搭建各种展示平台，满足学员被认可的心理需求，激发他们的学习热情，有利于研修成果的转化。在浸润式研修结束时，应安排小组汇报交流；

结合研修任务，按照小组分工、充分研讨合作完成任务，最后在全体成员面前进行展示。让学员展示结合研修内容设计的教学案例、试题命制等成果，有效地激活了他们的内驱力，提升了研修效果。表 4-1 为研修成果的形式、内容和价值。

表 4-1　研修成果的形式、内容和价值

研修成果的形式	研修成果的内容	研修成果的价值
教学设计	利用研修的资源和素材，与课堂教学进行对接，设计新颖的教学案例	聚焦最新的生活和科技前沿，能有效地激发学生的学习兴趣，促进学生对科学的热爱
试题改编	利用研修课程资源，与新课程改革对接，紧扣高考、中考的方向，创设科技情境，有效编制和改编试题	创设科技和科研情境，有利于考查学生解决问题的能力和核心素养的发展水平
研究报告	利用研修资源和研修课程，结合中学教学的特征，进行学科知识前沿宣传，传播科学思想	利用讲座，有利于传播科学思想和方法，弘扬科学精神，激发学生的爱国主义情怀，让学生形成科学责任
感悟反思	在研修中，反思交流，小组汇报，加深对科学研究的认识，提升自身的科学探究能力	有利于骨干教师对学科本质的把握，提升学科能力，感悟科学精神

小学体育有趣又有效的武术教学设计与实施工作坊研修，关注后续课程，实现教师的可持续发展。培训结束后，专门组建了民族传统体育教学工作室，定期开展教研活动。例如，为非武术专业的教师提供示范技术的练习和指导，为武术专业的教师提供集体备课和教学展示的平台；另外还组织专业教师录制"教学妙招"微视频，为今后混合式研修积累资源。

中学技术学科基于创新设计素养落实的教学设计与实施工作坊研修，培养了一批理解新课程标准理念、有设计研究能力的骨干教师。越来越多的技术骨干教师主动带头进行学科核心素养落实的教学实践。在全区技术学科论坛中，培训班学员中关村中学胡小琳老师在论坛的研究课"橡筋动力小车项目——橡筋驱动系统构思设计"中，就引入了逻辑方法——发明问题解决理论，关注学生思维的培养，引导学生学会学习，得到专家的好评，获得了市级教学设计一等奖。北京市一零一中学霍莹老师参考了此次骨干培训关于深度学习和评价方式的专家讲座的内容，研发了智能小屋教学项目，关注学生核心素养的培养，用评价即学习的理念设计了整个教学项目；特别是针对创新设计素养，形成功能综合多元的智能小屋作品，结合"智能小屋测评展示评价"一节课，获得了市级教学设计一等奖。通过有限的骨干教师培训，教师的思想、行为方式都有改变。区级教研搭建的骨干教师经验交流平台，带动了一批教师在素养落实的路上越走越远。甚至部分教师自发组成研究小组，聚焦技术方案设计和物化成型效果，做创新设计的对比分析。尤其是在每年通用技术学业水平考试试卷的压轴设计大题中，学生呈现的设计方案越来越多元、越来越创新，教师的关注和引导起了重要的作用。

（三）众筹工作坊研修的特征

众筹工作坊研修是将众筹的思想运用在工作坊研修的全过程，从学习选题确定、研究方法选择、解决方案形成到成果发布及分享都汇集了引导者及参与者的智慧，以达到共启智慧、互利共赢的目的。一般来讲，众筹工作坊研修具有以下鲜明的特征。

1. 共享性

建构交互学习场，围绕着共同的理念和目标、明确的研修主题，形成共享知识、共享经验、共享智慧的学习共同体，实现智慧共生、资源共建，进而有效地提高教师整个团队的教学专业素养。

2. 建构性

设计操作性较强的活动支架，运用可视化的研讨方式，促进学习共同体全体教师经历归纳、发散、比较、分类、抽象、批判、反思等思维活动，完成问题解决策略的提炼与自身经验的建构，并找到印证实践的切入点。

3. 生成性

组建学习共同体，让教师在引导者的适度帮助下，聚焦研修主题，历经体验、探究、研讨、建构、反思等活动过程，在与同伴的交流中学习、体验并形成新的观点，最终促进自身经验的建构和实践应用，实现教师经验和智慧的众筹。

4. 发展性

激发教师的内在热情和潜力，不断发现和创造自身的价值，实现专业认同与专业反思，真正形成专业自觉。在实际工作中不断强化问题意识，提高对问题的理性分析能力与决策的能力，在不断的问题解决中，实现自身的专业发展。

四、 基于众筹工作坊研修的思考和建议

（一）值得思考的问题

教师在实践中积累的经验和发现的问题非常有价值，但在研修中可能不愿意或没机会表达出来。如何在研修中促使教师表达观点、报告经验，是"教师众筹"中值得培训者研究的问题之一。这需要相应的任务设计、氛围创设和实施引导策略。

"教师众筹"的结果应当是形成集体智慧。除了工作坊现场形成概括化经验外，还应产出高质量的成果和资源，实现个体经验向集体智慧的转变。后续素材的挖掘、加工和资源开发也是培训者应关注和研究的问题。

（二）基于思考的改进建议

1. 优化师资，精准角色定位

培训师资的水平和能力能够适应培训的需要，是影响中小学教师在职培训效果的重要因素之一，也是提高培训的针对性和时效性的关键。众筹工作坊研修模式对培训者提出了更高的要求，赋予了培训者更多的角色。他们不仅是培训课程的讲授者，而且是整个培训课程、培训活动

的组织者、参与者、观察者和帮助者。在培训者的积极引导下，受训教师更容易深入讨论、关注更深层次的教育问题；培训者能参与到教师的讨论当中，适时地给予恰当的建议和指点，这要求培训者既有较高的理论水平，又有深入实践的丰富经验；在此基础上，培训者要有敏锐的观察力和洞察力，通过参与观察教师的活动，敏锐地抓住问题，展开分析。

2. 构建教师专业学习共同体，强调互动、参与、体验

有学者提出了教师专业实践社群的四个核心要素：①教师合作计划活动的机会；②分享知识和进行开放性讨论的机会；③合作解决问题的机会；④共享信息的机会。[①] 教师众筹工作坊研修正是组织了这样一个团队，让团队成员通过观察、学习、探讨、体验等团队活动建立起新的团队价值观，进而改变成员个体的价值观，改变成员个体的行为。这种研修方式更强调教师的参与，尊重每位教师的经验和感受，充分激发教师的主体参与意识。教师在培训中不再是"听众"，而成为"研讨者"和"分享者"。这样的研修方式，更能够挖掘团队的潜力，构建起学习共同体，在提高培训效率的同时，促使受训教师深入思考问题，促进了研修成果的多样化和深度化。

3. 营造民主型、分享式的学习氛围，关注教师的实际获得

营造民主型、分享式的学习氛围，给予每位教师发挥自己能量、影响他人的机会。众筹工作坊研修有助于激发教师参与的积极性，发挥教师的自主性，促进教师反思和资源生成。这种方式要发挥其作用，重在整体的设计和精细化实施，重在关注教师的实际获得。

众筹工作坊研修在区域教师培训中发挥了很好的作用，就研究的效果来看，得到了受训教师的认可和欢迎。我们也注意到，在研究过程的实施方面，还要充分结合区域教师的特点与需求，总结教师工作坊研修的主题、内容和方式，提炼工作坊研修的实施路径，从而建构出普遍适用不同区域的众筹教师工作坊研修模式。

专家评语：将当下互联网融资"众筹工作坊"的新概念、新模式，运用

---

① Murphy, J., *Connecting Teacher Leadership and School Improvement*, Thousand Oaks, Corwin Press, 2005.

到教师培训工作中，具有一定的新颖性和时代性，突破了传统意义教师培训"专业传授""集中授课"的单一模式。而众筹学习改变了教师培训与研修的供给侧，倡导教师培训工作坊，融教师个体智慧于培训中，采用开放式、发散式的培训方法，有助于每位教师的主动性与参与性的充分发挥，实现教师的共同发展。该文阐述了众筹工作坊研修为教师培训提供的新视野，提出了众筹工作坊研修为教师培训升级提供的新路径，分析了众筹工作坊的实践研究价值及意义，描述了其技术路线图与具体的操作流程。最后，该文以思考和建议为对策，提出了在教师培训中强化众筹工作坊的具体对策：优化师资，精确角色定位；构建教师专业学习共同体，强调互动、参与、体验；营造民主型、分享式的学习氛围，关注教师的实际获得。

点评专家：北京青少年研究所 余逸群教授

导师组制新教师培训现状与对策
——以昌平区为例

北京市昌平区教师进修学校

刘鑫

【阅读摘要】教师队伍的状况直接影响教育质量的提高，培养造就高素质的教师队伍是十分重要和紧迫的战略任务。教师的任教初期是教师职业生涯中的关键时期，提供高质量的入职培训，对新教师的专业发展具有重要意义。为提高培训的针对性和实效性，促进新教师快速成长，北京市昌平区在新教师培训中采取导师组制培训模式作为一种尝试和探索。本文采用问卷法和访谈法，以北京市昌平区新教师为研究对象，对昌平区实施的导师组制新教师培训的基本情况进行了调查，梳理了导师组制新教师培训的成效，对导师组制新教师培训过程中出现的问题进行了分析，在此基础上提出了完善导师组制新教师培训的措施和建议，如进一步完善管理制度、加强导师组的协作、提高新教师的专业发展意识等。

【阅读关键词】导师制；导师组制；新教师入职培训

面对新时代的教育改革浪潮，以习近平同志为核心的党中央领导集体在第五次全国教育工作大会上强调，教师队伍应该具有更高的水平，以提高人民群众的满意度和获得感。新教师是实施素质教育、推进教育现代化的生力军，对一所学校整体素质的提高有着重要的作用。

2013年5月，《教育部关于深化中小学教师培训模式改革全面提升培训质量的指导意见》针对当前教师培训工作中存在的突出问题，如针对性不强、内容泛化等现状，提出要"转变培训方式，提升教师参训实效""改革传统讲授方式，强化学员互动参与，增强培训吸引力、感染力"。2018年1月，《中共中央 国务院关于全面深化新时代教师队伍建设改革的意见》中指出："提高教师培养层次，提升教师培养质量""开展中小学教师全员培训，促进教师终身学习和专业发展""改进培训内容，紧密结合教育教学一线实际，组织高质量培训，使教师静心钻研教学，切实提升教学水平"。以上这些政策明确地指出了当前教师培训中存在的问题，对教师培训的方式方法等提出了改革意见，提出要创新培训模式，增强培训的针对性，提高新教师的培训质量。

2011年3月，《北京市中长期教育改革和发展规划纲要(2010—2020年)》提出："建立城乡一体化义务教育发展机制""实施新城配套学校建设工程，结合新城建设、中心城区人口疏解、城乡接合部重点村改造，新建一批优质中小学"。2016年12月，《北京市昌平区国民经济和社会发展第十三个五年规划纲要》指出，注重提升人口聚集区、重点功能区、农村地区基础教育水平，扩大普惠性幼儿园覆盖面，实施"名师名校"工程，引进培育名园名校达到28所以上。在以上相关政策的引领下，近年来，昌平区建立多所新建校，新教师的数量激增，导致新教师的管理、培训难度加大，原有的培训模式已经不能满足新教师的专业需求，亟须探索新的培训模式，提高教师培训的实效性和针对性。

综上所述，国家政策明确指出要重视教师培训，尤其是新教师的培训，并指出了当前教师培训中出现的一些问题，提出要增强培训的实效性和针对性。近年来，昌平区在新教师培训工作中做出了相应的调整和尝试，尤其是在新教师培训中采取导师组制的培训方式，取得了一定的成效。本文以昌平区新教师为研究对象，通过调查研究发现在该地区导师组制新教师培训中的症结，并寻求相应的治理路径。

一、　研究背景

有学者认为，导师制最早起源于牛津大学，导师制是牛津大学对世界高等教育最为突出的贡献之一。[①] 作为牛津大学本科教学的核心，导师制多为一名学生单独，或和其他一两名学生与导师一起上课。随着时代的发展，现代导师制度开始被许多学者重新提出。许多国家开始建立新教师入职引导制度，对新教师尤其是任教期一年内的教师进行教学技能培训。[②] 导师制培训模式在新教师的入职教育上有明显的优势，目前有很多高校及其他教学机构等都采用了这种模式。导师制是一种非常重要的新教师入职教育模式，在世界各国大范围内使用，对于新教师的专业发展起到了重要作用。本文将"导师制"界定为一种新教师入职教育培养和管理制度，即由教育管理部门和培训部门选拔指导教师，对一位新教师或一个小组新教师进行指导，通过一系列的方式帮助新教师解决在教学、工作中面临的问题，提高其实际教学能力，帮助其顺利度过职业适应期，促进其专业发展。本文将"导师组制"界定为：在新教师的入职教育中，由高校教师、教研员和骨干教师所组成的新教师指导团队，负责新教师的入职培训，根据导师的特长集体制订培养方案和培养计划，对新教师进行全方位的培养。

二、　导师组制新教师培训的现状调查

（一）新教师的人数多，且培训需求呈复杂化、多样化、个性化

本次调研对象的具体情况如下。第一，样本全覆盖。选取的调查对

---

① 李筱晔：《"团队带教"的实施及其对新教师专业成长的影响研究》，硕士学位论文，上海师范大学，2014。

② 杨文颖：《"导师制"教师入职教育模式探究》，硕士学位论文，西安外国语大学，2011。

象是昌平区内 2012 年 7 月到 2015 年 7 月参加工作的新教师，来自全区 80 多所公立学校，共 330 人。其中有效数据 322 份，有效样本达 97.6%。男教师所占比例为 23.2%，女教师所占比例为 76.8%，这也反映了中小学教师中女性比例高于男性的现状。第二，教师个体素质发展不均衡。从所学专业上看，所学专业为师范专业的教师占 29%，所学专业为非师范类专业的教师占 71%，非师范生远远高于师范生，还有一定比例的新教师尚未取得教师资格证书。从学历上看，本、专科学历的教师占 50.6%，硕、博士研究生学历的教师占 49.4%，学历符合国家标准，且学历水平较高。从任教学段上看，小学段的教师占 59%，初中段的教师占 23.9%，高中段的教师占 17.1%，且以小学低年级段的教师数量较多。第三，教师工作压力较大。担任班主任的教师占 51%，且绝大多数是初次担任班主任。"教非所学"教师占 49%；新教师的工作量基本为满课时，有的还兼任班主任工作、任教校本或地方课程、负责信息财产管理工作等，工作压力较大，工学矛盾较突出。新教师的人数多，需求多样，亟须导师进行专业化的培训和指导。

（二）导师资源相对丰富，部分学校因骨干教师不足导致师徒比例失调

昌平区内部分学校的师徒比例失调，缺乏担任导师的师资人选。调查显示，近几年昌平区新建校的数量增多，其显著特点是青年教师多，而骨干教师相对较少，有的新建校新教师的数量占到专任教师总人数的 40%～60%。以往传统的"一对一"师徒结对，需要大量的骨干教师担任导师，而本校的骨干教师数量相对不足，可以担任指导教师的师资更是匮乏，根本无法实现和新教师的"一对一"师徒结对。原有的新教师培训模式因导师人选匮乏，已经无法继续实行。

同时，昌平区内有相对丰富的骨干教师资源，可以担任导师。昌平区教师信息资源数据库的数据显示，昌平区拥有市级学科带头人 20 名，市级骨干教师 142 名，区级学科带头人 306 名，区级骨干教师 1485 名，区级以上骨干教师合计 1953 人。骨干教师多集中分布在部分优质校和城镇校，农村校较少。

（三）组建市、区、校三级导师组，对导师的培训和管理相对完整

从 2005 年开始，昌平区教育委员会与北京教育学院合作，组建市、区、校三级导师团队，采取项目负责制，开展新教师培训。为了让导师能够对新教师进行有效的指导，在带教之前和带教过程中，市级、区级培训机构分别对导师们进行了一定课时的培训，并且有针对性地给予各种帮助和支援。经过调查研究发现，昌平区导师组制新教师培训在对导师的培训和管理中有以下特点。

特点一：有针对导师的培训。北京教育学院、昌平区教育委员会分别选派优秀教师担任导师，并分别对担任导师的高校教师和骨干教师进行了规定课时的培训。《昌平区新任教师培训方案(2017 年)》(简称《培训方案》)规定：区教委继续教育办公室负责对导师团队进行为期 12～16 课时的培训，主要内容为成人教育教学方法、有效沟通等。

特点二：导师有定期的会晤制度。《培训方案》规定：各个学科组指导教师每学期必须有 1～3 次集中活动，应酌情定期集中总结研讨，重点对培训中的实际问题研讨，根据实际情况调整培训方案。通过调研，我们了解到一部分导师组除了按照上述要求外，还有定期的会晤制度，用来保障来自不同学校的导师彼此之间的交流沟通。定期的会晤制度，让中小学的优秀骨干教师或具有丰富经验的管理者，以及高校教师有沟通交流的机会，共同研讨在新教师培训中出现的各种教学、教育、管理中的各种问题，提高了导师的指导能力，促进了青年导师的成长。

特点三：暑期组建导师团队，举办新教师培训启动仪式。一般在每年 8 月举行新教师培训的启动仪式，让新教师按照不同任教学科组建班级，实行小班管理。向新教师介绍本学科的导师组成员，包括由高校教师担任的首席培训师，由区级培训机构教研员担任的本学科班主任，由首席培训师和教研员负责新教师暑期的 3～4 天的集中培训任务；等 9 月开学后，针对教学实践，本学科的学科组开展指导培训工作，实践指导教师此时开展针对新教师教学的指导培训工作。

三、 导师组制新教师培训的优势和问题

（一）团队指导的灵活性强， 满足教师的个性化需求

受训教师是培训的主体，应该掌握培训的主动性，选择培训的内容、培训的方法、评价的方式等。但实际上在我国的教师培训中，相关调查显示，有85％的受训教师是服从组织安排参加培训的，教师对培训内容、培训方法、评价方式等方面的选择权也是有限的。① 根据成人学习理论，在培训中要充分调动受训教师的主体参与性。教师是成人，成人学习有自己的特点。例如，有丰富的个人经验，需要被激活并整合到新的学习活动中；具有自我导向，有明确的学习目的；注重问题解决，不喜欢抽象、高深、与教学无关的理论知识。②

根据教师发展阶段理论，新教师处于富勒所说的"生存关注"期，面临角色转变，适应新环境等问题。③ 新教师群体对于培训的需求是多样和复杂的，表现在以下几个方面。①指导内容。新教师在入职初期有两大问题：一是教育教学等方面；二是情绪情感和人际沟通等方面，涉及教学、管理、科研、与领导同事的关系、与家长沟通等众多内容。②指导时间。新教师的教学任务也比较繁重，有的新教师担任班主任，无法离开班级外出参加培训。新教师参加培训的时间非常有限，需要灵活的培训时间。③指导方式方法。新教师的教学实践性知识较匮乏，希望尽快站稳脚跟，得到领导、同事、学生及家长的认同和接纳。需要指导教师大量的针对复杂教育教学实践的指导，需要指导教师深入教学一线，针对新教师真实的工作情境提供有针对性的指导。

昌平区导师组制新教师培训具有内容丰富、指导方式和指导时间灵活等特点，可以满足新教师的个性化需求。在昌平区导师组制新教师培

① 李方、钟祖荣：《教师专业标准与发展机制——教师专业化国际研究译文集》，12页，北京，北京出版社，2004。

② 陈向明：《从教师"专业发展"到教师"专业学习"》，载《教育发展研究》，2013(8)。

③ 傅树京：《构建与教师专业发展阶段相适应的培训模式》，载《教育理论与实践》，2003(6)。

训中，各个学科组制订了总体的培训计划和方案。在培训过程中，导师们根据每位新教师的个性特点、教育背景和个体发展目标等，再进一步制订具体的适合每位新教师的指导方案，在指导的内容、方式和时间上都比较多样，在一定程度上满足了新教师的个性化需求。

（二）和高校合作，调动区内骨干教师资源，缓解了师徒数量的矛盾

充沛的高校教师资源，为组建导师团队提供了契机。2015 年开始，北京教育学院介入昌平区新教师培训，选派优秀教师作为导师参与对新教师的培训项目。北京教育学院的教师作为首席培训师参与培训目标和方案的制定，还聘请其他高校科研机构的教师作为专家参与对新教师的培训，形成高校科研专家库资源，极大地提高了新教师培训的师资水平。同时，昌平区教育委员会进行统筹协调，选拔并聘请区内学校的校、区级以上骨干教师担任新教师的导师，有效地缓解了师徒数量的矛盾。

导师是带教活动的重要主体之一，导师的选择是影响带教效果的重要因素。一般情况下，在带教活动开始之前，学校会按照一定的标准选择导师，采用一定正式或者非正式的程序来任命导师，这可以在一定程度上保障导师的带教质量。昌平区的导师组制新教师培训在导师的选择和任命中，有以下两个特点：第一，制定了具体的选择标准。制定了选择导师的相关标准，按照标准选择导师。导师团队由高校教师、教研员和区级以上骨干教师三类人员构成。每一类导师都有其具体的选择标准。第二，举行拜师仪式，签订师徒协议。区级培训机构和各基层校都举行了正式或非正式的拜师仪式，签订拜师协议。市区级培训机构为每一位导师都颁发了新教师指导教师聘书。

（三）团队引领，促进教师间的合作，促进师徒的共同发展

昌平区导师组制新教师培训，通过组建指导教师团队，实施团队带教，有效地促进教师间的合作，促进师徒的共同发展，体现在以下三点。

第一，组建导师团队，有利于导师发挥各自的特长。每一位导师都有自己的专长，有的擅长理论引领，有的擅长实践指导，有的具有丰富

的一线教育教学经验。由来自不同机构、不同背景的导师所组建的团队，通过团队引导，使新教师能在博采众长的过程中获得专业成长。美国的新教师入职指导计划就采取以导师制为核心的指导小组方式，指导小组包括校长或分管教学的副校长、学区中心办公室教学专业人员或从大学教育学院聘请的教授等。指导小组每月到学校听课，直接帮助新教师将先进的教育教学理论应用于课堂教学实践，以改进教学。[①]

第二，组建导师团队，让沟通更加多元。一对一的师徒制度，是一种固定搭配模式，主要是信息的单向流通，容易产生简单的模仿和崇拜。而多对一的师徒制度，培训模式由单线变为网络，从二元到多元化，多渠道、多背景的人员通过沟通交流，促进了合作和发展。此外，一位导师指导新教师，指导新教师的时间和精力都有限，指导的内容有限，指导能力和效率会受到影响。对于同一学科，多位指导教师参与指导，指导的内容更加全面，时间上也更加充裕。

第三，促进师徒的共同发展。在许多学校的师徒结对中，都是要求新教师如何尽快地提高教学的技能、方法和技巧，却忽视了教学相长和徒弟的创造性，有的更是完全不理会师父的成长需求。[②] 叶澜等人指出：教师专业发展不是教师把自己孤立起来，教师可能要充分发掘、利用各种可促进自我专业发展的资源。依此来看，教师要打破相互隔离的状态，在了解教师专业发展的一般路径之后，敢于承认自己在专业发展过程中所存在的问题，寻求与同事的合作与帮助。[③]

在昌平区导师组制新教师培训的教学实践中，新教师的师父，也就是指导教师本身也会存在许多教育问题，需要同伴互助，共同学习。团队代教的一个优势就是促进了同事之间的合作。新教师中有很多本科生和研究生，他们在理论研究上有着优势。而团队中的教师有的有着丰富的一线教学经验，在课题研究的过程当中，师父和徒弟各取所长，互相

---

① 陈宜挺：《对中小学教师"师徒结对"的效能思考》，载《教育科学论坛》，2011(4)。

② 叶金梅：《新教师"师徒结对"培养模式的缺憾与对策》，载《丽水学院学报》，2014(4)。

③ 叶澜、白益民、王枬等：《教师角色与教师发展新探》，320页，北京，教育科学出版社，2001。

帮助，共同进步。

教师不仅仅是培训的对象，更是学习的主体，还是一种重要的丰富的宝贵的资源。教师在知识结构、智慧水平、思维方式等方面存在差异，每位教师在真实、鲜活、具体的教学实践中积累的不同的丰富的经验，是教师合作的动力和源泉。昌平区导师组制新教师培训在一定程度上发挥了团队的优势，促进了指导教师和新教师的专业成长。

四、完善导师组制新教师培训的对策

（一）完善管理制度

制度体系的建设与完善是新教师培训的重要保障，决定着新教师的发展水平，影响着新教师的受训积极性，也决定了教师队伍建设的质量。完善新教师培训的制度体系有助于提高新教师参与培训的主动性，强化激励的有效性，促进新教师的专业发展。

第一，制定并完善项目负责制度。将整个新教师培训作为独立项目进行管理，实行项目负责制度。项目第一责任人，可以统筹协调本学科内部的导师，对本学科新教师培训进行总体设计和指挥。制定明确的市、区、校三级导师的权利和责任，要进一步明确带教双方的任务和职责。

第二，建立相应的管理制度。进一步规范明确导师团队带教的实施细则和管理制度。比如，规范导师的选择和任用、明确带教协议的内容、明确双方的职责、确保导师团队带教所需要的经费、适当减轻师徒双方的日常工作量、确定固定的时间用于双方面对面的指导等。提供充足的专业书刊、教学设备与材料，保证新教师能够顺利实施教学活动。建设网络教室，发挥网络资源的辅助作用，使观摩学习、观赏优质课、微格评课成为可促进新教师更好发展的有力保障。保证指导教师有充足的时间对新教师的教育教学活动进行观察和指导，导师团队和新教师定期参加讨论、研究等活动。适当减轻师徒双方的工作量，使双方在时间的选择上更加灵活，从而保障导师团队带教的质量。

第三，加强对实施过程的监督。教师的培训效果具有特殊性，体现在以下三点：其一，教师培训效果在时间上具有长期的滞后性；其二，教师培训效果在内容上具有复杂多样性；其三，教师培训效果在表现形式上具有多方主体性。在培训的周期内，无论是过程性评价还是终结性评价都较难将培训效果完全展示出来，需要把定量分析和定性分析结合起来。① 因此，应加强对实施过程的监督和评价。首先，应成立单独的考核评价小组，负责对新教师培训的总体评价工作。其次，考评小组要定期对新教师入职培训的实施情况进行监督和检查，实施发展性教师评价。了解实施的具体情况，并根据具体情况随时更改计划，使得带教方案具有针对性。调动新教师的工作积极性，激励青年教师的成长。最后，考评小组要实施有效的评价方法。在带教的过程中，可以运用现场评估的方法，及时收集有关培训进展方面的信息，如实施中存在的问题、师徒双方的需求、带教内容和带教方式的及时调整等。②

第四，建立合理的评价机制和激励制度。相关研究指出，经验丰富的老教师在新教师的成长过程中扮演极为重要的角色。③ 制定合理的评价制度，运用恰当的激励手段，促进师徒带教的成效。首先，定期对支持新教师培训工作的学校和优秀导师进行表彰。对于长期尽力对新教师培训给予有效支持和帮助的学校，教育行政部门应当给予表彰，定期评选优秀指导教师，起到鼓励和示范的作用。其次，提高对指导教师的报酬，按照指导教师的指导工作量、指导成效等因素，划分等级，体现出对优秀指导教师工作的尊重。因为导师组教师来自不同的学校，和新教师不同校，需要频繁往返新教师所在校，应给予一定的交通补助。而且担任指导教师的工作是兼职，应给予指导教师一定的合理的津贴和劳务补助，提高指导教师的工作积极性。最后，实施以人为本的管理理念，实施宽严适度的管理措施，给指导教师一定的自由时间，提升职业成就感，形成不断超越自我的动力，搭建展现自我价值的平台。

---

① 余新：《教师培训师专业修炼》，248 页，北京，教育科学出版，2012。
② 刘晓艳：《师徒制对新任教师影响的叙事研究》，硕士学位论文，山东师范大学，2012。
③ 刘明霞、李森：《国外新教师入职教育及其对我国的启示》，载《教师教育研究》，2008(3)。

（二）加强导师组的协作

齐心合力的集体有益于每位成员的积极向上，团结协作的良好氛围有助于每位成员的相互激励。团队成员协同合作和各尽其责，有助于成员的共同发展进步。导师组成员由高校教师、区进修学校教研员和基层学校骨干教师构成，需要加强导师组成员之间的沟通协作，发挥团队优势。

第一，重视导师的选择。导师需要具备指导新教师的技能，严格的导师选拔和指导制度，保证了新教师的入职培训效果。美国对指导教师的选拔十分严格，指导教师必须具备扎实的学科知识、良好的教育教学能力和课程规划能力，还需要有效的人际沟通技巧、能为新教师提供系统的教学指导、愿意为新教师提供教育教学咨询服务等。[①] 如果一些指导教师缺乏指导的技能，就会对指导的质量造成影响，所以相关部门应该慎重选择指导教师。首先，指导教师需要较高的专业素养，具备丰富的基础教育经验、扎实的教育教学基本功，能对新教师进行示范，具备一定的科研能力。其次，指导教师需要具备良好的个性品质，如尊重信任新教师，对指导工作耐心负责，富有团队合作精神等。最后，尊重指导教师个人的意愿。有的教师因为身体不适、家庭负担和工作压力等不愿意担任导师，需要考虑导师的个人意愿。

第二，重视对导师的培训。指导教师承担着对新教师的指导工作，影响着培训的质量，可以通过培训提高指导教师的素质。优秀的教师不一定都能够胜任导师的工作，指导教师需要具备一定的观察和反馈能力。一般的教师通过传递知识，帮助学员理解和掌握知识。学员经过长期的教育培养阶段体现出变化和发展。指导教师不仅需要传递知识，还要教会教师去教，需要具备学科专家、教育专家和培训专家的素质，能够理解和把握教育教学规律，能够认识和掌握成人学习规律，掌握教师专业发展规律。

---

① 李华：《初任教师入职教育研究》，硕士学位论文，上海师范大学，2008。

实际上，许多国家都对新教师的指导教师提供一定的支持和培训。在美国，选拔出来的指导教师必须接受专门的指导培训方可上岗。培训内容包括了解新教师的需要和特点、人际关系与沟通、教学创新、教学观察与反馈、教学档案与反思等。[①] 在我国，学校通过与大学和科研院所合作，为指导教师开设专项课程。这些课程旨在帮助他们明确在帮助新教师成长上的责任和作用，发展听课、咨询与指导的方式方法，同时帮助他们提高理论素养。[②]

第三，加强培训机构和新教师所在校的协同管理。导师组制的导师有兼职和专职之分：兼职导师基本来自基层校优秀骨干教师和进修学校的教研员；专职导师来自高校。导师构成中既有专职培训者，也有兼职教研员和一线教师。合作的主体具有不同的文化背景、工作机制，要实现三者之间的有效合作，必须要建立规范的组织管理制度。首先，需要健全的组织机构。明确各自的权利、义务以及各项规章制度，设立合作组织机构，为合作的正常进行提供组织上的保障。其次，需要制定具体的合作运行细则。它包括目标、内容、方式、评价标准、经费来源等。这些细则的制定，为合作的顺利进行提供了制度保障。最后，要加强考评。加强对导师的评价，建设高素质、专业化的导师队伍。

（三）提升新教师的专业发展意识

第一，帮助新教师树立正确的职业观，提升自主发展的意识。个体发展的动力主要来自两个方面：一是个体内在的发展动力；二是外界环境的刺激与要求。内在发展和外在环境作为新教师专业成长的双驱动，决定着新教师未来专业发展的持续性，有助于激起教师的专业发展需求。[③] 指导教师要重视新教师的群体特征和个性特点，在培训的过程中，既要重视新教师的共性问题，也要重视新教师的个性需求，帮助新教师

---

① 李华：《初任教师入职教育研究》，硕士学位论文，上海师范大学，2008。
② 陈宜挺：《对中小学教师"师徒结对"的效能思考》，载《教育科学论坛》，2011(4)。
③ 张萌：《幼儿园新任教师专业发展需求的现状研究》，硕士学位论文，东北师范大学，2015。

树立正确的职业观，分析自己的优势和不足，制定符合自身特点的发展目标，并将目标分解为具体的短期目标，引领新教师达成目标。

第二，完善新教师的知识系统，整合新教师的专业能力。专业知识作为教师持续发展的理论基础，能够为教师顺利展开教学活动提供理论支撑。依据教育部颁发的教师专业标准(试行)的规定，教师的专业知识主要包括教育知识、学科知识、学科教学知识和通识性知识。昌平区新教师中存在一定比例的非师范生，他们对于专业知识、学科教学知识的学习比较关注，容易忽视教育知识、通识性知识以及其他方面知识的学习。因此，需要引导新教师不断拓宽自己的知识面，不断完善自身的专业知识，从而提高自身的综合素质。

第三，给予新教师自我发展的空间和时间。我们通过访谈和调查发现，很多新教师对工作的第一年的评价是"繁忙"。原因在于：一是事务性工作多；二是班级管理和教学工作多，很难有空闲的时间能够进行读书思考。在美国，各州和各学区的教师入职指导计划中都明确提出通过减少教师的教学任务、每日的课时量和备课工作来保证新教师和教学导师的释放时间或限定时间，以便使新教师能够有更多的机会来学习、讨论、实验、反思。[①]因此，教育行政部门和学校需要酌情减少新教师的工作量，保障新教师享有一定的时间和空间用于自我发展。

综上所述，本文通过对昌平区导师组制新教师培训模式的研究，探索出了一条适应本地区的新教师培训的有效途径，能够促使新教师更好地适应学校教育教学的需要，促进新教师的专业成长与发展。但是因为时间精力有限、能力不足，研究还不够深入，存有缺憾之处，如所选的文献资料有限，研究方案还不够完善，调查对象不够全面等。今后若能结合地区的实际，在制度建设、导师组协作方面予以更科学、更精准的完善，加强理论的系统指导，这一培训模式将更加科学有效。

---

① 谭菲：《美国中小学初任教师入职教育研究》，硕士学位论文，西南大学，2012。

专家评语： 教师的任教初期是教师职业生涯中的关键时期，提供高质量的入职培训，对新教师的专业发展具有重要意义。导师制是一种非常重要的新教师入职教育模式，在世界各国大范围内使用，对于新教师的专业发展起到了重要作用。

为提高培训的针对性和实效性，促进新教师的快速成长，昌平区在新教师培训中采取导师组制培训模式，将其作为一种尝试和探索。该文采用问卷法和访谈法，以北京市昌平区新教师为研究对象，对昌平区实施的导师组制新教师培训的基本情况进行了调查，梳理了导师组制新教师培训的成效，对导师组制新教师培训过程中出现的问题进行了分析。在此基础上，该文提出了完善导师组制新教师培训的措施和建议：完善管理制度、加强导师组的协作、提升新教师的专业发展意识，旨在为提升教师的综合素质与能力提供参考与借鉴。

点评专家：首都师范大学 乔爱玲副教授

校长工作坊研修实践
——以房山区为例

北京市房山区教师进修学校

段文海　白永然

【阅读摘要】 校长工作坊研修是以区内外优秀校长引领和促进坊员校长的发展为目标而开展的一种研修。北京市房山区以行动研究的方式组建校长工作坊，并开展工作坊研修的实践研究，通过不断思考、行动、反思、改进，制定并完善了校长工作坊的研修管理制度，既促进了坊员校长的发展，也改善了学校的办学实践。

【阅读关键词】 校长工作坊研修

一、问题的提出

随着教育综合改革的深入进行，各学校都在探索适合本校实际的教育教学及管理模式。作为学校的总负责人，校长们学习提高的愿望日益增强，不定期外请专家很难满足校长的个性化、专题化学习需求，在工作改进中也得不到持续的支持和帮助。分学段开展集中培训又很难兼顾校长个性发展的需求，不能得到有针对性的指导，这在一定程度上减缓了校长特别是年轻校长的成长速度。采取何种方式能够更好地促进校长的专业成长，推动学校的内涵发展，成为干部培训部门思考的问题。

根据 2012 年和 2013 年房山区干部培训在"新校长培训"中对"导师带培"培养方式进行的初步研究和深入探索的结果，导师通过案例分析和诊断指导等方式加速了新校长的成长，不仅帮助新校长快速实现角色转变，也切实提升了他们的思想素质和能力水平。研究结论表明，"导师制"是校长成长过程中一种有效的研修方式，能够极大地促进校长的专业成长和发展。

通过调查研究干部培训部门发现，房山区一批优秀的校长日趋成熟，其办学思想端正，思维品质良好，办学效益不断增强，自身经验比较丰富，而且对区内其他学校的办学状况和校情有一定的了解。如何进一步发挥这些校长的引领带动作用，利用现有资源更好地促进其他校长的成长，"新校长'导师带培'"的研究给了我们很大的启示。结合 2017 年 7 月教育部制定并下发的《乡村校园长"三段式"培训指南》《乡村校园长"送培进校"诊断式培训指南》《乡村校园长工作坊研修指南》《乡村校园长培训团队研修指南》4 个文件的要求，学校干部培训处尝试对优秀校（园）长工作坊研修进行实践研究，探索新的研修方式的管理制度以及如何促进坊员校长的发展。

二、文献综述

本文围绕"校长工作坊研修"开展实践研究，以此为关键词在知网搜索 2005—2015 年的文献，未搜到相关文献。以"校长工作坊"为关键词搜索 2005—2015 年的文献，结果只有一篇文章与研究直接相关，为《中国教师报》2014 年 11 月某期的一篇报道，具体内容并未对校长工作坊做具体阐述和说明。以"工作坊"为关键词搜索 2005—2015 年的文献，结果更多的是教师工作坊的相关内容。因此，考虑到教师工作坊研究成果对校长工作坊的借鉴和迁移作用，我们以"教师工作坊"为关键词搜索 2005—2015 年的文献，共有 180 篇相关文献。经过学习和梳理发现，"工作坊"模式在教育领域的运用是在 2008 年第一次被正式提出，2010 年后研究开始增多。教育部制定和发布的《"国培计划"——教师工作坊研修实施指南》，引起人们的广泛关注并开展多角度的研究。教师工作坊是指一种混合式的教师研修模式，在网络信息技术的支持下，借助于网络研修平台，发挥学科专家和名师的专业引领作用，带动区域性骨干教师开展常态化的全员培训。它本质上是由学科专家、培训者和骨干教师组成的异质化的学习共同体。[①] 从"教师工作坊"的研究范围上分，主要有国培工作坊、校际工作坊和校内工作坊。从"工作坊"活动的开展方式来看，分为线上活动和线下活动。从工作坊的组建模式来看，主要是以特级教师、骨干教师或优秀教师为核心，联合高校专家和教研员共同承担坊主角色，吸引大量有待提高的教师加入，让他们通过多种方式进行体验式参与和学习，以促进参与者的发展和成长。

以"校长工作室"为关键词查找 2005—2015 年的文献，结果共有 180 篇文献。文献资料显示，"校长工作室"于 21 世纪初兴起，后在全国发展起来。从文献内容来看，"校长工作室"在模式上与"教师工作坊"类似，一般是在行政的支持下，以一位优秀校长为工作室主持人，聘请高校专家一起，共同引领 5～10 名青年校长的成长和发展。周海涛和陈丹对校长工作室的发展历程进行了梳理，总结其发展的三个阶段，即师徒传带阶段、团队分享阶段、合作研究阶段，并指出其发展的现实困境，提出发展策略。[②] 这在肯定校长工作室促进校长专业发展的优势的同时，也给出了很好的实施建议。

---

① 龚明斌：《教师工作坊研修项目的设计与实施》，载《教师》，2015(31)。
② 周海涛、陈丹：《校长工作室 15 年：历程、困境与对策》，载《中国教育学刊》，2015(3)。

从以上的文献梳理来看，校长工作坊既有与教师工作坊和校长工作室模式上的相似之处，又有其独特之处。本文中的校长工作坊研修将借助教师工作坊和校长工作室二者之长处，在本区域内开展校长工作坊研修的实践研究，并且在区域内统筹规划，横向上实现学段内工作坊间的联合，纵向上做到学段间工作坊的贯通。

三、 研究目标与内容

（一）研究目标

本文的研究目标为：通过对校长工作坊研修的实践研究，形成校长工作坊研修的管理制度和管理办法，促进坊员校长的快速发展。

（二）研究内容

①制定校长工作坊研修的相关管理制度和办法，保障工作坊的有效运行。

②探索工作坊的研修方式，促进坊员校长的快速成长和发展。

四、 核心概念的界定

（一）工作坊

"工作坊"一词属于外来词，它与英文"workshop"相对应。"workshop"一般有两层含义：一是工场、车间、作坊；二是研讨会、专题讨论会、研习班。[①] 很多领域都采取第二层的含义。美国劳伦斯·哈普林（Lawrence Harplin）认为："工作坊是可以给持有许多不同观点、来自不同族群的人们提供思考、探究、彼此交流的一种方式。"该词于1960年传入我国后，黄彬指出"工作坊"涉及一个小的群体。该群体从事某个特定或专门领域、某个创造性项目或课题等的深入调查、研究、讨论工作或

---

① 鲁帅：《工作坊：班主任专业发展的新路径》，硕士学位论文，华中科技大学，2013。

实际工作，参与者相聚在一起彼此讨论、分享经验和知识以便解决实际问题。它可以是一种简洁而高强度的课程、专门的研讨会或者系列会议。

结合上述观点，本文将"工作坊"具体界定为：在特定范围内，以解决实际问题为目的而开展的研究、讨论或分享。

（二）校长工作坊研修

在教育领域，与工作坊相关的概念主要有"教师工作坊"和"校长工作室"。"教师工作坊"主要分线上和线下两种活动形式，主要是以优秀教师为核心，联合高校专家和教研员共同承担坊主角色，吸引并促进参与者发展的过程。"校长工作室"一般是在行政的支持下，由一位优秀校长作为工作室的主持人，聘请高校专家共同引领数位青年校长的成长和发展。

在对以上两类工作坊研究的基础上，本文将校长工作坊界定为以区内外优秀校长为核心，以研究和解决教育教学现实问题为目标，成立的研修、实践的学习共同体。相对于校长工作室，校长工作坊更多地体现了工作坊的自主管理和发展。坊主根据工作坊研修的需要来整合和利用相关资源，拥有更多的管理自主权；坊员根据需要提出个性化的发展需求并得到个性化的指导，拥有更多的发展自主权。据此，我们提出，校长工作坊研修是作为一种新的培训形式而存在，以区域内外优秀校长为核心，以坊员校长的成长和发展为目标而开展的研修。

五、 行动研究框架

行动研究是一种由实际工作者直接参与的，将实际工作情境与研究结合，以改进实践为目标，通过实践来使自己以及他人的想法和理论不断得以检验、实现和理论化，进而改进工作并获得专业提升的研究过程。[①] 它体现为"计划—行动—研究—反思"的螺旋过程。本文的研究框架如图4-6所示。

---

① 宁虹：《教育研究导论》，243页，北京，北京师范大学出版社，2010。

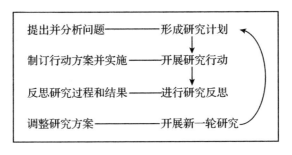

图 4-6　研究框架

六、 研究过程

（一）形成研究计划

在研究之初，我们进行了调研工作，走进多所中小学和幼儿园，与数位校(园)长进行面对面访谈，最终明确了研究的价值，正式立项开展研究。根据工作坊的建坊目标，我们制定了《房山区校长工作坊建设方案》和《房山区校长工作坊经费管理办法》。《房山区校长工作坊建设方案》明确了建坊目标、建坊原则、工作坊构成及职责、工作坊类型及研修原则、工作坊运行与管理、工作坊条件与保障等内容。《房山区校长工作坊经费管理办法》对不同类型的工作坊及经费的使用和管理办法做出明确的规定。两个管理文件作为工作坊研究的初期成果，对后期的研究开展起到极大的引领和规范作用。

根据《房山区校长工作坊建设方案》遴选工作坊坊主、确立基地校，并发布通知招募坊员，开始组建工作坊。计划组建 5 个工作坊，分别为：顾兰荣工作坊、赵文红工作坊、吴甡工作坊、陈大勇工作坊、边红工作坊；基地校分别设在西潞街道办事处中心幼儿园、良乡小学、房山区石楼中学、闫村成人学校，以及区教育系统党建研究室。在此过程中，各工作坊以引领和促进校长的发展为目标，开展系列研修活动。

（二）开展研究行动

在方案和管理办法不断完善的基础上，我们陆续启动"吴甡工作坊"

"顾兰荣工作坊"和"边红工作坊"，分别聘请区内优秀校长、园长、书记为坊主，根据坊主的特长和优势定位工作坊的研究内容，并招募坊员。随着工作的推进，三个工作坊依次启动，并深入开展研修活动。

最先启动的是"吴甡工作坊"。这是一个面向初中校长开展的以促进校长能力提升的名校长工作坊，由区外知名专家吴甡校长为坊主，与初中坊员校长共同组建而成。在工作坊启动后，坊主明确了工作坊研修的目标，以及对坊员的要求，在研修过程中关注了坊员及坊员校的个性情况，并开展有针对性的指导。"吴甡工作坊"以"线上研修＋线下研修"相结合的方式开展活动，包括下校调研、通识培训和个性化指导等形式，并结合坊员的实际开展共读一本书和课题研究等活动。

"顾兰荣工作坊"是随后启动的工作坊，是定位于幼儿园阶段质量的整体提升而建立的优秀园长工作坊。工作坊建坊之初，达成愿景共识，即提升专业能力和水平，提高办园质量，促进区域学前教育事业发展。工作坊以"集中学习＋微信群学习"相结合的方式，以课题研究、专题研讨、学术沙龙、案例撰写、教学观摩、成果交流、专家指导等形式开展了丰富的研修活动。

"边红工作坊"定位于中、小、学前各学段单位书记和副书记的能力提升。边红副书记作为工作坊的主持人，制订了工作坊研修方案和成员培养方案，包括研修目标、研修内容、研修形式、研修专题、研修考核、预期效果等。指导帮助坊员制定个人成长规划，并进行个性化指导，引领示范。工作坊内以专题报告、经验交流、下校指导等方式开展了丰富的研修活动，提升了书记们的政治素养和专业能力。

（三）进行研究反思

在工作坊研修活动开展的过程中，我们不断跟进并进行反思，发现这种导师引领、同伴互助的工作坊研修方式对校长的成长和发展有很大帮助。坊员校长们聚焦问题、对话交流、共同成长。各工作坊的微信群中从教育的视角来讨论教育、社会、发展、科技等，突破教育看教育，引导校长从多个角度来看学校管理和学校教育。

同时，我们在研究过程中也遇到两个问题：一是各工作坊的年度工作方案中除研修频次和进度外，有必要明确工作坊的内部考核标准，既能体现为个体的成长，也能外显为成果性资料。二是除对坊员有明确的规定和要求外，工作坊管理部门应对各坊主有比较明确的管理规定和要求，进一步平衡对区内外坊主的管理。综合分析原因，发现两个问题都与工作坊的管理有关，需要进一步细化工作坊的相关管理方案。

（四）开展新一轮研究

在前期工作坊研究的行动和反思中，为了进一步规范工作坊的研修活动、提升研修效果，在《房山区校长工作坊建设方案》的基础上，进一步形成《房山区校长工作坊管理方案》，对各工作坊的管理做出更细致的说明，并陆续启动"陈大勇工作坊"和"赵文红工作坊"，与前三个工作坊一起进入新的研究阶段。研究的着力点除引领和促进坊员校长的发展外，也有针对性地对于前期的问题进行了改进和完善。

① 健全机制是工作坊研修实效的重要保证。工作坊是学术组织，自主性强，严格规范的管理才能确保研修目标的达成。"陈大勇工作坊""赵文红工作坊"成立后，干部培训处又对工作坊建立的机制、管理的机制，包括考核办法、计划总结监督机制、工作坊经费审核机制、工作坊交流展示机制、教工委领导定期听取汇报机制进行了细化。各工作坊的方案中也进一步明确了坊主、坊员的考核机制、退出机制。坊员连续两年考核不合格者，取消其工作坊坊员资格。连续三年考核为合格及以上者自动成为下一周期的成员。因坊员的个人原因不能正常参加研修活动的，由坊员本人提出申请，区委教工委批准后退出；工作坊坊主连续两年考核不合格者，取消其坊主资格，并撤销该工作坊的建制。因坊主的个人原因不能正常开展工作的，由坊主本人提出申请，区委教工委批准后退出。"陈大勇工作坊"因为坊员的身体原因和个别职成校校长的调整，工作坊原坊员退出一名，新坊员加入三名。

②专业发展是工作坊研修的关键指标。能否促进发展，是工作坊新一轮研修关注的重点。工作坊为校长研修搭建了平台，无论是坊主，还

是坊员都经受了挑战，这是一种非常好的历练方式。"陈大勇工作坊""赵文红工作坊"都为坊员提供了详细的读书研修目录，内容涵盖政治理论、乡村教育、学校管理、课程构建、教师专业成长等书籍。引领学员根据自身的需求及专业困惑通过阅览经典教育论著的方式进行自主研修，并提出了每个学期深入阅读一本教育及管理书籍的要求，让学员在不断的积淀中逐渐提升自身的专业及管理理论水平，不断提升自身的专业素养与理论素养。"陈大勇工作坊"明确提出：工作坊建设的三年周期内，每位坊员接待坊内集体观摩研究至少 1 次，做教育党建、学校管理或职成教育(含社区教育、老年教育、家庭教育等)工作经验交流至少 1 次；独立完成区级及以上教科研课题 1 个，研修成果在市区及以上获奖或公开发表 1 篇；积极参与工作坊重大课题的科研任务，并卓有成效地开展工作；积极培育、梳理、提炼学校的办学特色和培训品牌，形成有价值的学术成果。

七、 研究成果

（一）制定《房山区校长工作坊建设方案》等方案

为做好校长工作坊的校长研修工作，我们经过一年半的文献研究、调查走访、实践反思，制定了《房山区校长工作坊建设方案》《房山区校长工作坊管理方案》和《房山区校长工作坊资金管理和使用方案》等一系列管理办法。

（二）完善、 细化校长工作坊管理办法

工作坊研修作为一种校长研修方式的探索，其研究过程既是研修活动开展和不断反思改进的过程，也是逐步形成各项管理制度和方案的过程。在各项方案和制度的制定过程中，在研修活动的开展中，逐步形成了一些有效的管理办法。

1. 明确工作坊管理制度

在工作坊建立和管理过程中，无论是从工作坊项目的管理角度还是

从项目的研究角度，明确的工作坊管理制度对各工作坊来说都是很有帮助的，既能直观告诉参与者相关要求，又能进行统一的管理。

《房山区校长工作坊建设方案》对建坊的目标做出了明确的说明，这既是对所有工作坊提出的要求，也向坊员明示了发展前景。在"工作坊构成和职责"中，对工作坊中各角色及其相关职责做了细致的说明，进一步明确了工作坊的定位和对入坊者的要求。

《房山区校长工作坊管理方案》明确了对工作坊、坊主、坊员及支持者的要求，以及管理和评价标准，也对各角色在工作坊中的进入和退出机制做了说明。

《房山区校长工作坊资金管理和使用方案》细化了对各工作坊支持资金的使用和管理说明，保障资金在有效使用的基础上发挥最大的作用。

2. 细化坊内管理要求

工作坊的管理制度和相关方案为各工作坊细化内部管理提供了很好的依据。在发展目标统一的前提下，又为各工作坊的管理提供了个性化空间，便于工作坊形成更符合自身的规定和要求。

在"吴甡工作坊"中，吴甡校长在工作坊的启动会上明确提出了两条要求：第一，请假只能因私请假，不能因公请假。第二，工作坊是一个学习平台，不要在这里摆校长的架子。因为每一位坊员都是校长，大家都可以以忙为借口来推掉活动，但私人因事或因病请假是允许的。这样既做出规定，又不失人文关怀。

在"顾兰荣工作坊"中，顾兰荣园长组织专题研讨活动。她向大家介绍了工作坊工作的设想与组织机构，使大家明确了导师、坊主、支持者、秘书长、秘书长助理及坊员的工作任务与职责。坊员分别发言，从时间保障、工作困惑以及工作坊的建设方向、运行要求等方面进行研讨。

"陈大勇工作坊"进一步明确了从示范作用、引领作用、管理水平三方面进行考核：侧重坊员的实际获得和工作坊的实际推进效果；通过教育工委领导评价、进校干训处及坊员评价确定等次。从学习态度、任务完成、个人发展、办学成效四个方面考核坊员：侧重考核坊员参加工作坊及相关活动、完成任务的情况和自我加压，以及敢于担当、勇于创新的工作情况。利用过程性记录以及工作坊相关领导和坊主、坊员总评，由区教育工委审核确定年度考核等次。

3. 呈现个人研修成果

工作坊研修的目的是提升校长的个人素养，进而带动学校的发展。这两个目标是相互联系、互为支撑的。关于校长个人素养的提升一项，是难于观察、不易量化的。因此，工作坊将坊员个人的研修成果进一步细化，不仅用个人的提升和成长来表示，更应以思想上或行动上的效果来呈现。思想上的效果以文字呈现，行动上的效果表现为学校的发展，仍可转化为文字来表达。

各工作坊为坊主和坊员建立了各自的文件夹，都会以文字的方式记录并存档集体活动和微信群中交流的内容，供后期整理使用。这里的内容既包括作业、随笔、感想，也包括在微信群中临时感悟的智慧火花和针对个别事件的观点和意见。记录的内容可大、可小，可长、可短，体现的是真实和实时。

（三）引领和促进校长的发展

各工作坊自建立以来，坊主根据学段特点、坊员实际整合多方资源，以专家讲座、研讨交流、实践考察、网络研讨等方式展开了形式多样的研修活动，既丰富了校长的知识、拓宽了视野，也不断地改变着校长的观念和行为。

1. 丰富了知识，拓宽了视野

在工作坊研修过程中，坊员校长们通过学习和研讨交流，丰富了教育和管理的知识，拓宽了教育视野，也加深了对教育的认识。

"吴牲工作坊"的学习委员肖雪冬在学习中思考，在思考中互动，在互动中提升。她通过学习总结了吴校长四个方面的特点：其一，吴校长倡导的"用生命影响生命、用尊重赢得尊重"的教育理念，强调我们的教育方式——谈话、态度、服务即影响。吴校长认为：学校的每个角落都蕴含着教育契机；教师的每个言行都饱含着生命影响；教育的成功主要靠教师用良好的生命状态带给学生的文化影响；课堂教学要看作师生的一段重要的生命经历。其二，"工作不过夜"的作风。吴校长对各位坊员的要求很严格，下达的任务要及时且有效地完成。其三，吴校长对于学校管理、课堂课程、师生成长、学校发展等都有独到的见解。例如，他要求大家要做一名"明"校长，即明确教育以及教育的价值是什么、明确自身对教师的价值引领、在学生和课程的关系上要有明确的认识。再如，"借别人的火，点亮自己的灯"，指出大家要用好平台，多向同行学习。其四，吴校长有着独特的人格魅力——亲切、严谨的话语；时刻精神矍铄；认真听取每个人的发言，并给出指导性、操作性极强的建议。他时而是一个严肃、严厉的导师，时而又像是一个身边的玩伴。这就是吴姓校长，他用自己的生命影响着工作坊每一个成员的生命。这样的总结体现了学习之后的思考和反思，既加深了对教育的认识，也提升了个人的思维水平。

大安山幼儿园田芳园长在关于"幼儿园应从哪些方面践行社会主义核心价值观"的研讨中表达了自己的想法：首先，培育和践行社会主义核心价值观已经写入新党章，是国家的战略任务。为贯彻党的教育方针，学校首先必须全面深入贯彻和落实，因为我们的任务就是为国家培养合格的建设者和接班人。教育者必须方向明、站位高，责任意识才会强；受教育者必须从小树立正确的价值观，才能适应社会的发展与需要。其次，社会主义核心价值观的"培育"和"践行"都是关键。培育是内在的修身，践行是外在的体现。就园所而言，一方面既要加强对教师进行立德树人的政治思想教育，还要引导教师树立正确的育人观，将方向、思想转变为教育内容、教育行为，渗透在幼儿园的一日生活当中。另一方面要以目标为引领，丰富教育活动内容，加强社会实践活动，让师幼共同在实践的过程中去体验和感知社会主义核心价值观的内涵。认识是行为的先导。田园长在学习和认识的基础上结合园所的实际给出了个性化的思考，为进一步的交流和研讨打好了基础。

2. 提升了"文本"，升华了"人本"

吴姓校长在工作坊研修中提出了对校长的"三本"的思考，即"话本、事本、文本"，并进一步指出这"三本"综合在一起体现了"人本"的概念。

借用吴校长的"三本"之说来看坊员的成长，发现校长在研修中不同程度地提升了"三本"，升华了"人本"。

在吴牲校长的引领和指导下，"吴牲工作坊"的坊员分别在《北京教育》和《现代教育报》发表了工作坊的学习成果和体会。坊员梁玉财的文章《"要香蕉却给苹果"的教育必须改变》发表于《现代教育报》。"边红工作坊"的坊员史连起的学习心得《只有奋斗的人生才称得上幸福的一生》发表在共产党员网"先锋文汇"专栏。

学习是为了将知识转变成自己的智慧。在工作坊研修的过程中，坊员在不断的学习和反思中，学为己用，既提升了自己的"文本"，也升华了个人的"人本"。

3. 转变了观念，改进了实践

工作坊研修以提升坊员校长的素质和能力为目的，校长的提升和发展最终都会以工作的改进来体现。在工作坊研修的过程中，坊员的成长带动了学校工作的改进。

"吴牲工作坊"的朱建云校长在吴牲校长的引领和指导下，细化了学校的各项管理制度，并在实践中不断完善，使制度在行为层面落实，能够生成学校独有的学校文化。韩锦平校长践行吴牲校长提出的"用生命影响生命"的理念，在教师管理、学生管理中，以促进人的发展为目标，转变管理观念，完善管理制度，锻炼学校管理团队。

"赵文红工作坊"的坊主反复提醒校长要注意有效地进行深度阅读，要不断培养自己科学的思想方法。在研讨中，对坊员张丽的个人学情分析，引领所有坊员思考"自我分析""研修需求""研修建议"之间的逻辑关系，聚焦"专业标准""专业发展""专业表达"。坊员进一步提高了认识，对自己今后的工作和自身的成长有了进一步清晰的定位。

"陈大勇工作坊"的坊员体会深刻。在多次活动中，大家都谈到观念的颠覆性改变。小天地，大作为。成人学校的人员少，面对的人群庞大。这就需要建强支部，统一思想；提高培训者的素养，增强培训实效。成人学校培训就是要让学员得到实实在在的收获。

八、 研究结论与反思

（一）研究结论

1. 制定管理制度，确保工作有序运转

工作坊研修管理制度是工作坊有效研修的重要保障，既确保了各工作坊研修的顺利开展，也促进了研修目标的实现，使参与者实现成长与发展。

2. 促进研修学习共同体的形成

工作坊研修通过导师引领和同伴互助的方式加速了坊员的发展，促进了学校(幼儿园)工作的改进，成为新形势下房山区探索校长培训方式的有益尝试。

3. 自主管理，让工作坊充满生机

在明确基本制度的前提下，工作坊施行开放式管理，即以坊主为核心开展工作坊自主管理。这样既可以发挥坊主和坊员的主动性，也可以体现学段的差异和特性。

4. 进一步准确定位，坚定方向

随着义务教育的均衡发展、素质教育的普遍推进和学校特色建设的大力加强，对校长的综合素质与创新素质的要求越来越高，迫切需要建构个性化的校长培训模式[①]，房山区校(园)长工作坊应运而生。培养定位需要以校长资源的优质均衡发展为切入点，协同推进教育优质均衡发展。[②] 这就需要我们以组间同质的方式建立足够多的工作坊，来达成我们大批量提升校长能力素质的目的。

5. 进一步聚焦主题，完善研修课程

对于研修的内容，工作坊基于学校和校长自身的实际进行有针对性

---

① 田汉族：《从任务驱动到个体成长：中小学校长培训模式的反思与重构》，载《教育科学研究》，2012(1)。

② 周海涛、陈丹：《校长工作室 15 年：历程、困境与对策》，载《中国教育学刊》，2015(3)。

的研究，采用问题研究、案例课例研究等方法，针对单位课程设计、课堂教学改革、德育体系构建、师生成长课例、单位制度文化、家校社会共育、教师专业发展等，加强对所在学校的诊断和剖析，分享研究成果，并及时转化为教育教学的实践行为。每个工作坊依照自身的特点采取适合自己的研修，聚焦符合自己需要的研修主题，实现百花齐放、百家争鸣的良好教育研究氛围。

（二）研究反思

工作坊研修是房山区校长培训的一项新研究课题。经过一年多的研究探索，我们发现了新的研修方式带来的变化和效果，以及存在的需要进一步改进和思考的地方。第一，研修中坊员的工学矛盾问题需要认真思考。虽然不可避免，但需要思考有没有更好的时段安排或方式替换。第二，房山区每年暑期中小学干部调整对研修也会有影响。因为校长的研修是以学校为实践场域和背景的，一旦单位有调整，或多或少会对研修有影响。如何更好地应对这一现状，值得认真思考。第三，坊主自身的工作和管理风格对工作坊的影响比较明显。有的侧重于理念的引领，有的更倾向于工作的改进。哪一种风格更被坊员认可，哪一种风格的效果更好，需要进一步的研究。

专家评语：房山区教育干部培训处针对本区的具体实际，一直在不断探索新的校长培训方式。此次在名师工作坊和校长工作室的基础上，以行动研究的方式组建校长工作坊，并开展工作坊研修的实践研究，特别思考了校长工作室与校长工作坊的区别，通过不断思考、行动、反思、改进，制订并完善了校长工作坊的建设方案、研修管理制度和管理办法。经过实践检验，该文的研究取得了很好的效果。

点评专家：北京教育学院 李春山教授

小学新教师区校联动培训机制研究
——以顺义区为例

北京市顺义区教育研究和教师研修中心

李树栋　杨红

【阅读摘要】新教师是一个特殊的群体，新教师阶段是教师职业生涯中关键而又基础的阶段。教师在这一阶段形成的基本认识、教育教学技能等都将影响其日后的职业发展，也决定着教师能否成为一名合格的、成熟的、优秀的甚至卓越的教师。北京市顺义区近几年来为补充教师队伍，每年引进180名以上的新教师，其中非师范专业以及"教非所学"的新教师约占60%。一方面，学校的教学继续有新教师挑起大梁；另一方面，新教师教育教学理论相对薄弱，教学经验极度匮乏，教学能力亟待提高，职业素养也有待提升。这一现实矛盾对新教师培训提出了新的要求。本文从如何打破传统的教师培训的壁垒、提高新教师培训的效果的角度阐述了区校联动培训机制在新教师培训中的重要意义。本文以两所小学新教师培训区校联动机制的研究为例，提出了目前小学新教师培训中存在的问题及解决的策略，为顺义区新教师培训提供了可供推广的成功经验。

【阅读关键词】新教师；新教师培训；区校联动培训；区校联动培训机制

国内对于新教师培养的关注主要集中在教师的岗前培训和继续教育两个方面。本区历来沿用传统的两段式培训模式：一是区级教师培训部门对所有新教师开展统一的教育学、心理学、班级管理等专题的补偿性培训；二是由新教师所在学校开展一系列的校本培训。这种传统意义上的培训效果颇为有限，原因主要有：现在的区级新教师培训的理论指导水平高，优质培训资源多，为教师发展提供的平台大。但是培训内容的选择更关注新教师群体的"职业要求"，而忽略了个体的自身需求；培训设计上追求知识传授的"短、平、快"，忽视学习者的体验与自悟；培训的时间多为短期，缺乏连续性；区级培训的发生地远离新教师教学活动的真实场所。校级新教师培训虽然目标指向性更明确，内容更具有现实针对性，也更加关注新教师的个性化需求。但是学校的优质培训资源匮乏，培训内容上缺乏系统性，培训形式上缺乏开放性，培训活动有时会被教研活动简单替代，使之流于形式。

因此，我们认为，新教师培训中亟待解决以下问题。

第一，新教师的培训需求究竟是什么？如何使新教师尽快认知职业要求，并迅速将职业要求转化为自己的职业追求，是新教师培训必须解决的问题。

第二，新教师区校级集中面授培训怎么开展？新教师区级集中培训要解决新教师的职业认知、职业认同、职业理想、职业技能、职业习惯等众多问题。经验告诉我们，除了知识可以传授之外，其他的均是不可传授的，需要学习者在体验中去感悟。培训者的职责就是要创设适宜的环境，诱发学习者自悟的真实发生。因此，新教师集中培训的组织形式、活动方式、目标定位都需要做出新的调整。

第三，新教师校本培训的实效性怎样提高？从培训资源上看，校本优质培训资源匮乏，制约了新教师培训的实际效果。而且老教师表现出的职业倦怠还会直接影响新教师职业精神的建立。

从培训方式上看，新教师培训被教研活动简单替代，方式陈旧，形式单一。培训内容的确定缺乏教师的自主设计与参与，不能满足教师的个性化发展需求。

第四，如何使新教师校本培训与集中培训"同向、同构、同步"？

为解决以上培训问题，近些年来，本区在教师培训实践中一直对区级培训融合校本培训模式进行研究。由此，新教师区校联动培训机制应运而生。

一、 区校联动培训机制概述

（一）区校联动培训机制的基本理念

1. 培训阵地前移，培训重心下移

培训阵地前移，是指区级培训将培训场所移至学校，在真实的工作情境中开展培训，注重理论与实践的结合，增加实践性培训的比重。一方面使区级培训更接近课堂，以增强培训的针对性；另一方面使教师不离校即可参加培训，使教师获得更多的体验机会和更好的体验氛围，同时借助专家进校提升校本培训质量。

培训重心下移，是指区级培训从关注教育理念的传播转变为引导教师在改进教育行为的过程中实现教育观念的更新。一方面，促进区级培训实现"理念引领、过程扶助、实践体验"的有机统一，增强培训的实效性；另一方面在培训过程中有效帮助教师解决所困扰的实际问题，使教师体验到培训有效，从而激活教师参训的内驱力。

2. 三方合作—双重引领—三种服务

三方合作：培训机构、学校、专家三方协同完成本项研究。其中，学校依据本校既定的发展方向和校本培训实施过程中的现实困惑，提出培训变革的需求，为确定区校联动培训主题和实施方式提供需求指向和选择依据。培训机构以满足学校或新教师的发展需求为目标，探索审定培训主题、组建专家团队、制订培训方案、开发培训课程、实施培训管理、评估培训效果的原则和流程。专家在参与指导选题、制订并论证方案的基础上，以自身的研究特长设计并实施培训课程。

双重引领：区级培训机构以引领学校发展和引领教师个体发展（满足教师的个性化发展需求）为双重指向，探寻培训创新的途径。

三种服务：区级培训机构为学校特色发展服务，为教师专业发展服务，为专家的科学研究服务。在课题研究过程中，以服务为基点探索区校联动培训机制。

（二）新教师区校联动培训机制的基本定义

新教师是指当年 9 月份参加工作的、第一年任教的教师。区校联动培训是指区域教师培训部门组织实施的新教师区级面授培训，与新教师所在学校组织实施的新教师校本培训，通过培训内容、组织形式、实施场所和实施方式以及评价方式等方面的变化，实现二者的有机融合。

培训机制是指保障区校联动培训的需求调研、方案论证、组织实施和效果评价四个要素的功能、相互关系及运行方式。

新教师区校联动培训机制是指以满足学校发展对新教师的职业要求和新教师自身发展的真实需求为指向，由区级教师培训机构聚合优质培训资源，以新教师所在学校为培训基地，由区校两级协同设计、实施、管理和评价的新教师培训机制。

（三）新教师区校联动培训的基本特征

新教师区校联动培训的基本特征是"联动—聚焦—体验"。

"联动"是指新教师区级集中培训与新教师校本培训两类相联系的培训，通过内容、方案、实施场所及过程、管理、评价等多节点的相互融合、相互弥补各自的不足，进而生成有别于上述两类培训既有特征的新质，使新培训方式既以传统培训方式为基础，又优于传统的培训方式。

"联动"使新教师培训由"新教师—培训者"或"新教师—老教师（师父）"的二元互动关系，变成了开放性的多元互动关系，如图 4-7 所示。

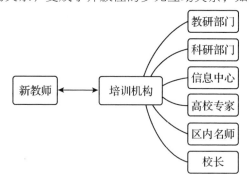

图 4-7　新教师区校联动培训中的多元互动

在上述的多元互动中，起主导作用的是培训机构，培训资源的聚合及培训方案的制订，决定了培训活动的方向和特征；起关键作用的是校长，培训过程的管理制约着培训活动的实际效果。

"聚焦"是指区校联动使新教师培训的参与者多元化，将多元参与的培训工作指向同一目标。

影响新教师成长的因素众多，如态度、观念、理论水平、方法、技能、经验等。通过调研，我们发现新教师最大的困惑，不是了解"什么"，也不是理解"为什么"，而是知道"怎么样"，即如何将学习的知识或方法，在自己的课堂教学中加以有效运用。比如，怎样将自己的职业规划与社会、学校、家长的期望保持一致？怎样突破职业发展中的瓶颈问题？怎样克服个人发展和学生发展、家长期待间的矛盾等？因此，我们聚焦多方资源克服教师专业发展中的多种现实困惑，如图 4-8 所示。

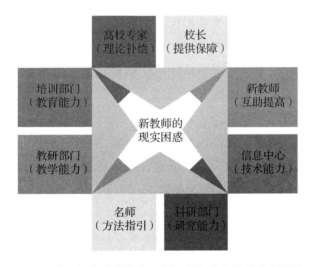

图 4-8　多元培训资源聚焦于新教师专业发展的现实困惑

其中，新教师具有双重身份：一方面，他们是被培训者；另一方面，他们又是培训资源。这里的新教师是指作为培训资源的受训新教师。

"体验"是在培训过程中，新教师在专家的引领下通过同伴互助而自主进行的，探索自己所关注问题的有效解决策略的主动学习过程。

"体验"的主体是新教师；目标指向是新教师在教学过程中存在的现

实问题或困惑；动力是新教师内在的成长需求；目的是促进新教师自主发展、提高课堂教学质量；基本特征是新教师的主动参与、自主选题、理性思考、有效互动、亲身体验、反思研讨和总结提升。

二、 新教师区校联动培训的几种机制

（一）培训需求调研机制

在新教师区校联动培训开始之前，深入开展新教师培训需求调研成为一项制度。需求调研由区级培训部门发起，聚合学校、专家等资源共同完成对新教师的培训调研。新教师的培训需求存在于教育教学实践的真实情境中，他们的"问题"就是培训需求。区级培训部门、专家、学校分三组分别完成不同的收集新教师"问题"的任务。培训部门负责新教师需求问卷的设计，专家负责驻校诊断新教师的"问题"，学校领导负责找新教师座谈，了解其困惑和培训需求，三方互相配合，同步完成新教师培训需求的调研。最后由区级培训部门整理收集调研结果，根据调研结果再进行下一步的培训安排。

1. 问卷调研

问卷由区级培训部门整合教研室、科研室、学校领导一起编制。根据以往收集的问题，从教师专业发展、教学理论、学科技能、班主任工作等维度设计问卷。具体内容包括如下。

①个人入职的背景信息。

②希望了解的班级管理常规和注意事项。包括学生情况，座位编排，选举培养班干部，确定班级日规范、周小结、月评比、学期展示内容，公平、公正地评价学生，建设班级文化，做好家长沟通，初步知晓班级管理中的常见问题及解决策略等。

③希望了解的课堂教学管理常规和注意事项。包括了解学生的学习状况和学习需求、建立课堂常规、维持课堂纪律、处理课堂上的偶发事件。

④希望了解的备课、上课、作业、辅导、考核的教学工作原则和流

程。包括在教研员的指导下研读课程标准，完成课程标准辅导作业，认识学科教学的基本功。知道本学科备课、上课、作业、辅导、考核的规范要求和注意事项。

2. 驻校调研

专家介入的驻校诊断是新教师发现问题的另一有效途径。区培训部门聘请专家在新教师在校实习阶段进行驻校式调研。他们走进教师的课堂，观察新教师的真实教学实践情境，以新教师的教育教学案例分析为切入点，找准新教师的短板即"问题"所在，反馈给区级培训部门，作为教师培训内容的重要依据。

3. 访谈调研

学校领导组织本校新教师开展座谈会，座谈聚焦于：你希望的培训组织方式是哪些？你希望的培训时间是什么时候？你需要提高的教学技能有哪些？教育理论有哪些欠缺？等等。访谈结束后收集整理材料，提交给区级培训部门参考。

（二）培训方案论证机制

在培训方案设计前，由区级培训部门整合学校领导、教研、科研、德育等专家资源组成方案设计小组，结合培训需求的调研结果研讨培训方案。培训项目负责方负责方案的撰写，并指派项目负责教师作为执笔人，记录研讨结果，整理成方案初稿。初稿完成后，区培训部门组织第二次方案设计小组会议，研讨修改方案。项目负责教师根据二次会议上提出的修改意见对方案进行二稿修改。方案设计小组在第三次集体会议上对二稿方案进行再研讨，并形成最终的培训方案。项目负责方将修改完成的最终培训方案整理好，交由区培训部门存档。此时，方案论证工作结束，培训项目负责方开始组织培训。

在方案论证阶段，以下是论证小组重点关注的问题。

①培训方案的主题和目标是否清晰，培训定位是否明确。

②培训方案的预期目标、课程设计、预期培训成果之间是否一致，培训思路是否有逻辑性。

③培训中的师资配备是否结合了学员的学习需求和学习目标。

④培训内容是否与学校的既定发展方向一致。

⑤培训设计是否有悖于教师的发展规律。

培训方案是培训活动的行动指南。它使得项目委托方能理解培训项目的设计意图、方向、路径、方法、目的，并与承办方达成共识，各自从不同的角度去理解和支持培训。如果培训方案设计得不够科学，那么在培训尚未启动之前就会为培训质量和效果埋下陷阱。只有设计合理的培训方案才能有助于新教师实现从培训到学习的转化，为生成培训效果奠定基础。

（三）区校联动培训的组织与实施机制

在区校联动培训开始后，区级培训机构通过过程介入和节点介入两种方式介入培训。比如，在首都师范大学附属顺义实验小学"以校组班"新教师培训中，区级培训者作为培训的策划、组织、评价者，不直接介入培训的实施过程；培训过程由外聘专家实施，培训效果由学校领导(校长)监控。这样的"介入"有效地起到了"规划""引领"的作用。即规划了区域教育发展、区域教师培训、学校特色发展，引领了学校管理者的思维方式、人本理念、科学精神及培训的方式方法等。又如，在杨镇中心小学"新教师工作坊"培训中，区级培训者以专家的身份实施培训活动并管理培训过程，或配合学校管理者全程动态监控培训活动的质量。这样的"介入"保证了培训的科学性、前瞻性、针对性、实效性和可行性；借助对培训终极成果的评价，可激励培训成果总结，助推培训经验的推广，使培训工作与区域教育发展、学校特色发展、教师专业发展有机融合，有助于从根本上克服学校、教师参加培训内驱力不足的弊端，促进了区校两级培训质量的提升。

在培训组织与实施过程中，区级培训机构介入培训，与学校间的"联动"应遵循以下原则。

1."无前设"原则

它指区级培训机构在介入培训时，要给予学校、教师足够的尊重，要有真诚的服务态度和令人信服的服务能力。"前设"意味着"改造""打造"，易产生源于假设的培训内容和指手画脚的"说教"式培训方式；"无前设"强调的是以学校为本、以教师为本、以服务为宗旨的培训。以学校和教师为本才会有源于发展需求的、针对性强的培训内容；坚持服务宗旨，才会生成注重"体验"的培训活动。

2."共生成"原则

它指培训目标的生成。区级培训机构(含所聘专家)在介入培训时，要融入教师群体、融入教师的工作与生活，成为与教师牵手而行的"同伴"。了解教师的内心追求，理解教师的现实困惑，掌握教师的发展基础，包容教师的现存不足，挖掘教师的发展潜能，进而确定学校、教师的最近发展点，对教师的发展要关注"趋势"、关注"变化"，对发展"程度"要有足够的耐心和坚定的期待。

3."顺势而为"原则

它指区级培训机构施加干预时要关注校长、教师的可接受程度。借助教师的行为来改变教师的行为，"用自己的文化熏陶自己"。

4."乘势而上"原则

它指区级培训机构要有发现教师正向变化的敏感度，善于抓住引发新变化的时机，通过放大发展的"正能量"，谋求事半功倍的培训效果。

三、　新教师区校联动培训机制的成效

（一）有效实现了区校两级培训的深度融合，弥补了两种培训的短板

区校联动培训的根本特征是通过区级培训与校本培训在培训资源、内容、形式、管理、评价等多维度的相互联系、相互渗透，达成二者的合一。区级培训机构相对学校而言，对区域教育现状和未来发展趋势的研究更为深入，拥有学校无法比拟的丰富资源。区级培训机构介入主题校本培训，可以在确保校本培训灵活性、针对性的同时，迅速提升校本培训的规范性、科学性、前瞻性和实效性；同时，从根本上克服了区级培训远离课堂、讲授为主的弊端，使"融合"成为区校两级培训模式创新

的共性特征。

（二）形成了区校联动培训的运作方式

本文形成了新教师区校联动培训的运行方式，即"问题发现，确定方案，专业引领，体验感悟，反思调整，提出新问题"，如图 4-9 所示。

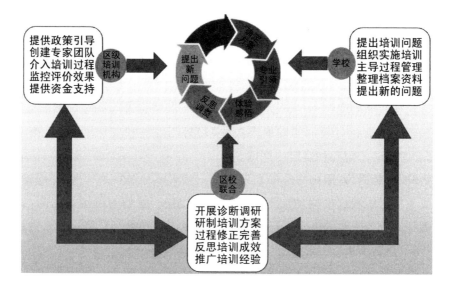

图 4-9　新教师区校联动培训的运行方式

1. 问题发现

发现新教师的"问题"是通过学校对教师的观察、调研及区级培训机构联合多方专家资源对新教师的诊断完成的。"问题"是培训的导向，"解决问题"是构建多元化培训参与者"互动"关系的依据。

2. 确定方案

研修方案经由项目负责方与多元培训参与者反复"联动"完成。

3. 专业引领

专家开展融理论熏陶与实践磨砺于一体的培训教学活动，引领新教师在情景体验中学习教育理论和教学方法，让新教师在同伴互助过程中，感悟合作学习的意义，提升参与培训的幸福感。

4. 体验感悟

在联动培训中鼓励新教师"三悟"，即听别人讲的要有所"领悟"；看别人做的要有所"感悟"；深度思考中要催生"顿悟"。

5. 反思调整

在联动培训过程中，新教师回顾自己的培训学习情况，总结学习的所得与所困，调整学习方法，确定自我发展的新目标，调整自我发展规划。培训管理者和培训实施者反思产生不同培训效果的原因，在培训结束时，对培训效果做出评价，形成培训管理经验，以此为基础确立新培训方案，谋求下一轮的培训创新。

6. 提出新问题

提出新问题是构建"联动"关系的依据，是新一轮培训"聚焦"的焦点和"体验"的起点。学校根据新教师的在校表现，结合培训过程和结果，提出新的问题，为以后的教师培训提供依据。

（三）形成了"新教师工作坊"的典型案例

在区校联动培训机制下，形成了以杨镇小学"新教师工作坊"的典型培训模式案例。

1. 新教师工作坊的组建机制

新教师工作坊的组建机制为：自由结合，自主申报，协调配置，职责明确，架构清晰，如图 4-10 所示。

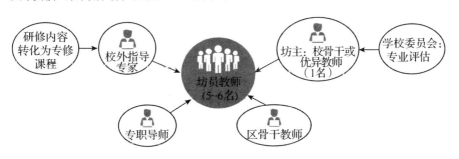

图 4-10　新教师工作坊的组建机制

（1）自由结合

它是指工作坊成员构成不受年级、学科、职称、职务、影响力的限制。只要对工作坊设定的研究主题有兴趣，相关成员间有合作的意愿，就可以组建自己的工作坊。在工作坊内，每位成员都是平等的。

（2）自主申报

它是指教师可以自主确定工作坊的研究主题，但选择主题的理由、主题研究方案的设计、研究活动的成果预期等需要经过学校审核并备案。

（3）协调配置

它是指工作坊虽然具有"草根研究共同体"的性质，但它不是封闭的，学校可以按工作坊的需要聘请校外专家学者或名师，为工作坊的新教师提供指导和帮助。

（4）职责明确

它是指工作坊须按计划开展研究活动；新教师须履行自己的研究承诺；学校须为工作坊提供必要且及时有效的帮助和支持。

（5）架构清晰

它是指工作坊在明确内部成员相互关系的同时，正确处理与坊外专家、名师、学校领导及工作同伴之间的关系。工作坊既享有充分的活动自主权，也必须纳入学校统一管理系统，保持"半民间活动组织"的特征。

2. 新教师工作坊的运行机制

首先，设计并验证了新教师工作坊的运行机制，如图 4-11 所示。

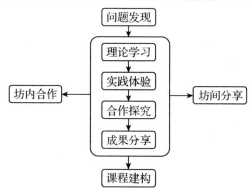

图 4-11　新教师工作坊的运行机制

　　新教师工作坊的运行机制以问题发现为起点，以理论学习—实践体验—合作探究—成果分享为研究流程，以课程建构为归宿。在整个研究过程中，全程体现坊内合作和坊间分享的特征。

　　问题发现是新教师工作坊得以建立的基础。新教师对研究问题的共同关注是形成工作坊团队的前提；问题的真实性及问题解决所具有的课程改革意义，是工作坊活动聚焦课堂，并使新教师产生获得感的基础。

　　理论学习包括研读专著，聆听讲座，向专家学习；走进名师课堂，与名师零距离接触，向名师学习；群体攻关，相互观摩，向同伴学习；深入反思，自我改进，向自己学习。这样最终摆脱校本研修停留在低水平的感性经验交流层次的困局。

　　实践体验强调学以致用。由学习理论和他人的经验，到主体生成体验，须经历"学有所思"，即在学习过程中要联系自己的工作实际做深度思考；"思有所悟"，即学习中的思考要指向对现存问题本质的认识及解决问题策略的感悟；"悟有所用"，即在感悟生成后要及时将其转化为行动方案，应用于课程改革实践，以验证感悟的正确性和价值性；"用有所得"，在新构想运用于实践的过程中，要及时做出分析总结，伴随行为改进实现教育理念的更新。

　　合作探究是新教师工作坊的重要特征，个体研究能力不足是新教师工作坊的客观实际。弥补个体能力不足的最好方法是合作，群策群力，集团队智慧实现共赢。合作探究体现在新教师工作坊活动的全过程，探究的指向影响合作的程度，而合作的程度则制约着新教师工作坊活动的最终效果。

　　成果分享既是新教师工作坊的研究成果转化为学校课程改革行为的关键，也是新教师体验成功、坚定专业发展信心的必要条件。成果分享有两种基本方式：一是坊内成员间的分享，可以推进工作坊研究成果的形成；二是坊间分享，可以推进研究成果的推广。

　　课程建构作为新教师工作坊活动的归宿，体现了工作坊活动与传统教研活动的本质差异。课程建构着眼于课程层面的研究，可涵养新教师的教育智慧，促进新教师的专业发展。

（四）促进了培训质量的提升，实现了学校与教师的共同发展

区级培训机构(含所聘专家)在与学校联动培训时，要融入教师群体、融入教师的工作与生活，成为与教师牵手而行的"同伴"；了解教师的内心追求，理解教师的现实困惑，掌握教师的发展基础，包容教师的现存不足，挖掘教师的发展潜能；进而确定学校、教师的最近发展点，从而促进双方的共同发展。

四、研究思考与建议

（一）关于评价机制的思考

鉴于研究周期的限制，新教师区校联动培训的评价机制尚在研究之中。对新教师区校联动培训的评价，目前主要采取教师问卷和座谈(与培训教师、与学校领导、与受训教师座谈等)等形式对新教师培训区校联动机制进行评价。其他评价还有待研究。

（二）新教师培训机制的研究在诸多方面有待深化

在研究的两年中，我们惊喜地看到新教师得到了成长，他们正逐步成为学校发展的新生力量。我们对首都师范大学附属顺义实验小学及杨镇中心小学的新教师进行了调查，到2019年1月，新教师在这两年中所获的市级奖励如表4-2所示。

表4-2 2017年6月—2019年1月两所学校新教师的获奖情况统计

项目名称	等级	级别	数量
"启航杯"教学能力展示	一等奖	市级	3人次
"启航杯"教学能力展示	二等奖	市级	7人次
"启航杯"教学能力展示	三等奖	市级	6人次
教学案例	一等奖	市级	2人次
教学案例	二等奖	市级	8人次

续表

项目名称	等级	级别	数量
教学论文	一等奖	市级	12人次
教学论文	二等奖	市级	15人次
教学论文	三等奖	市级	22人次
教学课例	一等奖	市级	9人次
教学课例	二等奖	市级	11人次
教学课例	三等奖	市级	4人次
研究课		市级	2人次
其他(经验介绍、班会等)		市级	5人次

（三）其他因素的影响

在新教师区校联动培训的研究中，我们发现培训之外的因素对新教师的成长变化也起着十分重要的作用。比如，校领导的重视程度、学校的校园文化、人文氛围、家校关系等。今后还要加强这些方面的研究，以促进新教师的发展。

专家评语：该文从如何打破传统的教师培训壁垒、提高新教师培训效果的角度阐述了区校联动培训机制在新教师培训中的现实意义与应用价值。该文以两所小学建立的区校联动机制为例，进行系统深入的实践研究，提出了目前小学新教师培训中存在的问题及解决的策略，不仅为顺义区新教师培训提供了值得推广的成功经验，而且创造性地建立了协同推进、责任共担、培训与需求"和谐共振"的培训模式。

对于区校联动培训机制，该文进行了深入的理论研究和实践探索，建立了新教师区校联动培训的需求调研机制、方案论证机制、组织与实施机制，其中有不少有效、管用的办法与流程，体现了很强的针对性和实操性。特别是区级培训机构通过过程介入和节点介入两种方式介入学校的新教师培训，显示出规范而又灵活的培训策略，起到了有序、有效推进校本培训的作用。该文的研究彰显了区校两级培训资源整合的优势，既规划了区域教育发展、区域教师培训，又助力学校特色发展，对学校管理者的思维方式、人本理念、科学精神及校本培训的方式方法起到了引领与指导作用。同时减少培训中不必要的交叉和重复，保证了新教师培训的科学性和前瞻性、针对性与实效性。该文借助培训成果的评价和总结，推广区校联动培训的经验，使培训工作与区域教育发展、学校特色发展、教师专业发展有机融合，克服了学校、教师参加培训内驱力不足的弊端，促进了区校两级培训质量的提升。

点评专家：全国教师教育学会学术委员、北京市哲学社会科学党建研究基地研究员、"国培计划"项目专家 苏小平

远郊区骨干教师培训模式实践
——以怀柔区为例

北京市怀柔区教科研中心

于晓龙　　杜连艳

【阅读摘要】骨干教师培训是加强教师队伍建设的重要环节。如何针对远郊区骨干教师的特点及发展需求切实开展适合本土骨干教师的高端培训，使骨干教师在自身的实际教育生活中不断补充、深化、完善专业知识，具备"将信息技术手段灵活运用于课堂教学的能力""教育教学工作中自觉运用心理学理论及技能帮助自己和学生解决学习生活中遇到的一些心理问题，促使学生健康成长，促进教师之间和谐互助的能力"以及"根据教学进程和学生的学习反应，及时调整自己的教学计划，控制教学活动的能力"？作为研究者，我们需要深入调查、不断实践，在实践探索中不断总结，定期进行分析，及时调整和改进具体方案，探究出一种适合远郊区骨干教师的培训模式。本文立足北京市怀柔区骨干教师专业发展的实际需求，通过实践，初步形成了"找需求，借机制，搭平台"的骨干教师培训模式。这种模式使骨干教师产生了学习动力，也使培训内容

与教师需求的契合度更高，使培训形式和途径得到教师的认可，使培训后教师的行为发生真正的转变。

【阅读关键词】骨干教师；专业发展；培训模式

一、 引言

有好的教师，才有好的教育。《国家中长期教育改革和发展规划纲要(2010—2020 年)》明确指出："提高教师业务水平。完善培养培训体系，做好培养培训规划，优化队伍结构，提高教师专业水平和教学能力。"怀柔区教育委员会在中小学教师培训工作的目标中强调：全面实施"人才强教"战略，构建完备的教师培训教育体系和管理机制，全面提升教师的素质水平，努力建设一支师德高尚、业务精湛、结构合理、区域均衡、充满创造活力的高素质、专业化教师队伍，为全面提升怀柔区教育现代化水平提供有力的人才支持。由此看出，培训是加强教师队伍建设的重要环节，是推进素质教育、促进教育公平、提高教育质量的重要保证。骨干教师是教师队伍中的领军人物，对教师队伍建设起着至关重要的作用，骨干教师培训受到国内外教育界的普遍关注。但是针对远郊区骨干教师培训模式的研究相对薄弱，根据不同复杂情况的远郊区骨干教师培训模式的探索更是少之又少。

基于此，本文以怀柔区骨干教师培训为例，通过实践探索远郊区骨干教师培训模式，有助于激发骨干教师的内在动力、唤醒其发展欲望，促进其全面、科学发展，填补远郊区在骨干教师培训模式研究方面的空白。

二、 文献回顾

（一）国外教师培训模式

1. 高校本位模式

高校本位模式是指以高等院校为基地，利用高等院校的教育资源，对在职教师所实施的以系统理论教学与研究为主的教育模式。[①] 高校本位模式有着悠久的传统，各个国家都比较重视。美国很多综合大学及教育学院等师资培养机构开设教师在职进修的课程，包括夜间班和暑期班。英国是以各地的大学为中心，鼓励大学提供面向在职教师的各种进修课程。法国和德国的高等教育机构是接受教师以一般学生的身份申请入学，攻读一般大学的课程和学位。日本多数的国立、公立和私立大学经常承办各级教育行政部门委托的教师进修班。俄罗斯的教师进修所不少是综合大学和教育大学的附属机关。[②] 高校本位模式可以较好地向在职教师传授较为系统的专业理论知识，夯实理论基础，但是不足之处是缺乏教育教学实践技能的指导。

2. 以学校为基地的培训模式

以学校为基地的教师培训模式是一种以中小学为基地，把教育教学实践作为主渠道，辅之以理论课程教学，大学和中小学合作的培训模式。这种模式最早起源于英国，比较典型的有英国的"六阶段模式"和美国的"专业发展学校模式"。其显著特征是以教师任职的中小学为主，中小学和高等院校开展合作以完成师资培养任务。[③] 以学校为基地的教师培训不是自由式的个体学习，而是以学校为主体，需要学校组织、制订周密计划、多方通力合作的培训模式。在培训过程中，受训教师享有的自主权更多。

3. 教师中心模式

教师中心模式是指通过设立专门的教师继续教育基地，旨在提高教师教学技能的教育模式。[④] 教师中心模式最初起源于英国。在英国，教师中心有的设置在中小学，由校长兼主任；也有的是设在师资培养机构。美国模仿英国，也设有教师中心，成为美国教师进修的主要渠道之一。

---

① 时伟：《当代教师继续教育论》，184页，合肥，安徽教育出版社，2004。
② 谭兆敏、段作章：《国外教师在职培训模式的比较研究与启示》，载《继续教育研究》，2006(1)。
③ 谭兆敏、段作章：《国外教师在职培训模式的比较研究与启示》，载《继续教育研究》，2006(1)。
④ 时伟：《当代教师继续教育论》，202页，合肥，安徽教育出版社，2004。

法国的国立教育研究及资料所、区域教育及资料中心、省教育及资料中心以及国立教育研究所、国际教育研究中心等专门机构负责教师的进修活动。德国的教师进修学院、法兰克福教育研究所负责教师的进修活动。日本的都、道、府、县的"教师研修中心""理科教育中心""教育会馆"是中小学教师进修的主要部门。俄罗斯的教授法中心设在各地区或市一级教育机构，从事学科教育的研究与指导。[①] 教师中心模式为教师搭建了一个学习的平台，满足教师教学工作中的实际需要，更利于有共同需求的教师团体聚到一起合作解决教学中出现的难以凭借自己的力量解决的问题，对新知识、新教法、新教材的问题解决更有意义。

4. 远距离教育模式

远距离教育模式是在教师和学生受时间、空间及其他因素制约而不能集中在一起进行课堂教学的情形下，由专门的教育机构利用各种通信媒体，通过师生的双向联系，对学生实施教育的一种模式。目前世界各国都将远距离教育作为教师在职进修的一种重要方式。远距离教育最有特色的是日本、印度以及北欧诸国。[②] 远距离教育模式不受时间和空间的制约，使学习更具自主性。但是，远距离教育也有缺点，如很难针对学员的特点进行个性化教学，培训效果不容易保障等。

（二）国内教师培训模式

1. 四川省乐山市"寻求成长突破"研修培训模式

四川省乐山市以寻求教师专业发展的突破为目标，在骨干教师培训中不断探索，初步形成了具有地方特色的研修培训模式。这种模式以专业成长为主题，在培训过程中重塑专业精神，强调互动参与，强调学习者在专家的引领下，在团队中学习、体验中学习、网络中学习、行动中学习、探究中学习，习得专业知识，提升专业技能，形成教学风格，实

---

① 谭兆敏、段作章：《国外教师在职培训模式的比较研究与启示》，载《继续教育研究》，2006(1)。

② 谭兆敏、段作章：《国外教师在职培训模式的比较研究与启示》，载《继续教育研究》，2006(1)。

现专业成长。该研修培训的周期为两年，经过短期集中培训、远程培训、校本研修、总结提高四个阶段有效促进骨干教师的专业成长。[①]

2. 海南师范大学推出"多部门联动、'三人行'导师组合施训"培训模式

海南师范大学推出了"多部门联动、'三人行'导师组合施训"的创新培训模式。该培训实施的周期为三年，包括院校集中研修、跟岗实践、返岗实践和总结提升四个环节。该培训模式旨在通过三年递进式、追踪式的系统培训，实现理论指导实践，以提高骨干教师的培训能力、教学能力和教研能力。该培训由海南师范大学策划组织，联合省市县教师培训机构、远程网络研修单位、省市中小学优质基地学校、学员单位等多部门共同协作实施，打破了传统中小学教师培训"各自为政"的孤立局面。"多部门协同实施"贯穿于培训的四个阶段，既各有分工侧重，又互为整体一致，特别是充分调动了县级教师培训机构、基层学校的工作热情，做到教师培训学以致用、学用一致，确保教师培训工作整体联动、有序开展。

3. 哈尔滨市香坊区形成"二型七环"培训模式

哈尔滨市香坊区教师进修学校在对骨干教师的培训研究中形成了"二型七环"的骨干教师培训模式。模式类型 Ⅰ 是指分层—研训—指导—定向。培训的主要内容是新的教育理念和创新教学方法、信息技术(高级)，目标是培养适应素质教育需要的现代型、创新型的骨干教师。被评估确定为优秀层的教师进入模式类型 Ⅱ 的培训。模式类型 Ⅱ 是指定向—专修—独创—发展。培训的主要内容是增加专业特长培训和课题实验研究，目的是培养研究型、专家型的教师。"二型七环"模式在操作上体现了三个"建立"：建立目标、建立制度、建立机制。"二型七环"骨干教师培训模式构建了一种新的校园文化，为教师搭建了平等对话、交流的平台。[②]

上述培训模式有的始终围绕教师的专业成长开展；有的重在"多部门协同实施"，提高骨干教师的培训能力、教学能力和教研能力；有的

---

① 刘远胜、万新、许泽能：《寻求成长突破——乐山市骨干教师成长研修培训模式的实践与探索》，载《中小学教师培训》，2008(3)。

② 陈海燕：《骨干教师培训模式的研究》，载《中国技术新产品》，2009(11)。

通过建立目标、制度和机制为教师搭建平等对话、交流的平台。这些模式均适合当地骨干教师的发展，但是都不完全适用于远郊区骨干教师的成长。

本文在了解上述国内外研究的基础上，以怀柔区为例，从实际情况和实际需求出发，探索助推骨干教师成长与发展的培训模式，促进骨干教师在教育教学方面有所发现、有所创造，向专家学者型教师迈进。此培训模式的研究具有针对性和实效性，追求可操作性，对其他远郊区有一定的借鉴意义。

三、 研究方法

（一）研究对象

"骨干教师"指在一定范围的教师群体中，那些职业素质相对优异、在教育活动中发挥了骨干作用的教师。本文的"骨干教师"指在怀柔区教师群体中，那些在教学活动中职业素质相对优异的、能够发挥模范作用的教师。

（二）研究方法

1. 文献研究法

文献研究法用于检索查阅国内外的相关研究成果，了解当前相关专题的研究状况。

2. 调查研究法

（1）问卷调查法

为提高骨干教师培训的针对性和实效性，我们对骨干教师受训的基本情况、目前存在的问题以及教师对培训的期待三个方面进行问卷调查。我们通过对骨干教师"劣势"方面的调查，更加明确地认识到本区骨干教师的短板所在，研究有关骨干教师培训的一些问题，以便更有针对性地开展活动，促进骨干教师的成长。

（2）随机访谈法

在培训过程中，我们在每个培训班随机选取 2～3 名学员进行访谈，主要了解学员对培训内容、方式等方面的意见和建议。另外，我们随机选取 30％～50％ 的初、高中及小学的领导进行访谈，主要了解学校领导对培训的看法。

3. 观察法

观察法用于观察受训教师的上课状态、参与活动的积极性、完成培训课程任务的自觉性等方面。由于每位受训教师都是一个复杂的个体，涉及的变量太多且我们无权做过多干预，因此此方法只作为辅助方法，没有具体的数据比较。

四、 研究过程

（一）开展问卷调查， 进行数据统计与分析

问卷调查的对象涉及怀柔区小学、初中、高中骨干教师，参与问卷调查的教师具有一定的随机性，保证了本次调研具有普遍意义。本次调查共发放问卷 1562 份，回收 1559 份，回收率为 99.8％。其中，11 份问卷不符合要求，有效率为 99.1％。

据调查统计，怀柔区骨干教师的培训现状为：15％ 的骨干教师参加过国家级培训，60％ 的骨干教师参加过市级培训，培训次数约为 3 次，主要是学习新的教育理念，掌握新的教育教学理论。统计数据表明，怀柔区骨干教师接受的高端培训的机会少、层次低、形式单一。骨干教师自身的劣势问题主要有三个方面：第一，教育教学专业能力方面。集中在应用现代技术能力、课程资源开发能力、科研能力，分别占总数的20％、17％、17％，其余选项均低于 13％。第二，教育教学实践方面。有 36％ 的教师认为缺乏专家引领，所占比例远远高出教研能力薄弱、教学方法单一等方面。第三，新课程实施过程中的困惑。主要集中在"课程资源整合与开发""教学行为转变"这两个方面，所占比例分别为 46％ 和27％。在教师的期待上，教学名师和一线优秀教师进行培训的比例各占

总数的 34%；在培训形式上，有 46% 的骨干教师认为，教学观摩与实践的教学形式更适合。由此可见，观摩教学(观课、议课)和名师引领是骨干教师公认的提升专业能力的重要途径。

（二）分析调研结果，确定培训思路

调研及数据统计结束后，我们在分析调研数据的基础上，结合本区骨干教师参加的培训的机会少、层次低、形式单一的现状和骨干教师自身的劣势问题、期待内容以及教育改革的需要进行了充分研讨，最后在综合考虑各项因素的前提下对骨干教师培训做出如下设计。

怀柔区致力于培养骨干教师的三种能力，即"将信息技术手段灵活运用于课堂教学的能力""教育教学工作中自觉运用心理学理论及技能帮助自己和学生解决学习生活中遇到的一些心理问题，促使学生健康成长，促进教师之间和谐互助的能力"以及"根据教学进程和学生的学习反应，及时调整自己的教学计划，控制教学活动的能力"。

1. 提高培训的层次，增加培训的数量

我们努力做到拓宽国家级、市级培训的覆盖面，增加培训的数量。

2. 培训内容着重三个方面

第一方面：以"应用现代技术能力"为主线，开展"信息技术与学科教学整合"培训项目，帮助教师理解信息技术与学科教学整合的理念，提高教师的信息意识和信息素养，训练常用信息技术技能。

第二方面：学习、运用心理学知识解决教育教学中的问题，让教师的教育更专业、更有效。

第三方面：以重点学科为切入点，提升教师的学科素养，促进教师的专业发展，逐步提升教师的课程资源开发能力。

3. 培训形式的多样化

在保留传统面授形式为主的基础上开展实践性培训，通过观摩、实践、研讨交流等方式让教师在活动中认知、在体验中学习。

4. 培训途径的多元化

以教学名师和一线优秀教师为授课主体，通过线上线下、实践交流、

自主学习等多种途径开展培训，解决教师实际工作中的难题，增强实际获得感，助推教师形成自己的教育教学风格和特色。

（三）开展培训、 关注效果， 及时发现并解决问题

1. 培训的第一阶段

在培训的第一阶段(2017 年 10 月至 2018 年 1 月)，怀柔区与北京教育学院联合开设"应用知识可视化工具，将创新思维理念应用到课堂互动教学之中""信息技术促进教学改进""'互联网＋'时代技术支持的智慧学习"等培训，重点培养骨干教师在教学过程中适时适度应用信息技术的能力，让骨干教师应用创新思维进行教学课题的设计，学会利用信息技术优势创设情境，支持学生进行自主学习，满足学生的个性化需求，为学习方式的变革提供有效的路径。与首都师范大学联合开设了高中骨干教师心理培训，向教师传授心理学理论流派及其教育应用、学生的多元化及其应对策略、心理测评技术及应用等理论和实践运用知识，使教师尝试"人心可测"的方法，让自己有能力为学生出具一份检测报告，让教育教学工作更加有的放矢。成立"吴正宪小学数学教师工作站怀柔分站"，全面研究、推广吴正宪的数学思想、教学经验，重点围绕儿童数学教育的研究、教师专业发展的研究，深入开展研修活动。建立王长青特级教师工作室，带领工作室成员参加关于教师、学生本质关系的国际讲座、基于大数据的课堂教学研究讲座等；引领学员聚焦课堂、尝试研究；观摩研讨特级教师的授课等。力求让骨干教师在观摩中拓宽视野、在参与体验中学习、在团队合作中成长。

第一阶段开展的培训为骨干教师综合能力的提升提供了较好的帮助，但是通过观察、访谈、培训效果分析，我们发现存在以下两方面的问题。

(1)骨干教师的学习态度不够积极

骨干教师参加培训时能够做到按时上课、认真听讲、遵守纪律，但是在交流研讨、成果展示、实践研究等环节缺乏主动性，缺乏学习热情。

(2)培训内容的整体系统性不强，且具体内容有待进一步完善

培训项目的整体设计较为零散，缺乏系统性。具体培训内容需要进

一步加强针对性和实操性。比如，信息技术类培训适用各个学科的教师，具有广泛性，但是与学科联系的紧密度不够强。心理学培训主要以讲座的形式向教师传授知识，较少给教师提供方法工具、实战演练和物化成果。专业素养提升培训主要集中在数学学科，没能涉及改革幅度较大、难度较大的语文学科。

2. 培训的第二阶段

在培训的第二阶段(2018年1月至2019年1月)，我们借助骨干评选与考核制度，激发骨干教师的学习热情，同时进一步完善培训内容。

(1)借助骨干评选制度，引领教师成长

为激发骨干教师的学习动力，我们把市区级骨干教师评选制度摆在大家的面前，设定为共同追求的目标。首先，要求具有良好的思想政治素质，具有崇高的职业理想和职业道德。其次，要求具有过硬的业务素养，如要有广阔的教育视野及了解学术前沿的意识，能够根据社会时代的发展和教育的发展更新教育观念和知识结构，积极探索、勇于创新，在全面实施素质教育中发挥引领和示范作用。再次，具有扎实的学科基础理论和教学技能，具有较高的教育理论修养和较强的教育科研能力。具体体现为：①承担公开课、研究课。②承担或参与区级及以上科研课题，有阶段性成果。③在区级及以上正式刊物上发表过与专业有关的教育教学论文；教育教学论文获区级及以上的奖励。最后，具有良好的团队协作精神，能够发挥辐射带动作用，积极承担培养和指导青年教师的任务。骨干教师只有具备这些条件才有资格申报市区级骨干教师。

(2)抓住考核机制，确保骨干教师持久行动

考核骨干教师，实行动态管理，让考核成为推动骨干教师成长的永动机，避免具有市区级骨干教师称号的教师产生懈怠心理，缺乏学习动力。该区骨干教师的考核工作坚持客观、公正、准确的原则，每年进行一次。考核根据骨干教师的职责和对骨干教师的具体要求进行，主要目的是激励骨干教师投身于一线教学工作，引领骨干教师充分发挥辐射、示范作用，体现动态管理，对不能履职、考核不合格者取消相关待遇。年度考核对于骨干教师而言，会激发其产生学习的动力。考核的方方面

面对骨干教师的发展是一种指引，也是一种压力，警示其不能懈怠，激励其继续前行。

(3)利用培训内容板块设计，培养教师的三种能力

①信息技术板块——培养"将信息技术手段灵活运用于课堂教学的能力"。以"应用现代技术的能力"为主线，开展"信息技术与学科教学整合"培训项目，培养教师将信息技术手段灵活运用于课堂教学的能力。为让更多的骨干教师提高信息意识和信息素养，尽快掌握常用信息技术技能，我们加大培训力度，开展了利用信息技术促进以学生为中心的教学、利用知识可视化工具将创新思维理念应用到课堂互动教学之中、利用二维动画促进教学改进等信息技术专题培训。为了将信息技术和学科教学进一步高效融合，我们又尝试开展了信息技术与物理学科教学整合培训，向受训教师传授与物理学科联系紧密的信息技术技能，如传感器、思维导图、课件等，让具体内容与物理学科联系更加紧密，具备明显的物理特色。培训后期要求教师运用多种信息技术完成教学设计和开展教学，助推教师改变，促进教学模式变革。

②心理学教育板块——培养"运用心理学知识解决问题的能力"。为了不断提高教师的教育教学质量，加强教师对学生的理解，推动心理学理论及心理辅导技能在教育教学中的应用，丰富教师的管理手段，促进学生的健康成长，我们开设了中学骨干教师心理学教育技能培训、班主任有效教学能力培训、学习动机的培养与激发等培训项目，培养教师"洞察学生心理，实施科学管理"的能力。在各个心理培训过程中，重点向教师传授一些较为实用的心理学知识，帮助其掌握学生的心理特点与规律，教会教师运用学生的心理特点与规律进行教育教学，以及在学生学习的过程中激发学生的学习动机，使学生爱学、会学。

③专业素养提升板块——培养"控制教学活动的能力"。该区以语文、数学学科为切入点，提升教师的学科素养，转变教学行为，促进教师的专业发展，在逐步提升教师的课程资源开发能力和科研能力的过程中，最终使其具备"根据教学进程和学生的学习反应，及时调整自己的教学计划，控制教学活动的能力"。

　　吴正宪小学数学教师工作站怀柔分站和王长青特级教师工作室是以"教学观摩与实践"为主的名师引领式培训。它们主要从三个方面进行培训：第一，不定期带领骨干教师参加国家级和市级教学研讨会、教育论坛或展示课大赛等，让教师开眼界、长见识。第二，深入名师课堂，开展浸润式培训。平均每月组织观摩名师数学课一到两次，课后马上进行研讨，研讨后再聆听与本课相关的专题讲座。这样开展的培训实用性强，且小而精。第三，读书分享、实践研讨是常态。定期布置读书任务，随后进行读书分享，用以提高学员的理论素养；根据培训需要组织学员上研究课、观摩课、同课异构等教学实践活动，然后进行点评、研讨，让学员在实战中逐步形成自己的教学风格。名师引领式培训较好地培养了学员"根据教学进程和学生的学习反应，及时调整自己的教学计划，控制教学活动的能力"。

　　我们利用高中语文教师"整本书阅读设计与教学"专题研修、初中语文教师"由《朝花夕拾》到鲁迅"专题研修以及小学语文骨干教师培训三个项目对语文骨干教师进行了贯通式培养。面对语文课程改革，语文教师不知从何处着手进行教学。为此，该区与北京教育学院联合为高中语文骨干教师举办"整本书阅读设计与教学"专题研修，让教师掌握整本书阅读的基本方法以及阅读教学的基本策略、根据不同的阅读目标设计相应的阅读学习活动的能力。培训完成后，教师可以建构"整本书阅读教学"的整体框架，可以自行设计和完成不同类型文本的整本书阅读教学课程，尤其是学会古代文学文本的整本书阅读的策略和方法。与首都师范大学、北京云舒写教育科技有限公司联合举办初中语文教师"由《朝花夕拾》到鲁迅"专题研修，旨在以经典名著研讨促使教师专业能力的提升，丰富初中教师对于中国现代经典作家鲁迅及其代表作的全面而深入的理解。通过培训，学员在名师的点拨下，对鲁迅先生有了更全面、更深入的认识并对鲁迅的作品有了更深层次的解读；解决了对于鲁迅作品教学的困惑。面向小学语文骨干教师，我们开展了"抓住学科本质 基于学生的特点 提高教学能力"为主题的基础性培训，提升了其对语文教育目标及其本质的认识，对如何抓住学生的特点进行教学、提高学生的语文学科专业素养起到了很好的指导作用。高中、初中、小学语文骨干教师培训提升了骨干教师的学科专业素养，让教师有能力引领学生真正走进作品的内心世界，做好学生阅读活动的组织者、督促者、鼓励者，最终成长为学生阅读活动的引领人。

(4)培训形式据需而定，侧重实践互动方式

在第一阶段的培训实施过程中，培训形式比较单一，主要是以讲座和观摩两种形式为主，注重向受训骨干教师传授知识。我们通过观察发现，这种重视"灌"的培训形式不能很好地激发教师的学习热情，也不利于挖掘教师的潜能，更无法生成教育智慧的火花。因此，在第二阶段的培训过程中，我们保留了必要的专家讲座和观摩活动，确保向受训教师传授新知识、新理念的同时，加大实践交流研讨这种互动培训方式。

①亲身体验式。中学骨干教师心理学教育技能培训始终围绕"如何对学生进行个案分析"展开，立足于"能量—释放通道"理论的实践运用。每位受训教师要运用培训中学到的理论分别建立个案，对自己的学生进行系统、有效的分析，然后尝试运用授课教师提供的操作性很强的"能量—释放通道技术工具包"准确地描述个体的情绪事件、合理地对情绪进行编码分析，并制定恰当的契约来解决问题。在解决问题的过程中，授课教师随时提供个性化指导。通过亲身体验试用，教师感受到了运用心理学知识解决问题的有效性。

②交流研讨式。针对重点、热点问题，我们采取交流研讨的方式进行培训，有助于深入学习、透彻理解，还会碰撞出新的思想火花。在"由《朝花夕拾》到鲁迅"专题研修中，交流研讨丰富了学员自己的思想，有内容、有深度、有反馈，让大家对鲁迅先生有了更深认识的同时，解决了教学中存在的很多困惑，对语文教学大有裨益。在吴正宪小学数学教师工作站怀柔分站的研修活动中，交流研讨已成为常态，主要包括与专家对话、与学生进行访谈、同伴之间的研讨三种形式。在群体交流中，互相学习、取长补短、彼此激发灵感、努力自主攀爬，形成了共生共长的研修氛围。

③读书分享式。腹有诗书气自华，我们有责任带领教师共同增添一

分书香气息。在培训中，我们一般会给教师列书单，或者为教师免费发放一些书籍。有的培训项目还要组织教师进行读书交流分享活动。比如，吴正宪小学数学教师工作站怀柔分站培训就将读书与分享作为贯穿始终的一项活动。培训要求学员读指定的书目，定期进行交流分享。"由《朝花夕拾》到鲁迅"专题研修项目为教师确定书目，并让教师根据书目提出研讨主题进行在线研讨。学员在线进行读书分享活动，虽然显得有些零碎，但是这并不影响彼此之间关于"书中内容"的思维的碰撞、理解的增强。

互动式的培训形式将教师置身于现代、开阔、自主的平台上，创设了在欣赏、交流、品味、体验中学习的自由境界。

（5）培训途径多元，确保学习渠道畅通

我们根据课程的特点对培训途径进行多元设计，确保教师学习更前沿、更专业、更实用的知识的同时也能照顾到个人的学习方式，体现个性化学习。怀柔区骨干教师的培训途径保留了传统的名师面对面授课途径，还开辟了线上线下混合式培训和自主式学习提升两种培训途径。

①线上线下混合式培训。线上线下混合式培训是我们尝试开展的一种骨干教师培训新途径。初中语文教师"由《朝花夕拾》到鲁迅"专题研修项目采取的是线上线下混合式培训。培训线下启动，专家引领，精彩导读；线上分块，预设问题，观看视频，阅读研讨，交流分享。线上线下混合式培训的优势在于培训时间相对自由，每周只集中学习 1 小时，可以缓解工学矛盾；培训人数相对较多，一个项目培训 144 人，扩大受益群体；培训参与度相对较高，每个线上班级每次交流研讨 500 余人次，让交流更充分到位；培训师资更加雄厚，有四川大学中国现当代文学博士后、南京大学文学博士、现供职于暨南大学的孙伟老师，北京邮电大学副教授、硕士生导师、宋声泉老师，鲁迅文化基金会研究员荣挺进老师，教育部高中语文课程标准修订工作组成员、北京师范大学教学改进项目组语文学科专家李煜晖老师。这些具有学者风范的授课教师让受训学员们对鲁迅先生有了更广、更深的认识；利用网络让学员们有机会和大师级人物探讨自己的小问题；这些名家的渊博学识也诱发了学员读经典、品深意、追根源的意识和行动，这是提高语文教师学科素养的重要

内容之一。

②自主式学习提升。为方便教师进行自主式学习，提升能力，在每项培训中我们都努力搭建两个平台：其一，请授课教师将联系方式留给学员，为学员在培训中和培训后开展自主学习开辟绿色通道；其二，在培训过程中为学员推荐书籍，供大家课后自学，用以丰富文化底蕴、提高教育素养。比如，心理培训项目向学员推荐《身边的心理学》《学生心理健康教育指导丛书》《蒙台梭利教育法》……信息技术培训推荐学员学习《未来简史》《我的第一本思维导图入门书》《可见的学习》……吴正宪小学数学教师工作站怀柔分站研修项目在培训过程中逐步引领教师进行自主学习：首先，分期列出必读书目或文章；其次，在培训中预留时间进行读书分享，选优秀者进行重点发言；最后，要求大家利用微信群随时随地进行读书分享或优秀文章分享。总之，大家共同营造了一个读书与分享的小天地。以读书和分享为主要途径的自主式学习，让教师多了一分书卷气、一分学习意识、一分上进心，也看到了更加广阔的教育天地。

（四）通过随机访谈，查验培训的整体效果

通过随机访谈部分骨干教师和学校领导对怀柔区骨干教师培训的整体看法，我们汇总得出以下结论。

1. 骨干教师参加市级培训的机会明显增多

对于一所学校而言，每学期大致有25％的骨干教师有机会参加区里或市里组织的市级培训。

2. 培训内容与时俱进

培训与课程改革和中高考改革联系紧密，较好地满足了骨干教师的培训需求。比如，信息技术手段融入课堂教学有提质提效、增加互动、反馈及时等优势，就有大批骨干教师有机会参加这样的培训；面对语文教学改革，教师感到"不会教"，区里就有语文学科的专题培训，帮助教师克服教学困惑。但是，区里目前没有做历史、地理、政治、生物学科的培训，我们对这些学科的培训需求也很高。主要是这些学科"教非所学"的教师所占比例很高，需要给他们补充专业知识。

3. 培训的实践应用性强，指导性强

参加培训的教师一般都有机会做一节研究课，在磨课过程中得到市区专家的详细指导。教师在磨课的过程中学到的知识一般更容易转化成自身的技能。这种研究课中能不能几个人合作，把一个小章节或者语文的一节课内容完整地讲完，这样对教师的指导意义应该会更大。

4. 培训形式丰富，途径多样

培训形式有听讲座、观摩、研讨、读书分享，还有通过网络学习。这样，教师参加培训不会感到枯燥单调，可以说有利于激发教师的学习兴趣。

五、　研究总结

通过对本文的研究，怀柔区骨干教师培训工作有了新的突破，培训效果得到明显提升，初步形成了"找需求，借机制，搭平台"的骨干教师培训模式。即利用调研，帮助骨干教师发现自身的劣势，找到成长需求；借助骨干评选与考核机制，让骨干教师朝着区级规划的发展方向行动起来；努力搭建多种平台，给骨干教师更多的机会选择适合自己的方式学习喜欢的内容。我们在研究过程中发现，培训管理者要通过调研等方式捕捉骨干教师的培训需求，根据需求为其量身制订培训方案；另外必须采取合理手段激发教师的学习热情，如借助骨干教师评选机制和考核机制，促使教师产生学习动力。在满足需求、有平台、有内驱动力的前提下对骨干教师进行培训，才会使骨干教师群体得到自主发展和提高。

综观整个研究过程，要求明确、措施得力、反馈及时、培训效果良好，但是还依然存在如下一些问题。

第一，新的教学技能的形成需要大量的实践，在实践中学习、在学习中实践，如此循环往复至少一年的时间。但是培训部门不能对学校及教师的工作做过多的干预，因此培训效果和预想的相比还有很大差距。

第二，培训项目的确定受到客观因素的影响较多，如师资、经费等，因此不能完全按照预想进行。

第三，培训效果的体现需要时间。骨干教师的成长不可能一蹴而就，不是通过一种培训模式就能有效促使一批骨干教师的发展，还需要个人自身的努力、学校的大力支持和长时间的历练。因此无法制定一个统一标准去衡量一种培训模式的优劣。

专家评语：教师培训是提升教师队伍质量的重要措施，如何针对远郊区骨干教师的特点及发展需求切实开展适合本土骨干教师的高端培训，是亟待研究的问题。该文以怀柔区为例，首先通过问卷调查和访谈等方法对教师存在的问题进行了调查分析，并在此基础上立足怀柔区骨干教师专业发展的实际需求对骨干教师培训模式进行了积极的探索，形成了"找需求，借机制，搭平台"的骨干教师培训模式。该文发现，这种模式使骨干教师产生了学习动力，也使培训内容与教师需求的契合度更高，使培训形式和途径得到教师的认可，培训后使教师的行为发生真正的转变。总的来说，这项探索具有积极的实践意义。

点评专家：北京师范大学教育学部 周金燕副教授

学区化管理下"协作区"教研实践研究
——以延庆区为例

北京市延庆区教育科学研究中心

胡红宇 吴连民 高鹏玉

【阅读摘要】中共中央办公厅、国务院办公厅印发的《关于深化教育体制机制改革的意见》指出，消除大班额、择校难现象，试行学区化管理，探索集团化办学。延庆区"学区化"管理下的小学协作区教研虽然在持续进行，但是协作区教研的规范程度、深入程度、课程建设、特色发展等方面都还有待提高。为此本文进行了此项研究，通过调查研究，利用个案研究，总结出延庆区小学协作区的五种常用教研模式："带题授课"式、"课例研讨"式、"骨干送课"式、"网络研修"式、"师徒帮带"式。通过以上模式，本文提高了协作区教研的实效性，促进了教师的发展，有利于学生的成长。

【阅读关键词】学区化；协作区；教研特色

一、问题的提出

《国家中长期教育改革和发展规划纲要(2010—2020年)》提出，推进义务教育均衡发展；切实缩小校际差距，着力解决择校问题；加快缩小城乡差距；努力缩小区域差距。《中共中央关于全面深化改革若干重大问题的决定》进一步提出，义务教育免试就近入学，试行学区制和九年一贯对口招生。2017年9月，中共中央办公厅、国务院办公厅印发的《关于深化教育体制机制改革的意见》指出：采取委托管理、强校带弱校、学校联盟、九年一贯制等多种办学形式。

为推进义务教育优质均衡发展，北京市各区加大了学区制管理和集团化办学探索的力度。截至2017年10月，北京市共有学区131个，覆盖12个区、1053所法人学校，占中小学总数的64.6%，共成立教育集团、教育集群、教育共同体、教育协作区、教育联盟100多个。学区制改革在缓解择校矛盾、保障义务教育入学机会公平、拓展教育资源、构建开放办学格局、强化统筹协调、有效提升区域整体办学水平等方面，发挥了积极的促进作用。

本文仅以延庆区学区化办学为个案进行分析，总结该区小学学区化管理下"协作区"教研特色的实践经验。

延庆区自2011年开始推行学区化协作区管理，颁布义务教育阶段学区化管理工作指导意见，成立初中三个协作区、小学五个协作区；2016年开始重新规划延庆区学区化管理，逐渐向"学区制"过渡，形成"一三五四"办学格局，即一个高中教育集团、三个初中协作区、五个小学协作区、四个幼儿园协作区。协作区内开展校际丰富多彩的教育教学活动，符合农村教育的实际。各校之间彼此取长补短，互相借鉴，互相激励，互相合作，逐步建立起开放、交流、共享的工作格局，形成一种开放的教育文化，从而有效地促进延庆区教育的优质均衡发展。

应该说，延庆区的学区化管理模式走在了教育改革的前列，延庆的教育也因学区化管理取得了喜人的成绩。几年的实践表明：学区化管理下的小学协作区教研虽然在持续进行，但是协作区教研的规范程度、深入程度、课程建设、特色发展等方面都还有待提高。如何形成高质量的教研活动，真正带动区域发展是协作区教研面临的重要问题。协作区需要的不是形式上的合作，而是要在这种机制下充分调动成员校的积极性、主动性，形成特色的区域教研模式；协作区之间相互借鉴，共同促进延庆小学教育的发展。因此，我们进行了"延庆区小学学区化管理下协作区教研特色的实践研究"。

"协作区"是学区化管理的一种形式。打造协作区的教研特色有利于规范协作区的教研行为，有利于提高教研的实际效果；在特色建设中加强课程建设，有利于协作区各项工作系统化、课程系列化，更好地促进教师的发展，提高课堂实效，促进学生的实际获得。形成每个协作区的教研特色有利于整体推进延庆区小学教育的优质均衡发展。

二、 文献综述

为了了解协作区教研的现状，我们进行了文献整理。通过众多文献以及研究成果发现，国内外对于学区化、学区制都有研究与实践，但称为"协作区"的并没有。可见，协作区的称谓是延庆小学教育的一种特殊形式。

国内对学区化的研究比较丰富，不管是学区化的内涵，还是学区化面临的问题都有涉及。倪娟、杨玉琴、沈健三人在《我国义务教育学区制试行现状研究》中对"学区化"与"学区制"进行了界定。[①] 他们认为："学区化"主要是根据地理位置的相对集中以及教育实力的相对平衡来确定学区，并由此实现学生的就近入学，便于教育主管部门统筹管理。"学区制"是由系统且相互支持的制度组合而成的相对稳定成熟的治理体系。它包括如下含义：①建立主体多元的综合管理体系。②建立系统的运行和

---

① 倪娟、杨玉琴、沈健：《我国义务教育学区制试行现状研究》，载《上海教育科研》，2018(3)。

保障机制。③建立均衡发展的机制。④建立以均衡发展为基础的"优质特色发展"机制。

　　倪娟、杨玉琴、沈健在《我国义务教育学区制试行现状研究》中对我国义务教育学区制实践的主要问题进行了分析。[①]　他们认为当前的学区制存在以下四个方面的问题：①学区管理功能的形式化。②不同类型学校的同质化。③优质教育资源的稀释化。④薄弱学校文化的侵蚀化。结合延庆区的现状也发现：在强校带弱校和大校带小校的学区划分中，一些薄弱学校很难发挥成员校的作用，基本是按照大校的模式进行学区制实践。这种方式既有促进均衡的优势，同时以强带弱的弊端也不可忽视。

　　通过文献分析发现，我国各个省市都有对学区制的研究，如北京市、上海市、西安市，它们的研究经验在机制建设等方面给我们很大的启发。张瑞海在《学区制改革的区域探索——以北京市东城区为例》中对东城区"盟贯带团"的探索进行了分析。[②]　他指出：东城区在"盟贯带团"改革探索中进行了以下尝试：①深化学校联盟机制。②探索九年一贯制学校实验模式。③构建优质教育资源带。④组建教育集团。张璟雅在《深化学区管理机制的探索——以上海市朱泾镇小学学区为例》中对其学区制管理模式进行了梳理，指出朱泾镇小学学区形成了"理念先导：凝聚学区共同体""组织保障：设立学区管理架构""制度设计：保障学区运行""资源共享：缩小校际差异"的合作模式，很大程度上促进了学区校的均衡发展。[③]　贾玲在《基于学区化管理的校本研修推进策略》一文中对西安市的大学区学区化校本研修策略进行了梳理。[④]　她指出：学区化管理下的校本研修，其"校本"不必简单地理解为"本校"，还可以扩大为学区内学校，即立足本校，保持特色，放眼学区，相互促进，坚持发展。利用有目标、有主题、有方法、有追求的校本研修新举措，更好地达到区域推进、专业引领、"研""修"互动、名师带动、提质发展的共同目标。

[①]　倪娟、杨玉琴、沈健：《我国义务教育学区制试行现状研究》，载《上海教育科研》，2018(3)。

[②]　张瑞海：《学区制改革的区域探索——以北京市东城区为例》，载《上海教育科研》，2018(2)。

[③]　张璟雅：《深化学区管理机制的探索——以上海市朱泾镇小学学区为例》，载《基础教育研究》，2018(1)。

[④]　贾玲：《基于学区化管理的校本研修推进策略》，载《基础教育研究》，2018(1)。

"学区化"不仅在国内有广泛的研究，在美国也很盛行。王悦、王雁在《美国学区制管理的体制及其启示》中指出，学区布局上要做到以下两点：一是优化学区的内部划分。二是积极提高小型学校的办学质量。[①] 小规模学校具有其独特的优势，如利于教师个别化指导、便于增进生生及师生间的情感交流等。如果学校在积极发挥其优势的基础上，将工作重心转变为提高教师的教育教学水平，那么这些学校同样会具有很好的办学效益。

综上所述，不同国家、地区的学区化管理各具特色，在学区建设上有的是"强强联合"，有的是"全部一体化"。延庆区的小学协作区是采取"以大带小，以强带弱，独立管理，协同发展"的方式。不难看出，大家在学区化的管理上进行了深入研究，但就如何开展教研活动的研究还不太多，也就是重研究的外部结构，忽视内部作用。因此我们认为，我们进行协作区教研特色的研究很有必要。它可以从本质上实现学区化的最终目标，促进教育的优质均衡发展。我们进行的教研特色研究重在促进教师成长、学生发展，重在提升教研质量、课堂质量，重在构建鲜明的、有效的教研模式，实现"大区域"的资源共享、相互借鉴，整体提升延庆区教育的优质均衡发展。

三、 研究方法

为了更好地提取五个协作区的教研特色，我们通过问卷调研了解了小学协作区存在的优势和不足；通过访谈、参与教研等方式重点梳理小学五个协作区常规教研一贯的做法，凝练各协作区的教研特色。

（一）调查研究法

本次调查研究采取问卷调查和访谈的方法，了解五个协作区的教研现状。在问卷调研中，调研对象分为两部分：一是干部群体，包括副校长、教学主任、教学副主任39人。二是从每个协作区随机选取一线教师，共62

---

① 王悦、王雁：《美国学区制管理的体制及其启示》，载《教学与管理》，2016(16)。

人参与问卷调研；同时对五个协作区的教学干部、一线教师，共 10 人，围绕"请你谈一谈你们协作区教研一贯的做法或特色"进行访谈交流。

（二）个案研究方法

我们深入五个协作区进行个案研究，和协作区干部教师一起提炼协作区的教研特色。

四、 研究成果

（一）调研结果分析

1. 调研对象分析

本次参与调研的有 101 人，具体分布如图 4-12 所示。

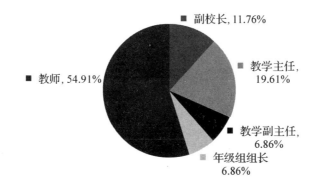

图 4-12　调查对象分布

2. 调研结果分析

本次问卷调研共设计了 10 个问题，涉及教研活动的频率、内容、形式、特色、问题、效果等。我们对以下 4 个问题进行了具体分析。需要指出的是，数据比例之和不是 100％，是由于按四舍五入法处理的。

①从参与教研活动的情况来看，干部教师能够积极主动地参与协作区的教研活动，如图 4-13 所示。从图中可以看出，有 71.29％的干部教师能够经常参与活动。这说明教师对协作区教研活动的认可度还是比较高的。

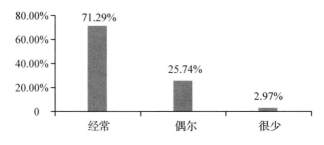

图 4-13　参与教研活动的情况

②从教研活动的频率来看，五个协作区的教研活动集中在每学期 4 次，占 35.64％，如图 4-14 所示。这样的频率安排还是比较切合实际的，过多和过少都是不可取的。

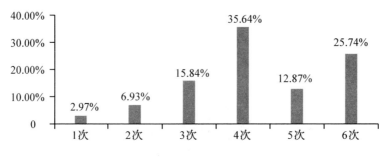

图 4-14　教研活动的频率

③从教研活动的类型来看，协作区能够开展课例研讨、专题研讨、专题讲座、教学比赛、外出学习、质量检测这几种形式的教研活动，如图 4-15 所示。

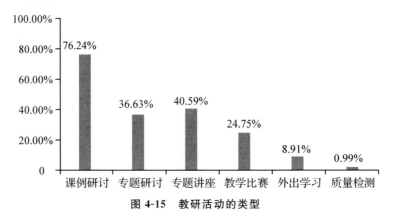

图 4-15　教研活动的类型

④从教研活动特色建设来看，部分协作区有比较固定的教研模式，具有一定的教研特色，如图 4-16 所示。但也不难看出，还有 22.77％的人认为协作区有特色，但不明显，说明这些协作区还没有形成自己的教研特色。

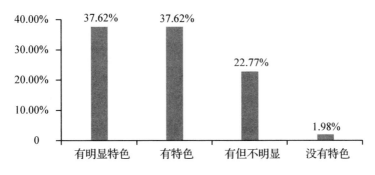

图 4-16 教研活动特色建设

综合问卷调研和访谈的结果，我们认为延庆区五个协作区的教研现状如下：一是能够安排比较合适的活动频次开展活动，干部教师参与比较积极，活动取得了预期效果；二是教研活动有计划，但系统性不强，缺少长远规划；三是教研活动有主题，能够通过课例研讨的方式进行活动，由于缺少专家，引领活动的实效性有待加强；四是学区的教研特色还不明显，需要进一步固化研究的内容形式。

（二）教研特色分析

我们多次参与协作区的实际教研活动，并和各协作区的负责人一起对教研特色进行研讨，最终形成了"带题授课"式、"课例研讨"式、"骨干送课"式、"网络研修"式、"师徒帮带"式五种教研模式。

1."带题授课"式

"带题授课"式教研模式是延庆区小学第四协作区一贯坚持的做法。所谓"带题授课"式指根据研究主题或问题开展课例研修的一种方式，属于行动研究范畴。这里所说的"题"，指的是小的课题。这些课题多数来自教师的教学实践，或者教育改革的热点、焦点问题。此模式分为以下几个步骤。

（1）收集问题

每学年开学初，协作区牵头校都会发布"问题征集令"。牵头校通过头脑风暴，收集教师在学科教学中的问题；通过分类整理，理出问题清单。

（2）形成课题

协作区学科核心组与研训员一起再对问题进行筛选，确定最终要解决的问题。针对有些核心问题，申请区级研究课题进行研究；针对有些小的问题，就在协作区内研究。比如，在推进小组合作学习中，教师提出了"如何设计合作问题""教师如何进行干预""学生作品如何展示""习题如何设计"等问题。这些问题是在学区大的课题下产生的，需要逐一解决，以此促进学生的深度学习。

（3）课例研究

当问题确定后，核心组依据问题安排课例研究。在研训员的带领下，在每所成员学校进行课例研讨，通过3～4次课例将问题解决。

（4）形成策略

在课例研讨中，大家各抒己见，由记录员进行记录。在形成策略环节，将大家几次课例研究的成果进行梳理，最终形成问题解决策略。

"带题授课"式教研模式聚焦了学科教学中的实际问题，有利于促进学科教学改革。同时问题来自教师的实践，也调动了教师的参与热情。几年来，第四协作区通过召开"带题授课周"等活动将研究的成果在全区推广使用，收到了良好效果。

2."课例研讨"式

"课例研讨"式教研模式是延庆区小学第一协作区的做法。此模式主要通过"三备两磨"的方式进行。"三备两磨"是指根据主题进行三次备课和两次磨课的课例研究方式。

"三备两磨"遵循下面的流程：结合实际，确定主题—研读教材，独立设计（一备）—组内交流，集体设计（二备）—课堂实践，聚焦问题（一磨）—集体研讨，再次设计（三备）—再次实践，解决问题（二磨）—反思总结，形成精品。

"三备两磨"中，确定研究主题是关键。主题的确定既要结合学校班级的实际，又要考虑学科研训工作的重点，主题要实、要小。独立设计体现了教师的理解能力、设计能力，这个环节也不可或缺。因为只有每个人对课的内容进行了充分的思考，才能更好地完成集体备课。在集体备课中，我们不是要达到"千人一面"，而是要"取长补短"，在研讨中加深对教材的理解、对学生的研究，形成较为合理的教学设计。初次的课堂实践是体现集体研究的结果，在实践后聚焦问题最关键，因为只有聚焦了问题才能更好地解决问题，进行再次设计。有的研究需要"实践—研讨—再设计—再实践"的过程，直到问题解决。问题解决后将教学设计整理形成精品设计，以备后用。

在这样的磨课过程中，教师加深了对课程标准和教材的理解。同时辅以相应的专题讲座，如"如何进行单元整体设计"等，大大提升了教师的教学设计与课堂实施能力。

3."骨干送课"式

"骨干送课"式教研模式是延庆区第五协作区坚持的做法。"骨干送课"是指区级以上的骨干教师根据成员学校的需求送课到校的一种教研模式。这种教研模式符合延庆区建立协作区的最初宗旨，能促进区域内优质资源的共享，实现教育的优质均衡。

骨干教师一般由牵头校负责统筹。根据骨干教师的学科专长列出"骨干送课菜单"，并将"菜单"发给各所成员学校。各成员学校根据需求进行"点菜"。骨干教师亲自到成员学校进行实际课堂教学和开设微讲座。

这种教研模式，解决了成员校中薄弱校课堂教学中的具体问题，有利于发挥骨干教师的示范、引领作用，真正地解决了课堂中的具体问题。

4."网络研修"式

"网络研修"式教研模式是延庆区小学第三协作区的教研模式。由于第三协作区成员学校间的距离相对较远，最远的四海中心小学距离延庆区第三小学 70 多千米。教师参加一次教研活动往返需要近四小时的车程，这种情况下把时间都浪费在路上。为了解决这一问题，第三协作区通过开展"网络教研"形成大教研组，进行问题研讨。

"网络研修"基于延庆教师研修网、延庆远程视频会议系统、微信、QQ等信息手段，开展网络教研。这种教研方式也符合"互联网＋"时代的发展步伐。此种模式在其他协作区也有使用。

5."师徒帮带"式

"师徒帮带"式教研模式并不是一种新型的教研模式，但在第二协作区一直坚持使用这种方式，这也符合协作区教师队伍现状的需要。

师徒帮带中的"师父"由协作区区级以上的骨干教师担任。这里的"徒弟"包括三个方面：一是新入职教师。根据教育的需要，近几年延庆区新招聘大量的新教师。这些新教师大多分配在城区的5所小学。为了使得新教师尽快成长，协作区集中优质资源为他们配备师父。二是本学科的新教师。根据学校人员的需要，每年都有部分教师进行学科间的调换，他们也需要师父的帮助。三是重点培养的青年教师。这些教师一般由协作区内市级以上的骨干教师、学科名师负责帮带。

师徒帮带的周期一般为两年。师徒需要制定两年的培养规划，通过听评课、集体备课、实践指导等方式进行。为了激发参与热情，协作区制定相应政策保证"师徒"参与的热情。比如，给师父减轻工作量，在绩效奖励、评职晋级中有所体现。

"师徒帮带"式教研模式极大程度地发挥了优质师资的作用，促使青年教师尽快成长起来，缩短了新教师的成长周期。

五、 研究的实施建议

通过几年的实践，本文提炼出延庆区五个协作区各自的教研特色。它只是延庆区的一种教研行为，集团化办学、学区化管理有利于促进区域间的优质均衡发展。在推进学区化办学，尤其是开展教研活动时，我们认为要关注以下问题。

（一）高度重视， 大力支持

各级领导要支持此项工作，主要是校长要从政策、人事、资金等方面给予支持。

（二）顶层设计， 系统安排

要有超前的意识，要能够站在教育发展需要的高度设计活动，要有系统安排，要能够持续坚持。

（三）多种形式， 确保实效

区域教研以教师的成长为主，不是"面子工程"。要以教师为本、以教育改革为重点、以学生的全面发展为目标，确保活动的实效。

（四）固化成果， 推广使用

要有成果意识，要能够把好的方法、策略固化起来，并通过多种方式进行推广。要有开放的心态，借鉴吸收，做出自己的特色。

专家评语： 如何有效地开展学区化管理和集团化办学是当前教育改革面临的一个重要问题。为了回应这一问题，该文以延庆区为个案进行了实践探索和研究。该文利用调查研究法和个案研究方法，对延庆区的教研模式进行了研究，并总结出五种常用的教研模式，包括"带题授课"式、"课例研讨"式、"骨干送课"式、"网络研修"式、"师徒帮带"式。这些模式能提高协作区教研的实效性，促进教师的发展，有利于学生的成长。总的来说，协作区作为学区化管理的一种形式，打造协作区的教研特色，有利于规范协作区的教研行为，有利于提高教研的实际效果；在特色建设中加强课程建设，有利于协作区各项工作系统化、课程系列化，更好地促进教师的发展，提高课堂实效，促进学生的实际获得。这样形成每个协作区的教研特色，也有利于整体推进延庆区小学教育的优质均衡发展。

点评专家：北京师范大学教育学部 周金燕副教授

"一体三位"研训模式设计与实践
——以燕山地区为例

北京市燕山教研中心

潘淑英　来淑英　夏永　杜蓉

【阅读摘要】为了燕山教育的可持续发展，依据燕山地区教师专业发展的需求，针对燕山教研中心主要职能部门的设置，以及在职教研员身兼数职的人员结构现状，提出"一体三位"研训模式，开展教师培训工作，以此促进燕山地区教师的专业发展。本文以案例研究、行动研究为主要研究方式，将访谈作为辅助研究方式开展课题研究，达到有效整合教研室、师训办、科研室三部门的职能力量。

【阅读关键词】教师研训；教师专业发展

一、 问题的提出

《国家教育事业发展"十三五"规划》指出："全面推动教师教育改革创新，着力提高教师培养质量。"燕山地区为全面落实《北京市中长期教育改革和发展规划纲要(2010—2020年)》《首都中长期人才发展规划纲要(2010—2020年)》的精神，加强教师队伍建设，促进教师队伍的内涵发展，造就一支师德高尚、结构优化、业务精湛的高素质、专业化的教师队伍，确保燕山地区"十三五"时期教师培训工作的顺利实施，根据《中共北京市委教育工作委员会 北京市教育委员会关于"十三五"时期中小学干部教师培训工作的意见》及《燕山地区教育"十三五"规划》提出了燕山地区教师专业发展的总体目标。即教师继续教育以促进教师的专业发展为核心目标，到2020年，以学历教育和非学历培训的实施效果为标准，使燕山地区教师在专业精神、专业知识、专业能力、专业智慧和工作绩效等方面得到显著变化。

燕山教育在九年一贯、五四分段(小学 5 年和初中 4 年)、对口直升、绿色衔接的发展模式引领下，形成了优质、均衡的教育格局，实现了地区教育的飞跃式发展。"办人民满意的优质教育"的办学目标是燕山教育委员会不懈的追求，而目标的实现需要一支高素质的教师队伍。教师队伍的发展、教师培训机构的建设举足轻重。燕山教研中心充分发挥教学研究、教学指导、服务教师的功能，不断改进燕山教研中心教师培训研究的工作。根据《北京市教育委员会关于进一步加强区县教师培训机构建设的意见》的要求，燕山教研中心深化培训机制，开拓培训主渠道。以教研中心为教师培训基地，构建以市级培训为引领、地区培训为主体、校本培训为补充的立体培训模式，为地区教师提供了立体式、多元化、全覆盖的培训服务，在教师培训的研究工作中取得了一定的研究成果。

就燕山地区的整体情况而言，燕山的专职教师有 1000 余人，存在一人教授两个学科的情况。面对教学任务重、教非所学现象多的现状，如果分教研、科研、培训三个部门组织开展工作就会产生如下现象：一是教师的精力有限，不能按时保质参加所有活动；二是教师的需求不同，通识性培训无法及时解决教育教学中的现实问题；三是培训内容会出现重复现象，不能成体系。针对问题，我们通过调研的形式征求教师的意见，了解教师的需求。大家普遍认为：如果能结合个人教育教学中存在的问题从培训中补知识、教研中提能力、科研中寻策略就会更有针对性和指导性。

为了燕山地区教师的再发展，我们依据教师专业发展的需求，针对燕山教研中心主要职能部门的设置(师训办公室、教科研办公室、中学教研室、小学教研室、学前教研室)以及在职教师身兼数职的人员结构(每位教师都是师训教师、教育科学研究员、学科教研员)的现状，提出了"一体三位"研训模式，以此促进燕山地区教师专业发展的研究。本文的研究旨在在有效整合教研室、师训办、科研室三部门职能力量的基础上，抓住课堂这一轴心，围绕有效促进教师专业发展的这一工作目标，要求每位教研员聚焦一个研训主题，通过科研课题引领抓教育研究理论水平建设、通过教研指导抓课堂教学过程质量、通过教师培训抓教师执教能力提升这三条路径，推动教研中心整体工作的高效、高位、高质量运行，助力教师的专业化成长，为地区教育的高位、快速发展提供服务与保障。

二、 文献综述及概念的界定

"教师专业发展"，就是教师专业素养的丰富和提升。大连市教育科学研究所王卓、杨建云在《教师专业素质内涵新诠释》中对教师专业素养的内涵的研究做了概括，认为教师专业素质的结构一般可分为教育专业知识、教育专业能力和教育专业精神。① 按照经济合作与发展组织对教师专业的定义，研究型教师专业发展的内涵体系包括三方面：一是知识，包括通用知识、学科知识、教育科学知识和研究知识；二是能力，包括通用能力、学科能力、课程与教学能力、心理辅导能力、组织能力和研究能力；三是专业精神，主要是以价值观为核心的专业精神。

概括起来，教师的专业素养主要包括专业知识、专业能力和专业精神三个方面。专业知识主要包括学科知识、教育理论知识和教育教学实践知识；专业能力主要包括思维与表达等基本能力、教育教学能力、教育科研能力；专业精神主要包括教育的信念、态度和职业道德。专业知识是教师专业发展的基础，专业能力是教师专业发展的核心，专业精神是教师专业发展的动力。

三、 研究目的与意义

教师的专业化发展是教师队伍建设的核心内容，对于学校的教育教学工作起到决定性的作用。只有教师得到发展，学生、学校乃至教育才能得到最终的发展。教师专业发展要求教师不仅是学习者，还要成为研究者。这也是时代赋予教师的角色，也是教师这个职业的特性所决定的。燕山教研中心提出的"一体三位"研训模式旨在探索该研训模式促进燕山地区教师专业发展的方式和途径，以及该研训模式在燕山地区教师培训

---

① 王卓、杨建云：《教师专业素质内涵新诠释》，载《教育科学》，2004(5)。

工作中的适切性，明确其在教师专业发展中的作用。尤其是该研训模式对于教师专业理论水平和专业技能的提高，以及专业自我的形成等方面的作用。

四、 研究过程与方法

本文运用文献研究法对"一体三位""教师专业发展"的内涵做进一步的深化研究，最终确定核心概念。

本文采用案例研究法，通过对大量"'一体三位'研训模式促燕山地区教师专业发展"的典型案例的分析，归纳总结出"一体三位"研训模式与教师专业发展之间的关系。同时，为了对相关问题进行深入细致的探究，收集典型案例，辅以访谈法，对培训教师和受训教师做进一步的访谈，选取部分培训者骨干，重点剖析他们的专业发展经历在"一体三位"研训模式中所发挥的作用；分析不同的研训活动是如何发挥作用的以及发挥了什么作用；了解案例背后更深层的意义。

本文运用行动研究法，探寻师训、科研、教研三个职能部门的有效操作程序，结合多种研究方法与技术，研究"一体三位"研训模式促进教师专业发展的途径和方法，实现课题研究的初衷。

五、 "一体三位"研训模式的构建

"一体三位"中的"一体"，本意指关系密切或协调一致，犹如一个整体，或指全体。在本文中，"一体"指课题研究负责单位燕山教研中心这个由不同职能部门以及各部门教师个体构成的整体。"三位"包含着两层含义：一是指燕山教研中心的师训办、教研室、科研室三个主要职能部门所承担的教师培训、教育教学科学研究、教学研究指导等工作职能；二是指各部门教师个体身兼三重身份，既是师训教师，又是教育科学研究员，还是学科教研员。

"一体三位"研训模式是燕山教研中心这一整体围绕新课程改革、考试制度改革、教育科研课题引领、教师职业发展、综合实践课程实施、三级课程体系建设等教育深化改革工作，实现绿色教师培训观。从师训、教研、科研三个维度出发，依托"一体三位"研训模式，在学科教研实践中开展主题化教研活动，从中发现问题；通过教育科学研究对发现的问题进行专业化的科学分析，聚焦重点问题；师训工作依据前期的研究分析明确培训目的，针对教师亟须解决的重点问题，开展具有实效性的师训活动，使教师培训更具指向性，为教师解决真正的问题。"教研的专题化、研训的一体化、培训的课程化、科研的专业化"的研究，以教师的专业发展现状为起点，以教师的专业化成长为落脚点，更有利于燕山地区教师的专业化成长。以上分析，如图 4-17 所示。

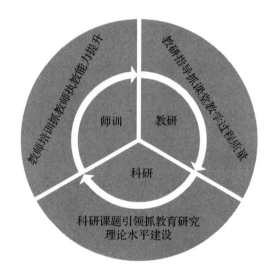

图 4-17　"一体三位"研训模式示意图

六、　"一体三位"研训模式的效果

（一）建立培训者队伍的培养机制，提升培训者的专业化水平

"一体三位"研训模式下的研训活动开展离不开一支高素质的、具有专业化水平的培训者队伍。培训者的专业化是促进地区教师培训专业化的前提，是提升教师培训水平的重要保障。多次的调研也反映出培训者自身专业发展的强烈需求。加大培训者培训的力度，切实拓宽培训者的

视野，提升培训者的整体素质；同时培训者队伍建设也是课题研究工作开展的基础。

1. 利用"专家引领＋内部同伴合作研修"的方式，助推培训者的专业化发展

为了深入推进燕山地区的教师培训工作，创新教师培训，打破教研、科研和培训的壁垒，整体推进，协同发展，构建全程的衔接体系，形成地区的教师培训特色。2017 年，依托北京教育学院、北京师范大学、北京教育科学研究院等部门，我们针对区级培训者和校级培训者两个层面开展专题化和系列化的培训工作。在前期调研的基础上，利用外请专家引领和内部同伴合作研修的方式，聚焦于教师培训需求分析、培训课程开发和培训活动实施上，借此分析培训者应具备的能力，提升培训者本身的专业素质并促进其专业发展。

以"专业化"为核心词，以"推进教研转型，促进质量提升"为目标的培训分阶段开展，精心设计培训内容。阶段一是聘请海淀区教育委员会副主任、海淀区教师进修学校校长罗滨开展"通过教研创新专业的服务教育质量"讲座活动；教研中心赴清华大学附属小学参加"影子班"学习归来的教师分享学习历程、研究策略。专家的引领、同伴的交流、"理论学习＋研究反思＋实践感悟"的讲述内容让教研员更加明确了自己的责任，更加坚定了教研转型的决心，也更加明确了转型的思路："提升专业素养，提供专业服务"。阶段二是开展"打通学段界限，打破学科壁垒"的主题研讨活动。全体教研员在考虑学段衔接、学科融合等因素的基础上分六个研究团队进行研讨。六个研究团队的代表紧紧围绕主题，结合研讨内容进行汇报交流。研究专题的确定、研究内容的选取、课堂观察量表的研制、成员分工的明确……都为下一步的专业化指导打下了坚实的基础。

2. 开展系列主题式研修活动，提升培训者的专业化水平

燕山教研中心所有的教研、科研、师训部门的教师和地区学校的骨干培训者，先后走进华中师范大学、陕西师范大学等高校参加封闭培训。通过系列主题式培训，培训者对自身的角色定位和在教育教学中的职责有了清晰的认识，进一步明确了培训者应具备的专业素养和能力，确立了自身专业发展的目标。同时培训者对于如何科学地进行教师培训需求调研与分析、如何进行专题课程开发、如何有效地实施教师培训有了深入的理解与感悟。同时，在培训的基础上更加重视培训后行动计划的落实，要求培训者结合自己的学习内容，根据实际工作制订"1－2－3"的行动计划。"1"是一个近期可以改变的行动，"2"是工作中面临的两个主要问题(困惑)，"3"是解决问题需要的三条主要途径。力争利用培训后行动计划，促进教师把培训内容向行为转化。这样具有针对性、实用性的培训打造了具有学习力、研究力、指导力和服务力的燕山地区培训者队伍，使每一位培训者在各自原有的视野和思想的基础上得到了更大的扩展和提升。

多种形式的培训，不仅提升了教研员解读教材、指导教学、把控质量等方面的教研指导能力，还丰富了教研员组织教学研究的形式，提升了带领团队开展小课题研究的能力，促使教研员完成了从单一的教研员向培训指导者、课题研究者的角色转变，使教研员工作的关注点从教学指导向教师培养转变，引领教师的专业化成长。

（二）分层分类开展"一体三位"模式下的"主题式"研修活动，提升教师的专业素养

1. 有序推进"主题式"研修，促进教师的专业化发展

"主题式"研修是以解决教师培训过程中所面对的突出的、具体的问题为出发点，强调教师在日常工作中保持一种研究的状态，达到教研质量、教学质量和效果的提升的目标的一种研修活动。"主题式"研修提倡理论结合实践、专家引领、共同参与等原则，同时具有目的性、持续性、研究性、螺旋上升性等特点。

在以"一体三位"研训模式为指导思想的地区教师培训过程中，教研员基于学科教师的专业发展状况和需求，以"主题式"研修为抓手推行"主题、专题、课题"三结合的学科教研和教师培训，要求每位教师确定一个主题，并根据主题从课堂研究、培训支持、课题助力三个维度整体制订一个学期的研训方案，按进度进行推进，追求教师培训工作课程化、学

科教师培训专题化、教研活动精品化，达到教师培训和教研活动的双质量提升。在"主题式"研修活动开展的过程中，教研形式和内容都有不同的转变，提升了教研、师训、科研的工作实效。

2. 开展梯队型教师团队建设，助推教师的专业成长

对于教师专业素养的提升，教学培训活动设计应该做到重点突出，分层递进。一种切实有效的研修途径就是加强教师梯队建设。教师梯队的划分和培养是教师梯队建设的关键。为此，我们打破以往骨干教师与非骨干教师和老、中、青教师划分的梯队建设方式，成立了跨学段、跨学科的研修团队。为解决学段割裂、学科孤立、衔接不畅等问题，我们拟订了教师学段贯通式、学科融通式培养计划，开展"跨越学段界限，打破学科壁垒"的主题式研修培训工作。

具体的团队建设方式为：中小学艺术类学科为一个团队；初中化学与小学科学学科为一个团队；中小学道德与法治和初中历史学科为一个团队；中小学英语学科为一个团队；中小学数学学科为一个团队；中小学语文学科为一个团队。团队组建方式如图 4-18 所示。

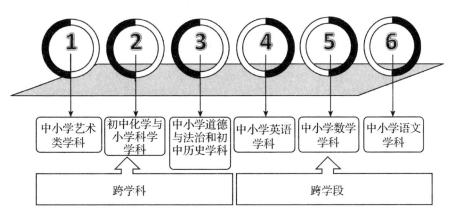

图 4-18　梯队型教师团队建设分组图

各学科团队分别依据研修计划、研修内容进行实验推进。比如，为进一步深化学科课程改革，道德与法治学科教研员引导地区学科教师学习新课程理念，切实转变学科教学观念，不断地探索适合学情的课程教学的新途径和方法，实现不同层次学科教师执教能力的不同程度的提高，实现教师专业化发展的终极目标。研修培训经历了"分组专题备课、学科组共同研究、一对一细化磨课、教学实践反思、一对一针对培训、展示交流"六个阶段。整个研修过程有理论的学习、专业知识的补充、教学实践的观摩、自我的反思与感悟、教学设计及说课稿的撰写……新任期、成长期、成熟期三个组别的后期展示交流活动在专项量化表的支撑下开展。在能力展示过程中，参与指导和点评的领导及教研员来自不同领域及学科，有教研中心小学教研室主任、教科研室主任、语文学科教研员、学前教研室教研员、市级学科骨干教师等。多个部门不同领域的专家指导，为梯队型教师团队建设搭建了坚实的基础，充分体现了"一体三位"研修模式的优势所在。

综观整个研修过程，实现了新任期的教师能上课、能撰写合格的教案、能流畅地进行说课；发展期的教师可以做到深入解读和诠释学科教学；成熟期的教师实现质的飞跃，更好地完成个性化教学实践的研修目标。同时，探索出了梯队型教师团队建设的有效路径。

3. 开展小行动研究，助推教师的专业成长

在日常教育教学中，大部分一线教师的工作更多地关注教学实践，缺少理论的学习与研究；教学研究工作者，经常是埋首于"科学思想"的追求，工作的重心是对理论的发展的创新。两类工作群体长期处于分离状态，势必阻碍专业发展。我们提倡的是教育教学研究工作者能够走进课堂，依据教学实践开展研究工作；一线的教师能成为富有研究精神、反思精神的新型教师。实践证明，小行动研究的研修方式可以很好地解决以上的问题。我们通过小行动研究，可以提高教师的教学实践水平；通过小行动研究，使教师不断改进教学实践，又不断提高对教学实践情境的理解水平。

经过与北京教育学院多方的沟通协调，燕山地区与北京教育学院人文学院合作开展"整本书阅读教学提升"培训项目。培训目的是提升燕山地区语文教师的整本书阅读教学水平及阅读实践活动的指导、组织能力。为使培训工作扎实有效地落实到实际教学工作中，在学员已经聆听基本理念的通识讲座、参加整本书阅读教学实践的观摩、对整本书阅读教学有了不同深度的思考后，我们提出了开展"小行动研究"活动的要求。学员在后续的培训中组建研修团队，以行动研究的方式在学校内开展整本书阅读实践活动。小行动研究活动分以下四个步骤进行。

（1）划分阅读范围，初识书册

各校受训教师组成本校研修团队开展年级、班级的整本书阅读活动，确定适合本校学情的整本书阅读活动的书册。教师通过开展导读课、书册展、预告片、海报、推介等教与学的活动，带领学生初识书册，培养兴趣与习惯。

（2）确定阅读目标，自主通读

研修团队教师依据文本，针对学情确定书册的阅读目标，通过开展自读课＋读书笔记、通读学程、百题竞赛等教学活动，让学生学习读书方法，加强对读书效果的监控。

（3）设计阅读任务，交流研讨

研修团队教师在师生共读整本书的过程中，设计相应的阅读任务，开展讨论课、论坛、重点突破课、读书交流会等多形式的、有趣味的阅读活动。学生在讨论与交流的过程中，提升阅读品质，培养语文核心素养。

（4）提供助读资源，统整输出

研修团队教师在师生共读整本书的过程中，适时地、有效地为学生提供阅读资源。教师通过开展写作课、开展诗歌朗诵会、表演多幕剧、制作腰封、撰写学术小论文、制作推广海报等活动，提升学生的阅读鉴赏水平，训练审辨思维，达到语言表达能力、阅读理解能力的提升。

各校研修团队完成一学期四个阶段的整本书阅读活动后，递交教学研究成果。研究成果包括本校研修团队的整本书阅读实践活动计划书、过程性记录、效果评价、活动反思以及整本书阅读教学录像课（包括教学设计文字稿、教学课件、教学录像）。

"一体三位"研训模式中探索出的围绕研修主题开展小行动研究的培训方式，让教师在真实的教育实践过程中，依照学习活动的操作程序，运用适合的研究方法，有的放矢地解决教学实践中的实际问题，不仅提高了地区内整本书阅读教学的质量，更增强了教师的研究意识，提升了教师的教学实践和研究能力，使培训真正有实效，使教师的专业水平得到切实的提升。

4. 开展"三小式"主题研修活动，助推教师的专业成长

教研中心师训办公室围绕"一体三位"研训模式下的主题研修进行了多次培训和交流，使教研员明确了以问题为导向的研训思路，实现了按要求到需求的转变。各学科教师根据自身的特点和主要研究的问题制订研修计划和方案。在大胆创新、实践研究的过程中，又经过多次的交流研讨，教研员们形成共识，初步研究出"三小式"主题研修方式：以小问题、小案例、小策略来构建幸福生态的教育教学活动。针对教育教学中出现的小现象，他们发现小问题，确定研究的主题。在研修活动中，以研发小策略、解决小问题、汇集小案例、积累小经验为导向，遵照步子小、起点低、节奏快、时效高的原则，开展多维循环的"三小式"主题研修活动。

科学学科：开展以校内与校外科学教育相融合的活动，促进师生的共同发展；开展打破学段壁垒的科学类学科贯通式联合教研活动；开展基于 STEM 教育理念的小学科学课堂的教学研讨活动。

美术学科：以小学、初中和高中一体研修为主，开展专业技术培训，集体参观画展；参与北京市市级课题研究；创建骨干教师献课引领青年教师专业成长的舞台。

道德与法治学科：结合师生存在的主要问题实施分层专项研修；结合课堂师生行为的主要问题推进促使师生教育行为量化的校本小专题研修。

英语学科：开展小学英语主题式教学研究探索；基于课内外阅读教学研究，开展提升中高年级学生的阅读素养的小学英语口语测评；以"培训—校本教研—展示交流"为研修模式开展专题活动。

数学学科：主要以市区课题为引领，加强网络研修，开展微展示、微讲座、微课题、微课、微反思等微系列活动。

七、 研究的讨论与总结

经过为期两年的实践和探索，"一体三位"研训模式被证明是一种有效的培训体系。它实行任务驱动和目标管理，以更新教师的教育观念、增长教师的专业知识、提高教师的教学技能和提升教师的科研意识与能力为重点，并注意理论与实践相结合、专家引领与地区培训者(学科教研员)相结合。在培训过程中，我们进一步研究深化教研、科研、师训的"一体三位"研训模式，规范培训管理，实施分层分类培训。坚持"强师为先，尚德重能，统筹协调，开放创新，专业引领，突出实效"的工作原则，全面完成了课题研究确定的重点任务，提升了燕山的教育品质，有效地促进了燕山地区中小学教师的专业发展。

第一，在大胆创新、实践研究的过程中，"一体三位"研训模式下的主题式培训改变了以往的教研方式。研训过程中理论与实践的结合、各级专家在各个研训环节的有效引领、全体教师共同参与过程中的合作研究等，切实有效地推动了教研方式的变革。

第二，在研究探索的过程中，总结了更有实效的、促进不同阶段教师更好发展的多种研训方式：梯队型团队共进式、小行动研究式、三小式、互动参与式、实践体验式、浸入式、混合式……这样使得培训活动突出了目的性、计划性和针对性，使教学研究更具实际意义，不仅促进了教师个人素养的提升，更有利于地区内各校资源的共享与互补。

第三，"一体三位"研训模式引领下的研训活动，促进了地区教师教育科学研究能力的提升。教研员积极参与主持课题研究，培养教师的科研意识和能力。"十三五"启动以来，在围绕新课程改革开展的课题研究中，燕山地区有64项地区级课题立项，有70项市级课题(教育学会、规划办课题)立项。

第四，集科研引领、方法指导、教学诊断、实践支撑为一体的培训活动，充分满足了教师课堂教学操作层面的紧迫需求，提高了培训的针对性、实效性，实现了一线教师所迫切希望的教学、培训、研究一体化的愿望，收到了"1+1+1＞3"的培训效果。

教师专业能力和素养的发展是一个漫长而艰巨的过程，它需要随着时代的发展而不断发展，除了需要培训者不断为之努力外，更需要一线教师不断的反思和践行。接下来的研究工作，要在总结前面的经验和不

足的基础上，深入开展学科主题教研工作的研究，在主题教学研究的"实证化""课程化""团队化"和"层次化"上下功夫。

　　专家评语：该文从燕山地区教师专业发展的实际需求出发，针对教研中心主要职能部门的设置，以及在职教研员身兼数职的人员结构现状，构建了"一体三位"研训工作模式。该文对相关工作模式进行了较好的梳理，提出了很多切实有效的策略和方法，并在实践中应用相关模式和方法，取得了较好的效果。该文立足于具体的教育情境和实践，问题意识较强。"一体三位"研训模式为地区教师的专业化成长和教育的高位快速发展提供了一定的借鉴。

点评专家：北京师范大学教育学部 马宁副教授

第五章　教师培训的路径之三
——多种类策略保障

中华优秀传统茶文化促进师德建设

北京市东城区少年宫　霍艳平　郭璐璐

中国人民解放军空军后勤部蓝天幼儿园　薛小丽

北京市东城区教师研修中心　束旭　张芮

北京市东直门中学附属雍和宫小学　李美玲

北京市第一六五中学　王莉丽

【阅读摘要】为了全面贯彻落实《教育部关于进一步加强和改进师德建设的意见》，着力推进师德建设，进一步增强广大教师的使命感、责任感和教书育人、为人师表的自觉性，造就高素质的教师队伍，不断提高教育教学质量，本文以中华优秀传统茶文化对师德的影响为切入点，探索中华优秀传统茶文化与师德建设的关系、促进师德建设的具体途径与方法，总结出阶段成果及对未来的思考。

【阅读关键词】师德；茶文化；教师培训

教师是人类灵魂的工程师，是青少年学生成长的引路人。教师的思想政治素质和职业道德水平直接关系到大中小学的德育工作状况和亿万青少年的健康成长，关系到国家的前途命运和民族的未来。为了确保社会主义教育事业发展，实现中华民族伟大复兴，进一步落实科教兴国、人才强国战略，我们要充分认识新时期加强和改进师德建设的重要意义。

一、 问题的提出

党的十八大报告明确指出，把"立德树人"作为教育的根本任务。要实现这一任务，教师是关键。所有的教育政策方针的贯彻落实，教师是重要载体。教育大计，教师为本，而教师的立身之本就是师德。教师培养的首要任务是要"立师德、铸师魂"。教师要具备较高素养、高尚品德，才能以身作则，言传身教于学生。高度重视教师培训工作，以五年为周期，科学规划教师培训工作，是国家加强教师队伍建设的重要手段。在教师培训的过程中，培训内容的选择与实施对教师的成长起到关键作用，直接影响到教师的自身素质和教学水平。师德方面的培训更是重中之重。由于意识形态方面的情况呈现不够清晰，不容易量化，因此师德方面的培训形式、内容、方法值得进一步研究。

中华优秀传统文化是中华民族的宝贵财富，为中华民族的发展提供了强大的精神力量。党的十八大、十九大以来，习近平同志关于中华优秀传统文化的一系列重要讲话，把对中华优秀传统文化的认识推向一个新的历史阶段。他在讲话中指出：讲清楚中华文化积淀着中华民族最深沉的精神追求，是中华民族生生不息、发展壮大的丰厚滋养；讲清楚中华优秀传统文化是中华民族的突出优势，是我们最深厚的文化软实力。

为贯彻落实新一届中央领导集体的讲话精神，教育部研究制定了《完善中华优秀传统文化教育指导纲要》，对加强青少年学生的中华优秀传统文化教育进行了整体规划、分层设计，明确了系统推进中华优秀传统文化的要求和实施步骤。该纲要还提出了加强中华优秀传统文化教育所面临的挑战：对中华优秀传统文化教育重要性的认识有待进一步提高；教育内容的系统性、整体性还明显不足；重知识讲授、轻精神内涵阐释的现象还比较普遍；课程和教材体系有待完善；教师队伍的整体素质有待提升；全社会共同参与的教育合力有待加强等。面对种种挑战，思考如何提升教师的整体素质，如何在青少年中传承中华优秀传统文化，是具有重要的历史意义和教育意义的。

二、 中华优秀传统茶文化与师德建设

（一）中华优秀传统茶文化的内涵

茶文化是人类在社会历史发展过程中所创造的有关茶的物质财富和精神财富的总和。它以物质为载体，反映出明确的精神内容，是物质文明与精神文明高度和谐统一的产物。[①] 茶文化不仅是中华优秀传统文化的一张名片，也是中华优秀传统文化推广和传播的重要内容。我国是茶的故乡，也是茶文化的发源地。茶文化的具体内容包括茶的发现、茶的历史、茶的生产、茶与风土人情、饮茶艺术、茶礼仪式、文学艺术、科技成果等方面。茶文化，不仅是以茶为核心建立起来的一套温和的生活形态与日常的生活方式，同时也是一种崇尚道德、以自身丰富的内涵传递与表达中华优秀传统文化之大美的有机载体。就教育而言，茶文化是传播美的教育，是表达情感的教育，更是启发探索精神的教育。

（二）茶文化与美育的关系

茶文化是美育的重要载体。青少年茶文化美育是指以青少年为教育对象，以茶文化为内容的以美育人、促进学生全面发展的教育。青少年茶文化教育通过博大精深的茶文化内容，以"廉、美、和、静"的茶德精神、严谨的科学态度以及中华礼仪文化为指引，在青少年教育中弘扬中华传统美德，塑造美的心灵，培养青少年健康的情感与体魄。

1. 茶之"美的赋予"

茶艺之美，通过实践展示，通过感悟创造。一切都因为茶而变美。行礼、问好、感谢、微笑，举止文雅，谈吐大方，外塑形象，内养爱心，体现了德行美。茶文化教育是让学生形神兼备，从外在的仪容仪表、泡茶的动作表情、语言的亲和力等到内心中对人的尊重、对茶的尊重、对器皿和水的珍惜。美，得之不易，而茶给了我们塑造美的空间。

---

① 陈宗懋：《中国茶叶大辞典》，565～566 页，北京，中国轻工业出版社，2000。

2. 茶之"德的渗透"

茶之所以有魅力，是因为它可以是我们情感的载体。在茶文化教育中，结合节日、深入生活经常组织学生参与茶会，冲泡一杯香茶献给身边的人。这个过程就是培养学生情感的过程，让他们学会感恩，学会付出，学会分享。茶文化学习将探索的翅膀给予了学生。在茶的世界里，要有科学精神，看茶做茶，看茶泡茶；要有艺术修养，诗词歌赋、书法绘画；要有德行修为，廉、美、和、敬。

（三）中华优秀传统茶文化与师德的关系

1. 何为"师德"

师德是教师职业道德的简称，是教师在从事教育工作时所应遵循的行为规范和必要的品德。[①] 师德师风体现着教师的思想觉悟、人生观、价值观，表现在教师的工作态度和人生追求方面。教师职业的特殊性就在于教师的思想、行为是直接影响青少年成长的。因此，为人师表，行为世范，教师职业的特殊性对教师本人有了更高的德行要求。

2. 中华优秀传统文化中蕴含的"师德"

中华优秀传统文化蕴含着丰厚的民族精神、道德理念和许多值得借鉴的教育思想，深深地影响着教师的价值观、育人观及个人的言行举止、礼仪修养。"天下兴亡，匹夫有责"的爱国理念，"以和为贵，和而不同"的处世哲学，"天人合一，道法自然"的生命境界，"革故鼎新，与时俱进"的改革精神，"己所不欲，勿施于人"的道德规范，"天行健，君子以自强不息"的奋进精神，"言必信，行必果"的行为规范，"正心诚意，修齐治平"的心性修养等都是教师应有的品德修为。只有师德水平的不断提高，教师才能给予学生充分的指导和帮助。

3. 以中华优秀传统茶文化为切入点探索师德培养

我们以中华优秀传统文化教育为切入点，以"中华茶文化"课程师资培训为例，进行师德建设研究，探索中华优秀传统文化教育对师德建设

---

① 杨炎轩：《基于教育教学活动的教师道德成长》，载《中国教育学刊》，2013(3)。

的积极影响。解决师德建设重于形式、难以形成内驱力的难题。进一步挖掘中华优秀传统文化的育人内容，探索中华优秀传统文化教育对师德素养提升的基本途径、方法。我们聚焦茶文化教师培训工作的开展，希望探索以中华优秀传统文化为内容的师训过程是如何提升师德水平的。教师通过学习茶文化课程，感受优秀的传统知识文化，也在茶文化的潜移默化中受到熏陶，不断提升自身的师德修养。

三、 中华优秀传统茶文化促进师德建设的内容、 途径与方法

（一）中华优秀传统文化促进师德建设的内容选择

中华优秀传统文化是中华民族的瑰宝，中华优秀传统文化中蕴含的美德是中华民族的重要精神体现。以中华优秀传统文化滋养师德、提高教师立德树人的能力，具有不可替代的作用。中华民族5000多年悠久文明浩瀚多姿，对于如何更好地将中华优秀传统文化转化成教育资源，应遵循以下原则。

1. 思想性

中华优秀传统文化中包含丰富的哲学思想。教师培训内容的选择要符合国家的大政方针，要聚焦教育目标，立德树人，选择公正、向上的思想内容为核心。正如茶文化所提出："廉俭育德、美真康乐、和诚处世、敬爱为人"；再如《茶经》中所谈到的："茶之为饮，最宜精行俭德之人。"这些都是茶文化中优秀的思想精华。因此，在中华优秀传统文化内容的选择上要精挑细选，内容要符合社会的发展需求，体现时代精神，更能够引导人追求高尚的情操。

2. 实践性

中华优秀传统文化不是停留在纸上的文字，而是要融入现代人的生活。在学习资源内容的生成方面，要有实践内容，把知识、文化、技能统筹运用，结合日常生活进行课程内容设计。茶文化是综合文化的载体，从茶的品鉴、茶事活动、茶礼习俗等多方面都有着丰富的实践内容，这也是教师、学生喜爱茶文化学习的原因之一。以往的教育实践证明，文

化不能空谈，而是在实践体验中感受，继而引发内心的领悟。

3. 开放性

中华优秀传统文化作为教育资源要具有开放性。教师要推动中华优秀传统文化的创新性发展，要在继承的基础上不断发展、创新。教育中要秉承开放的胸怀，不因循守旧，中华优秀传统文化与时代接轨"活"起来。中华优秀传统文化与多学科、多种文化相结合，会增加其趣味性、科学性。在中国茶文化课程中，茶的创意板块是最受欢迎的教学内容。教师在学习过程中会发现悠久古老的中国茶在新的时代引领时尚、健康的新生活，生机勃勃，活力四射。

（二）中华优秀传统茶文化促进师德建设的途径与方法

我们对中华优秀传统茶文化促进师德建设课题进行了两年的研究实践，现就研究的过程进行梳理总结，提炼出中华优秀传统茶文化促进师德建设的相应途径和方法，以利于其他项目借鉴。

中华优秀传统茶文化促进师德建设的基本理念为"共学共享"。在茶文化教师培训过程中，我们倡导共创性学习，倡导教师共同学习，共同分享。教师团队形成研究性学习组织，开展教育研究、教学实践，取得了良好的效果。

中华优秀传统茶文化促进师德建设的基本形式为：三级培训体系—课程开发研究—校园教育实践—学生成果交流，如图 5-1 所示。

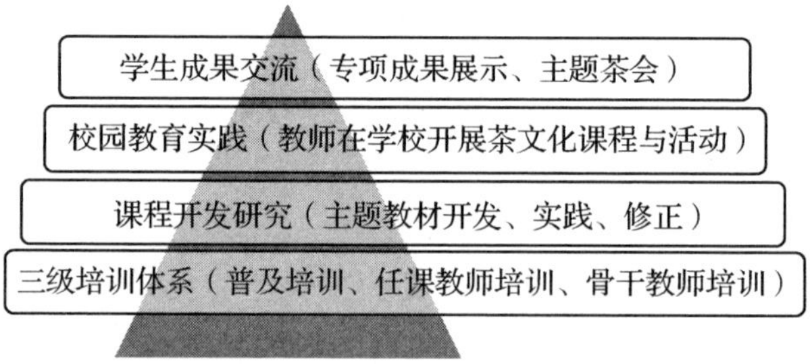

学生成果交流（专项成果展示、主题茶会）

校园教育实践（教师在学校开展茶文化课程与活动）

课程开发研究（主题教材开发、实践、修正）

三级培训体系（普及培训、任课教师培训、骨干教师培训）

图 5-1　中华优秀传统茶文化促进师德建设的基本形式

1. 三级培训体系

第一是面向全体教师开展中华茶文化培训。我们面向北京市东城区全学科教师开展基础培训，通过区级教师培训平台进行中华茶文化普及教育。教师基础培训这一重要环节，扩大了中华优秀传统文化教育的广度，让更多的教师有机会得到茶文化的熏陶。因此，教师在校内开展教育，将茶文化的精神传递给更多的学生。此外，各学科教师的参与，促进中华优秀传统茶文化与各学科的融合创新。比如，面向东城区各学科教师开设了两期的"一带一路茶文化"课程，参加培训的教师在学习的过程中结合自己不同的学科背景，开展小组共创性学习，产生了各个主题的学习成果。这些成果经过转化，提炼精华，形成体系，生成供学生广泛使用的教学资源。

第二是面向授课教师开展专业培训。我们结合青少年茶文化课程的特色，面向在学校承担茶文化课程的教师开展专业培训。以专业教研的方式提供丰富的教学支持，不仅有相应的教研活动，还提供教学资源包，在教育思想引领和教学资源支持方面服务授课教师。在培训中注重师德建设的专项活动与系统课程的应用培训，形成了积极向上的教师群体，提升了教师团队整体的教育教学水平。实践证明，只有自我反思、同伴互助、专家引领等以互助合作为中心的教研方式才是有利于教师积极道德关系建构和促进教师道德成长的教学方式。①

第三是凝聚骨干教师团队，提高核心成员的业务水平。带领教师到高校开展高端专业进修活动。集体高端学习有助于团队凝聚力的形成，有助于团队业务水平的提升。特别是本次学习，内容丰富、名师众多，不仅让教师拓宽眼界，广交良师，更让教师在茶专业发展上有了更大的空间。高校教师的博学与专业钻研精神不断激励着教师努力向上。教师通过学习获得了浙江大学茶学的研修证书，为自己的专业发展奠定了坚实的基础。

---

① 陈慧娟、李凌艳、田俊：《以学校教育教学自我诊断促进教师自主发展》，载《教育科学》，2017(2)。

2. 课程开发研究

第二层级是课程开发研究。教师参与培训，边学习边开发课程，梳理各主题的教学资源。教师通过这一过程把中华优秀传统文化融入生活这一基本理念融入课程设计。在发挥中华优秀传统文化德育优势的时候不空谈，而是把它变成生活方式，形成体验式课程，影响教师，从而将这种教育理念渗透到培养学生的过程中。通过任务引领、教育科学研究的方式，教师在具体目标的指引下实现学习有目标、研究有组织、学习有动力、培训有成果。例如，我们开发的"北京的味道——四季茶香"主题课程，就是在具体目标的指引下，让教师形成项目团队，开展有目标、有组织、有学习、有实践、有成果的研究过程，并在这一过程中，充分发挥导师的优势，促进项目团队的建设。课程开发过程中的共同学习与帮助，极有力地促进了教师的发展，增进了教师之间的交流与友谊。

3. 校园教育实践

以上两个方面是教育的后台准备，而真正的面向学生的教育过程实施是第三层级。校园教育实践是检验教师培训成果的阵地，高水平、高素质的教师也在教育实践中方能得以体现。因此，教师的培训者不仅前期培训教师，还要走进教师的日常教学，通过听课等方式进行过程性支持。培训者指导教师进行日常教学的过程非常重要。在一次听课指导后，授课教师向培训者发来短信，由衷地表达了内心的感动："今天上完课，我又有了一种感动，其实学生每次都带给我不同的感受。我们的感情越来越好，学生学得也越来越认真……每次都从您身上看到一种力量，我不是特别会表达，但是您在学茶做人做事上真是给了我很大的感动，谢谢您。"这些感想是培训教师和培训学员深入互动的结果。因此，在培训过程中，培训者一定要与教师有更深层次的互动。

4. 学生成果交流

除了第三层级的校园教育实践外，各位教师的教学成果交流即学生学习成果交流也是必不可少的一个重要环节。成果交流既是平台，展示风采，又是学生为主体的评价与自我认可的过程，是文化自信融入学生内心的过程。这一过程也会更加激发教师的教育情怀，进一步提升师德修养。首先，我们在两年间组织了北京市茶文化创新大赛，让学生在茶故事、茶画、茶艺等六个方面进行展示交流，实现多学科的充分融合。教师也各展其能，各美其美，美美与共。其次，我们还组织了一场国际青少年友谊茶会、一场 18 所学校参加的首届青少年斗茶大赛。我们在各种形式的茶文化交流中为学生和教师搭台，使得中华优秀传统文化成为学生生活方式的一种催化剂。因为只有充分的生活实践，才能充分展示学生的学习成果。学习成果在生活中的广泛应用是我们普及中华优秀传统文化的重要目的。教师也在学生成长中得到职业的幸福感，从而不断提升自身的精神动力。

四、 中华优秀传统茶文化促进师德建设的成果

（一）开展师德建设调研

为了深入了解教师参加中华优秀传统文化培训前后师德方面的变化，在培训活动前后，对参加课程培训的教师进行了相关调研。主要关注教师参与中华优秀传统茶文化课程后的变化及收获，结果如下。

1. 参与人员的情况分析

参与本次后测调查问卷的有 76 人，有效问卷共 76 份。在参与此次调查活动的教师中，东城区的教师占 98.68％。其中女教师相对较多，茶文化教师培训中的占 92.11％。通过对调查问卷的数据进行分析后发现，校外教育机构教师占 6.58％；小学教师是主力，占 35.53％；幼儿园教师约占 30.26％；此外初中、高中教师均占有一定比例，数据比例均按四舍五入法处理，如图 5-2 所示。

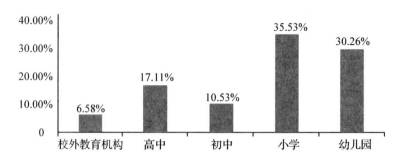

图 5-2　参与后测教师的构成统计分析

教师的教龄情况为：21 年及以上教龄的教师所占比例最多，为65.75％，16～20 年、11～15 年、6～10 年、5 年及以下教龄的均在 10％以下，如表 5-1 所示。

表 5-1　参与后测教师的年龄构成统计分析

教龄	21 年及以上	16～20 年	11～15 年	6～10 年	5 年及以下
比例	65.75％	9.21％	7.89％	7.89％	9.21％

注：表中数据比例之和不是 100％，是由于按四舍五入法处理的。

在参与培训的各位教师中，高级职称的占 36.84％；中级职称教师的占 42.11％；初级职称的占 15.79％；未评聘的 1.32％。参与培训的教师中非茶学专业的占 92.11％，茶学专业的占 7.89％。其中，63.16％的教师在学校承担茶文化课程。

根据调查结果，在参加培训的教师团队中，成熟期的教师为主体，具有丰富的教育教学经验；92.11％的教师没有茶学专业背景，因此茶文化专业培训的需求更多。

2. 对中华优秀传统文化的兴趣、了解的现状调查

各位教师对中华优秀传统文化的兴趣、了解情况如下：在对中华优秀传统文化的总体态度方面，92.11％的教师非常认同，渴望了解；7.89％的教师比较认同，想要了解。在对中华优秀传统文化是否了解方面，5.26％的教师非常了解；73.68％的教师对中华优秀传统文化有一定的了解；21.05％的教师了解的较少。需要说明的是，数据比例之和按四舍五入法处理。

参与调查的教师认为，在当前的时代背景下，弘扬中华优秀传统文化，最应该从中汲取的宝贵财富依次为：历史文化、道德规范、审美情趣、知识技能与哲学思想，如图 5-3 所示。

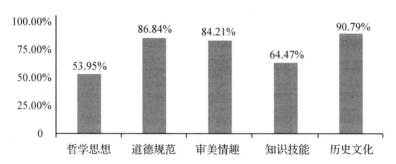

图 5-3 参与后测教师对弘扬中华优秀传统文化的侧重选项分析

教师在工作中都是非常主动地进行中华优秀传统文化的传播。所有的教师一致认为，中华优秀传统文化的学习有助于提升自身的师德水平，特别是在历史文化、道德规范、审美情趣方面有了显著提升，这也是中华优秀传统文化对师德提升的优势。

3. 关于中国茶文化课程学习的调查

关于"教师在各自的教学工作中，在以下哪方面有所提升?"这一问题，首先教师选择尊重传统的比例最高，为 25.00％；其次是热爱祖国，为 14.47％；最后是为人谦逊和一技之长，分别占 11.84％，如图 5-4 所示。这些方面是中华优秀传统文化培训促进师德成长的核心要素。

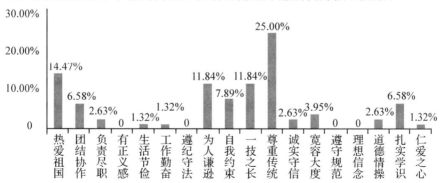

图 5-4 参与后测教师的成长需求选项统计

通过对中华优秀传统文化的学习，教师在各个方面的成长与提升的比例如表 5-2 所示。其中在敬业精神、团结意识、全局观、责任感、审美情趣方面，教师收获最大。

表 5-2　参与后测教师的成长与提升统计分析

程度	哲学思想	道德规范	审美情趣	知识技能	历史文化	教育理念	教育方法	责任感	敬业精神	团结意识	全局观
一颗星	9.21%	2.63%	1.32%	1.32%	1.32%	2.63%	2.63%	1.32%	1.32%	1.32%	1.32%
二颗星	10.53%	7.89%	0	1.32%	1.32%	1.32%	3.95%	6.58%	2.63%	1.32%	2.63%
三颗星	23.68%	6.58%	10.53%	13.16%	11.84%	14.47%	19.74%	9.21%	9.21%	10.53%	9.21%
四颗星	28.95%	18.42%	27.63%	36.84%	42.11%	32.89%	28.95%	17.11%	17.11%	17.11%	21.05%
五颗星	27.63%	64.47%	60.53%	47.37%	43.42%	48.68%	44.74%	65.79%	69.74%	69.74%	65.79%

注：表中数据比例之和不是 100%，是由于按四舍五入法处理的。

本文通过调研数据得出以下结论，无论专业背景和教学经历，教师都认可学习中华优秀传统文化有助于师德素养的提升。在这种积极意识的驱动下，教师能够主动关注相关中华优秀传统文化内容的学习，深入领会中华优秀传统文化的内涵，结合教学实际开展丰富多彩的活动，加深对中华优秀传统文化的感知，塑造正确的人生观、道德理想和人生追求。教师通过传统茶文化培训，更加尊重传统，对中华优秀传统文化非常珍惜。通过共创性学习团队的组建与教育教学实践辅导，教师在敬业精神、团结意识、全局观、责任感、审美情趣方面有很大的收获。总之，传承和弘扬中华优秀传统文化，是树立我们民族文化自信的重要来源。只有充分了解它、学习它，才能提升师德水平，才能更好地培育青少年的美好德行。

（二）师德建设的相关成果

1. 提升教师培训者的德育意识

在教师学习中华优秀传统文化的过程中，德育渗透为第一任务。当对教师进行培训时，业务提升是内容与支持，核心目的是提升教育情怀。因为，专业能力、教学方法可以通过很多方式来学习。而中华优秀传统文化学习则在意识形态方面有自己的独特作用。从调研结果不难看出，教师的期待和最终的收获都会在意识形态上有更多的重视。教师参加中华优秀传统文化培训最期待的内容是审美情趣、历史文化、知识技能，反映出"美"的需求、历史文化的需求以及中华优秀传统文化所特有的技能需求。在学习之后，我们看到教师在历史文化、道德规范、审美情趣方面有了显著提升。其中，道德规范提升到前三位，知识技能的重要性下降到第四位。这说明中华优秀传统文化培训会提升教师的道德规范意识，且通过文化自信让教师更加珍爱自己国家的历史文化。

2. 在培训设计中注重榜样的力量

一方面，培训师资的资质很重要，要由德才兼备、有影响力、正直的教师来担当。另一方面，榜样人物要在培训中发挥引领作用。我们运用了"真人图书馆"的形式，开展"茶人图书馆"活动，请来茶届著名茶人分享其个人成长经历及学术成就。这一活动极大地触动了教师的心灵，激发教师内在的主动性。只有由内而外的自主行为激活，才真正是教师成长的开端。以榜样的力量鼓舞人是师德建设的重要措施。

3. 教师培训促进师德水平、业务水平的提升

教师培训为校内、校外培养了大量的专、兼职茶艺教师，尤其是培养了一大批青年茶艺教师。比如，为中国人民解放军空军后勤部蓝天幼儿园制订了相关茶艺教师培养计划和方案，培养了多位专业茶艺教师，填补了蓝天幼儿园茶艺课程的空白，并且定期对他们进行指导。蓝天幼儿园围绕课程建设，编写了《幼儿园茶艺课程教学案例集》。这些实践成果都是教师成长的坚实的脚印。教师的专业技能得到不断提升，在教学中培养了一批批"小茶人"。所组织的教育活动也得到了很多学生的喜爱，在校内外有一定的影响力。此外，广泛培养了一批茶文化的热爱者，并建立一个庞大的友谊群体，定期围绕"茶文化"开展传统素养能力提升的系列活动。教师、学生围绕"茶义化"，在传承中华优秀传统文化的过程中不断提升自我的能力，得到德行的涵养，教学共长。

4. 青少年茶文化课程建设与教材成果

围绕中华优秀传统茶文化，进行主题课程及教材开发，组织教师撰写学习体会的文章，编辑课程建设与教材研究成果集。教师对开发出的课程资源不断进行实践、修正，使教师培训与实际教学相辅相成，切实提升师德水平和业务能力。我们在23所中小学、幼儿园设立实践学校，在培训教师的同时为各学校提供丰富的教学资源，包括《中国十大名茶》手册和茶样、《一带一路 世界茶香》手册和世界 5 个国家 12 种红茶茶样、《茶香生活》校本课程资源包、《北京的味道》茶手账等学生学习资源。我们通过公开课、中国名茶进校园等学生主题活动为课程质量的提升、教材学材的有效使用、教师互动提升创造空间。

5. 形成茶文化教师培训机制

以"共学共享"为基本理念，以"三级培训体系—课程开发研究—校园教育实践—学生成果交流"为基本形式，形成普及培训、任课教师培训、骨干教师培训为一体的三级培训体系。在普及教育与提高教育相结合中扩大中华优秀传统茶文化教育的覆盖面，并且有针对性地提升骨干教师的专业能力、师德素养等。这种培训体系本身也体现了中华优秀传统文化中的教学理念——"因材施教"。我们将课程开发、教育实践、成果交流融入教师的日常培训和工作，每周都让参加培训的教师提交作业，内容包括学习感想、主题课程内容分享、教学实践交流等，让教师形成了高效的探究共同体。唯有借助"探究共同体"的对话与讨论，才能培育教师的反思精神，提升知识教学的水平。

6. 注重培训活动中的师生互动

在培训活动组织中，充分运用了师生互动理论。鉴于教师培训的现状，且培训内容为中国茶文化这一特点，我们采取了师组互动的形式，将教师分成学习小组，开展共创性学习。[①] 学习组织的创建，凝聚了培训教师的感情，增进了相互之间的了解，提高了学习任务完成的质量。因为都是教师角色，所以小组教师的互动更融洽，也激活了所有参与学习者的自律性与主动性。我们还运用了相互磋商型的互动形式，通过培训中的多元点评、交换意见，不断增加教师的收获。

7. 关注师德水平的评价

在师德水平的评价方面，我们采取了自评和他评的方式。特别是除针对教师自身的调查问卷外，我们还设计了校长访谈内容，使得评价更具权威性。同时我们也关注学生的反馈，进行了学校学生对教学的满意度的调

---

① 钟启泉：《批判性思维：概念界定与教学方略》，载《全球教育展望》，2020(1)。

查。从总体来看，效果很好。这也奠定了茶文化项目蓬勃发展的基础。

在师德水平的评价方面，我们的探索还比较少。评价品德很难，因为有很多隐性的内容。我们尝试通过问卷调查的方式了解教师的思想状况，也得到了一些结果。但不排除这些结果是理性思考的结果，而非自然的状态。因此，这方面的研究还将继续进行。

五、　中华优秀传统茶文化促进师德建设的建议

中华优秀传统文化博大精深。结合实践，我们认为通过加强中华优秀传统文化培训来提升师德是非常有必要的。一方面，这个领域还有很大的空间值得去拓展和挖掘；另一方面，加强这方面的研究和探索，也是同国家弘扬中华优秀传统文化、加强师德培育的指导思想和大政方针相契合的。未来还有一些内容值得去商榷和考虑，包括如下几方面的内容。

（一）努力建设教师培训资源平台

教师培训工作是一项长期性工作，教师培训资源是宝贵的教育财富，优秀的师资培训内容应该得到反复的应用与更大范围的推广。教育技术的发展将为我们的各项工作搭建资源平台。因此，教师培训资源能否通过技术手段，通过信息化平台打造，实现资源共享是特别需要研究的问题。

（二）针对教师的发展需求提供个性化培训

教师培训要以教师为本，要了解教师的基本水平及发展需求。参加中华优秀传统文化培训的教师来自众多专业，教师的个性化需求要受到重视。茶文化本身具有文化载体的功能，能够拓展到书法文化、曲艺文化、民俗文化、陶瓷文化等各方面。因此，在我们的茶文化教师培训中，设计了丰富的学科融合和主题探索活动，满足了教师对学习的多样性需求，拓展了教师的综合素养。由此可见，对于教师教学经历、研究水平等的不同差异，我们在教师培训中要有所关注。可以通过培训过程中不同角色、不同学习任务的安排等形式调整培训的难度，因材施教，让所有教师尽可能地在培训过程中奉献教育智慧，分享教育成果。

（三）建设科学的师德评价体系

师德评价是研究难点。客观地说，我们现在还没有形成比较成熟的、良性的师德评价体系，只能在表象的教师形象、教师行为等层面提出基本要求。这些约束对师德评价体系来讲是基本的部分。教师的意识形态状态是很难测量的，而教师的人生观、世界观又会在教育教学实践中自然流露出来，对学生产生影响。因此，不断强化师德意识，不断进行基本师德表现评价是目前较为有效的方法。提升师德修养重在学习，特别是对中华优秀传统文化的学习。教师在中华优秀传统文化的浸润中会通过正念引领，把文化汲取变成师德养成的组成部分和自觉需求。

专家评语： 该文以中华优秀传统茶文化对师德的影响为切入点，以中华茶文化课程教学和师资培训为例，探索中华优秀传统茶文化与师德建设的关系、用茶文化促进师德建设的具体途径与方法，借以提升师德修养乃至综合素质，具有较强的实践创新性和应用指导性。该文采取行动研究的方法，立足亲力亲为的体验式感受，让茶文化融入整个培训教学，营造了既有中国古代典雅、尊和的气氛，又有中国现代时尚、健康的氛围，满含真挚情感又极具生机活力的教学场景，体现了习近平同志提出的"坚持扎根中国大地办教育"的思想和精神。该文在研究过程中，积极探索中华优秀传统茶文化教育对师德建设的影响，一定程度上解决了师德建设还存在重形式、轻内容和难以调动教师内驱力的难题，开展了针对问题解决且结合实际设计授课主题的系列培训；在建设茶文化课程体系的基础上，以专业教研的方式提供丰富的教学支持，不仅有相应的教研活动，还提供教学资源包，在教育思想引领和教学资源支持方面都做出了积极的努力。该文以中华优秀传统文化的精髓理念来规范和引导教师饮水思源，做到学为人师、行为示范，抓住了文明健康、知书达礼、修身养性的茶文化作为师德建设的有效载体，为中华优秀传统文化涵养师德找到了形神合一的便捷通道。

点评专家：全国教师教育学会学术委员、北京市哲学社会科学党建研究基地研究员、"国培计划"项目专家 苏小平

基于学生教育教学诊断的教师
专业发展途径研究

北京市第一六六中学

陈蕊 项东 张瑶

【阅读摘要】学校教育教学诊断旨在真正帮助每一位教师发现自己、有效促进自我调整和自主发展。校本化的教育教学诊断从个别化教育、全人教育、课堂效果、受学生喜爱程度、作业情况五个观测点展开。根据诊断前准备、数据采集、数据分析与报告生成、诊断结果反馈与使用四个实施的不同特点，完善和固化诊断流程。通过对诊断结果的分析，以及对教师深入的访谈，本文探索以教育教学诊断促进教师专业发展的途径：组织诊断，分析数据，制订方案，实施培训，提升检验。

【阅读关键词】教育教学诊断；教师专业发展

一、 问题的提出

《中共中央 国务院关于全面深化新时代教师队伍建设改革的意见》明确提出了全面深化新时代教师队伍建设改革，要"全面贯彻党的教育方针，坚持社会主义办学方向，落实立德树人根本任务，遵循教育规律和教师成长发展规律，加强师德师风建设，培养高素质教师队伍，倡导全社会尊师重教，形成优秀人才争相从教、教师人人尽展其才、好教师不断涌现的良好局面"。《国家中长期教育改革和发展规划纲要 (2010—2020 年)》明确指出，"建设高素质教师队伍。教育大计，教师为本。有好的教师，才有好的教育"，"严格教师资质，提升教师素质，努力造就一支师德高尚、业务精湛、结构合理、充满活力的高素质专业化教师队伍"。因此，探索教师专业发展的有效途径在教育实践中有着极其重要的意义。

在长期的办学实践中，我们对于教师的校本培训做了诸多尝试，取得了一定的效果，但也面临一些问题。首先，培训课程缺乏系统性。以往的教师培训课程从课程计划—实施—反馈评估，注重了步骤和流程，但培训内容大都将重点放在了知识、技能和能力等显性因素的培训和开发上，却忽视了对动机、态度等隐性因素的培训和开发。其次，培训课程的针对性不强。面对新的办学和课程改革形势，学校逐渐过渡到包括小学、初中、高中，形成十二年一体化机制。这就要求不同学段的教师需要思考如何有针对性地开展培训课程，如何有效地完成各学段之间教师工作的有机衔接。最后，培训课程的有效性较低。培训课程往往是一次性的，无法得知培训的长远效果；同时，也缺少一个诊断的方式和手段。教师培训课程的研发需要调研—申报—论证—计划—实施—评估—跟进等一系列的过程。因此，研发校本化诊断工具，形成科学性、周期性和连续性的监控体系势在必行。

二、 研究综述

（一）学生教育教学诊断

基于学生的教育教学诊断的目标是"通过学生对每一位教师、每一个教学班教育教学状况的全面、细致感知，使教师能够通过教育教学诊断发现自己的优势和问题，有的放矢地进行自我教育教学行为的调整与改进"[①]。教育教学诊断评价指标的构建必须遵循导向性原则、可观测性原则和激励性原则。

学校在建构诊断指标时要重点关注教育教学情境中的师生关系，它是指教师和学生在共同的教育教学过程中结成的相互关系，包括彼此所处的地位、作用和相互对待的态度等。它是一种特殊的社会关系和人际关系，同时也是学校生活中最基本、最普遍的一种人际关系。它是教师和学生为实现教育目标，以各自独特的身份和地位通过教与学的直接交

---

① 陈慧娟、李凌艳、田俊：《以学校教育教学自我诊断促进教师自主发展》，载《教育科学》，2017(2)。

流活动而形成的多性质、多层次的关系体系。① 和谐的师生关系能够有效调动教师的工作热情，让他们以一种积极愉悦的心态，富有创造性地全身心投入工作，千方百计地想把学生教好。而学生则消除了恐惧、忧虑等心理负担，由消极对立变得乐于接受教师的教导，对所教的课程产生兴趣，主动性、积极性得到了充分发挥。② 确立了实施教育教学诊断的价值导向后，学校还要进一步对诊断指标的可观测性和激励性进行严格把关，通过不同诊断指标间的差异有效地反映出教师在教育教学过程中的优势与劣势，使教师根据诊断指标的数据所反映出的各种信息，既能更好地了解学生的心声，又能通过诊断让教师的劳动得到学生的认可与鼓励，进行更有针对性的自我调整和改进。③④⑤

（二）教师专业发展

教师专业发展是指新手型教师自身作为一个专业技术人员，在其专业政治思想、专业知识、专业素质和能力等各个方面不断地提升和完善，从而成为专家型教师的发展过程。教师专业发展的基本内涵主要包括：①强调无论是新手型教师，还是专家型教师，在发展过程中他们自身都拥有无穷的、可持续发展的潜力；②强调教师即拥有专业技术的人员；③强调每一位教师在发展过程中要成为不断学习、勇于研究、乐于合作的专业人员；④强调教师应具有自主发展的主动性，要充分发挥自身的特长和潜力。⑥

促进我国教师专业持续发展的方法和途径主要有：①终身学习，是教师专业持续发展的基础和有力保证；②教育教学行动研究，是教师专业持续发展的基本方法和路径；③教学反思，是教师专业持续发展的基本策略；

---

① 韩敬波、张斌贤、范先佐：《教育学基础》，133 页，北京，教育科学出版社，2002。
② 黄珊珊：《构建以学生为主体的发展性"教""学"评价机制》，载《中小学心理健康教育》，2015(22)。
③ 芦咏莉、申继亮：《教师评价》，5～8 页，北京，北京师范大学出版社，2012。
④ 吕宪军、王延玲：《基于教师的"教学行为评价标准"差异性分析》，载《教育科学》，2014(3)。
⑤ 程铜锭：《校长要慎用"学生评教"》，载《教书育人》，2015(29)。
⑥ 王晓莉：《教师专业发展的内涵与历史发展》，载《教育发展研究》，2011(18)。

④专业团队的引领，是教师专业持续发展的有力专业支撑；⑤教育教学课题研究，是教师专业持续发展的有效方式和平台。教师专业发展凸显了多样性、自主性和持续性的特点，在教育实践中如何激发教师提升自身的自主意识，为他们提供专业发展的方法和路径是本文研究的重点。①

三、 研究设计

（一）研究目标和意义

本文的研究目标为：通过诊断—改进—再诊断的良性循环的培训模式，真正形成学校教育教学诊断服务与教学改进的良好氛围，使教师在诊断后自觉改进，并在有针对性的校本培训中获得成长。

本文的研究意义为：基于教育教学诊断，形成校本培训方案，在实施中帮助暂时落后的个人或组织找到对自身教学行为进行调整和改进的途径，并逐步形成教师正确解读数据—分析数据—自觉调整改进的教学改进行为，从而促进教师专业发展和自身成长。

（二）研究对象和内容

①教育教学诊断工具的校本化设计和开发。从个别化教育、全人教育、课堂效果、受学生喜爱程度、作业情况五个观测点展开。

②教育教学诊断工作流程的梳理和固化。形成并完善诊断前准备、数据采集、数据分析与报告生成、诊断结果反馈与使用等诊断流程。

③教育教学诊断结果的数据分析和应用。利用对诊断结果的分析，以及对教师深入的访谈，探索以诊断促进教师专业发展的校本培训路径：组织诊断，分析数据，制订方案，实施培训，提升检验。

（三）研究方法和工具

1. 文献法

本文利用文献法，查阅分析文献资料，进一步厘清思路，为研究提

---

① 杨庆媛：《教师专业发展路径的上海经验》，载《长春师范大学学报》，2019(5)。

供观察的视角、有益的启示，保证研究的科学性和先进性。

2. 问卷调查法

本文利用问卷调查法对教师的培训需求进行问卷调查，对数据进行统计分析，完成调查报告。本文使用校本化的五点量表诊断工具，从个别化教育、全人教育、课堂效果、受学生喜爱程度和作业情况五个指标进行施测诊断。

3. 行动研究法

本文通过行动研究，在实践中发现并确立问题，制订行动研究的计划，并根据计划开展教育教学活动；通过观察和反思，调整方案，再行动，进而循环进行。

四、　研究成果

（一）校本化的诊断工具

遵循导向性、可观测性和激励性的三点原则，立足于现今我国基础教育阶段的发展要求和改革方向，结合高校专业团队的引领和其他优秀学校的诊断经验，以及各教育专家、评价专家、学校管理者、教师、学生的深入研究与交流，我们形成了校本化的教育教学诊断工具的观测点指标，具体内容如下。

1. 个别化教育

随着新课程改革的不断深化，社会、学校、家庭的教育都更加关注学生的个性化发展。《国家中长期教育改革和发展规划纲要(2010—2020年)》指出，要"注重因材施教""关注学生不同特点和个性差异，发挥每个学生的优势潜能"。此观测点的诊断指标强调教师要关注课堂内外的每一位学生，从学生所感知到的教师是否关注他们，能够通过对学生的优点、问题的发现与指导为其提供有针对性的帮助等方面进行诊断。

2. 全人教育

全人教育要求教师关注和重视学生的全面发展。学校的每位教师在课堂上都要通过学科教育激发学生学习的内驱力，提升学生自主学习的能力，引导学生学会树立目标、合理规划，养成良好的学习与行为习惯，这些都是本观测点的重要诊断指标。此外，根据不同学科的特点，还应关注相应核心素养与能力的培养，如理工类学科的动手、探究、创新能力，艺术类学科的审美能力、表达素养，运动类学科的运动技能、意志品质、运动习惯，等等。

3. 课堂效果

课堂效果强调学生所感知的课堂内部的状态以及所能达到的效果。本观测点体现学校所倡导的教育理念、课堂生态和发挥的导向性作用。

4. 受学生喜爱程度

师生关系对于学生学习有着十分重要的影响。教师是否受学生喜爱，能否做一个走进学生内心的陪伴者和辅助者，在学生心中发挥自身独特又重要的作用，是检验和谐师生关系的重要观测点。

5. 作业情况

作业是学习内化的重要过程，但有时作业也可能会造成课业负担。所以，作业的质量是学校非常重视的指标，同时也是教师进行教学反思和改进的重要参考。作业量的多少，作业难度是否适中，作业完成后是否有收获，教师对作业的批改是否认真、及时，都应是检验作业质量的重点。

除以上观测点之外，还有一道"为教师点赞"的主观题目。让学生通过真挚的情感和真诚的话语带给教师正能量，同时也要促使学生发现教师的优势和辛苦。

基于以上观测点的教育教学诊断为教师培训提供了丰富的理论支持和数据支撑，为学校教师培训课程框架的构建以及课程内容及模式的确定提供了方向指引。[1][2]

（二）形成诊断流程

基于学生发展的目标愿景，我们通过梳理学校多年自我诊断的经验，

---

① 李凌艳：《学校"体检"：基于学生发展的学校自我诊断》，载《中小学管理》，2017(8)。
② 李凌艳、陈慧娟：《基于学生发展的学校自我诊断实施流程》，载《教育测量与评价》，2017(2)。

逐渐形成诊断流程，如图 5-5 所示。

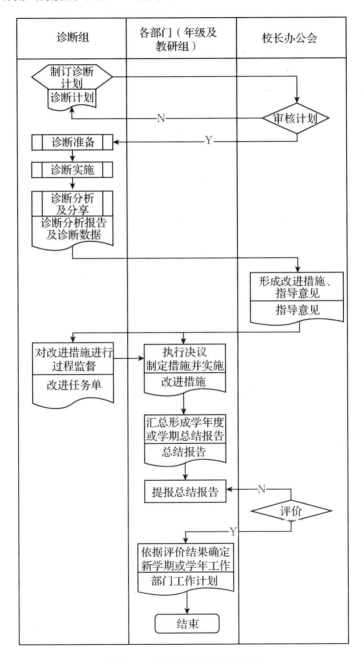

图 5-5 学校自我诊断流程图

图 5-5 中"诊断组"是"学校自我诊断研究院"的简称，由学校的管理干部和骨干教师组成，具体落实教育教学诊断工作。

（三）基于教育教学诊断的教师反思与自我发展

教师的专业发展不能仅仅理解为专业知识、技能的不断积累，而是教师个体全面的终身的发展。这种发展不是靠技术性、技巧性知识的灌输形成的，而是教师的自我成长，可以通过对实践的反思，通过自我变革而实现。也就是说，教师作为专业发展中的学习者，需要经由真实的经验、同伴的交流合作以及自我的反思而实现发展。此观点探讨教师发展路径的问题，聚焦于如何促进教师成为一名教育教学的反思实践者，帮助他们从行动中反思，从反思中实践，改进教育教学实践，实现专业发展和自我成长。

随着学校诊断工作的开展，教育教学诊断的观测点、诊断工具校本化、答题方式、数据分析、报告反馈等各个方面都已经历过反复的调整和完善，帮助教师实现教育教学诊断促进自主发展、自我改进的重要功能。根据多年的实践，我们尝试探索以教育教育诊断促进教师自主发展的路径。

1. 认识诊断，读懂数据

当教师得到的学生诊断结果与自己的心理预期不符时，为缓解自己的焦虑，教师可能会根据诊断中显现的问题做出调整。但是，教师也可能会直接否定诊断的结果，为数据找到以外部因素为主的很多解释。因此，在教师拿到数据前，要首先认识到诊断的意义和作用，认识到"诊断就是要发现问题，进而帮助教师自我提高；只有教师自己的心态摆正了，才能更冷静地分析学生呈现的数据，从诊断和提高的角度来思考就一定会有收获"。

基于以上对教育教学诊断的认识，教师开始对数据结果进行分析。诊断结果可能会反映出各种问题。例如，教学 1 班在多数指标的得分表现出略高于教学 2 班的趋势。其中在"个别化教育"和"课堂效果"两方面，教学 1 班的得分显著高于教学 2 班；学生认为作业量大，收获小；所有指标的分数都很高，但"受学生喜爱程度"这一项就是不高，这让教师感到很困惑，也很着急。

2. 分析原因，反思自己

为帮助自己发现问题背后的原因，教师的第一反应往往是寻求支持，找熟悉的教师或者教研组组长倾诉，期待同伴可以提供一些反馈和解释。通常老教师的经验和同伴的感知会给教师一些启发。例如，教学 1 班是文科班，教学 2 班是理科班。我们可能在教学中会考虑学生的学业水平、接受能力，可是我们在备课时是否考虑过班级氛围、学生的性格特点。基于同伴的启发和分析，教师开始反思自己对两个教学班的教学，发现这两个教学班存在不少差异，却一直被他忽略了。首先，文科、理科的学生特点不一样：文科生比较活跃、发散，理科生更为安静、严谨；其次，考试的总分相差不大，但分数的构成有所不同，文科的在完形阅读上有优势，而理科的细节阅读比文科好，但夹叙夹议类文章、主旨大意题是弱项；最后，文科、理科的学生对于课堂上"文化知识的发散"感受不同，文科的学生更能够理解这一教学环节的用意，理科的学生认为意义不大。由此教师恍然发现，用相似的教学策略和方法面对班级特点、学生需求截然不同的两个班，得到的诊断结果自然是不同的。

3. 调整改变，效果显著

教师通过对数据的分析和问题背后原因的反思，形成自己的改进策略，及时进行调整。例如，针对作业问题，有些教师展开了对于作业的有针对性的行动研究，减少作业量，提升有效性；针对文理两个班学生感受不同的问题，教师想到的调整方式是把班级学生的性格特点和班级氛围纳入备课要素，有针对性地实施教学，使班级作业个性化、课后辅导个性化等。经过一个学期的调整，第二次教育教学诊断结果有了显著改善，教师也明显感觉到"与学生的关系更近了"。水到渠成的是，学生的成绩也有显著提高。回顾从当初拿到数据的不知所措，到一步一步分析原因、进行调整，得到意想不到的效果，教师留下这样的感受：改变和调整已经成为教育教学活动的一种常态，用好诊断数据，去反思，去改变。

（四）基于教育教学诊断的校本培训方案制订

1. 挖掘数据，发现问题

①发挥好教育教学诊断在学科教研中的"浮标"作用。基于学生发展的教育教学改变是从真正能倾听、会倾听学生的感受开始的。它和诊断考试的分数分析一样重要而有价值。高度重视教研组组长、备课组组长运用教育教学诊断数据的意识和能力；对年级主任逐步实现在这方面的分权与赋责。

②关注多次表现较弱学科的教研及资源配备状况，给予帮助和支持。学科教研指导着学校的课程顶层设计和内容给予，在课程建设中具有领军作用；学科力量决定课程建设的高度和进度。

③教育教学诊断是唯一要在全体教师心中开花的诊断，进步教师的经验是花肥。进步教师的经验、做法和体会是教师"看得见、摸得着"的梯子。

④分群体分析的教师表现对于学校教师队伍建设和培养具有跟踪监测作用。因为教育教学诊断的是全样本，所以对于学校分群体教师的现状分析具有实际的参考作用，其跟踪对比也能反映学校有关教师发展措施的效果。

2. 形成方案

基于学校教育教学诊断的结果和分析，在遵循和执行学校总体工作思路的基础上，学校的教师培训着力在课程内容的实效性、多元性、系统性上实现突破；在课程形式上尝试自主体验，加强互动分享；利用互联网技术，实现线上线下联动。希望落实的培训课程能在不断深入的教育教学改革中起到引领作用，最重要的是能基本满足教师多元的需求，能对上学期课程中出现的问题加以解决，使其有真正而有效的获得。本文希望在学校教师培训的内容和方式有所突破，具体有以下几方面。

（1）核心词：师德(博雅素养)

坚持立德树人，师德为先，把培育和践行社会主义核心价值观融入师生教育全过程。学校层面表现为博雅素养的共识和落地。将学校党总支工作和德育工作相结合，面向全体教职工开设"师德为先，全面育人"的职业素养课程，其中包含对《北京市中小学生日常行为规范》的解读和学习，进一步研讨和制定学校的《博雅学生行动纲领》。

（2）核心词：课堂改变

①聚焦学生核心素养，以学生为本，根据学生的成长规律和社会对人才的需求，从学科教育的角度把核心素养具体化、细化，深入回答"培养什么人、怎样培养人"的问题。为学科教师开设以"学科教育中的核心素养"为主题的素养培育课程。拟定跨学科进行，或以学科组的形式组织学习和探讨，使核心素养培养课程落实在课堂中。

②关注中考、高考招生制度改革背景下教师需要的转变：教师对学生个性爱好的诊断与发现；课堂是否有思维的延伸；学校对不同类型学生发展的促进程度。首先，面向毕业年级开展 2019 年中高考命题趋势的研讨。（非毕业年级新学科教师参加。）其次，利用学校诊断工作中新增加的对学生"自主发展专项诊断"的数据和分析，开展学生选课走班背景下教师角色和定位转变的初步培训。

③关注课堂中的微创新。课堂教学中的微创新，不是装饰，其立足点和终点都在对学生的用心关注，最大限度地促进学生的发展，是微小中的决定性改变。结合学校教学工作，开设以课例研讨为形式，以师生互动、学生体验为主题的课堂优化培训课程。

④倡导以问题为导向的教育教学研究，以能力为重，尤其是创造性思维能力的提升是培训课程要突破的重要方面。以四级课题的研究过程为方法引领，更以回归到课堂的行动研究为依托。学校开设以"学会用问题解决问题""生本教研"为主题的科研素养课程。

（3）核心词：师生关系

基于教育教学诊断结果，学校重点关注的是教龄 3～5 年的教师。相关该年龄段的教师的诊断分数显著低于其他年龄段的教师。要发挥教育教学诊断指标的导向作用，将培训课程的主题聚焦为"和谐师生关系"。培训内容包括理解教育教学诊断指标、不同年龄学生发展的心理与行为表现、如何有效沟通、教学组织与设计等，以自主培训和课例研讨的方式开展培训。

（4）核心词：服务

为更好地发挥教研组和年级组在教育教学中的团队作用，特别是在课程改革的不断深入和生源不断变化的大背景下，提升教学和科研的综合能力，调整学生、家长的和谐关系，都需要不断学习和反思；让教研组组长和年级组组长、班主任联合开展教育教学专项培训。

（5）核心词：方法

在繁杂的工作中能规划出一个明确的目标，梳理清晰的思路，熟练使用便捷的工具，这些是教师在实际工作中希望提高效率而渴望得到的。为方便教师的工作，提升工作的效率和质量，为教师安排拓展类和工具类培训课程。目前确定的课程有职业生涯规划、工作流程设计、思维导图的使用等，课程形式为集中和线上授课相结合。例如，对于 PDCA 诊断流程的学习，更有利于教师对于诊断结果的使用，从而实现自主发展，如图 5-6 所示。

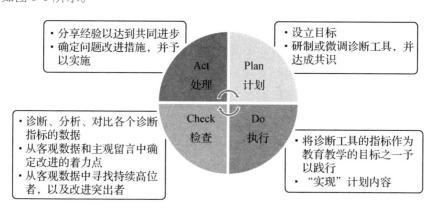

图 5-6　PDCA 诊断流程图

（五）学校教育教学诊断的实施与成效

1. 学校诊断文化逐渐形成

学校自我诊断研究院已累积多年的工作经验，已有较为规范的工作流程，有相对稳定的人员组成和相对明确的人员分工。学校也已逐渐形成诊断文化，学生认为教育教学诊断可以真实地反映自己的心声；教师可以积极面对问题，不断改进提升，更加关注自我反思，乐于分享互助，以学生的发展为根本出发点；领导者更是以明天的教育理念引领今日之发展，更加关注"人"的感受。

另外，教师对诊断文化的认同度越高，则改进成效越显著，如图 5-7 所示。

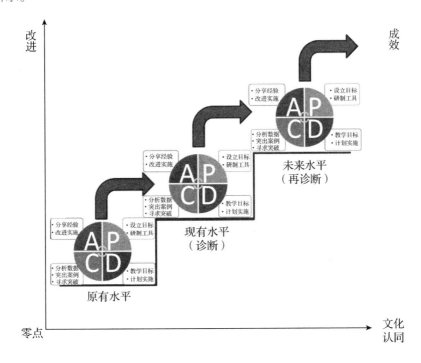

图 5-7　学校自我诊断文化认同与改进成效的关系

2. 基于教育教学诊断，教师不断获得成长

每个学期都要进行一次教育教学诊断。由于在一个学年教师任教的班级基本不会变动，因此，我们可以对两次教育教学诊断的数据进行对比。以某一学年的诊断结果为例，第二学期的分数显著高于第一学期，得益于学校根据诊断结果有针对性地进行校本培训，得益于教研组根据诊断数据及时调整教研组的研修方案，更得益于教师本人通过"体检"，及时发现优势及不足，并进行有效的反思改进。

五、 研究的讨论和建议

（一）有关教育教学诊断

一位教师对于教育教学诊断曾说道，"很感谢学校有这样一个工具。每个学期的'体检'，让我更客观地看到自己的教学，更好地认识自己，对我的教学工作有很大的促进作用。我也从反思和改进中看到了成效：师生关系更好了，学生进步了，我自己也成长了。"这正是学校教育教学诊断的初衷，也是我们多年坚持实践的力量源头。但是，我们仍需要看到，教育教学诊断只是一个工具，诊断结果只能提供部分参考，不能作为评价教师的全部指标。从诊断的流程和机制的构建，到工具校本化、诊断动员、数据反馈和使用等所有环节，都有其基本的原则，都要从学生的发展和教师的需求出发，真正服务于教育教学，促进教师的专业成长。

（二）有关教师专业发展的培训

在组织一个学年教师培训的过程中，学校根据对前期课题研究的梳理形成方案，进行实践。学校多年的诊断工作稳步推进，已形成了一定的文化氛围，在过程和结果反馈中得到了很多教师的积极响应。

学生的多元与个性化教育实际上是基础教育面临的核心问题。如何提供适合每一位学生发展所需要的教育、课堂教学、个别化辅导，这些都是我们在教师的校本研修中需要面对的。反思我们以往的培训发现，我们实际上关注了个别化教育问题，但始终没有收到好的效果。

经过问卷和访谈调研，我们发现，在以往不少培训中，培训者自身的专业水平高，培训内容很好，但培训的效果却不尽如人意。从某种意义上说，培训的内容固然重要，培训的方式方法也不可忽视。我们以往的教学培训，为了保证教师的出勤，都安排在教师已经很疲劳的放学以后。教师在疲劳的状态下很难对培训的内容产生兴趣，也很难收获满意的效果。针对这个问题，基于对教师的全面调研，对个别化教育存在问题比较集中的人群，我们按学科、年龄再做分类，开发了分层分类的研修课程。

对青年教师采取的是走入课堂，做课堂观察；对中年教师做面对面的访谈。在发现每一个年龄段教师的共性问题，或者有一些比较集中的学科共性问题后，我们再做一次次的追踪访谈，直到教师从心理上真正认识到个别化教育问题，摸索出比较好的方法并进行改进。我们再做一次学生的诊断，结果是让人放心的，学生的满意度明显增长，特别是对青年教师，个别化诊断中学生的满意度均达到90分以上。

这个问题及其解决，让我们对基于诊断的教师校本研修做了重新的思考，那就是认真分析学生和教师的真正需要，在供给侧上给予最适合的指导，并进行不间断的追踪，根据实际效果制订下一阶段的研修计划。

同时，新中高考改革对学校课程、课堂等提出了新的要求，基于诊断结果的相关分析也需要开展。如学生的兴趣与职业选择、学生选科与学生的学习基础、学生的过程性评价与综合素养的评价等，与诊断相联系的数据分析对我们观察学生的过程性学习、全方位发展是有积极影响的。所以，我们正在着手建立与之相联系的互联网平台，希望以多角度的分析，在过程性数据的支撑下，能对学生的发展、教师的教育教学开展深入研究。

专家评语：该文基于教育教学中的真问题，特别是在不断深化教育教学改革中要解决的迫在眉睫的问题，从学生教育教学诊断的视角探讨教师专业发展的途径和方法，有很强的研究价值。该文从学生的视角探讨教师的专业发展，视角较为有新意。该文在文献综述的基础上，构建了校本化的诊断工具和诊断流程，并提出了基于诊断数据的促进教师专业发展的两种途径，即教师反思与自我发展，以及校本培训方案制订。该文的相关研究较为完整、规范，诊断工具和诊断流程较为具体，两种促进教师专业发展的途径也比较切实可行，具有较好的推广价值。

点评专家：北京师范大学教育学部 马宁副教授

激发教师在校本教研中主体性作用的行动研究
——以北京市第五十七中学为例

北京市第五十七中学

乔欣　邹玉环　汤呵

【阅读摘要】本文研究了影响教师在校本教研中主体性作用发挥的因素，探讨了促进教师在校本教研中主体性作用发挥的教研策略，寻找促进教师校本教研积极性的策略与方法，从而提升教师在校本教研中的主体地位和校本教研质量，进而促进教师的专业成长，提升学校教师的整体素质。本文将影响教师在校本教研中主体性作用发挥的主要因素分为内部动机和外部支持：内部动机是教师专业发展的需求，外部支持包括学校的学习、研究氛围、教师展示的舞台和学校的激励措施等。通过课题研究，学校找到了促进教师在校本教研中主体性作用发挥的教研策略：第一，转变观念，关注教师的主体性；第二，建立以教研组为单位的学习共同体；第三，让教师参与校本教研计划的制订与实施；第四，每个月确定一个明确的教研主题；第五，完善校本教研激励和评价机制。

【阅读关键词】校本教研；教师主体作用；行动研究

一、 研究背景

（一）当前教育改革背景与校本教研的现状

近年来的基础教育改革，特别强调学生作为主体的全面性、个性化发展，而相对轻视了教师的主体性发展。教育实践表明，只有教师真正担负起教育教学的主体责任，积极主动地用自己的理想信念、扎实学识和德性人格影响学生，才有可能实现教学育人的本真目的和价值追求。

校本教研作为学校教育工作的重要内容，是教师自我反思、同伴互助、专业引领的重要载体，可以有效地实现教师的发展，助益学校的改进工作，深化教育教学改革。如此重要的校本教研自提出之日就受到了教育研究者和行政管理者的极大关注，并在教育实践中得到普遍推行，相关研究成果也不断涌现。

然而，综观研究成果和学校的教育实践，目前已开展的校本教研多是自上而下的行政命令，或是专家主导性的研究活动。即便是在重视发挥教师在教研中作用的学校，校本教研也只是少数骨干教师或者教研组组长等少数教师的专利，多数教师在其中一直是扮演着"被参与者"和"被管理者"的角色，处在教研的边缘地位。这严重违背了人的主体性发展理论，阻碍了教师主体性精神和人格的发展，最终影响教育教学的实际效果和质量。

（二）校本教研的现状

学校已经初步形成了以教研组、课题组为基础的学习共同体，并形成了初步的教研机制。我们已经对学校的教师教研进行了一个网上随机调查，100 位在校教师参与了此次调查活动。调研结果发现，92.3％的教师认为自己每周都能够参加至少一次校本教研活动。校本教研对教师的成长发挥了一定的作用，但是各个教研组的校本教研质量差异比较明显，教师参与校本教研的程度差异也比较大。

在调研中，我们发现有的教师比较积极和开放，在校本教研活动中能发挥建设性作用；有的教师比较保守，在校本教研活动中表现得比较被动，游离于校本教研之外。有的教师认为教研是年轻人或骨干教师的事，自己只要把课教好就行了。因此，如何在校本教研的理念下，激发教师的主体精神、提升教师的研究能力、提高教师群体互动的实效成为校本教研的一个重要课题。

针对校本教研中存在的现实问题，以发展教师的主体性为突破，研究校本教研新模式，打造学校更加高效的校本教研共同体，让校本教研成为教师主体性建构的活动载体，成为教师专业成长的平台。

二、 文献综述

（一）关于教师主体性的研究

1. 对教师主体性特点的研究

肖青、郑建辉、刘桂雪认为，教师的主体性是一个具有完整的有机动态系统的主体性复合体。[①] 它具有自主性、主动性、创造性和社会性。

2. 对教师主体性的重要性的研究

夏晋祥、魏辉煌从教师专业发展的角度对教师主体性的重要性进行阐述，认为教师个体从职业教师进入专业教师，进而促成职业范围内的教师专业化，必须有教师自我主体性的觉醒。[②]

刘凯指出，自我专业发展的主体需要和意识是教师自我专业发展的内在动力。[③] 张群指出，教师主体性是教师专业化的内在动力，促进教师主体性的发展是教师专业化发展的根本途径。[④]

综上所述，以往学者对教师主体性的研究，范围比较全面。可以看出，教师主体性在教师成长中，起着非常关键的作用。

3. 对教师主体性存在的问题的研究

郑宇红指出，现实中许多学校和教师，对教师的主体性作用发挥的重视不够。主要体现在：第一，将主体性与权威性等同；第二，工作缺乏主动性，教师在工作中被动完成任务的情况较普遍；第三，工作缺乏创造性，教师在工作中方式方法单一，重复性强。[⑤]

胡芳认为，在权威主义知识观下，教师主体消失具有多种后果。比

---

① 肖青、郑建辉、刘桂雪：《新型教师文化成长的内在诉求：培养教师主体性》，载《河北师范大学学报（教育科学版）》，2010(2)。

② 夏晋祥、魏辉煌：《教师主体性的觉醒——教师专业化的根本途径》，载《当代教育科学》，2007(13)。

③ 刘凯：《教师主体性的觉醒：教师专业化发展的内在因素》，载《当代教育科学》，2009(21)。

④ 张群：《论教师专业化发展中教师主体性的作用》，载《渤海大学学报（哲学社会科学版）》，2006(6)。

⑤ 郑宇红：《主体性教育的新视角：教师的主体性》，载《理论观察》，2005(4)。

如，教学目标单一；教学过程机械和程式化；教学内容太忠实于教材而缺少创生性、情境性和灵活性；教学形式太讲究规范和模式；等等。① 胡芳还指出，在权威主义知识观下，教师主体性消失最严重和最深刻的后果在于，教师对知识生成、增长和发展的责任缺失，进而对社会进步和发展的责任也缺失。

董璐指出，在学校管理中教师的主体性存在缺失。② 主要体现在：教师不具参与学校管理与决策的权力；教师长期处于管理层的支配与控制之下，被教条陈规束缚；教师不能"自主"，处于无法"能动"的状态。

总之，教师的主体性缺失不仅僵化了教师的思维，导致教师工作被动，也导致教师丧失社会发展和进步的责任意识，后果非常严重。

（二）关于校本教研中教师主体性建构的研究

1. 校本教研中教师的主体地位湮灭的原因

谈到教师在校本教研中主体地位湮灭的原因，谭天美、范蔚认为，工具理性膨胀和科技理性控制以及由此导致的功利主义价值取向使当前校本教研主体得不到应有关注，校本教研实效不高。究其根本原因在于忽视了教研主体及其主体间的相互作用。③

2. 校本教研中教师主体性建构的可能性

贺慧敏认为，校本教研要以教师为主要研究主体，以教育教学情境中的问题为直接研究对象，以改进教育实践、促进师生全面发展为目的，与教师的主体性发展具有天然的契合性。在此，校本教研理应成为教师主体性建立和明晰的可能基础和平台。④

3. 提升教师在校本教研中主体性的策略

在认识上，葛孝亿谈道，彰显教师的主体性，就是要让教师充分地体验到校本教研是教师自己的研究，即教师成为研究课题的发起者、研

---

① 胡芳：《知识观转型中教师主体性的回归》，载《高教发展与评估》，2010(5)。
② 董璐：《论学校管理中教师主体性缺失问题》，载《江西金融职工大学学报》，2006(S1)。
③ 谭天美、范蔚：《校本教研主体互动的缺失与回归》，载《中国教育学刊》，2017(1)。
④ 贺慧敏：《论校本教研中教师主体性的提升》，载《教育科学论坛·专题类》，2016(Z2)。

究过程的实施者、研究结果的受益者，并积极地探索主体性彰显的外在支持机制。[①]

在策略上，贺慧敏主张从教师自身出发，唤醒教师的主体意识，引导教师增强内部动机；从学校的制度层面加强外部支持体系建设。[②]

谭天美、范蔚认为校本教研中教师的主体互动是教师开展校本教研的助推器，是加强教研主体间相互理解和提升校本教研实效的基本策略。[③]

综上所述，近年来，一些专家和学者对校本教研中教师主体性问题的研究已经给予了关注，做了一些研究，但理论上的探究比较多，实践层面的研究比较少。在研究方法上，思辨性的研究多，实证性的研究较少。在研究主体上，理论工作者的研究较多，一线教育实践工作者的研究较少。

三、 核心概念的界定

（一）校本教研

校本教研，就是为了改进学校的教育教学，提高学校的教育教学质量，从学校的实际出发，依托学校自身的资源优势和特色进行的教育教学研究。校本教研是基于校级教研活动的制度化规范，其基本特征是以校为本，强调围绕学校自身遇到的问题开展研究。学校是教学研究的基地，教师是教学研究的主体，促进师生的共同发展是教学研究的直接目的。

（二）教师的主体性

1. 什么是主体性

在认识与实践活动中，主体性具体表现为自觉性、自主性、能动性和创造性四种形态。自觉性是指作为主体的人对自己完成某些工作或任务的自愿程度；自主性是指主体在活动中可自由、独立地支配自己的言行；能动性是指主体在受到来自外界的影响时能够积极、主动地做出反

---

① 葛孝亿：《教师主体性：校本教研应有之义》，载《现代教育科学》，2009(2)。
② 贺慧敏：《论校本教研中教师主体性的提升》，载《教育科学论坛·专题类》，2016(22)。
③ 谭天美、范蔚：《校本教研主体互动的缺失与回归》，载《中国教育学刊》，2017(1)。

应，而不是被动地被影响或改变；创造性是最为高级的状态，指主体在活动中能够进行探索和求新，发明新的事物或发现新的原理，是对已有事物或成就的超越。当一个人在活动中能够以自觉、自主、能动、创造的状态应对外物，那便可称其为具有主体性的人。

2. 教师主体性的表现

第一，教师的自觉性。自觉性表现为主体的人能够自愿完成某些工作或任务，能够了解活动的目的与意义，具有主动参与活动的意愿。教师的自觉性是指作为主体的教师对自己完成教育工作或任务的自觉能力，是一种思想上的觉悟。教师在校本教研中的自觉性通常表现为：能够清晰地认识到校本教研对于自己发展的意义所在，表现出对学习知识、充实自我的向往与渴望，努力争取一切可以获得自我提升的机会，积极参与各种学习、研究活动，如教师培训、课程开发、课题研究等，并心甘情愿且积极地贡献个人的智慧与能力，在其中发挥自己的光和热。

第二，教师的自主性。教师的自主性是指教师在发挥引导作用的过程中可以自由、独立地支配自己的言行，也能够调节、解决所遇到的种种现实问题，具备一定的计划与决策能力。教师在校本教研中的自主性表现为：能够摆脱盲目追随他人的偏向，不是死板地接受书籍上的内容，更不是毫无思考地听从领导者的意思，而是在了解受教育者的需求、兴趣和能力的基础上恰当地行使自主权。

第三，教师的能动性。教师的能动性是当教师面对外界刺激或影响时能够积极、主动地做出反应，而不是被动地被影响或改变，在积极主动中得到自我价值的提升与社会价值的实现。在校本教研过程中，教师的能动性通常表现为：当教师与研究者或管理者交往时，能够及时摸清当前的问题并找到解决方法，进而解决问题；当教师与学生交往时，能够以积极的态度面对学生，应对课堂内外专业的或生活的突发状况。教师的这种能动性可以使自己在各种活动中不是被动接受，而是积极应对。

第四，教师的创造性。创造性是主体性的最高层次，具有探寻、求新的特点，为主体性的核心精神。教师的创造性表现在多种方面，如课堂教学、教育研究、学习与反思等。具有创造性的教师不仅能够顺利、恰当地完成教学任务，而且能够从教育书籍、教育实例中获得启发，尝试进行教学实验，积极参与教育研究，具备举一反三的思维与能力。教师的创造性与其自觉性、自主性、能动性是紧密联系的，正是由于教师的自觉性、自主性与能动性，才具备创造性的可能性。

四、 研究设计

（一）研究场所及对象

本文的研究在北京市第五十七中学进行。该学校是北京市海淀区一所具有 60 余年历史的公立完全中学，是海淀区的课程改革先进校。本文的研究对象是学校的专任教师。

（二）研究内容

①哪些因素影响教师在校本教研中主体性作用的发挥？
②如何激发教师参与校本教研的内部动机？
③在激发教师在校本教研中的主体参与上，学校该提供怎样的外部支持？

（三）研究方法

本文采用行动研究法。行动研究就是实践者为了改进工作质量，将研究者和实践者、研究过程与实践过程结合起来，在现实情境中通过自主的反思性探索解决实际问题的一种研究活动。行动研究法是在实际情景中，由实际工作者和专家共同合作，针对实际问题提出改进计划，通过在实践中实施、验证、修正而得到研究结果的一种研究方法。

（四）研究流程

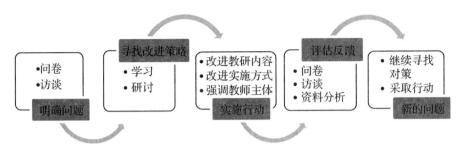

图 5-8 研究流程

五、 研究过程

（一）第一阶段： 准备阶段——分析问题

①阅读与校本教研和教师主体性发展相关的专业书籍。

②对校本教研的情况进行问卷调查，了解教师在校本教研中的主体参与情况。

③对学校的英语组、历史组和物理组部分教研组组长、骨干教师、一般教师进行访谈。

④分析调查数据，找准问题点和突破点，梳理个别组好的经验和做法。

（二）第二阶段： 行动研究阶段——寻找改进策略并实施

1. 寻找策略

2018 年 7 月，在教研组内征集总结教师教育教学中面临的困难，分类整理，将问题呈现出来，鼓励教研组组长与教师一起讨论并形成各组的校本教研主题。在此基础上，让教研组组长与教师一起讨论本组的教研计划和教研主题，减少学校的行政干预。

2. 改进实施校本教研

2018 年 9—10 月，各教研组就学期初形成的研究主题进行教研活动，突出教师的主体参与，改进教研形式，收集研究资料和证据。

（三）第三阶段： 评估反思阶段——总结梳理经验

1. 评估阶段

2018 年 11 月，对校本教研活动的情况进行二次调研，收集校本教研改进的证据资料。收集资料的方法如下。

①观察法：进入教研组活动现场进行观察，从每次参与教研的人数、发言的时间、教研内容、教研方式等维度对教研活动进行观察记录。

②访谈法：从骨干教师、一般教师中选择一定数量的教师就教研活动对自己成长的影响(如有没有解决自己感到困惑的问题、得到的收获等方面)进行访谈。

③资料分析的方法：收集教师的教研活动记录本，对其进行文本分析。

2. 梳理总结阶段

①梳理制约教师在校本教研中主体性作用发挥的因素。

②形成激发教师参与校本教研的策略。

③获得支持教师在校本教研中主体参与的外部支持系统(学校管理者如何做，需要营造怎样的校园文化氛围等)。

④完成研究报告。

六、 研究成果与发现

（一）教师在校本教研中主体性作用发挥受到内外部因素的制约

1. 内部动机：教师专业发展的内在需求

从事物发展的内在动力和外在动力的辩证关系来看，内因始终是重要而根本的因素，是相对稳定的、具有持久作用的因素。教师没有对自身价值的追求，没有自觉的醒悟与觉醒，就不会产生巨大的内驱力。教师只有在具备了专业发展的内在动力后，其专业水平才能有效地、持续地、稳定地得到提高。

教师作为教育者的专业发展需要是教师自主发展的关键动力源。它主要表现为教师对专业发展的需要，包括教育信念的增强，责任心的强化，教育技能的提高，对所任教学科知识的不断更新、拓宽和深化等。

教师专业发展的内在需求引发教师的终身学习。教师作为学习者，不仅要接受从小学到大学乃至研究生的学历教育，更要持续不断地、主动地、自觉地学习。这种学习，是自我提高的驱动使然，是主体发展的内在需要，是专业发展的必要途径。

教师专业发展的内在需求激发教育反思。教师的反思精神和能力是其自主发展和自我成长的核心因素，被广泛地看作是教师职业发展的决定性因素。正是在教育实践中对教育世界的不断追问，对所怀抱的理想、付诸的行动、伴随的焦虑的不断思考，对所从事的教育活动的意义的不断追寻，才有了教师的成长。

教师专业发展的内在需求促进自我更新。教育是一个使教育者和受教育者都变得更完善的职业。只有当教育者自觉地促进自己专业发展和完善自己的时候，才能有利于学生的完善和发展。教师不仅要"育人"，也要"育己"，这里所说的"育己"就是教师的"自我更新取向的专业发展"。教师通过专业反思、自我专业结构剖析、自我专业发展设计与计划的拟订、自我专业发展计划的实施和自我专业发展方向调控等实现自我专业发展和自我更新的目的。

上述几个方面说明了内在需求在教师专业发展中的作用，同时也有力地证明了内在需求是促进教师专业发展的原动力。

2. 外部支持

对于教师专业发展的外部支持系统，许多学者都做了研究。从学校近些年的经验总结来看，重点要做好以下几个方面的外部支持。

第一个重要的外部支持条件就是读书环境和研究氛围。开卷有益，书籍可以为不同的教师提供相当多的帮助，很多成功的教育经验或失败的教训都能在书中找到。研究氛围也是影响教师参与校本教研积极性的重要因素。学校制订合理的教研计划和教研制度、切实可行的奖励办法，鼓励教师积极参加教研活动，营造潜心研究、乐于反思、共同切磋、积极分享的教研氛围。

第二个重要的外部支持条件就是为教师争取和搭建更多、更宽广的展示舞台。学校举办校内的教师专业课说课比赛、教师微课说课比赛、班主任主题班会说课比赛、教师论坛等。同时，学校还要在校内搭建个性化的展示舞台，如设计不同主题的教师个人讲座，涉及心理、交际、人生规划、学习方法等各方面，让教师把自己的长处拿出来与大家分享，尽可能让每位教师的长处都有机会得到大家的赏识。

第三个重要的外部支持条件是校本教研激励机制和保障制度。一套行之有效的校本教研激励机制和保障制度是校本教研正常开展的必要条件。在建立校本教研制度的基础上，要对校本教研的情况进行有效的评价与反馈，对表现优秀的教研组和教师个人进行表彰和奖励。此外，要从人力、物力、财力上对校本研修予以保障，如定期聘请专家为教师讲课，为教师的教研活动提供必要的经费保障等。

（二）促进教师在校本教研中主体性作用发挥的教研策略

1. 转变观念，关注教师的主体性

在促进教师主体性发展的实践中，应该特别强调关注教师的个体发展需要，尊重教师的专业发展选择。校本教研中，既要注重教师专业素质的提高，还要帮助教师处理生活与教学中的实际问题，使得处在不同专业时期的教师能够顺利解决教学和生活中出现的问题，并获得相应的教学效能感与一定的成就感，使教师成为身心健康、人格完善的个体。[①]摒弃那种传统的、灌输式的校本培训方法，这种培训方法将教师的头脑视为理论的空白，没有考虑到教师的已有经验，不考虑教师作为主体的需要，一味地泛泛谈理论，对教师的实际工作起不到任何的指导作用，反而使教师处于被动地位。长此以往影响教师对校本研修的积极性。

2. 建立以教研组为单位的学习共同体

教师主体性的发展离不开学校教师团队的教研氛围。学校教研组要将教师的力量聚集在一起，并形成一定的常态机制。学校十分重视教研组的建设，对教研组的教研制度进行了严格的规范，形成以教研组组长为引导、优秀榜样教师为引领的教师协调发展机制。

---

① 李海燕：《我国中小学教师专业发展的问题与对策》，载《教育科学论坛》，2010(5)。

学校对教研组、备课组都是有要求的。每学期在开学初，学校会系统地提出这一个学期教学上的要求，包括宏观和微观的要求。在每学期，各个教研组要对上学期的工作进行总结，同时要与教研组成员一起讨论制订下学期的教研计划。每隔一周召开一次教研组会，每周都有一次备课组活动，教研组会和备课组活动都有固定的教研时间。

教师在这样的教研机制下，定期开展备课活动、专题研讨活动和教学经验反思交流活动。每位40岁以下的青年教师在每学期都要开展组研课，骨干教师和学科带头人每学年也要开展公开课和专题讲座活动等。

3. 让教师参与校本教研计划的制订与实施

教师是成人学习者，成人拥有认知的需求。成人学习者大多是带着职业实际需要和工作中要解决的问题开始学习的，希望能确定自己的学习需要，制定自己的学习目标，寻找恰当的资源、选择适用的方法和评价自己的进步。因此无论是学校的还是教研组、备课组的校本教研要充分考虑教师的学习需求，发挥教师在校本教研中的主体作用。

改变教研计划制订的主体，由原来自上而下——教研组组长根据学校的中心工作制订计划，变为自下而上——由组员提出教育教学中面临的问题，由共同商讨，共同制订教研计划，尊重教师在校本教研决策中的主体性地位。这样的教研计划更加贴合教师的实际需求，在实施中更能得到教师的支持与拥护，教研的效果也更好。

4. 每个月确定一个明确的教研主题

过去，教研的主题大多由学校确定，教研组负责组织落实。现在，将教研主题的确定权还给教师，由教师提出发现的问题，由组长收集、整理、归纳，充分尊重教师的自主性、主动性和创造性，调动教师的主动参与性。初中物理组2018年7—11月的教研主题如表5-3所示。

表5-3　初中物理组2018年7—11月的教研主题

时间	主题	主发言人	讨论问题与教研安排	参与者
2018年7月	物理实践课程开发与教学资源建设	高洪梅	1. 实践课程要满足哪些特点？ 2. 物理实践课程如何与课内学习联结	全组成员

续表

时间	主题	主发言人	讨论问题与教研安排	参与者
2018 年 9 月	中考改革对物理教学的要求	丁焕银	1. 中考改革中要求的实验能力如何在课堂教学中落实？ 2. 在平时的教学中如何落实核心素养？ 3. 听一节核心素养在课堂教学中落地的课(上课教师：祝佳佳)	全组成员
2018 年 10 月	创新实验设计与实施	李朝纲	1. 创新实验的"新"在何处？ 2. 创新实验教师预设与学生生成的关系如何处理？ 3. 上一届创新实验课(上课教师：李朝纲)	全组成员
2018 年 11 月	学生学法指导	刘慧敏	1. 如何指导学生更好地学习物理概念？ 2. 如何分析学生的学情？ 3. 如何在学生课堂听讲与课后迁移(作业)之间搭建桥梁？ 4. 开展一节学法指导的公开课(上课教师：聂苏敏)	全组成员

从初中物理组的教研情况来看，该教研组在每个月围绕一个教研主题开展教研组活动，由主发言人引导教师讨论，同时小组所有成员都围绕发言的主题进行讨论。讨论的问题有的是事先进行预设的，有的是由教师在主题发言后提出的。更为值得提倡的是，每个月不是只讨论问题，而是要落实到课堂中，将教研的成果拿到课堂上去接受检验，让学生受益。还要根据每个主题确定一节公开课。该教研组有明确的目标，有理论，有实践，有思路，有方法，值得推广。

5. 完善的校本教研激励和评价机制

就学校而言，教研组不只是一个上传下达的职能部门，更是一个观念转变、实践演练的培训基地和探索问题、解决问题的研究组织。要使教研组的能动性得到最大程度的激发，促进教学、研究、进修一体化，真正成为一个充满生机与活力的学习化组织，要把一整套行之有效的制度作为保障，更要靠制度把教研活动进行内化，从而做到自下而上，民主开放，人人参与，有效、可操作。比如，教师参加校本研究的"六个一"制度：①每学期撰写一个教学案例或者实践活动案例；②每学年撰写一个育人故事和一篇论文；③每学年每个教研组开发一个 STEM 课例；④每学年每个教研组精心打磨一门选修课程；⑤40 岁以下的青年教师和骨干教师或学科带头人每学期上一节研究课或公开课；⑥每学期每个备课组举办一次学科活动。

制度建立之后还要建立相应的考核激励机制。例如，帮助教师制订个人专业发展的教研计划，制定合理的发展目标，进行目标激励；组成有专家引领的考核小组，对教师进行发展性考核。制订学科带头人、骨干教师的评比方案。每年评选一次，评选比例在每年可适当地调整，不实行终身制，对评上的各类教师给予一定的补贴及奖励。学校对参与校本教研活动取得显著成绩的教师进行奖励激励；教研部门建立教师需求信息的反馈制度，及时了解教师中存在的带有普遍性的问题，并针对此问题组织教师开展研究或进行专业引领和内需激励。

这些制度进入校本教研的全过程，充分体现其导向性和激励性，使教师从"要我学"转向"我要学"乃至自我超越。

（三）教师在校本教研中的主体性地位得到加强

在研究的前后期，我们就教师在校本教研中主体性作用发挥的情况分别做了问卷调查。问卷调查是通过问卷星的方式发放在学校的工会读书群，由教师无记名填写问卷。105 位教师参与了前期的网上问卷调查，110 位教师参与了后期的问卷调查。两次问卷覆盖了学校所有的学科（学校的专任教师有 150 位）。需要指出的是，下文各数据比例之和不是 100％，是由于按四舍五入法处理的。

1. 教师参与校本教研的自觉性得到提高

从学校教师参与校本教研的自觉性来看，教师参与校本教研的自觉性得以提高。从研究开始到现在，教师在校本教研中很愿意贡献自己的智慧与力量的比例上升了 16.54 个百分点，很愿意和比较愿意的比例总体提高 10.17 个百分点，如图 5-9 所示。

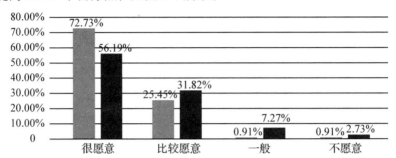

图 5-9　教师在教研团队中贡献自己的智慧与力量的意愿

从学校教师在教研组发言的积极性来看，教师在校本教研中发言的积极性有了明显的提高，如图 5-10 所示。

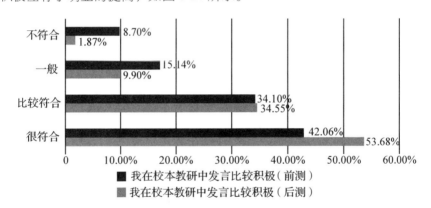

图 5-10　教师在校本教研中发言的积极性情况

综上所述，由于学校实施了改进校本教研的一系列策略，教师在校本教研中贡献的意愿度和发言的积极性有所提高，说明这些策略是有效的。

2. 教师参与校本教研的自主性得到提高

在对教师听取他人经验时的态度与做法的调研中，选择很符合和比较符合的教师明确表示自己在听取他人经验时，不盲目照搬，能根据情况合理改造，比之前提高了 11.47 个百分点，如图 5-11 所示。

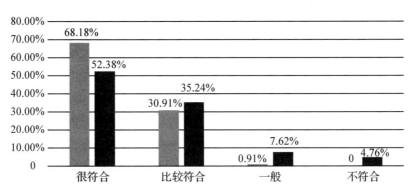

图 5-11 教师在听取他人经验时能够合理改造的情况

在调研教师对教育教学目标的追求时，100％的教师回答自己对教育教学有自己的目标追求，如图 5-12 所示。在前期的调研中，有近 12％的教师对教育教学目标的追求不是很明确。这应该与学校开展面向核心素养的教学研讨和培训并要求教师明确每章节和每课时的学习目标有关。

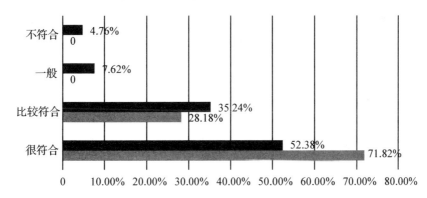

图 5-12 教师对教育教学目标追求的情况

综上所述，从教师对待他人经验的态度与做法和对教育教学目标的追求来看，教师的自主性在明显增强。

3. 教师在校本教研中的能动性越来越高

在面对同事的求助时教师能给出积极中肯的建议方面，99％以上的教师在面对同事求助时，能够积极出谋划策，反映教师之间的互动比较良好，如图 5-13 所示。

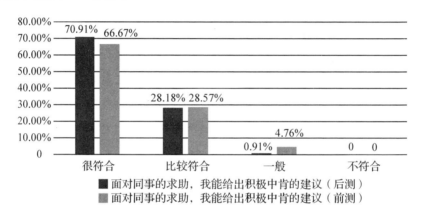

图 5-13　面对同事求助时教师能否给出积极中肯的建议的情况

在问及教师在教研团队中影响力的情况时，选择很符合和比较符合的教师认为自己在教研团队中具有一定的影响力，比之前提高了 8.35 个百分点，如图 5-14 所示。这反映出通过校本教研模式和教研内容的改革，教师之间的互动性加强，教师的能动性得到了更高的发挥。

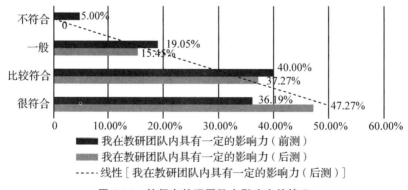

图 5-14　教师在教研团队中影响力的情况

综上所述，通过教师在校本教研中影响力的提升，以及教师之间互动性的加强，我们可以认为，校本教研的改革促进了教师在校本教研中能动性的发挥。

4. 教师在校本教研中创造性的发挥情况

在对教师创造性地解决问题情况的调研中，后期参与教研的 110 位教师中，58.18％和 38.18％的教师分别认为自己很能够和比较能够创造性地解决教育教学中遇到的问题，如图 5-15 所示。从前后测的比较来看，教师明确表示能够创造性地解决教育教学问题的比例的变化不是特别大，只提升了不到 6 个百分点。这说明教师的创造性不是那么容易得到提高的，又或者近期校本教研的内容在提高教师创造性方面做得还不够。

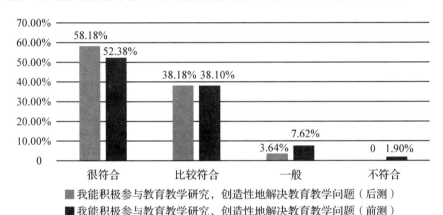

图 5-15 教师创造性地解决教育教学问题的情况

在对教师有关创造性工作的喜欢程度的调研中，57.27％的教师表示自己很喜欢有创造性的工作；36.36％的教师表示比较喜欢有创造性的工作；只有个到 10％的教师表示不太喜欢有创造性的工作，如图 5-16 所示。从前后测的情况来看，教师对创造性工作喜欢程度的比例的变化并不明显，表明教师整体上对待教育工作还是比较积极的，有一定的创造性。这可能与学校午轻教师所占比例比较大有关，也可能与学校提倡的爱岗敬业、追求卓越的教师发展理念有关。学校在校本培训中，非常重视对教师潜能的发挥，给教师提供广阔的舞台以施展才华，教师的积极性和创造性得到较为充分的激发。

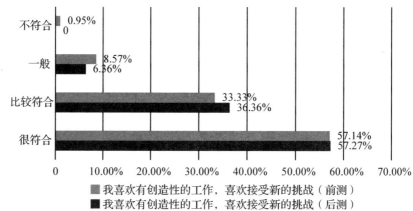

图 5-16 教师对创造性工作喜欢程度的情况

综上所述，通过学校近一学期的校本教研改进计划，教师在教育教学和校本教研中的自觉性、自主性、能动性和创造性都得到了发展。

七、 研究局限与展望

本文主要是以北京市第五十七中学为例进行的行动研究。由于作者是一线教师，研究经验和研究水平比较有限，再加上研究的时间比较短，只有半年左右，因此研究还不够深入、细致。在研究对象的选择上，还不够充分，只研究了学校为数不多的几个教研组和教师的情况；在研究方法的选择上，主要运用了行动研究法。此外，关于校本教研策略的研究也不是很深入，目前尽管提出了主体参与式校本教研模式，但对其研究还不够深入细致。

专家评语：该文从学校校本教研遇到的真实问题出发，通过调查研究分析了影响教师在校本教研中主体性作用发挥的因素，利用行动研究的方式，探讨了促进教师在校本教研中主体性发挥的教研策略，寻找到了具有操作性的促进教师校本教研积极性的策略与方法。在校本教研中采取这些策略，取得了较好的效果，教师参与校本教研的自觉性、自主性、能动性和创造性有了较明显的提高。该文丰富了教师主体性的内涵和外延，在研究中注重收集资料，用事实和数据说话，对研究对象进行前测和后测。其描述的研究流程和研究过程对于其他研究者从事相关研究具有一定的价值。

点评专家：北京师范大学教育学部 马宁副教授

校本教研促进教师专业发展的实践研究

北京市大兴区榆垡镇第二中心小学

柳月梅

【阅读摘要】加强和改进新时代的教研工作，完善校本教研体系和校本教研制度，促进教师的专业发展，是近年来教育政策的重要导向。学校以校本教研为切入点，为教师专业发展搭建培训和展示平台，在促进教师专业发展的前提下，探索总结出适合农村学校开展校本教研的途径与方法，期望能对广大农村学校校本教研的开展提供参考。本文通过两年的研究，建立了校本培训制度，形成了校本教研的长效机制，探索出了专业引领的教研模式以及特色校本教研活动。通过参与研究，学校教师的教学研究能力得到了提高，对自身行为的反思性实践能力得到了改善。校本教研成为教师专业发展的重要措施与途径，为学校发展提供了助力。

【阅读关键词】校本教研；教师专业发展；实践研究

一、 问题的提出

《中共中央 国务院关于深化教育教学改革全面提高义务教育质量的意见》明确提出，要发挥教研的支撑作用。不断加强和改进新时代的教研工作，完善校本教研体系和校本教研制度，促进教师的专业发展成为当前的重要任务。该学校是一所地处北京市大兴区的偏远农村学校，教师的专业发展意识不强，教师队伍不稳定，但是社会和家长又对学校提出了更高的要求。因此，基于扩大学校的影响力并打造鲜明的学校特色的目的，利用校本教研，促进教师专业发展成为学校实现快速均衡发展的必然选择。

二、 概念的界定

本文认为，校本教研是以学校为一个单独研究单位，把教师在日常教学工作中遇到的问题和难题当作主要研究对象[1]，需要教师积极主动参与，以教师为研究主体，学校领导、教育专家等人员参与，通过教师参与集体备课、听评课、专题研讨培训、经验总结交流等系列活动，转变教师的教育观念，改进教师的教学行为，提高教师的教育水平，增强教师的研究意识，从而促进教师专业能力的快速发展、提高教学质量。其中最大限度地调动教师的自主性和积极性成为最关键的部分。[2]

本文认为，教师专业发展指的是教师从一个新入职的适应期教师成长为有经验的成熟期教师，乃至达到教育领域专家型教师的过程。

三、 研究价值和意义

丰富的实践研究为理论发展提供依据。无论是校本教研还是教师的专业成长和发展，都是在教师能够发挥主动性、自觉性的条件下才能达到最佳效果。这就决定了两者可以互相影响。本文通过研究的实施总结出校本教研在教师专业成长中起到的积极促进作用。同时，为校本教研和教师教育教学能力的发展的高效融合提供更多的案例支撑。研究的最终目的是更好地指导实践。本文通过研究发现农村地区学校在利用校本教研促进教师专业成长和发展方面的问题，并提出解决措施。我们期望

---

[1]　杨慧：《校本教研对英语教师专业发展的影响》，载《散文百家（下）》，2018（2）。

[2]　刘美娜：《大学文化视域下高校教师晋升与评价制度研究》，硕士学位论文，哈尔滨工程大学，2009。

本文的研究成果能够为其他农村地区的同类学校开展校本教研，促进教师专业成长和发展提供一定的参照和帮助。①

四、 研究目标与方法

（一）研究目标

本文旨在探索出适合农村学校的常态化教研机制和特色教研活动，形成适合农村学校的活动设计、实施策略、保障机制、长效机制等成果。

（二）研究方法

行动研究法：通过学校进行为期两年的校本教研实践研究，核心成员与教师密切配合，自由交流，协同合作促进自身的改进与发展。

文献法：通过查阅相关书籍和刊物以及中国知网等资料，汇总并梳理校本教研、教师专业发展以及两者之间关系的文献资料，了解有关校本教研的发展历程、基本内涵、方法和途径等的研究现状，提炼形成新的观点和认识，为本文的研究奠定理论基础。

个案研究法：个案研究能够让我们更加清晰地探究问题的成因、发展过程，为分层提升教师的专业水平提供实践支撑。本文的研究以学校青年教师参加专家工作室为例，记录并观察教师在校本教研中的行为、表现和专业发展轨迹。

五、 研究内容与过程

（一）研究内容

本文以北京市大兴区榆垡镇第二中心小学为研究对象，探索以校本教研促进教师专业发展在实践层面上的经验与不足。重点围绕校本教研促进教师专业成长和发展的活动设计、实施策略、保障机制以及借助专

---

① 雷自自：《基于校本教研的教师专业发展研究》，硕士学位论文，西南大学，2010。

家工作室促进教师专业成长和发展的个案等方面进行研究。具体包括以下四个方面。

1. 校本教研活动设计的研究

学校通过集中培训，解决教师常见的问题或者共同问题；教师通过研讨会，进行经验交流和推广；教师通过大教研日进行理论学习和课例研讨以及经验交流；教师通过课例教研，以专家工作室为单位进行听课、评课、研讨、理论学习；学校通过定期召开核心组成员研讨会，帮助教师提高课题管理能力和课题研究能力。

2. 校本教研实施策略的研究

学校以学科为分类标准组建教研组，开展日常教学研究活动；成立专家工作室，进行课例教研；确立大教研日，进行多学校、多年级、多课程同时教研；提倡超小课题研究，提升教师的科研能力[①]；开展一师多徒和一徒多师活动，助力新教师快速成长。[②] 学校通过以上形式的研究提高教师的专业水平。[③]

3. 校本教研保障机制的研究

学校对校本教研的有效组织和领导是校本教研顺利实施的关键保障。[④] 学校应该注重校本教研保障机制的建设，形成适合本校的保障机制；建立健全各种关于校本教研的评价制度，从而为校本教研顺利开展做好制度保证[⑤]；制定实施方案指导课题研究。课题核心研究成员研讨确立校本教研流程，保障校本教研活动落实到位。

4. 借助专家工作室促进教师专业成长和发展的个案研究

校本教研是一种在教育理论指导下的课堂教学实践研究，而教育理论和课堂教学实践之间有着不容易跨越的"消化理解阶段"。专业人员是

---

① 刘怀萍、姜德华：《中小学骨干教师科研能力与专业发展现状调查及对策》，载《天津市教科院学报》，2017(6)。

② 孔丽尹：《数学教师专业发展的规划与实施》，载《软件(教育现代化)(电子版)》，2014(2Z)。

③ 江李辉：《促进教师专业发展的网络教研实践研究——以嘉高实验中学为例》，硕士学位论文，浙江师范大学，2011。

④ 周小山、严先元：《教研的学问》，38页，成都，四川大学出版社，2010。

⑤ 李宝庆、肖庆顺：《校本教研制度建设：问题与对策》，载《天津市教科院学报》，2012(3)。

带领教师把先进的教育思想和理念内化成自身教学行为的引路人。校本教研同时也是教育能够向高层次的可连续性发展的必要保障。学校可以聘请专业人员，组建语、数、英专家工作室，遴选本校优秀的青年教师加入工作室，追踪记录教师的专业发展历程。

（二）研究过程

1. 第一阶段：准备阶段（2017年5月—2017年8月）

①成立课题研究组。学校成立了以课题负责人为组长、教育教学干部为组员的课题研究小组，对课题进行解读，进行任务分工。

②查阅相关资料文献，了解国内外的校本教研方法、途径和研究动态。学习有关理论，为研究提供依据和指导，进行梳理分析，形成初步的研究方案。

③邀请相关科研专家、教育专家研讨本课题的可行性和科学性，提出具体的可操作的实施方法。在开题中根据专家提出的意见，进一步明确课题的研究目标，使研究课题更加清晰，更具有操作性。

④设计《教师专业发展需求》问卷，进行相关需求的调查。[①]

依据教师发展需求的调查结果，明确校本教研两年的研究方向，建立健全制度和评价机制，激励教师主动参与。

2. 第二阶段：实验阶段（2017年9月—2019年1月）

①教师在学期初进行理论学习。学期初，教师分层次进行理论学习。学校为教师提供国内外和本课题相关的研究文献和典型案例的研究成果资料。发放的学习资料包括：《15秒课堂管理法》《应用学习科学》《笔尖上的精彩》《课堂上究竟发生了什么》《用技术解决问题》《致青年教师》《管理行为》《教育的重建》等。教师根据自身的弱项自主选择要学习的书籍，利用课余时间进行学习并记录学习心得，期末上交学习体会。

②专家引领案例研讨，提炼研讨视角与内容。引导教师从教育理念、内容、策略、方法的角度出发，分别站在学生、教师、家长、教材、社

---

① 王敏：《教师专业发展需求及其分析》，硕士学位论文，华中师范大学，2012。

会等多个主体角度对相关案例进行集体探讨，促进教师针对实际问题进行多元解读、多元思考，为教师提升研究意识和提高研究能力提供了方向引领。

③教师集体进行课例研讨。教师集体进行典型课例研讨，进行从现象到本质的反思。

④教师分组进行课例研讨。分组研讨可以将研讨范围铺开，促进教师个体的积极参与。我们发动全体教师通过多种渠道收集、寻找、撰写教育教学案例，在每周教研活动时间让每位教师把自己找来的案例或者自己亲身经历的案例，无论是成功的，还是有问题的、感到困惑的，和大家一起探讨分析。每位教师针对案例叙述的事件发表自己的看法，结合自己的亲身体验各抒己见，从理论到行为，从不同主体的视角展开较激烈的讨论和辩论。每位教师在研讨中都有展示自己的机会，都能够与同事和专家进行深入的交流。

⑤学校开展研究课评优活动。在课上，教师去发现有特色的思考点，截取成小片段进行集体研讨反思。

⑥教师召开交流分享会，进行再思考，再实践。

3. 第三阶段：总结阶段（2019 年 2 月—8 月）

这个阶段主要是进行课题总结。学校可以提炼成功的做法，写出结题报告，编印教师的优秀论文集、案例反思集。

六、 研究成果与结论

（一）研究成果

通过两年的实践研究，校本教研最大限度地在我们这样一所偏远农村学校发挥作用，我们的教师是研究的主体和受益人。教师的教学水平得到了提高，直接体现在改变了自身的课堂教学行为，从而提高了班级教学质量。具体成果如下。

1. 建立评价制度，不断提高校本教研质量

学校为了保障校本教研的实施质量，建立了《教研组评优制度》《风采杯赛课制度》《教师能力提升工程制度》《骨干教师管理、评价制度》《教案评价制度》《教学巡检制度》六项制度。《教研组评优制度》明确提出了教研组的活动要求、评优标准，使得教研组组长对这项工作在开学初就做到心中有数，使一个学期的活动设计都能够围绕评优制度和要求进行设计和开展；《风采杯课赛制度》为教师搭建了展示和交流的舞台，从制度上保障和推进了此项工作的进行；《骨干教师管理、评价制度》不仅明确了骨干教师的权益，同时也指出了他们的义务，从制度上保证了骨干教师示范引领作用的发挥和落实；《教案评价制度》和《教学巡检制度》规范了教师的日常和课堂教学行为；《教师能力提升工程制度》从学校的层面上保证了教师的权益和培训机会。

2. 形成长效机制，保障教研持续有效开展

(1)制订校本培训的实施方案

制订详细的实施方案，并带领所有课题组核心成员进行解读和学习。做到明确总体工作思路，明确任务，按照时间节点进行汇报、总结。及时梳理阶段性成果，发现不足，及时调整，保证研究工作顺利进行。

(2)建立校本培训的流程

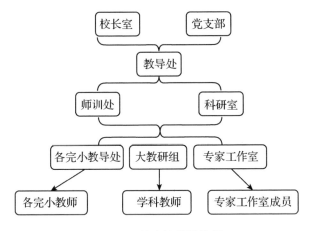

图 5-17　校本培训的流程

（3）组建校本培训的师资队伍

本着能者为师的原则，从本校及周边选聘有能力的优秀教师和教学专家组成专家团队。优秀教师指导和设计校本培训主题活动；教学专家指导开展教师专业技能与培训活动。

（4）探索形成校本培训的常态形式

通过研究，学校探索形成了五种培训形式：第一种培训形式为集中培训。它需要全体教师参加，一般在学期初或者学期末举行，在培训中主要解决教师常见的问题或者共同问题，通过集中培训促使教师形成共同的价值观。第二种培训形式为研讨会。它旨在进行经验交流和推广，一般和全体教师会共同进行。第三种培训形式为大教研日。固定时间为每月最后一周的周五下午，全体教师进行理论学习、课例研讨、经验交流。学校搭建平台，为教师提供学校内部资源使用的交流研讨机会，促进教师相互学习，共同提高。第四种培训形式为课例教研。以教研组或者专家工作室为单位进行听课、评课、研讨、理论学习。每两周开展一次活动，帮助教师把新的教育思想理解消化，转变为自己的课堂教学行为。第五种培训形式为定期召开核心组成员的总结分析会。它旨在提高核心组成员的课题管理能力和研究能力。

（5）校本培训的管理和激励机制

为了使教师积极参加校本培训，并且保证培训的效果，采取校本培训和教师继续教育相结合的方式。具体来说，首先，每次校本培训活动要求负责人有完整的过程性材料，有计划、记录、学习体会、总结。其次，要求教师全员全程参与活动，还要严格考勤制度，有签到记录，凡缺勤超过四分之一，不记学分。最后，参与活动并按照要求完成各项任务且合格的教师，记校本培训的学分。

（6）成立学科教研组和教研组群，开展日常教研活动①

学校开展分组教研活动，按照学科分成语文、数学、道德与法治、科学、艺术、体育、英语7个教研组，并且根据低、中、高学段分成教

---

① 郑洁、王海燕、李秀文：《走在前面——太平桥中学追求内涵发展的实践探索》，103～104页，北京，首都师范大学出版社，2008。

研组群，开展校本教研活动。由于各完全小学的距离较远，交通又不是很便利，各组长为确保顺利开展活动，建立了 QQ 群和微信群，很好地解决了因为各校距离远不能及时沟通的弊端，同时享受资源共享。

学校在开学初对 7 个教研组组长进行集体教研培训，使他们明确在校本教研中研什么、怎么研，之后再通过教研组进行培训；使教师明确研究方向、掌握研究方法，促进教师教育观念和教育行为的转变。

在活动中，各组教师都能积极投身于校本教研中，钻研教材，吃透课程标准，各抒己见，充分发表自己的观点，形成了良好的教研氛围。

为了更好地调动各组教研活动有效开展，学校制定了明确的规章制度和奖励制度。要求各组坚持每学期进行不少于 8 次的集体学习研讨和听评课活动。每学期末收集活动的各项过程性材料，每学期末举行一次交流评优活动，对开展有实效、有特色的教研组进行表彰。

3. 引入外部智力，促进教师的专业发展

(1)专家工作室

为了提升教师自身的专业素质，保证校本教研质量，学校成立了语文、数学和英语三个学科专家工作室。每个工作室选定 5 位学科骨干教师作为培养对象，聘请了北京育才学校小学部原校长古燕琴、大兴区第二小学原校长和数学特级教师姜丽民以及光明小学英语特级教师马荣花三位学科专家每月两次来校进行专业引领。

专家工作室活动的定期开展，使区、校两级的骨干教师的师德修养和教学水平得到快速提升。在研究期间，学校共进行了 110 余次教研活动，做研究课 100 余节。全程参加工作室活动的教师，通过大量的课堂实践和专家指导，在教学水平、教学策略等方面都有较大程度的提高。工作室的 16 名成员参与的 4 个市、区级科研课题在进行研究。他们参加市级和区级课堂教学竞赛、基本功技能竞赛等，多次得到一、二等奖。两年的实践研究中，工作室植根于课堂，逐渐形成了一种同伴互助、研究协作、资源共享的研修模式，快速有效地提高了工作室成员的教学水平，也带动了其他青年教师的教学水平的提升。加入专家工作室的教师，现在已经成为校本教研活动中的骨干力量。并且，他们还担任了教研组的组长，在各自的学科中发挥着传帮带的作用。更有一部分优秀的教师成长为市区级学科骨干教师或者学科带头人。

（2）课例教研

在校本教研实践研究中，在专家的带领下，教师还开展了课例教研活动。具体研究步骤如下：课前，确定研究问题，并根据问题设计教学方案。课中，按照方案实施，并且记录下问题。课后，进行研讨。研讨分三次进行。第一次研讨：讲课教师在教师团队和专家的引领下上完一堂课后，进行第一轮反思。讲课教师寻找自身和课堂教学中的不足，修改教学设计，并与同工作室教师进行研讨，在此基础上形成新的课例设计。第二次研讨：讲课教师聆听专家的指导意见，更新理念，并对新的教学设计再次进行研讨分析。讲课教师使用修改过的教学设计再次换班进行教学实践。第三次研讨：讲课教师在课堂教学结束后进行第三轮研讨，与团队一起比较分析，找出各个阶段上课的差异和变化。经过三次研讨后，讲课教师针对研讨内容撰写体会和反思，及时记录收获。最后，讲课教师整理出最新的设计方案，形成本节课的备课资源，在年级组内进行共享使用。

课例研讨的开展实现了"培训—反思—实践—再培训—再反思—再实践"如此循环往复的过程，帮助并促进了教师把理论性知识转化为自己的教学经验，从而促进了教师的专业发展。

4. 磨砺特色教研活动，搭建教师专业发展的展示平台

（1）坚持大教研日活动，实现多学校、多年级、多学科教研

因地域问题，教导处主导开展大教研日活动。即每月最后一周的周五下午进行全体教师集中大教研日活动。开展教学研究，扩大研究的参与面，达到同事互补的效果。开展跨学校、跨年级、跨学科的教研活动，让每一位教师都在教研活动中有机会展示自己的专业发展情况。每一学期的教研主题都会有所不同。例如，教研主题分别为："同伴互助，提升教学能力""关注教师成长，用心做好研究""提升学科素养，争当优秀教师""关注学生实际获得，用心上好每一节课"。同时，坚持集中教研和教研组分散教研相结合的教研形式，并且让所有的校级干部深入每个教研

组全程参与教研活动。这种形式为学校教师搭建彼此交流的平台，实现了教师互相交流、探讨、共同进步的目的。

(2)提倡超小课题研究，提升教师的科研能力

在每学期，学校都要求每个教研组结合自己本组的实际教学情况，进行小课题研究，并在开学初的教研组组长会上由区级科研骨干教师进行培训。学校要求各组确定本组的小课题研究。从选题上做到贴近工作，贴近现实，贴近教学，做到科研为教学工作服务。贴近工作就是从工作中发现问题，如"学困生转化研究"；贴近现实就是从自己的本职工作出发，发现问题，如"加强学生解题技巧指导的研究""习题教学研究"等；贴近教学就是从教学中发现问题，如"培养学生提出问题的能力"。学校的小课题研究可以说是涉及的领域和内容很多。例如，"情怀教育促进班级管理""废弃纸盒在小学美术中的再利用""如何实现高效课堂的探讨""农村学生英语单词的识记"等研究。一段时间下来，每个组都积累了很多资料，也在自己的研究内容和领域里探索出了一套适合本年级、本学科的经验，在一定程度上提高了本学科的教学成绩。

(3)举行校内科研周活动，展示研究成果

根据校本教研的研究进程和研究计划，在不同的时期，将教师的研究成果进行交流展示。

①课堂教学展示、比武、交流。

每个学期都要开展骨干教师引领课、党员教师献优课、青年教师汇报课，以及全体教师参加的风采杯比武课，并聘请教研员做评委。学校还积极参加协作区和集团校的研修活动。在三位专家的引领下，学校也开展走出去的活动。工作室分别走进北京教育科学研究院大兴实验小学、北京小学大兴分校、北京育才学校、旧宫小学等学校进行教研活动。学校信息技术教师孙宁老师还到内蒙古乌兰察布市察哈尔右翼前旗实验小学等进行为期三天的援蒙授课活动。一系列的活动加强了工作室与各校教师之间的交流，使教师在活动中充分汲取养料，丰富自己的经验，不断深入地发展自己。

②教师论坛。

为了鼓励教师及时撰写反思和收获，学校在每学期都会收集教师的原创论文，聘请专家进行打分、评比，将优秀论文在校内进行交流，并推荐发表。

③课题阶段研究汇报。

为了进一步推进课题研究的进展，展示和推广课题研究已经取得的成果，学校开展科研周活动。聘请区级科研员，来学校参加科研周汇报展示活动，并对课题研究方向进行指导和把关工作。

（4）创新师带徒工作机制，帮助新教师完成跨越式成长

建立师徒共同评价的管理模式，包括"计划、实施、跟踪、考核、反馈"五个环节。为此，学校建立师徒共同评价考核体系，将评价结果作为他们每年进行职评、考核、评优评先的依据。

基于以上管理模式，学校在原有的模式下增加了"一师多徒""一徒多师"的形式。[1] 即学校为每一位市区级骨干教师和学科带头人成立校级工作室，指定一位或几位新参加工作一到三年的青年教师作为徒弟；同时为每位新教师指定了不同领域的师父，并且明确了师徒共同评价的标准，以徒弟的进步和成就，考核师父，做到捆绑式发展。青年教师结合自己的实际情况，提出问题；每一位师父都会精心辅导，为每位徒弟支出最好的"招"。这种"两多"模式，实现了教师专业发展从点到线再到面的发展过程。正是这种职责明确的活动，帮助学校的青年教师完成了跨越式成长。

5. 多种数据证明，本文的研究极大地促进了教师的专业发展

（1）在集体荣誉和个人获奖方面体现明显

2017—2019 年，学校在教师获奖方面累计为 440 项，较两年前提高了 31.4%；指导学生获奖 339 项，较两年前提高了 32.9%。学校还分别获得了大兴区"师德建设先进集体"称号、北京市首批"文明校园"称号。同时，学校在每年都会有多名教师得到区级认可，获得十佳教师、师德榜样、师德标兵、道德榜样、先进个人等荣誉称号。

---

[1] 张洁：《基础教育内涵均衡发展的研究——对南京市、大丰市部分学校教育现状的调研分析》，硕士学位论文，扬州大学，2010。

（2）学校的骨干教师比例不断上升

自开展校本教研以来，学校骨干教师的比例呈上升趋势，从 2017 年的 8 名提高到 2019 年的 14 名，且新增学科骨干教师的比例呈上升趋势。美术、数学、体育骨干教师更是实现了零的突破。

（3）教师在区内外做课的数量逐年攀升

学校教师在专家的指导和推荐下，多次参加各级别的研究课。他们参加 2017 年市区展示课、汇报课，共 17 节，2018 年增长到 27 节，2019 年已经超过 50 节。他们在多种场合推介了自己，也为学校争得了荣誉，提升了学校的社会影响力和口碑。

（二）研究结论

1. 校本教研是改进农村教师的反思性实践和促进专业成长的重要途径

在当前的教育改革大潮中，教师专业成长已变成教育者们关心的核心问题。而地处农村地区的学校因历史、观念和地域、条件配置等多种客观问题，导致教师专业发展十分缓慢。教师队伍的年龄整体趋向两极分化，知识结构和教学方式已跟不上改革的节奏。如何探索一种新的教师培养方式和校本教研形态，成为促进农村教师专业成长和发展的关键所在。校本教研，在同伴互助中可以帮助教师熟练地克服种种教学困难。同时，能够让教师减少不必要的劳动，在相同的工作时间内，提高教学质量；也能督促教师自主、自觉采取行动，改变自己的课堂行为和状态。

总之，在校本教研实践中，地处农村的学校应该结合自己的现实条件和师资水平把握各个层次的教师专业需求，探索适合本校校本研修的有效方式，形成适合本校教师需求的研修方式，才能够达到促进本校教师专业成长的目的。

2. 校本教研是提高农村教师的教学研究能力的重要措施

农村教师专业发展的速度，已经能够影响到农村地区的教育水准。当前，教育改革也是大势所趋。时代在飞速进步，社会也在高速发展，农村学校的教师更是要面对严格的考验。他们必须要拥有能适应教育改革的专业知识，拥有更加科学的教育方法，拥有适合农村学生的教学模式，并且能够对教学过程有一定的把控能力和创新能力，能够具有积极学习新知识的能力和习惯，以此来促进自我学习和成长。校本培训不仅提高了教师的教学水平，还改变了教师陈旧的教育教学观念，帮助教师积极思考教育教学问题，增强了自我反思能力。

3. 校本教研是促进农村地区学校快速发展的重要保障

校本教研的根本目的是促进教师业务水平的提高和学校的快速发展。学校发展的快慢取决于教师专业发展的速度。学校的主阵地是课堂，教师每天工作的主阵地也是在课堂里。课堂也是教师成长的关键场所。因此，只有教师成长，学校才能更好地发展。

每所学校面临的问题很多，各所学校的问题也不尽一样。哪怕同是农村学校，问题也不尽相同。开展校本教研主要是解决"本校"教师的问题，这样才具有很强的针对性，使教师能带着问题而来，带着答案而去。在校本教研中，教师获得并掌握关于课程改革与发展的必要信息，能够获得专业引领。通过参与研修过程，教师的责任心和合作意识普遍增强。在和谐的人际关系团队中，教师队伍更加稳定。

一所没有研究的学校，是无论如何也走不远的。基于自身需要、教学实际问题的校本教研无疑是促进学校快速发展的重要保障。

七、 校本教研促进教师专业发展的实践研究的后续思考

"校本教研促进教师专业发展的实践研究"还没有结束，我们还面临一些现实困境：教师的理论知识是教师取得成功的重要保障，但是对于一所农村学校，教师的理论知识依然很薄弱。如何提升适合农村教师的理论知识，探寻合适的途径和方法，是学校发展需要解决的长期课题。针对以上问题，我们将继续开展研究，寻找适合农村学校特点的校本教研新路径，努力开创学校发展的新局面！

专家评语：该文以北京市大兴区榆垡镇第二中心小学为研究对象，探索以校本教研促进教师专业发展的实践策略，重点围绕校本教研促进教师专业发展的活动设计、实施策略和保障机制，并对教师专业发展的个

案进行了研究，为教师专业发展提供了有效条件。该文的研究目标明确、思路清晰、方法得当，已经形成了比较完善的写作框架和内容体系。建议下一步研究要加强理论提炼，注重科研引领，提升农村教师的理论水平，创新教师专业发展的途径和方法。同时，积极探索信息技术支持下的教育教学变革，促进信息技术与教育教学的深度融合，寻找适合农村学校特点的校本教研新路径。

点评专家：中国教育科学研究院 曹培杰副研究员

普通初中青年教师专业发展现状与培养策略
——以陈经纶中学劲松分校为例

北京市陈经纶中学劲松分校

冯琳　孟婷　闵睿　王静

【阅读摘要】从《国家教育事业发展"十三五"规划》的部分内容来看，在新的教育体制下，青年教师的培养将成为整个教师队伍建设中尤为重要的一环。为夯实青年教师的教育教学基本功，提升其内驱力，促进其自身、学校的发展，满足其自我价值实现的需要，最终惠及学生的全面发展，学校要为青年教师的专业培养提供有实效性的策略建议。在研究大量文献之后，本文通过调研、访谈、行动研究等多种形式针对青年教师专业发展现状和培养策略进行深入研究，发现了目前青年教师专业发展存在的问题及现有培养策略存在的弊端，找到了他们提高教学效果最亟需的专业培养内容、最乐于接受的专业培养形式。在此基础上，本文制订出新的青年教师专业培养方案，并在实践中不断总结形成具有实际可操作性的培养方案（草案），最终形成"三纵三横"培养模式，即纵向上基于市区、集团、校内三级，横向上基于心理、教学、教育三维的青年教师专业发展成长模式。

【阅读关键词】学科核心素养；教学能力；教师培训；实践研究

一、 青年教师专业发展概述

（一）青年教师专业发展的定义

对于青年教师专业发展的概念界定，很多学者有着不同的看法。总体来看，主要有两个角度。第一，侧重青年教师专业发展阶段。在这方面，我国的杨桂芝分析了青年教师的专业发展阶段，主要分为刚入职教师、1～3 年教师、3～5 年教师的特征。[①] 刚入职的教师理想化、刻板化、与学生沟通的能力弱。1～3 年的教师在实践与理论上不断整合，知识技能有所提高，经验增多，责任感略弱。3～5 年的教师相对娴熟、实效不断提高，分为知识型、技能型、经验型和学者型教师。可以看出，这种划分主要依据对青年教师专业发展的主观心理状态和客观能力水平的评估。第二，侧重青年教师专业发展内容。我国的朱新卓认为教师专业发展的内容涵盖知识技能、态度、情意等方面[②]；顾明远从职业意识、业务能力和心理素质三方面阐述教师素质结构。可以看出，青年教师专业发展内容也主要集中于对教师心理、能力、意识的培养。

综上所述，本文把青年教师专业发展理解为教师的主观心理状态和客观能力水平都在不断提升的过程。在这一过程中，他们的知识能力、心理素质、职业意识都在不断完善。然而青年教师的成长并不是简单的知识与技能的接受，他们的学习和发展是具有批判性的，是在不断学习、反思、批判中从青涩走向成熟的动态过程。

（二）青年教师专业发展的意义

从国家层面来看，《国家教育事业发展"十三五"规划》明确提出，鼓励青年教师参与教学团队、创新团队。这说明在新的教育体制下，青年教师的培养将成为整个教师队伍建设中尤为重要的一环。

[①] 杨桂芝：《初中青年教师专业发展的现状研究——以 L 中学青年教师为个案》，硕士学位论文，首都师范大学，2011。

[②] 朱新卓：《"教师专业发展观"批判》，载《教育理论与实践》，2002(8)。

从学校层面来看，青年教师是学校的未来和希望，是学校发展建设的生力军。因此青年教师专业素养的提升对于学校的蓬勃发展起着至关重要的作用。目前也有越来越多的青年人融入教育教学队伍，很多学校青年教师所占比例较高。他们在为学校的发展带来生机和活力的同时，也存在教育教学经验匮乏、发展意愿强、发展路径窄等问题。因此，提高青年教师的专业能力，加强青年教师队伍建设对于学校发展尤为重要。

从教师个人层面来看，新一轮的课程改革对教师从理念到方法都提出了更多、更高、更新的要求。为了更好地适应改革、顺应潮流，青年教师应当不断提升自身的全面素养。同时，在日常教育教学工作中，青年教师由于理论知识的欠缺以及经验的匮乏会感到力不从心。另外，青年教师普遍上进心较强，对自身专业发展有迫切需求，因此亟需有针对性、实效性的专业发展指导培训。以此夯实其教育教学基本功，提升其内驱力，促进自身发展，满足其自我价值实现的需要，同时惠及学生的全面发展。

（三）青年教师专业发展的路径

全方位促进青年教师专业发展需要有具体且有效的措施。整体来看，目前国内外促进青年教师专业发展的主要路径有以下几个方面。

首先，从教科研的角度分析，形成促进青年教师专业发展的基本模式。例如，王静、赵倩倩在《中学青年教师专业化发展现状与对策研究》一文中提出促进中学青年教师专业化发展的途径有师徒结对、听评课提升青年教师的教学水平；通过一系列校本培训与交流活动提升青年教师的教育教学技能和科研水平等。[①]

其次，以一个学科为对象进行研究，主要结合该学科教师专业发展的特点进行分析，提出青年教师发展的策略。例如，黄俊在《哈市初中青年英语教师专业发展研究——以哈市市区五所中学为例》一文中指出可从

---

① 王静、赵倩倩：《中学青年教师专业化发展现状与对策研究》，载《苏州教育学院学报》，2012(4)。

提高教师个人的素质修养、合理制定发展规划、完善青年英语教师专业发展的知识与能力结构、优化学校制度等方面促进英语学科教师的专业发展。[①]

　　这些研究为本文的研究打下了较为坚实的基础，也给研究提供了一定的思路和启发。但是存在提升青年教师专业发展的应对措施都比较大而宽泛，理论性强、实操性弱，缺乏评价体系且培训内容及培训对象比较单一，普惠性不强等问题。本文认为，青年教师的专业培养不是套路化的简单知识与技能的传授，而是一个系统的工程；在这一系统中不仅要考虑到对青年教师能力的培养，更要关注青年教师职业意识与心理状态的发展。本文把青年教师专业培养的范畴理解为包含他们在生涯过程中提升其工作水平的所有活动。因此，本文认为青年教师专业发展的培养策略，不仅包含具体的培训方案，还包含确定培训目标—确定培养模式—确定培养方案—方案实施—过程性评价—方案调整—再实施—解决问题—总结性评价在内的一个闭环。这一闭环以青年教师遇到的真问题、真需求为导向，在分析实际现状的基础上建构相应的理论基础，并在实践中不断完善。所以，我们在制定青年教师专业发展培养策略的过程中，需要深入探索青年教师专业发展的主观与客观现状，发现其内在规律；进而对已有培训策略批判性地应用，在保证其科学性的基础上加以创新，使其符合青年教师的专业发展规律，并在具体实践过程中不断修改，最终形成具有实效性的培养策略。我们从心理、教学、教育三方面对青年教师进行培训。每一维度的培训也并不是一个简单活动的堆砌，而是涉及全国、市区、集团、校内、组内多层次、宽领域的纵向立体培养模式。我们力图参与青年教师专业发展的全过程，使青年教师参加的大部分培训保质高效。

[①]　黄俊：《哈市初中青年英语教师专业发展研究——以哈市市区五所初中为例》，硕士学位论文，黑龙江大学，2013。

二、 青年教师专业发展的现状及策略研究

（一）青年教师专业发展的现状

我们在研究初期针对青年教师专业发展的现状进行了问卷调查，包括以下四个问题。第一个问题是您认为现在的工作压力如何？回答的选项为很大(5.9%)、较大(64.7%)、一般(29.4%)、没有(0)。第二个问题是面对教学中的各种情况，您能准确判断、恰当处置，并自信地对自己的教学行为负责吗？回答的选项为总能自信地有效处置(17.6%)、有时能(76.5%)、觉得比较困难(5.9%)。第三个问题是对于在您的学科学习中出现问题的学生，您能针对不同的学生采用不同的对策并取得良好的效果吗？回答的选项为经常(11.8%)、有时(76.4%)、偶尔(11.8%)。第四个问题是您认为目前的专业发展培训存在的主要问题是什么？为多选题，回答的选项为活动流于形式(27%)，教师缺乏参与的意识(10%)，缺乏有效的成果评价方法(27%)，培训内容没有针对实际的需求(33%)，其他(3%)。问卷调查结果显示，青年教师专业发展存在如图 5-18 所示的心理、教学和教育三方面的问题。为解决以上问题，我们制订了青年教师"三纵三横"专业发展培养方案，从青年教师心理健康、教学能力、教育管理三方面展开培训。

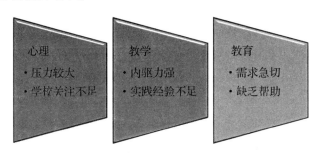

图 5-18　青年教师专业发展的主要问题呈现

（二）青年教师专业发展策略的成功案例

在不断调整完善"三纵三横"教师专业发展培养模式并实施培训之后，

学校青年教师的专业发展水平有了较大幅度的提升，教学能力、教育管理能力、心理健康水平都有较大的提升，其中青年教师李老师的表现尤为突出。

李老师是一位青年语文教师，也是一位青年班主任，对工作始终充满热情，对自身教育教学能力的提升有很高的追求。她积极参加学校开展的针对青年教师专业能力发展的系列培训，努力提高自己，并取得了较好的成绩。首先她参加了学校开展的心理拓展训练。在拓展活动中，李老师积极与同伴参与合作，展示了其健康饱满的精神状态。在青年教师交流沙龙和青年教师风采大赛活动中，她充分展示其个人自信风采，提高了自身的从教热情。李老师还积极参加市区、集团和校内的各种教学技能培训，以及市区级教学基本功大赛。她以赛促练，在备赛中提升自身的教材分析能力和学情分析能力，改进课堂活动设计和讲授方式，提高日常课堂教学水平，在教学基本功大赛中获得一等奖，有 5 篇论文在国家级和市区级比赛中获奖。

此外，李老师承担了一次区级研究课，在做课、磨课中其教学能力快速提升。同时，李老师一直坚持以研究促专业发展，先后参与了 2 个市级课题、2 个国家级课题，主持了 1 个市级课题。在此过程中，她有 3 篇论文获国家级奖项和 2 节课堂实录获国家级奖项，使教学和研究有机整合，即在教学中研究，在研究中教学。利用校内开展的"一人一课"展示活动，李老师跨学科、跨年级听评课，积极学习他人的长处。她坚持对每周的教案进行手写复备，针对学情进行有针对性的个性化设计，专注于打造闭环高效教学模式，关注学生课前、课中、课后的获得感。李老师认真学习、不断反思和调整自己的教学行为，摸索出了高效的教学方法，逐渐形成了自己较为成熟的教学风格。另外，李老师积极参加市区级班主任基本功展示活动以及班主任研究室活动。她不断学习和研究学生的心理，总结出了有效的管理策略，所带班级的班风良好，班内学生获得全面发展；她的班级也获得区优秀班集体称号。其撰写的德育案例 3 次获区级奖项，德育论文 2 次获市级奖项，班会设计与实录 2 次获区级奖项。

（三）青年教师专业发展的培训成果

在开展一系列培训之后，我们再次进行了问卷调查，寻找学校青年教师专业发展现状与本文研究之初的差异。问卷涉及 5 个反馈问题。第一个问题是您每学期参加本校组织的专业发展相关活动的次数是多少？回答的选项是 10 次以下占 47％，10～20 次占 47％，20～30 次占 6％。第二个问题是您自己对于教师的专业发展有什么规划？回答的选项是经常思考、有自己的发展规划的前测占 5.9％，后测占 31.6％；考虑过、但不知怎样着手的前测占 94.1％，后测占 47.4％；听从管理部门的安排的前测占 0，后测占 21％。第三个问题是面对教学中的各种情况，您能准确判断、恰当处置，并自信地对自己的教学行为负责吗？回答的选项为总能自信地有效处置的前测占 17.6％，后测占 29.4％；有时能的前测占 76.5％，后测占 70.6％；觉得比较困难的前测占 5.9％，后测占 0。第四个问题是您公开发表论文的情况怎样？回答的选项为从未发表过的占 76％，后测占 47.1％；发表过 1 篇的前测占 6％，后测占 17.6％；发表过 1 篇以上的前测占 18.0％，后测占 35.3％。第五个问题是您在自己教育教学中的改革尝试的情况怎样？回答的选项为尝试过、效果不错的前测占 41.2％，后测占 47.4％；尝试过、效果不理想的前测占 17.6％，后测占 26.3％；想尝试、但不知如何进行的前测占 41.2％，后测占 26.3％。调查结果显示，研究过后，青年教师参与培训的频率显著提升，内驱力、管理力、研究力、实践力都明显增强。在实践过程中，青年教师不断修改培养方案，最终形成"三纵三横"教师专业发展培养模式。

三、 青年教师专业发展培养模式的成果

（一）心理拓展训练

心理拓展训练作为心理辅导的一种重要形式所具有的特点与优势为：能够针对教师出现的一系列心理问题，集中目标，实施适当的行为干预，

使教师的积极心理体验在训练活动中得到强化，改善和健全他们的心理机能，提高其心理健康水平，提升其自信心、主动性和积极性；培养其合作意识和团队精神，建立良好的人际关系。[①] 心理拓展训练对于提升教师的心理素质、预防教师的职业倦怠、保持教师的心理健康具有十分重要的意义。具体实施策略见图 5-19，分别是项目体验为载体、态度训练为主旨、行为改变为方向。这种闭环培训，调动培养教师的主观意识与内驱力。具体有如下实施建议：拓展类活动包括室内心理拓展活动、环湖竞走活动、瑜伽学习、交谊舞培训、民族舞"学习周"活动。交流、沙龙类活动包括青年教师和骨干教师的交流活动、青年教师的风采大赛活动，以及心理咨询师为大家讲心理学小故事等活动。

图 5-19　心理拓展训练的具体实施策略

（二）教学技能培训

在教学初期，青年教师因学情和教育现状与自己想象中的相差甚远，很多时候会感到茫然无措。为了满足青年教师对自身教学能力提升的迫切需求，进一步提高青年教师的教学质量，同时结合问卷调查，我们发现对青年教师的教学能力提升方面帮助较大的有听评课、集体备课、专家讲座和外出培训等多种培训形式。在具体实施过程中，结合青年教师的特点，建议从市区、集团、校内三个维度展开，进行个性化教学指导，

---

① 施镜：《教师心理拓展训练的探索与研究》，载《中国健康心理学杂质》，2012(8)。

具体见表 5-4。

表 5-4　教学技能培训模式

维度	领域	形式
市区平台 普及性指导	宏观	日常教研活动
		高端备课活动
		教学基本功
集团平台 专业化指导	中观	优质专业培训
		跨校区联合教研
		课题研究
校内平台 个性化指导	微观	听评课
		自我复备
		框架式集体备课
		师徒结对
		教学反思

首先，市区平台普及性指导。一是开展每周一次的各学科教研活动，把握当代学科前沿动态。学校关注青年教师参与区教研的情况，每周反馈评价，旨在提高青年教师的专业发展能力。青年教师在区教研培训中提升了教学内容分析、活动设计等多项教学技能。二是承担市区级子课题、研究课，做到科教相融。做课磨课能促使青年教师的教育教学能力快速提升。三是鼓励青年教师积极参加市区级各类教学基本功大赛，为教师提供赛前培训，请市区级教研员或专家为参赛教师提供辅导。按照参赛教师展示—教师交流研讨—专家提出修改建议—参赛教师修改完善的流程，以赛促练。青年教师在备赛中提升教材分析能力和学情分析能力，改进课堂活动设计和讲授方式，提高日常课堂教学水平，也有机会获得各级各类奖项。

其次，集团平台专业化指导。一是邀请各学科区教研员和集团内优秀骨干教师进行针对性培训，全方位提升青年教师的专业能力。每次培训之后，组织青年教师积极撰写反思感悟，总结自己工作的得失，助力教师不断成长。二是开展每周一次的跨校区联合教研活动，让青年教师对教材的把握更加精准，课堂活动的设计更加有效。在此过程中，青年教师明确了教学设计的思路，学习到先进的教学方法，弥补自己的不足，可以切实提高自身的教学水平，对于自身的专业发展方向也更加清晰。三是依托集团内学科专家团队的课题研究，如语文阅读课题、数学"新异问题"的教学研究等，让青年教师在参与过程中，在专家的引领下，在课堂问题的设置、教学活动设计的创新、学生思维品质的培养等方面都进行实践创新，开拓教学思路。

最后，校内平台个性化指导。一是有效开展听评课活动，开展"一人一课"展示活动。① 青年教师进行跨学科、跨年级听评课，抓住课上时间，互相学习，取长补短。青年教师要落实公开课与相互听课制度，做到人人参与，针对每堂课都要既有自我反思，又有组内评议，以期提高课堂教学效果，从而提升教学能力。二是对每周教案进行手写复备。青年教师要在教案初稿上进行修改和标注，针对学情进行有针对性的个性化设计。教研组组长针对复备教案进行评价和改进指导，要求青年教师在课堂上专注于打造闭环高效的教学模式，关注学生课前、课中、课后的获得感，提升青年教师的教学设计能力。三是进行教学反思。在课后，青年教师要重视教学情况的反馈与反思，及时调整教学策略，通过教与学以及对不同层次学生的关注和跟踪了解，反思教学中的不足。② 青年教师在每节课后均要及时书写课后反思，并集体讨论，在不断反思中提升教学能力。四是集体备课。学校要健全备课组日常备课制度，各备课组在学期初制订备课方案，确定备课进度、备课内容和主备人。各备课组每周一至两次的集体备课，由每次的主备人先进行教材分析，明确教学目标和重难点；组内集思广益，优化教学设计，实现教学资源共享；最终每位教师根据自己班级的学情进行个性化的二次备课。同时教师利用每天碎片化的时间，上完课后及时研讨效果，调整策略，提升质量。在日常的集体备课中，青年教师汲取集体智慧，与同组教师探讨教法和学法，

---

① 罗廷平：《通过听评课促进数学教师教学能力的提升》，载《科技视界》，2018(26)。
② 朱有福：《如何通过有效教学反思实现专业成长》，载《甘肃教育》，2018(14)。

专注于提升课堂效率，打造高效课堂。五是师徒结对。师徒结对模式是在中小学中广为应用的模式，旨在助力青年教师的专业发展。[①] 师徒结对的形式可以使青年教师从经验型、专家型教师处获得丰富的实践性知识，更好地将其应用到之后的教育教学工作中。建议学校给每位青年教师配备同学科的教学师父，对该青年教师的教学进行有针对性的指导，并设计师徒结对展示大赛，评出优秀师徒。

（三）教育管理培训

亲其师，信其道。青年教师一定要研究学生的心理，思索学生的动机，站在学生的角度体会学生的感受，然后对症下药，采取措施。青年教师还应承担起"心理导师"的角色，及时了解学生的心理问题并及时处理，使学生有健康良好的心理状态，促进其全面发展。为了提高青年教师的教育管理能力，使师生关系更加和谐，并结合青年教师中相当部分教师在承担班主任工作的情况，建议开展针对教育管理的培训，尤其是青年班主任培训。[②][③] 首先，校外培训树标杆。市区级班主任基本功展示活动、班主任研究室活动、集团班主任工作会等多种活动，可以大力提升班主任的专业化程度和水平，通过培训有效促进班主任队伍建设的科学化、规范化、专业化，提高德育的实效性。其次，校内培训抓细节。校内培训包括教育管理讲座、读后感案例分享、教育故事比赛、校内班主任研究小组等多种形式。建议鼓励青年教师提交教育管理相关的论文、案例，调动青年教师对自身教育工作的方法积累，给他们提供展示自我价值的机会。成立中青年班主任项目研究小组，发挥每个班级中年教师的力量，让中年教师帮扶青年教师进行班级和学生管理。图 5-20 为教育管理培训的具体实施策略。

---

①　周媛：《课程改革背景下的中小学教师"师徒制"实施策略》，载《当代继续教育》，2016(2)。
②　辛计伏：《以初任班主任培训促青年教师成长》，载《北京教育（普教版）》，2018(11)。
③　潘芳：《浅析班主任班级管理方法》，载《读与写（教育教学刊）》，2019(2)。

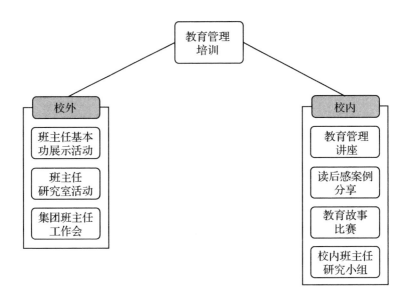

图 5-20　教育管理培训的具体实施策略

（四）评价体系

评价反馈是激发青年教师参与培训热情的有效手段，学校不仅应注重培训的具体方案，还应关注后续的评价奖励机制。这样对于青年教师的培训才能真正有效。[①] 因此，我们建议学校建立"青年教师成长档案"，尝试建立新的评价体系。成长档案建议包括：一是教师的基本信息与资料，如所学专业、最高学历、教师资格类型、从事教育教学岗位、经历、个人特长、喜好等。二是能反映教师成长过程的信息与资料，主要有教师个人三到五年的成长规划和阶段发展目标；发表或获奖的教学成果与证书复印件；观摩展示教学或参与课题研究等活动的记录表等；反映专业成长中的典型事件记录；教师专业学习、培训及考核记录、继续教育证书等；典型教育教学案例及个人反思的相关材料；所教学生学习和活动情况等。在关注过程性评价的同时，学校可以附上针对不同专业发展

---

① 蒋玉辉：《青年教师校本培养的思考——以重庆市实验中学为例》，载《重庆与世界》，2018(22)。

程度的青年教师制订的奖励方案。

四、 研究的特色与优势

（一）调查对象广泛， 数据的说服力强

本文在对陈经纶中学劲松分校的青年教师专业发展现状及培训策略进行深入调查研究的基础上，同时针对校长、中层、普通青年教师、学生等各类人群，通过问卷、访谈等多种形式，进行青年教师专业发展现状调查。

（二）调查内容丰富， 研究范围广泛

本文对青年教师进行全面调查研究，包括心理、教学、教育三大部分，在关注青年教师业务素养的同时关注他们的心理健康。本文还针对他们所提出的各个意见和建议进行深入分析，探究青年教师专业及心理发展的规律，并发现他们提高教育教学效果和心理适应能力最亟需的专业培训内容。同时，对现行的青年教师培训内容、形式、效果进行科学分析，找出其优势和不足。

（三）研究方案在制订过程中不断修正， 具有实用性和科学性

在实际调研和数据分析的基础上制订出青年教师专业发展培训方案后，随即依据方案按部就班在本校开展各项培训，并在培训过程中坚持跟踪、调研、分析，并反馈、调整、完善培养内容、策略及评价体系，最终形成符合青年教师身心发展规律及专业发展需求的培养方案。

五、 研究讨论和建议

（一）侧重教学能力的培训不足

目前我们基本完成了研究设计，经过培训之后学校青年教师的专业

发展水平有了较大幅度的提升，心理健康水平、教学能力、教育管理能力都有较大的发展。但是从后测结果来看，教学能力尤其是以教学设计为主的课堂教学能力稍显不足，还有较大的提升空间。因此我们下一步计划把培养重点放在教学设计能力的培训研究上。

（二）专注核心素养导向的教师培训

本文的研究在设计之初对于核心素养的关注就已经成为教学研究中的一个重点。近几年来培养学生的核心素养已经成为教育的重要目的。而在本文中对于核心素养的研究不多，我们计划在下一阶段研究中加入青年教师专业发展中培养学生核心素养的培训研究。

（三）系统化培训模式有待完善

本文的研究内容是构建系统化、体系化的培养策略，目前已经完成培养策略的修改稿，但在具体实施中也建议各位教师和管理人员因地制宜，关注培训前目标的制定，关注培训后的有效反馈。我们在实施培训的过程中一直注重闭环模式的应用，经过讨论后也认为这是实行教师培训的有效策略，并需要继续完善。

专家评语： 该文以调研、访谈和行动研究等方式对青年教师的专业发展和培养策略进行研究，发现亟待解决的问题，基于问题制订青年教师专业发展方案，突破了以往单一的研究方法。这种在实践中形成的培养计划，具有很强的可操作性。以理论研究、实践调查带动教师的专业发展，有利于拓宽青年教师的发展路径。该文首先从青年教师专业发展的定义、意义和路径三方面进行了概述，进而提出了青年教师专业发展的现状和策略，描述了"三纵三横"培养模式下的成功案例，并以问卷调查的方式发现，青年教师专业发展的现状较研究之初有了大幅改善。然后该文提出了较为完善的包含心理拓展训练、教学技能培训、教育管理培训和评价体系四方面的青年教师专业发展培养模式。同时，该文的优势明显，调查对象广泛，调查内容丰富，研究范围广泛，研究方案在制订过程中不断修正，具有实用性和科学性。最后，该文的讨论和建议，提出侧重教学能力的培训不足，专注核心素养导向的教师培训，以及系统化培训模式有待完善。

点评专家：北京师范大学　王晶莹教授

提升学科核心素养教学能力培训的实践研究

黄冈中学北京朝阳学校　许巧兰

对外经济贸易大学附属中学　李革

【阅读摘要】从当前课程改革和教师专业发展的要求来看，基于学科核心素养的教师教学能力的提升是全面深化课程改革、落实立德树人根本任务的重要保证。通过文献研究和调查研究，我们发现初中教师存在对学科核心素养的认识不足、缺乏教科研专家的深度指导、学科核心素养在教学中缺乏有效落实等问题。学校应按照"理论学习—发现问题—自主学习—专家指导"的思路，以专家讲座与自主学习、参与式和任务驱动式的教学实践等方式，构建以教学设计和双向细目表为抓手的培训体系，建立基于学科核心素养的教学能力提升评价体系，完善基于学科核心素养教学能力提升的校本培训，促使教师快速转变思想，主动关注学科核心素养的落实，在教学过程中探索设计多样的学习活动，提升学生的学科核心素养。本文梳理了研究实践中的方法、内容及有效策略，以期对后续的研究有启发。

【阅读关键词】学科核心素养；教师培训；教学能力；实践研究

2014年，《教育部关于全面深化课程改革落实立德树人根本任务的意见》提出了"学生发展核心素养"，要求"各级各类学校要从实际情况和学生特点出发，把核心素养和学业质量要求落实到各学科教学中"。所以教师能否深入理解学科核心素养的内涵，能否在教学中贯彻落实立德树人的思想，进行基于核心素养的教学活动设计，直接关系到课程改革目标能否实现。但从对学校全体学科教师的调查、访谈及课堂教学观察的数据来看，核心素养真正落地开花还需要更有效的策略和更持续的推进。基于学科核心素养的教师专业发展，呈现出的总体特征为：对学科核心素养的认识还停留在表面，缺乏准确、全面的把握；对基于学科核心素养的教学，感到迷茫和困惑。因此学校必须要十分重视通过各种形式开展基于学科核心素养的教师教学能力提升的培训工作，用来解决这一问题。

一、 提升学科核心素养教学能力培训的现状研究

学生发展核心素养是在 2014 年《教育部关于全面深化课程改革落实立德树人根本任务的意见》中被明确提出的。同时该文件对如何进一步落实和培养提出了明确的要求，即学校根据校情和学生的特点，通过学科教学来落实。为了更好地通过学科教学落实核心素养，我们需要从教师对核心素养和学科核心素养的认识，以及学科核心素养落实能力等方面的现状进行调查研究。

（一）教师的学科核心素养教学能力现状

要对教师的学科核心素养教学能力现状进行研究，必须先解决核心素养和学科核心素养的概念认识问题，还要弄清楚学科核心素养与核心素养之间的关系，以及基于核心素养和学科核心素养的实践探索的基本情况。

1. 核心素养

核心素养是指学生应该具备的、能够适应其终身发展和社会发展的必备品格和关键能力，主要包括文化基础、社会参与和自主发展三大方面的问题。①

---

① 林崇德：《21 世纪学生发展核心素养研究》，29 页，北京，北京师范大学出版社，2016。

2. 学科核心素养

关于学科核心素养的内容研究已经非常丰富，主要集中在对某一学科的教学实践探索上。由于义务教育阶段的"学科核心素养"的具体表述目前并没有发布，其中小学和初中阶段的实践探索多是参考普通高中课程标准(2017年版2020年修订)中的表述。对"学科核心素养"这个概念目前比较统一的认识为："为建立核心素养与课程教学的内在联系，充分挖掘各学科课程教学对全面贯彻党的教育方针、落实立德树人根本任务、发展素质教育的独特育人价值，各学科基于学科本质凝练了本学科的核心素养"①，就是"学科核心素养"。

本文的实践研究以初中教师的教学实践探索为例。所以综合文献研究和实践调查，从"学科核心素养"和"核心素养"之间的联系中确立了对初中"学科核心素养"的理解：在学生接受初中阶段的教育过程中所有国家课程需要且能够实现的"核心素养"培养的核心能力点，是"核心素养"的基础性作用在学科意义上的呈现；是在学科教学中为培养"全面发展的人"必须落实的学科素质和能力。本文主要以国家课程规定的初中阶段的基础课程为研究对象，关注到地方课程和校本课程中学科核心素养落实、提升等方面的问题。

3. 核心素养和学科核心素养的实践探索的基本情况

近年来的文献中关于核心素养的理论研究已经很多，包括核心素养体系建立、核心素养课程设计及实践、高中学科核心素养的确立等多个方面的研究内容。② 这些关于核心素养的理论研究已经非常成熟，为做学科实践探索的教师提供了方向性的指导。但是只学习理论，不能够直接提升教师在课堂教学中落实核心素养的能力。这些研究也明确指出我国目前对核心素养的研究状况是理论探讨居多，实证研究缺乏。③ 中国

---

① 中华人民共和国教育部：《普通高中语文课程标准(2017年版2020年修订)》，4页，北京，人民教育出版社，2020。
② 盛思月、何善亮：《论学科核心素养的构建途径——基于近年来核心素养主题研究成果的量化分析》，载《教育参考》，2016(2)。
③ 盛思月、何善亮：《论学科核心素养的构建途径——基于近年来核心素养主题研究成果的量化分析》，载《教育参考》，2016(2)。

学生发展核心素养的探讨是从国际之间的比较开始的，所以整个关于核心素养理论体系建构在理论探讨方面是比较深的。对于要进行实践的教师来说，要将理论转化成实践的难度较大。另外，针对核心素养可以直接模仿和研究的实践探索比较少，这就导致了教师在课堂教学实践中落实核心素养缺少具体的抓手，也缺少对落实核心素养质量的检测和评价。

针对"理论多和深，实践少和浅"的实际问题，专家认为可以从课程标准的制定上明确提出核心素养的要求。与学生发展核心素养的讨论几乎同步开始，教育部从 2014 年正式启动了对 2003 年印发的普通高中课程标准(实验稿)的修订工作，2018 年 1 月正式出版发布各学科普通高中课程标准(2017 年版)，并于 2020 年 5 月印发各学科普通高中课程标准(2017 年版 2020 年修订)。新的高中课程标准中凝练了各学科的核心素养，将中国学生发展核心素养根据各学科的本质具体化，转化成学生学习本学科后应逐步形成的正确的价值观、必备品格和关键能力。例如，语文学科的核心素养特别关注学生的语言实践活动，被凝练为：语言建构与运用、思维发展与提升、审美鉴赏与创造、文化传承与理解四个方面。与旧的课程标准相比其最突出的表现就是，明确了在新的中国特色的时代背景下普通高中课程的培养目标。即"进一步提升学生综合素质，着力发展核心素养，使学生具有理想信念和社会责任感，具有科学文化素养和终身学习能力，具有自主发展能力和沟通合作能力。"[①]

基于核心素养的高中课程标准的编制，对 21 世纪以来我国普通高中课程改革宝贵经验的深入总结，以及一线学校开展基于核心素养的教学实践的经验探索，在学科教学中建构了核心素养落实的要点，即学科核心素养体系的建构。

国内已有的"学科核心素养"的研究成果尝试在学科教学实践中回答：本学科核心素养的构成；理解本学科核心素养要点之间的关系；处理培

---

① 中华人民共和国教育部：《普通高中语文课程标准(2017 年版 2020 年修订)》，前言 3 页，北京，人民教育出版社，2020。

养学科核心素养理论与实践之间的关系。① 厘清这方面的关系是在教学中落实初中学科核心素养的前提条件。这些研究提供了学科核心素养的教学实践思路，但是这些实践呈现出的特点是碎片化的，主要是针对某一学科中的某一个知识点、某个方面的实践研究比较多，还不能够形成有效的实践路径。所以关于学科核心素养与教学实践相结合的研究，需要关注整体落实途径的实践探索。另外这些基于学科核心素养针对高中的研究内容较多，针对初中的研究较少，重要的原因之一应该是普通高中课程标准已经修订完成，并发布。基于学科核心素养的初中课程标准还在进一步修订和完善之中。

（二）依据校情的现状调查

前文主要对学科核心素养的理论和实践探索的现状问题以及在文献资料中的发现进行了论述。但是具体的实践要有调查的基础，所以针对所要培训的对象进行调查是非常有必要的。

我们对 82 位初中一线教师进行了问卷调查，主要针对"核心素养""学科核心素养"的了解、相关知识的获取渠道、教师对"学科素养"与学科教学的关系理解，以及教学实践中有无探索等问题。根据问卷统计结果发现，教师通过自主学习和专家讲座对"中国学生发展六大核心素养"有所了解，但是在教学实践中的探索还比较少。针对以上问题，我们采用访谈法完成进一步的调查，了解教师实践探索中的困难。我们随机抽取每一个学科的两位教师进行访谈，问题的设置围绕对本学科的"学科核心素养"的理解，"学科核心素养"与教学之间的关系，以及基于"学科核心素养"培养而进行的学科教学实践中遇到的困难等方面。

主要问题表现在三个方面：一是对"核心素养"和"学科核心素养"的理解，还停留在概念名词上。教师表示对于"学科核心素养"还不能结合学科特点明确地说出本学科的核心素养的内涵。二是把学科知识点错误地等同于学科核心素养。三是套用高中已经明确提出的各学科的核心素

---

① 谭友利、申群友：《落实初中语文学科核心素养培养的前提条件》，载《新课程》，2016(4)。

养，来认识初中阶段本学科的核心素养。这样就导致在教学实践研究中，"套帽子"现象比较严重。教师在开展教学实践后，拿普通高中课程标准中的几个学科核心素养的维度进行对比，对上什么算什么。其中的原因主要是教师的科研经验不足，缺乏教科研专家的深度指导，对学科核心素养在教学中有效落实的探索实践没有方向性；缺少教研组共研的机会和互相借鉴、共同探讨的条件。在教学中探索落实学科核心素养遇到困难最多的教师是那些单打独斗的小学科教师。这就要求学校要解决他们在课堂教学中探索学科核心素养落实的问题，为他们创建一个共研的团队。

针对这些问题，本着切实提升教师的基于学科核心素养的教学能力，为教师提供资源和搭建专业发展的平台，我们开展了"提升学科核心素养教学能力培训的实践研究"，力求使学科核心素养真正在教学中落地开花。

二、 提升学科核心素养教学能力培训的研究设计

基于以上对学科核心素养的教学能力培训现状研究，本文提出要对学校教师进行关于学科核心素养教学能力提升的培训，目的就在于让教师设计教学内容和学习活动来真正落实学科核心素养；依据核心素养的要求，探索符合学校情况的在课堂教学中培育学科核心素养的评价机制；探索提升教师对学科核心素养的理解力及课堂教学贯通力的培训内容和方式。所以本文从教师培训有效性、教师专业发展内驱力以及教师专业能力评价机制三个方面进行理论架构。

（一）教师培训有效性的探讨

随着教师职业的专业化程度的增加，从培训内容到培训方式等方面的研究都比较丰富和完善。一些教师培训针对教师不同发展阶段的需求，从培训内容到培训方式都做出了科学合理的设计。本文在现有的教师培训理论研究的基础上，探索提升教师学科核心素养教学能力的有效培训方式。

1. 学科核心素养理论培训先行

不能对概念一知半解就开始进行大量的实践探索，所以研究开始前就对受训教师进行核心素养和学科核心素养等相关理论的通识培训。教师关于学科核心素养理论性的培训，可以采用专家讲座和自主学习的方式进行，帮助教师厘清核心素养和学科核心素养之间的关系。

2. 混合式学习方式助推学科融合

为解决受训教师在自主学习时同伴互助缺少、学习形式单一和学习动力不足等问题，尝试开展跨学科、跨教研组的混合式学习方式，助推学科之间的融合，同时也提升教师的专业素养。混合式学习是面对面的教授和线上线下自主学习有机结合的一种学习方式，目的在于创设合适的学习环境，提升学习效果。[1] 在"互联网＋"的背景下，混合式学习能够整合教师碎片化的时间让教师开展有效学习。

3. 参与式和任务驱动式培训转化实践

提升教师的学科核心素养教学能力，只进行理论学习、文献研究和实践是不够的。我们要在理论转化成实践的过程中提升教师基于学科核心素养的教学能力。想要将理论有效地转化到实践中，需要教师积极参与到实践中去。这一要求呼吁在培训方式上探讨参与式和任务驱动式的实践研究。每一轮教学改革的关键都是课堂，参与式教师培训能够较大程度上撬动课堂教学的变革。[2]

（二）教师专业发展内驱力的探讨

核心素养的落实过程中教师专业发展是重要的影响因素，因此在课堂教学中落实学科核心素养就需要充分发挥教师专业发展的积极作用。[3] 另外，基于学科核心素养的教学能力提升需要长期坚持，这就需要解决教师专业发展内驱力的问题。教师在学科核心素养教学实践方面的动力，

---

[1]　陈春艳：《混合学习在教师培训中的应用现状研究》，硕士学位论文，上海师范大学，2015。

[2]　杨英：《参与式教师培训策略研究》，硕士学位论文，上海师范大学，2008。

[3]　刘玉萍：《核心素养视角下教师专业发展的缺失与完善》，硕士学位论文，湖南师范大学，2018。

必须来自教师专业发展的内驱力。从兴趣的激发和教师专业发展需求的满足方面着手，助推教师参加学科教学比赛、论文的撰写和评奖，以及学区或学校间的联合交流活动，来满足教师专业发展的需求。这样增强教师在学科核心素养教学能力提升方面的获得感，并使其从中得到可持续发展。

（三）教师专业能力评价机制的探讨

教师学科核心素养教学能力提升的有效评价机制的建构，让教师在学科核心素养培训方面的方向更明确。评价教师的教学是否落实了学科核心素养的评价机制的建立是不可缺少的。评价机制也有利于教师诊断问题，并能够进行有效的改正。否则教师基于学科核心素养教学能力的提升就无从谈起。本文借助基于学科核心素养的双向细目表的研制，来对教师的教学实践进行评价。为确保教师培训的有效性，需要建立一种有效的评价体系。①

三、 提升学科核心素养教学能力培训的实践探索

本文开展了系列提升教师学科核心素养教学能力的实践探索，建构了实践探索的路径：成立以教学管理为中心、以各教研组和学校教师发展工作坊为两翼的校本研究团队来推进研究，并打造出分工明确、通力合作的实践研究团队，让学校一线教师全员参与。本着"理论学习—发现问题—自主学习—专家指导"的思路开展实践探索，主要包括以下几个方面。

（一）专家讲座与自主学习相结合

学校聘请学科专家深入教研组进行培训，购买书籍和知网资源，让教师积极主动地学习本学科的核心素养。初中阶段的学科核心素养还没有权威的发布，学校为一线教师配备了高中课程标准，并要求受训教师

---

① 吕剑虹：《基于教师培训有效性的思考》，载《时代教育》，2016(22)。

在自主学习阶段对照义务教育课程标准，思考学生在初中阶段应该落实的素养在学科中的体现。

本阶段聘请了北京市朝阳区教育研究中心课程室特级教师对全校教师进行学科素养的通识性培训；聘请北京教育科学研究院基础教育教学研究中心的专家对全校教师进行了题为"考试改革与教学一致性的研究"的讲座。图 5-21 和图 5-22 为聘请专家到校讲座。

图 5-21　聘请专家到校讲座(1)　　　**图 5-22　聘请专家到校讲座(2)**

在理论学习的基础上，教师结合知网上本学科的相关理论进行学习，借助高中课程标准中学科素养的表达来理解本学科的核心素养，进行跨学科、跨教研组的混合式自主学习。教师需要明确学科本位，借助高中阶段各学科核心素养的表述，细化初中课程标准的内容，将义务教育课程标准中的具体要求与核心素养建立联系。教师需要思考在课堂教学中落实学科核心素养的问题，明确立德树人的育人准则。图 5-23 为跨教研组的学习交流。图 5-24 为数学教师学习学科核心素养。

图 5-23　跨教研组的学习交流　　　**图 5-24　数学教师学习学科核心素养**

从学校知网账号的监测数据来看，2016—2019年学科教师对"核心素养"和"学科核心素养"方面的文献下载量呈现明显的递增趋势，尤其是"学科核心素养"的文献下载量递增明显，如图5-25所示。这就表明实验学校教师开始关注和学习"核心素养"与"学科核心素养"的相关理论和实践文献。

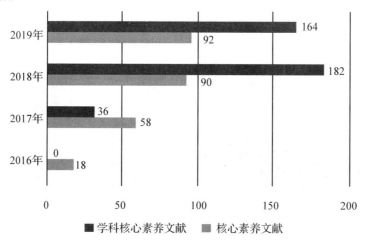

图 5-25　学校知网账号的监测数据统计

（二）参与式和任务驱动式的教学实践

在理论学习的基础上，每位受训教师要进行基于学科核心素养的教学设计，并以教研组为单位，以说课的形式进行讨论和交流。学校要确定学科代表教师，组织全校教师交流学习培训；聘请区教研员和科研员分学科进行了具体的指导，进一步完善基于学科核心素养的教学设计。图5-26和图5-27分别为数学教师和英语教师学科核心素养的说课展示。

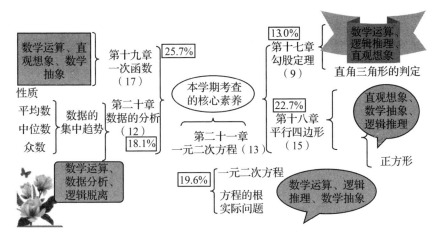

图 5-26 数学教师学科核心素养的说课展示

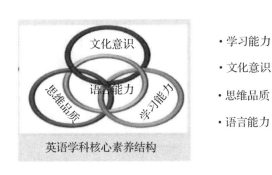

图 5-27 英语教师学科核心素养的说课展示

在教学实践阶段，主要落实基于学科核心素养的"一人一课"课堂教学，将理论上的教学设计在课堂教学中进行实践。梳理本阶段教师教学实践中出现的问题，主要表现为教师进行基于学科核心素养的教学设计，教学目标不够明晰，表述不够准确；教师设计学习活动的意识还不够强，零碎的一些学习活动散见在课堂上，但是不能设计整体的学习活动，将需要落实的学科核心素养有机地融合在一起。我们发现出现这种问题的根本原因是，教师跳不出"教教材"的牢笼，不能明晰教育改革的指向性。最突出的表现就是不能把考试改革和课堂上落

实学科核心素养联系起来。

（三）专业引领促进教师发展

实践探索结合区和学区的教研活动，为教师在学科教学中落实学科核心素养找到了突破口。语文组和数学组分别借助区教研活动和学区教研活动组织的学习，把学科核心素养与义务教育课程标准的内容建立了联系。

论文是学校受训教师在培训的过程中解决实际教学问题的经验总结。论文的主要研究内容有：教师在总结自己进行学科核心素养的教学设计的基础上，提出在教学过程中可以通过学科学习活动来落实学科核心素养。比如，历史教师总结探索"史料实证"学科素养的实践经验，完成了基于"史料实证"历史学科核心素养的教学设计分析；英语教师通过英语戏剧活动的设计提升落实英语学科核心素养的教学能力。研究过程中，共有32篇论文获得不同级别的奖项。

（四）以教学设计和双向细目表为抓手的培训体系的探索

学校组织落实学科核心素养的教学设计和双向细目表的专题研讨活动。学校依据校情探索以教学设计和双向细目表为抓手在课堂教学中落实学科核心素养的培训；以课堂为主阵地，以课堂教学为抓手，从课堂教学各环节落实学科核心素养的教学诊断入手，推动教师的教学改革，关注教师在教学中落实学科核心素养的能力。

学校通过改进基于学科核心素养的教学设计，提升教师的学科核心素养教学能力。为落实历史学科"史料实证"这一学科核心素养，历史教师将讲解式的教学设计，修改为"我是小小讲解员"的学习活动。学习活动将课堂变成了"博物馆"，学生依据学案上文物的图片和史料，讲解其证实的内容。这一学习活动的设计，就是为了培养学生的"史料实证"的学科核心素养。图5-28为"史料实证"素养的学习任务单。

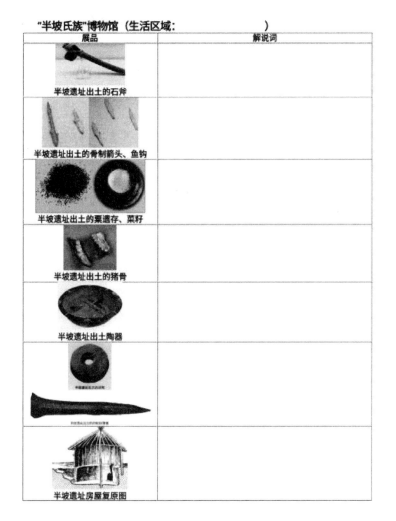

图 5-28　"史料实证"素养的学习任务单

　　除对基于学科核心素养的课堂教学设计方案的研究之外，还有一个有力抓手就是基于学科核心素养的双向细目表的命制和交流。学科教师以单元教学设计及检测为主要内容，展开交流研讨活动，基于学科核心素养对自己的教学思考和效果检测进行对照分析，在双向细目表的制定中特别突出了知识点、能力点与学科核心素养的对照。表 5-5 为学校八年级第二学期英语期末试题阅读理解部分的双向细目表。

表 5-5 八年级第二学期英语期末试题阅读理解部分的双向细目表

试题题号	考查内容	分值	题型		能力要求			试题难度			试题得分率预计	题目出处	学科素养及等级
			主观	客观	识记	理解	运用	易	中	难			
21	获取细节信息	2		√		√		√			0.9	往年朝阳区期末试题改编	语言能力一、文化意识一
22	获取细节信息	2		√		√		√			0.9	往年朝阳区期末试题改编	语言能力一、文化意识一
23	获取细节信息	2		√		√		√			0.9	往年朝阳区期末试题改编	语言能力一、文化意识一
24	简单推断	2		√		√			√		0.8	往年朝阳区期末试题改编	语言能力一、文化意识一
25	获取细节信息	2		√		√		√			0.85	往年朝阳区期末试题改编	语言能力一、文化意识一
26	获取细节信息	2		√		√			√		0.8	往年朝阳区期末试题改编	语言能力一、文化意识一
27	获取细节信息	2		√		√		√			0.85	往年朝阳区期末试题改编	语言能力一、文化意识一
28	分析推理	2		√		√			√		0.8	往年朝阳区期末试题改编	语言能力一、文化意识一
29	分析推理	2		√		√				√	0.7	往年朝阳区期末试题改编	语言能力一、文化意识一
30	归纳文章的主旨要义	2		√		√				√	0.6	往年朝阳区期末试题改编	语言能力一、文化意识一

在本文中，教学设计和双向细目表的研制相互补充和限制，保证教师的教学实践不会游离于学科核心素养培养之外。另外，研究主体既参与到整个实践过程中，又充当研究对象，这样就能够尽最大可能地避免培训与实践的脱节。所以研究成果都是研究者根据自己在研究过程中遇到的实际问题，形成了实践感悟和探究成果。这样的培训能够较快地提升教师基于学科核心素养的教学能力。

（五）基于学科核心素养的教学能力提升评价体系的建立

学校教师对基于学科核心素养的教学，从迷茫、排斥到有意识地关注，再到能将教学与学生的发展结合起来进行学科核心素养的教学，证明学校教师基于学科核心素养的教学能力有所提升，教学评价促进教师的发展。

通过不断的实践探索，学校找到了基于学科核心素养的教学能力提升的突破口，在教研组内开展基于学科核心素养的教学能力提升的听评课活动，希望能够快速提升教师基于学科核心素养的教学能力，并在学科内形成了基于学科核心素养的教学能力课堂评价标准的草稿。表 5-6 为落实学科核心素养的课堂教学反馈表。

表 5-6　落实学科核心素养的课堂教学反馈表

评价指标	评价要素	分值
学习活动（30 分）	根据不同的内容、目标和学生特点等，科学合理地组织学生开展发现学习、自主学习、合作学习等多种学习活动	10 分 A—E 对应 10、8、6、4、2 分
	学生都能够根据规则积极地参与活动	10 分 A—E 对应 10、8、6、4、2 分
	在活动中表现出适当的思维深度	10 分 A—E 对应 10、8、6、4、2 分

学校提升教师基于学科核心素养的教学能力，着重从教学方案设计、作业设计、课堂教学等方面入手，修订了评价指标，确定了评价标准。

学校以学科核心素养检视和学生综合素养发展为目标，对教师的教学行为进行评价，并通过跟踪改进、评比展示等活动进一步促进教师的教学。教学方案的评价，侧重于学习情境和学生活动设计的评价。作业设计的评价，侧重于从作业形式、分层选择、能力发展、特色创新等方面进行评价。课堂教学的评价，以学生的学习活动为重点评价内容，从教学目标、学习条件、学习指导、学习活动、学习效果、特色创新等几方面进行细化，形成基于学科核心素养落实的课堂评价标准。以基于学生学习活动的课堂评价为例，总分设定为 30 分，从三个方面进行考量。

创设的课堂学习活动评价，侧重于从核心素养发展的能力点来考量，引导教师在课堂教学中更多地关注合作探究、积极发现、主动参与等学习方式，更多地关注是否引导学生进行了有效思考。

在实践研究的过程中，研究团队组织指导受训教师及时梳理实践经验，撰写论文，物化成果，并推荐优秀教师参与市区有关学科核心素养的教学基本功大赛，且有多位教师获奖。研究团队推动英语组、数学组和体美组三个子课题研究的结题工作顺利完成。这些成果的取得，也证明了开展"提升学科核心素养教学能力培训的实践研究"是有效的，能够提升教师落实学科核心素养的教学能力。

四、 结语

自主学习和专家讲座两种形式能够帮助教师有效完成对"学科核心素养"的学习，明确学科育人的目标。在理论学习的基础上，我们要到教师的教学实践中去，将学科核心素养落实到每节课堂，进而提升教师对学科素养的教学设计能力。在整个教学实践的过程中，我们要重点关注自身基于学科核心素养的教学设计和课堂教学效果检测的双向细目表的研制。教师能够完成学科核心素养的教学设计，并通过利用质量检测和双向细目表，反观自身基于学科核心素养的教学设计能力和教学执行能力的综合提升。基于以上的研究，学校教师对学科核心素养的认知不再是高中课程标准中的那些短语，而是主动地把学科核心素养当作课堂教学中要落实到具体教学环节的任务。这表明学校教师基于学科核心素养的教学能力得到了提升。

由此，可得出以下结论：开展"提升学科核心素养教学能力培训的实践研究"是有效的；以教师的教学设计和质量检测的双向细目表为切入点的研究，能够提升教师基于学科核心素养的教学能力。从影响教师教学能力提升最直接的两个环节教学实施方案确定和教学评价入手进行研究，从两头撬动，能够让教师快速转变思想，主动关注学科核心素养的落实，在教学过程中探索设计多样的学习活动，提升学生的素养。

但是关于学科核心素养在课堂教学中落实问题的实践探索，还存在一些尚未解决的难题："研训一体"的培训方式，不能够持续地给受训教师动力，这样教师基于学科核心素养的教学能力持续提升得不到保障，所以在研究的过程中没有解决教师专业发展的根本动力问题；从教学设计和教学评价入手进行研究，主要通过检测学生来反推教师基于学科核心素养的教学能力，缺少了直接针对课堂教学过程中学科核心素养落实的量化标准；目前的研究主要是针对教师的实践探索，还没有形成一般性的规律。

教师能够明确本学科落实核心素养的一般做法和教学设计，进行理论提升和总结，并能够固化下来，进一步提升基于学科核心素养的教学能力；可以设计和开发针对课堂教学中学科核心素养落实的量表，能够评价教师落实学科核心素养的具体效果；对课堂教学中落实学科核心素养的一般规律和方法进行总结，指导更多的教师能够有效地落实学科核心素养，提升能力，实现学科育人目标；能够研究出多样的提升基于学科核心素养的教学能力的策略，并能够对其他教师进行过程性的指导。

专家评语：该文以"理论学习—发现问题—自主学习—专家指导"的思路开展实践探索。这种理论与实践相结合的研究方法，有利于我们更全面地了解学科核心素养在教学能力培训方面的理论研究和实践现状。该文首先从教师的学科核心素养教学能力的现状和依据校情的现状调查两方面阐述了提升学科核心素养教学能力培训的现状研究，然后从三方面，即教师培训有效性、教师专业发展内驱力和教师专业能力评价机制进行探讨。该文进而进行了提升学科核心素养教学能力培训的实践探索，以专家讲座与自主学习相结合，参与式和任务驱动式的教学实践等方式，以教学设计和双向细目表为抓手建立培训体系，并完善评价体系等进行实践。该文最后得出结论，开展"提升学科核心素养教学能力培训的实践研究"是有效的，双向细目表能够有效地提升教师基于学科核心素养的教学能力。

点评专家：北京师范大学 王晶莹教授

中小学教师校本"读·思·行"
研修共同体建设策略

北京教育学院石景山分院　李爱霞

北京市石景山区金顶街第二小学　裴晓林

北京大学附属中学石景山学校　师雪峰

【阅读摘要】教师校本"读·思·行"研修共同体本质上是一种学习共同体，是教师在共同读书、思考与实践之中形成的团体。本文提出校本"读·思·行"研修共同体的六个建设策略，分别是学校领导者努力组织与推动，外部支持者积极引领与指导，建立教师校本"读·思·行"研修制度，发起教师共同关注的读书与交流话题，教师真诚交流、分享观点与个人经验，在读书反思与行动中教师互相支持与协助。本文通过探索校本"读·思·行"教师研修共同体对教师成长的价值，促进教师阅读、思考和实践，促进教师的专业发展。

【阅读关键词】中小学教师；校本研修；"读·思·行"；教师共同体

教师作为社会的公共知识分子，除了在学校里教授学生知识外，还承担着构建社会精神世界的责任。无论什么学科的教师，都需要进行公共阅读。但在现实中我们却发现，部分教师长期陷于繁忙的工作，无暇读书，在假期或其他休闲时间也难以静下心来读书。毕竟阅读需要人集中思维，是一项脑力劳动。但是，教育是一项育人的工程，教师肩负着教书育人的重要责任和使命。教师要想很好地完成这一责任与使命，需要良好的个人素养。教师首先应对人生、社会有一个正确而清晰的认知，需要对学生在各阶段的发展特点、学生的认知风格、气质与性格特点等有一定的认识，需要对自身学科历史、视野等有一定的了解。而且，随着时代的发展、知识的不断更新，教师更需要不断学习学科知识、学科教学新理念和新方法，了解学科教学专家的思想与方法。这些都需要教师在日常生活与工作中不断阅读与思考，养成热爱阅读的好习惯，同时基于阅读所获反思个人的教育教学行为、为人处世的态度等，并不断调整自己的言行，让自身的人格更加完善、知识更加丰富、教学更加有效。因而，本文力图推动校本"读·思·行"研修，为教师的读书营造一种外在的环境氛围，形成学习共同体，促使教师在学习共同体的带动下阅读、思考与实践。

一、 研究现状

（一）校本研修

研究者们对于校本研修的认识大体一致，大多认为校本研修应该是教师在本校内进行的，通过问题解决、研究与学习的方式研修，以促进教师专业发展为目标，等等。但学者们在对"校本研修"进行概念界定时也各有侧重，主要有三类：一是强调校本研修的教师教育、教师继续教育性质。通过校本研修促使教师专业发展，是一种教师在职教育与学习。例如，校本研修是指"由学校根据本校及其教师的需要，以问题为中心，充分利用校内外各种培训资源，组织指导教师从事适合本校教育教学需要的研究活动，促进教师专业可持续发展的一种继续教育活动。"[①]二是强调教师的自主学习与发展。例如，王祖琴认为，校本研修是以"以校为

---

① 转引自王陆：《大学支持下的校本研修教师专业发展模式》，载《中国电化教育》，2005（3）。

本""教师即研究者"和"促进教师专业发展"为核心理念的教师专业发展行动。其本源就是要从根本上改变教师在"培训"中的被动地位，突出教师的自主学习和自主发展。① 三是强调校本研修的制度和文化建设。例如，汤立宏强调校本研修不仅是一种单纯的教师教育和专业发展形式，还应全面理解校本研修的基本内涵，并指出校本研修是把教师培训、教育科研、教学研究、学校管理和校本课程开发等有机地融为一体；它既是一种关于教师和教育学的行动研究，也是一种制度建设，更是一种健康向上的学校文化。②

有关校本研修，国内外学者都已经做了很多的研究。国外校本培训的主要模式有讲座与短训模式、教学小组制度模式、指导教师制度模式、课题研究与实验模式、观摩与交流模式、反思性教学模式、采用高级标杆培训和虚拟培训组织等模式。③ 在校本研究方法方面，国外呈现出以实证研究为基础，追求质与量研究方法相结合的研究范式。此外，国外目前较具代表性的校本研修模式都在向创建学习型组织、提高校本研修绩效的方向发展。我国校本研修在实践中由来已久，但其作为一个学术概念与研究主题却是从 21 世纪初开始兴起的，主要有关于校本研修内涵、特征、价值的探讨，以及提炼出的一些校本研修模式。例如，尹祥通过文献研究归纳了一些实践模式：以课例为载体的"行动教育"模式、以追踪教学问题为主的"行动研究"模式、接受—借鉴式校本研修、反思—探究式校本研修、课题研究式校本研修。④ 此外，还有随着社会、技术发展以及学术关注点变化而出现的一些有关校本研修研究的主题，主要有基于信息技术的校本研修。比如，谢忠新探讨信息技术支持下的教师校本研修，提出了"以信息技术搭建校本研修平台为支撑，以教师知识管理为策略，以行动研究为方法，以网络课例为载体，把信息技术与校本教研、

---

① 王祖琴：《继承与超越：从"校本培训"到"校本研修"》，载《现代中小学教育》，2006 (10)。
② 尹祥：《中小学校本研修研究综述》，载《天津师范大学学报（基础教育版）》，2009(4)。
③ 王陆：《大学支持下的校本研修教师专业发展模式》，载《中国电化教育》，2005(3)。
④ 尹祥：《中小学校本研修研究综述》，载《天津师范大学学报（基础教育版）》，2009(4)。

校本培训整合起来。"①还有关于校本研修共同体实践与研究的主题。比如，潘裕民探讨了积极探索校本研修共同体的有效途径："建立一个多种力量介入的校本研修'共同体'，有利于整合教育资源。"②

（二）教师学习共同体

校本研修共同体这一概念目前使用较少，更多的是学习共同体。教师校本研修本质上也是一种学习，校本研修共同体也是学习共同体。"学习共同体"，是指一个由学习者及其助学者(包括教师、专家、辅导者等)共同构成的团体，他们彼此之间经常在学习过程中进行沟通、交流，分享各种学习资源，共同完成一定的学习任务，因而在成员之间形成了相互影响、相互促进的人际联系。③

关于教师学习共同体，目前已有很多的研究成果，但国外的研究居多。国内的相关研究直至 21 世纪初才有学者开始关注。通过对国内外已有研究进行分析发现，就研究主题而言，国外研究主要集中在什么是教师学习共同体、学习共同体的基本特征、学习共同体对教师发展和学校变革的意义以及如何构建有效的学习共同体等方面；国内研究主要集中在国外学习共同体概念和理论的介绍、区域、学校或在线教师学习共同体构建的个别案例等。就研究方法而言，国外研究主要集中在调查研究、案例研究以及因果推断的实证研究上；国内研究主要是理论介绍、个案分析等。就研究对象而言，国外研究注重对不同学段、不同发展水平学校教师学习共同体的研究；国内研究比较零散，分布在农村学校、幼儿园、区域和普通中小学等。

通过文献研究发现，当前已有很多关于校本研修、教师学习共同体的研究，但通过校本"读·思·行"研修构建教师学习共同体的研究尚且很少。因此，我们提出建设与研究校本"读·思·行"研修共同体，促进

---

① 谢忠新：《信息技术支持下教师校本研修的研究》，载《中国教育信息化》，2009(7)。

② 潘裕民：《积极探索校本研修共同体的有效途径》，载《上海教育科研》，2009(10)。

③ 薛焕玉：《对学习共同体理论与实践的初探》，载《中国地质大学学报(社会科学版)》。2007(1)。

教师阅读、思考与行动，帮助教师解决工作中的一些问题，形成一些研修共同体建设的经验与策略。

二、 教师校本"读·思·行"研修共同体建设的理论基础

教师校本"读·思·行"研修从本质上讲是一种教师学习。这种学习以教师读书为基础，但又强调教师阅读中的反思、行动。因为教师是成人，教师拥有很多自身的教育教学经验，在阅读过程中会联系经验去理解与反思；阅读和反思又会对教师教育教学行为产生影响，促使教师有意识地去行动、尝试和改变。因而，教师校本"读·思·行"研修符合成人学习的特征，有关成人学习的理论为本文的研究提供依据和基础。同时，教师校本"读·思·行"研修共同体要基于学校这一组织而建立和存在，研修共同体的产生、维持与发展都依赖于组织建设。教师校本"读·思·行"研修共同体也可以看作是一个学习型组织，因而学习型组织理论成为本文的理论基础。

（一）成人学习理论

成人学习理论揭示了成人学习者的特征、成人学习追求的目标、成人学习的过程、成人学习的方式等。其中对本研修有所启发的为成人学习者的特征。成人学习者具有如下几个方面的特征：有认知需求，具有清楚的自我概念；拥有丰富的学习经验和工作经验；以生活为中心且以问题或任务为导向；学习动机来源于内部而非外部等。成人能够了解自己的学习需要，对自己的学习有一定的规划和期待，其学习动机表现出鲜明的主体性。动机是维持教师学习共同体持续下去的动力所在。因此在学习方面，领导者要重视教师专业化发展的需要，同时也要注意理论与实践相结合，让教师通过理论的学习在实践中指导自己的教育教学。

（二）学习型组织理论

学习型组织理论是 20 世纪 90 年代发展起来的一种全新的、被认为是 21 世纪管理新模式的理论。该理论顺应了时代的需要，也适用于各类教

育组织。美国麻省理工学院教授彼得·圣吉(Peter Senge)博士提出的学习型组织的五项修炼引起了强烈的反响。这五项修炼是系统思考、共同脑力模型、共同愿景、团队学习和个人进取。其中对本研修有启发的有三个方面。其一是个人进取，即个人的学习与成长。唯有通过个人的学习才能形成组织的学习，个人进取所要解决的关键问题是不断挖掘人们智慧和能力的潜力。其二是共同愿景，即在一个组织中，人们共有的且可及的奋斗目标与前景。当人们拥有共同的前景时，他们就能同舟共济，激发出巨大的力量。在教师学习共同体中也是一样的，当教师拥有共同的目标时，他们就会群策群力地去争取进步。如果没有共同愿景，就不会有学习型组织。只有组织成员成为愿景的创造者和实践者，才能实现组织的发展目标。其三是团队学习，即一种集体进行学习的活动。团队学习十分重要，如果团队学习在持续进行，那么教师个人就会在团队学习的气氛中受到感染，从而展开学习。团队学习的关键在于如何使教师形成一个能默契配合、充分发挥潜力的集体。这时，学校就要发挥组织领导能力了。

三、　教师校本"读·思·行"研修共同体的建设策略

教师校本"读·思·行"研修共同体要有人的因素，包括作为研修共同体主体的教师、研修共同体的领导者、专业支持者，还要有制度因素、条件因素和研修内容因素。因而，教师校本"读·思·行"研修共同体建设要从以下几方面因素着手探讨策略。

（一）学校领导者努力组织与推动

虽然研修共同体需要成员自愿、自觉、主动参与，成员之间平等交流、互助合作，但在现实中仍然需要有一个领导者予以发起、组织与推动。教师校本"读·思·行"研修共同体也需要有领导者发起、组织与推动，领导者需要根据教师校本"读·思·行"研修的目的去有意识地对研修进行规划、筹备、督促与组织。例如，学校教学副校长力图通过校本"读·思·行"研修促进青年教师的专业成长，并且认为教师读书一定是

让书籍为教师自己所用，转化为教师自己的观念、方法、策略等。其间要经历一个教师阅读、研究与反思的过程。为此，校长推动每位青年教师在"读·思·行"研修中进行一个专题研究，并设计了"青年教师'读·思·行'专题研究计划单"，如表5-7所示；督促教师按照计划单上的要求开展阅读、思考与行动，并将自己"读·思·行"专题研究过程与成果在读书研讨交流会上分享，如图5-29所示。青年教师在任务驱动与共同交流中获得成长，也由此构建了青年教师校本"读·思·行"研修共同体。由于教师工作忙碌，有时会无暇顾及此事，因而领导者还要克服各种困难。在教师校本"读·思·行"研修共同体建设初期，领导者可首先吸纳青年教师和积极进取、热爱读书的有经验教师加入，获得认可、形成一定氛围后，再慢慢吸纳更多教师加入；日常多与教师沟通交流读书情况，起带头作用，积极读书与反思，克服困难，确保读书研讨活动按既定时间持续进行。领导者还应创造各种机会将教师阅读、反思与实践的成果进行交流展示。在准备研究课、交流发言中，共同体成员互帮互助，让大家感受共同体的力量，体会共同体的研究与学习氛围。除了组织与推动外，领导者还应成为教师读书研修共同体的精神引领者，鼓励教师积极参与、认真阅读、深入思考与清晰表达。

表 5-7　青年教师"读·思·行"专题研究计划单

情况	学科
研究专题名称	（根据教师自己阅读的那个章节确定，如果教师阅读的确实不适合实践，可以另选一个章节）
专题确定的阅读出处	（写一写自己的研究专题的选题源自书中哪段话，或者写上源自书中哪几页，总之是专题选题的阅读基础）
行动计划	（列出几项计划，比如使用书中的某个量表；对书中的某个量表进行改编，使之简化或更具有操作性，使之更适合本校的教师或本班的学生，或者适合本学科，体现本学科；针对某些观察分析成员、影响因素；运用书中的某个理论；在学科教学中尝试开发自己的教学案例，或者在尝试、运用、行动中总结一些策略、方法，等等；总之，将阅读的内容变为教师自己的东西，对阅读有所拓展、创造，真正转变为教师自己的观念、方法与行为）

图 5-29　教师组织读书研讨活动

（二）外部支持者积极引领与指导

教师校本"读·思·行"研修共同体还可以引入学校外部研究者、支持者。例如，一些在教育心理学、教育学、学科教学、国学经典等方面阅读经验和学术研究成果丰富的学者、研究者，帮助教师深入解读某本书的思想观点或分享对书中内容的认识与个人体会，促使教师拓宽视野、深入理解，提高对于理论型书籍的兴趣和改变实践的愿望，并破除教师研修共同体内部交流的局限，为共同体通往外界更广阔的天空打开一扇窗。

例如，在青年教师学习共同体的读书交流活动中，教师选择《傅雷家书》进行阅读、交流。在读完整本书后，教师再回顾整本书，选择 5 处让自己感受深刻的地方，聚在一起谈谈自己的感受，如图 5-30 所示，并请来了专家共同参与交流研讨活动，如图 5-31 所示，就《傅雷家书》带给我们最大的收获是什么这个问题展开讨论。

图 5-30　青年教师交流　　　　**图 5-31　专家指导**

这对教师的读书交流与行动探索形成一种激励。同时专家予以启发与指导，使教师校本"读·思·行"研修获得进一步提升。

（三）建立教师校本"读·思·行"研修制度

教师学习共同体需要借助合作规则来构建一个运行机制，用制度来约束共同体成员的行为，增强教师间的互信和合作。教师校本"读·思·行"研修共同体也需要制度上的保障，包括读书目的与主题确定、定期进行读书交流、结合书籍实践与反思、读书笔记与感悟记录、材料提交与留存、读书交流组织与管理等方面的制度。

1. 读书目的与主题确定

它主要包括学校青年教师学习共同体共读《傅雷家书》；学校要求语文组教师在 2018 年下半年共读《骆驼祥子》一书；学校要求教师读一本与班级管理有关的书籍等；学校要求全体教师共同阅读与研修《培养核心素养》一书。

2. 定期进行读书交流

学校的要求为：每周全校会上由一位教师读自己喜欢的书籍内容，并分享读书感受；每学期末组织一次 10 人左右的小范围读书研讨活动；教研组在每学期安排 5～6 次读书交流活动；每周五全体会上由 1～2 位教师进行研读交流，并组织全体教师集中研讨交流。青年教师学习共同体的要求为：每天在微信群里分享读书感受；一位教师根据读书内容提问，其他教师进行解答；不定期组织见面沟通交流。

3. 结合书籍实践与反思

青年教师学习共同体要求教师在读完《傅雷家书》一书后，从书中选取一段对自己有启发意义的话，写出自己的问题、困惑和设想，然后在实践中去反思与改进自己，应具有连续性，有行动、有观察、有反思、有改进，如表 5-8 所示。

表 5-8　教师行动反思记录表

时间	行动	观察	反思	改进
第 1 次 （5 月 10 日）	利用下班时间，坚持写了 4 天的课后反思	每次写的时候，总想记录得详细一些，加上学生的作业图片等，这 4 次每次都写了半小时左右	每次都需要在学生放学后，再回办公室写，折腾下来就一小时过去了……如果每天都这样的话，太耗费精力（又给自己的懒找借口）	决定每天下课后，放下其他的事先写反思，不力求完美，三言两语即可
第 2 次 （5 月 15 日）	断断续续写了 6 天	发现很多时候根本没办法下课就写，有的时候学生过来改错，有的时候又要处理学生的问题……	想象很美好，现实很残酷	两次研究评课、展示课等活动后，写一个教学案例或者反思
第 3 次 （5 月 30 日）	上了一次组内复习课，在复习课结束后，听取了老师们的建议，修改了教学设计，并撰写了教学反思	不用每天都写，这样会觉得每天的工作轻松一些；要不然总觉得有任务没完成，想写又没有时间写，内心特别纠结	觉得这个方法可行，每周或者每个月写一次；在自己的承受范围之内，一段时间后也会积累下一些材料	准备一直坚持下去；6 月 22 日上了一节区级展示课"荷花镇的早市"；上课后，听取了肖老师的建议，修改了教学设计，撰写了教学反思；准备再录一节课，但是赶上期末，准备下学期初再录一次

4. 读书笔记与感悟记录

在青年教师学习共同体的交流活动中，教师在微信群里分享自己的摘抄与感悟；教师结合自己所读的书籍谈自己的感受等。

5. 材料提交与留存

材料提交与留存应有专门的教师来管理，便于记录教师的成长与进步。

6. 读书交流组织与管理

读书交流组织与管理既要有内部领导者的组织与推动，也要有学校外部支持者的引领与指导。

在制度的约束下，教师长期坚持读书交流，体会到其中的收获、成长和乐趣，方能逐渐养成读书、思考和行动的习惯。此外，在制度的基础上，大家互相督促、鼓励、感染。有一个读书的外在环境，也是形成读书习惯的重要方式。教师在读书与实践中去突破个人发展的瓶颈，获得专业上的成长。

（四）发起教师共同关注的读书与交流话题

研修共同体的建设需要大家有共同交流的话题，分享观点、想法，形成思维的碰撞，在交流中发现自己未知或不清晰的知识、观点，获得启发与灵感，反思自己的经验和观念，进而促进成员的共同成长。例如，青年教师校本"读·思·行"研修共同体共读《傅雷家书》一书，然后每三天由一位教师在读书微信群里就书中某些内容提出一个问题。这个问题应是较为开放性的、有讨论价值的、大家共同关心的问题，然后大家互相讨论、各自谈谈自己的看法和经验。在微信群里的读书研修交流中，每位教师在问题的引领下，联系自身的经验和日常读书学习积累写出了自己的想法。有的是精练性的自身理性思考，有的是感悟基础上的引经据典，有的是自己的故事、经历和体会。教师们为他人的思考所震撼，为他人的情感所触动，为自己的经历而感怀，在理性与感性之间，在理论与经验之中，对一个个问题有了更深刻的、多角度的认识与理解，提升了理性思维水平，同时升华了情感。

再如，学校全体教师共同阅读与研修《培养核心素养》一书，阅读该书后集中研讨交流。研讨会上共有 12 位教师进行了读书思考与行动交流。首先，科研主任介绍了组织全校教师阅读《培养核心素养》一书的背景、初衷与过程。其次，12 位教师分别谈了对书中有关核心素养、学科核心素养概念与内涵的认识，结合自己的实践谈了对核心素养的思考与分析，以及自己在教学中对于核心素养相关知识的运用与实践探索，既有对于概念、内涵的思考，也有对于实施方法、策略的探索。大家在对"核心素养"这一话题共同解读、诠释案例的过程中，更加意识到了对学生核心素养培养的重要性，对其概念内涵的认识逐渐明朗、清晰起来，同时学习了其他教师在教学中培养学生核心素养的方法、策略等。

在教师校本"读·思·行"研修中，教师可以共读同一本书，大家的视角、认识与理解有相同，也会有不同，在共同的探讨与交流中增进认知、开阔思维、获得学习方法。同时教师也可以各自读不同的书，然后每位教师就大家共同关注的话题提出一两个问题、困惑。大家交流探讨，提出各自的观点，还可以分享自己的经验、经历。教师校本"读·思·行"研修中，应该用一些教师共同关心的问题进行引领，形成一种交流的话题，让教师在问题的引领下进行思维碰撞、多视角探讨，形成互动的氛围，形成学习共同体。

（五）教师真诚交流、 分享观点与个人经验

教师校本"读·思·行"研修共同体的建立，需要营造一种真诚交流的情感氛围，可以让大家真诚表达想法，讲述自己的故事，从读书和自己的故事中提炼出有价值的知识，引发大家进一步的思考。大家直面自己的内心，平等、真诚交流。经验可以是成功的，也可以是失败的。教师结合书籍带给自己的思考，进行分析、反思与总结，获得成长。例如，青年教师学习共同体在共读一本书的交流活动中，经常就某一问题展开讨论，大家各抒己见。

学校举办教师读书交流会，教师共读林清玄的《幸福从不缺席》。在本次交流会上，15 位教师结合读书和个人工作、生活畅谈了对幸福的理解与感悟。比如，李老师温暖平和、热情直率，认为读自己喜欢的书很有意境；在朱老师的眼里，非常微小的事情也可以是一种幸福，她告诉我们要能在小事情中体会大幸福；陈老师的幸福是学生的相伴，是学生

对问题丰富的想象力和做作业的认真，她的眼中满满都是爱与幸福；王老师说，读书让人生走得更踏实、更愉悦、更潇洒，"腹有诗书气自华"；杨老师的生活富有情趣，大家都喜欢她酷酷的模样，她用自己的热情、真诚在寻找幸福；李老师从学生真诚的眼睛中寻找到了幸福，寻找到了生活的美好；张老师说，听着那些纯真稚嫩的童音是幸福，同事们饱含深情的问候是幸福，幸福在心间，幸福来源于自己；成老师说，走路时，感受微风拂面、蓝天白云、广阔天地，心自由，活在当下，就是幸福。李老师认为幸福基于正确对待我们与自我、与他人的关系，认识、体验与调整自我，对待他人平等、尊重、宽容、理解、温暖、爱、鼓励、引导、促进，这些构筑了人生幸福的基石；蒋校长提出，愿努力为教师营造幸福的氛围，让大家共同感受幸福。

教师校本"读·思·行"研修旨在通过读书促使教师获得启发，思考自身教育教学中的不足，或者自身教育教学进一步发展的方向，或者教育教学中之前模糊的一些原理等，需要教师联系自身的实践经验去阅读、思考和表达；通过阅读澄清自己的一些教育教学观念、想法，表达自己的一些切身感受，确认自己的一些信念。其他教师也基于实践表达了自己的观点，回应分享自身的观念和情感，表达共鸣或不同的看法。

（六）在读书反思与行动中教师互相支持与协助

教师校本"读·思·行"研修共同体是在教师共同读书、反思与实践中形成的，行动中的共同探索与学习也是其中的重要内容。"行"既有读书中引发的对过往经历的回忆、反思，也有读书中联系现实、对当下问题的思考，还有读书后受到启发在实践中去探索尝试。关于读书后的教育教学行动、改变，需要学习共同体成员之间互相支持、鼓励与帮助。例如，对于读书基础上的教学改进，教师之间听课、评课、研讨交流，找到教学中的关键问题，提建议、出主意等；对于读书基础上的课题研究，教师对研究思路进行设计，对研究课例进行分析、探讨交流，分析解决问题等；对于读书基础上的班级管理改进，教师对个别学生的特点进行分析讨论、拟定教育对策等。这些都需要教师共同交流探讨、共同行动、互帮互助。同时在这种共同做事、共同研究中，教师研修共同体才得以巩固与发展。

四、研究反思

经过几年时间的努力，区内 10 多所中小学组织与建设了教师校本"读·思·行"研修共同体，让教师一起阅读、行动与反思，促进了教师读书学习，增进了教师之间的交流。教师校本"读·思·行"研修共同体的建设取得了一些经验，同时也引发了一些反思，现总结如下。

（一）教师校本"读·思·行"研修共同体推动了教师读书与学习，促进了教师之间的讨论交流与情感共鸣

教师校本"读·思·行"研修是一种以读书为载体的教师研究、修习方式，也是教师共同探讨一定的话题，共同认识、理解与解决一些问题的方式。教师日常工作繁忙、千头万绪，很多时候很难静下心来去读一本书。很多教师会在网络上阅读一些教育理念、方法的文章，利用碎片化的时间学习、寻求共鸣和提升认知，但这些网络文章阅读往往是零散的，无法达到对某一问题的深入认识与领悟。在教师单打独斗很难沉下心来读书的状况下，教师校本"读·思·行"研修成为一种不错的选择。教师校本"读·思·行"研修首先提供了一种任务驱动，在读书交流的任务下，教师就要反复去阅读一些书，达到对书的较为透彻的理解。在读书交流的过程中，教师形成研修共同体，通过交流与碰撞，了解到其他教师在工作中也有过与自己相似的困难、问题与经历，了解到其他教师对某些问题的看法、认识，很多时候会感觉到一种情绪上的疏解、情感上的共鸣，从而获得一种认同感、归属感。

（二）教师校本"读·思·行"研修共同体建设应常态化、区校联合推动，学校领导者是共同体建设的关键因素

随着研究的结束，在缺少任务驱动的状况下，部分学校可能会放弃"读·思·行"研修。如何促使学校继续组织教师开展"读·思·行"研修，需要进一步思考。目前学校计划与教师培训部门联系，争取将其纳入学

校教师校本培训，建立长期的教师读书机制；区里也出台相应的激励和督促措施，使得教师校本"读·思·行"研修成为一种常态。同时教师校本"读·思·行"研修需要建立相应的管理机制，需要真正组织起来使得教师获益。因而，领导者至关重要，只有领导者坚持组织教师读书和分享交流，研修活动才能持续进行。如何促进领导者提高教师读书和思考的意识，推动其组织教师读书活动，是需要认真思考的。建议干部培训部门在领导干部培训中增加有关教师读书的内容，提高学校领导干部对于拓宽重要性的认识，并推动其在学校组织教师读书交流活动。

总之，中小学教师校本"读·思·行"研修对于拓宽教师的视野、增进认知、理解教育教学、解决各种问题等具有重要作用。教师校本"读·思·行"研修共同体为教师研修活动提供了支持性条件，希望更多的学校积极推动与发展。

专家评语：该文将教师在校本研修中的阅读、思考、行动三者结合起来，形成一种学习共同体，符合当下教育界提倡的"教师是研究者，教师是行动者"的理念。这种结合既具有创新性，又符合时代的要求，突破了传统意义上教师只是一个"教书匠"的观念。这种新型的学习共同体，使得教师在阅读学习的过程中增长学科知识，更新学科理念。基于丰富的阅读，教师能够更好地对自身的教育教学行为进行反思，并以此改进自己的教育教学。该文首先阐述了校本研修和教师学习共同体的研究现状，进而指出教师校本"读·思·行"研修共同体的理论基础，然后提出教师校本"读·思·行"研修共同体的建设策略。研修共同体的建设需要学校领导的组织推动、外部支持者的指导、建立制度、读书交流活动，以及教师之间的交流与互帮互助。最后该文进行了反思：教师校本"读·思·行"研修共同体促进了教师之间的交流并引起了他们的情感共鸣，同时教师校本"读·思·行"研修共同体的建设应该在校领导的带领下进行区校联合，走向常态化。

点评专家：北京师范大学 王晶莹教授

乡村小学数学教师课堂教学
导入能力提升实践

北京市平谷区马昌营中心小学

张东慧

【阅读摘要】导入是课堂教学过程的首要环节。良好的课堂导入能够起到启发心智、激发思维的重要作用。精彩的课堂导入可以稳定学生的情绪、激发学生的学习兴趣、把握学习目标、拉近与学生的情感距离。课堂导入设计能力是教师应该掌握的基本功。我们结合教学实际，将课堂教学的有效导入设计、实践、实例与理论结合起来作为研究重点，提炼出教师普遍接受的有效导入方法、模式，提高了数学教学的有效性，对于改进数学教学工作有重要意义。

【阅读关键词】课堂导入；导入方法；学习兴趣；导入能力

一、 问题的提出

《基础教育课程改革纲要(试行)》指出：教师在教学过程中要"创设能引导学生主动参与的教育环境，激发学生的学习积极性，培养学生掌握和运用知识的态度和能力"。因此，学生学好数学的关键在于优化教师的教，课堂导入能力是其中的关键环节。心理学研究表明，第一印象的作用最强，持续的时间也长，比以后得到的信息对于事物整个印象产生的作用更强，这就是通常所说的"首因效应"。课堂导入是教学的首要环节。一个精彩的导入，既可使学生情趣盎然，又可激起强烈的求知欲望，使学生很自然地进入最佳的学习状态，有效地开启学生思维的"闸门"，激发联想、激励探究，为一堂课的成功铺下了基石。当前学校小学数学课堂教学中普遍存在以下突出问题：有些教师不注重导入环节，只是一味地抓课堂练习；有些教师虽然关注导入语的设计，但只是一带而过，流于形式。例如，有些教师不重视教学中的导入环节，认为导入太浪费时间；有些教师虽然也很关注导入，可形式过于单一且呆板；还有些教师的导入设计不能引起学生的学习兴趣，无法将学生的无意注意转向有意注意。因此，如何合理、新颖地设计课堂导入，已成为我们农村教师迫切需要研究和解决的现实问题。

二、 文献综述

C. 特尼(C. Turney)等学者认为，在教授新的教学内容时，吸引学生的注意是很重要的；求知欲是学习动机中最现实、最活跃的成分；导入时要构建学习目标，使学生进入良好的心理准备状态，全神贯注地、有意义地开展学习。罗杰·高尔(Roger Gower)及史蒂夫·沃尔特斯(Steve Walters)研究了课堂导入应采取的多种方法。两个研究随年代而不同，但均认为课堂导入至关重要，表明在教授新的教学内容时，应采取多种方法，吸引学生的注意力，引起他们强烈的好奇心，激起他们浓厚的学习兴趣，使他们进入良好的心理准备状态，从而建立起新旧知识之间的联系，并顺理成章地导入新课。近年来，国外很多专家的教学论、方法论等论著中都对导入有着高度一致的认同：一堂课的开头，十分重要；精心设计、巧妙而又准确的导入，可以激发学生强烈的求知欲望，开阔学生的思维，吸引学生的注意力，引发好奇心，唤起兴趣，激发求知的欲望和学习动机。[①]

国内学者对此话题同样很感兴趣。李青梅提出，导入也叫开讲，导入作为课堂教学重要的一环，它可以是一堂课的开始，有时也贯穿于课堂教学之中；她还对导入的功能、类型及基本要求做了一些阐述。[②] 有的学者研究了课堂教学最优化的导入艺术，提出了新课导入、设计导语应遵循的一些原则，并介绍了某些学科课堂教学最优化的一些导入方法。国内还有许多的学者从数学课堂教学的导入艺术出发，提出了许多行之

---

① 苏淳良：《浅谈小学数学课堂导入的方法探究》，载《数学学习与研究》，2015(14)。

② 李青梅：《小学数学课堂导入策略研究》，载《新教育时代电子杂志（教师版）》，2015(35)。

有效的导入方法，如游戏导入、悬念导入、故事导入、实物演示导入、激疑导入、经验导入、竞赛导入等。有的学者为数学课的导入提出了新的探索，如开放性实验法、计算机辅助法、音乐吸引法等。有的学者首先把课堂教学的导课环节作为教学艺术中的导课艺术，认为导课艺术讲究的是"第一锤就敲在学生的心上，像磁石一样把学生吸住"，并认为不同特点的导课也会产生不同的教学功能。

总体来看，关于小学数学教师课堂导入能力的理论比较多、具体指导方法比较少，理论与实践难以整合，课堂教学中难以操作。因此，我们将上述诸多"不足"作为研究的"起点"和"突破口"，结合教学的实际，将课堂教学导入的设计、实践、实例与相应理论结合起来作为研究重点，探索形成教师普遍接受的有效导入模式和方法，提高数学教学的有效性。

三、 概念的界定

课堂导入是指教师在教授新的教学内容或开始教学活动时，运用各种教学媒体和教学方式，激发学生的学习兴趣，引导学生进入学习状态的一种教学行为。在现代教学设计中，导入已成为教学组织的一个重要环节，也是一门艺术，熔铸了教师的智慧，体现了教师的素养。作为教师，我们要深入了解导入技能的丰富内涵，加深对导入设计的重视，在实践中探索适合学生的导入策略，提高课堂教学效率。

导入能力是指教师在课堂教学中处理导入这一教学环节时，利用各种教学媒体创设学习情境，激发学生的学习兴趣，启迪学生的思维，集中学生的注意力，使其主动学习新知的一种能力。

四、 研究目的和意义

《中共中央 国务院关于深化教育教学改革全面提高义务教育质量的意见》中指出："强化课堂主阵地作用，切实提高课堂教学质量。"该意见强调："优化教学方式。坚持教学相长，注重启发式、互动式、探究式教学，教师课前要指导学生做好预习，课上要讲清重点难点、知识体系，引导学生主动思考、积极提问、自主探究。融合运用传统与现代技术手段，重视情境教学；探索基于学科的课程综合化教学，开展研究型、项目化、合作式学习。"本文以国家教育政策为引领，着力转变学校数学教师的教学观念，提升教师对课堂导入设计的重视程度，强化导入环节的设计、研究和实践，探索适合农村小学学生的数学课堂导入，有效提升教师的课堂导入设计能力，继而提升学校数学课堂对学生的吸引力，改进数学课堂教学质量。同时，在研究与实践过程中，我们致力于提升教师的课堂教学研究意识和研究与实践能力，打造科研型教师队伍，帮助教师在"同伴互动"和"专业引领"中，获得专业发展和支持，推动学校的教学研究工作走向科学发展、特色发展、可持续发展的科研轨道。

五、 研究内容

我们认为，课堂教学导入要善于利用本土特色及生产、生活特点，灵活设计并巧妙运用适合学生的年龄特点和贴近生活实际的导入方法；通过创设符合教学内容要求的课堂教学导入情景，激发学生的求知兴趣，优化课堂教学；通过形式多样的新课引入方式，使学生的学习思路清晰，激发学生的学习兴趣，帮助学生形成学习动机，提高学习效益。

（一）数学课堂导入的基本形态研究

结合不同课型的特点，我们提出：新授课以情境设疑引入，练习课以复习导入为主，复习课以学生为主体，解决生活中一些综合性的实际问题，创建有效的学习方式和教学方式，使小学数学体现生活数学的特点。导入教学的方法多种多样，关键在于教师的灵活运用、精心设计。

1. 故事导入法

故事导入法是一种学生喜闻乐见的方法。它可以帮助学生丰富联想，变好奇心为兴趣，引起学生的心理需求，让他们很自然地进入最佳学习状态。因此，教师要结合具体的教学内容，精心构思具体的教学内容，精心构思相关的故事。比如，学习公倍数和最小公倍数时，教师从讲述渔夫的故事开始："从前，在美丽的湖边，住着一老一少两个渔夫。有一年，他们从 4 月 1 日起开始打鱼，并定了一条规矩。老渔夫说，'我连续打 3 天鱼，要休息一天'。年轻渔夫说，'我连续打 5 天鱼，要休息一天'。有一位城里的朋友想趁他们一起休息的日子去看望他们，他可以选哪些日子去呢？同学们会帮他把这些日子找出来吗？"学生尝试着在纸上写，在日历中找……在教师的提示下，学生通过分工合作、小组交流，完成了学习任务。这样学生通过解决实际问题，为下面学习公倍数、最小公倍数提供了素材，积累了经验。

课堂上讲故事，其目的在于引入教学，为教学目标的达成服务，而不是为讲故事而讲故事。导入的故事宜短忌长，故事本身要能说明问题。教师有时还需要启发引导，才不会使学生的注意局限于故事本身。

2. 情境导入法

情境导入法就是教师恰当、巧妙地利用音乐、投影、视频等电教手段，用真实的情境来渲染课堂气氛，让学生有切身的体验和真实的感受，从而用一种别具一格、饶有趣味的方式来达到引入新课的目的方法。比如，在"秒的认识"一课上，教师从奥运会的开幕式倒计时入手，让学生重温开幕式倒计时的激动场景：倒数 10，9，……然后，问学生："谁知道，刚才咱们倒数的 5，4，3，2，1 是用的什么时间单位？（秒）"以此教师来揭示课题"秒的认识"，开始组织教学，让学生有学习的兴趣，也很投入。

3. 问题导入法

好的问题引入具有艺术性、趣味性和启发性，能激发学生的兴趣。创设良好的导入情境，可以使学生积极地投入学习。比如，一位教师在教学"长、正方形面积计算"一课时，先出示 3×5 和 4×4 两个图形（单位：分米）。教师让学生想办法比较两个图形面积的大小，有的学生说："用割补法，把两个图形重合起来比较。"有的学生说："用一平方分米的单位进行测量。"教师在肯定了学生的积极主动精神后，又提出新问题："要想知道我们操场的面积、天安门广场的面积还能用这种方法吗？"学生领悟到这种方法太麻烦、不实际。教师接着问："那么，有没有更简便的方法求图形的面积呢？到底怎么求它的面积呢？"这些疑问激发了学生求知的欲望，他们跃跃欲试，开始了对新知识的探求。

问题的引入，要从学生的生活实际、年龄实际和认知实际出发。教师所提的问题要有梯度、有层次、有思考的价值，并能激发学生思考的欲望。

4. 景物欣赏导入法

在教学"统计"一课时，教师这样导入：①你们喜欢我们的家乡——平谷吗？让我们一起来欣赏平谷的秀美风光！（多媒体演示）②最近，有个旅行社准备组织外地游客来平谷一日游，选择了4个富有代表性的景点：金海湖、桃花海、大溶洞、石林峡。导游在大街上采访了部分市民，调查各个景点受欢迎的程度。我们来听听他们的看法。（多媒体播放采访录音的第一遍）③共采访了多少位市民？每个景点各有多少人最喜欢？（学生数不清）那我们再来听一遍，这回可要数清楚啊！（多媒体播放采访录音的第二遍）（学生来不及记录）④小组讨论：怎么提高记录的速度呢？（小组交流能够记录下的对策，指名汇报）（多媒体播放采访录音的第三遍）……

这种导入，不仅激发了学生的学习兴趣，还渗透了美育，有效地提高了课堂效率。

5. 瞬间再现导入法

瞬间再现导入法就是把国内外刚发生不久、容易引起关注的重大事件与教学内容巧妙结合的方法。比如，在教学"年、月、日"这部分内容时，教师可以这样导入：①看屏幕（航空母舰试航的场景）：看着这场景，你有什么感受？这个场景发生在什么时候？②这个时刻中，用到了哪些时间单位？（板书：年、月、日）③"年、月、日"是较大的时间单位，你们已经知道了哪些关于年、月、日的知识？以此来揭示课题，进行新课的教学。

这种导入法能针对学生的好奇心理，从一开始就集中学生的注意力，润物无声地渗透了教学目标。

6. 实践操作导入法

动手操作符合小学生好动的特点，可吸引小学生将注意力集中到有意义的教学活动中来。学生具有活动实践的天性和创造成功的欲望，教师应该大胆放手让学生"多动"，尽量让他们在"做中学"，亲身经历各种探索活动。在充分准备的前提下，教师组织学生凭借已有的知识操作学具来导入新课。例如，在教学"认识高"一课时，教师可组织学生小组进行实践操作(剪拼几种不同的平行四边形)，尽量让学生自己去讨论与发现各自剪拼的结果，发现画的线段有什么特点。这样教师便因势利导，逐步引入新课，同时还起到变抽象为直观和化难为易的具体作用。

7. 游戏导入法

爱做游戏是孩子的天性。将游戏有机地运用于课堂教学，利用游戏的无意注意的特性，有利于学生形成正确的学习方法和良好的学习习惯，有利于化难为易和减轻学生的负担，也符合素质教育的要求。比如，在教学"找2，3，5倍数"一课时，教师在课前可设计"是2的倍数的学号"的游戏，组织学生在游戏中自由交流、活动、表达。所带来的会是兴趣、欢乐和自由，并营造了学习氛围和突破了教学难点。

当然，新课的导入方式有很多，如猜谜语、做游戏、听音乐、实物演示。简单的一个设问、普通的一声问候，甚至一句无声的体态语等，只要运用适当、巧妙，都不失为好的导入形式。总之，这一切都要围绕一个目标，那就是为学生学习新知创造一个愉悦、和谐的教学氛围，激发学生学习的兴趣，唤起学生学习的自觉性和创造性，让学生愿学、善学、乐学。教师应在新标准、新理念的指导下，因地制宜，精心设计科学的新方法，以期提高我们的教育教学质量和全面育人的水平。[①]

（二）数学课堂导入的特色形态研究

根据教材内容及学生已有的生活经验，以及本土特色及生产、生活特点，教师需要在课堂中营造现实而富有吸引力的学习背景，贴近学生的生活，使学生的个性品质得到可持续发展，为学生的未来生活奠定良好的基础。

---

① 罗玉贤：《小学数学新课导入中情境创设的有效方式探讨》，载《西北成人教育学报》，2014(1)。

1. 即时信息再现，注重生活应用

在进行应用题教学时，教师一般都会用生活中的即时信息导入新课，用更贴近学生生活实际的真实情景再现于课堂，取代例题，让学生研究解决实际问题。比如，在教学"小数乘整数"一课时，正值大桃丰收上市，教师于是从农民卖桃导入新课。这样教师从即时信息导入了新课，贴近生活、激发兴趣，也让学生真真切切地体会数学在生活中的应用。

2. 热点问题再现，激发学生探究

在教学中，教师用社会热点问题导入新课，有效地激发学生的好奇心，激励学生积极地从事数学探究活动。在教学"米和千米的认识"一课时，教师就给学生播放国庆大阅兵的视频。播放时，学生各个目不转睛，看到飞机、火箭、坦克、导弹等各种武器一一亮相，都在惊叹。教师抛出了一个问题："你们知道各种武器的行进速度吗？想不想知道？"这样导入了新课，学生一节课的兴趣高涨，自然而然开始了新知识的探究，学习效果非常好。

3. 传统故事再现，解决现实难题

学生喜欢故事，对一些传统故事百听不厌。因此教师努力挖掘这些传统的故事题材，创编一些故事情境引入新课，可以有效地吸引学生的注意力。教师提问："唐僧四人路过瓜地，农民送给他们一个大西瓜，不过提出了一个条件：要求他们每人分到的一样多，但是块数不一样，这下难住了师徒四人。你能帮助他们师徒四人解决难题吗？"这样导入新课，进入了分数的基本性质教学，既抓住了学生的好奇心，又解决了现实问题。

（三）数学课堂教学导入的策略研究

1. 丰富的形式，培养有意注意力

通过各种形式的导入设计，学生的注意力能够很快集中到教学中来，有意注意力得到了有效培养，学习的专注度得到明显提升。

2. 巧妙的语言，促进认真倾听

教师在数学课上注重了导入语言的精心设计。学生喜欢，自然认真倾听，学生整体的听课状态有了大幅度的提高，倾听能力也得以有效

培养。

3. 真实的情景，激发积极探究

从真实的生活情景导入，做到了学有用的数学，更让学生在学以致用中感受到了数学的价值。学生学习数学、进行数学探究的积极性得到明显提升，学生的学习探究能力得到了有效培养，自主、合作、探究的数学课堂正在悄然形成。

实践性研究促进教师理论与实践相结合，进一步转变教师的教育观念，丰富教师的知识结构，提升教师的课堂教学导入能力，提升教师的科研能力和综合素质，使学生的学习兴趣、探究欲望不断增强，数学教学质量得到有效提升。

（四）数学课堂教学导入的原则与规律研究

1. 遵循课堂导入的原则，符合学生的年龄特点

①新课的导入应具有吸引力。注意力是学习的先导，它对学习的影响是最直接的。由于小学生的年龄小、好动，无意注意占很大成分。因而在上课伊始，教师要在极短的时间内，巧妙地把学生分散的注意力吸引过来，通过谈话或一些具体、形象、直观的事物引起学生的注意，激活学生的思维。

②新课的导入要有趣味性。学生只有对所学的知识产生兴趣，才能爱学。因此，导入新课阶段的主要作用在于培养学生的学习兴趣，增强学生的求知欲，调动学生的多种感官，让他们积极参与学习过程。

③新课的导入应有针对性。新课导入时必须根据小学生的心理特征，针对不同年级、不同教材、不同条件、不同环境、不同时间，选择不同的方法。切忌只图表面的热闹，追求形式，甚至故弄玄虚、画蛇添足，占用过多的时间削弱其他教学环节。

2. 注重课堂导入的效用，符合课堂教学的需要

①明确目的，激发兴趣。目的性是人类实践活动的根本特性之一。巧妙的导入，不仅能让教师明确提出本课教学的内容和要求，说明所学知识的重要性，还会使学生产生浓厚的兴趣，并怀着一种期待、迫切的

心情渴望新课的到来。

②集中注意力，发展思维。教师在导入时要精心设疑，注意揭示矛盾，创造一定的问题情境，就能使学生很快地集中注意力，促进其思维的发展。

③联结知识，促进迁移。系统性是数学的主要特征之一。数学知识的内在联系是实现迁移的基本条件。有针对性地安排好导入，可以使学生具备必要的预备知识，架好新旧知识间的"认知桥梁"，为学生掌握新概念、新方法做好必要的铺垫。

④沟通情感，强化识记。白居易说："感人心者，莫先乎情。"新课导入时那发人深思的故事、耐人寻味的演示、富有启迪的游戏……符合学生好奇、好新、好胜的心理特点，能给学生精神的愉快，促进其与教师情感的交流，增强学生的无意识记，让学生比较轻松地掌握数学知识。①

六、 研究方法

（一）行动研究法

行动研究法是在真实的教育场景中，坚持边实践、边检验、边完善、边总结的原则，把研究与实践紧密地结合起来，最终探索出课堂教学导入的有效策略和方法，积累丰富的实践经验的一种方法。

（二）文献法

文献法是通过学习研究相关理论成果，梳理国家基础教育改革的有关文件和材料，深入分析数学学科课程标准和相关案例，为不断深化数学课堂教学导入的模式和方法提供坚实的基础的一种方法。

---

① 张芹：《心中有学生 脑中有教法——浅谈新课改下小学数学课堂教学创新》，载《数学学习与研究》，2015(12)。

（三）个案研究法

个案研究法从自己或他人课堂教学中遇到的疑难问题出发，以解决教学中导入的难题为归宿，通过对自身或他人实践的反思，主动设计与尝试，找出解决问题的方案的一种方法。

七、　研究成果

（一）教师的业务水平和理论素养得到有效提升

本文采取集中学习与个人自学相结合的方式，有计划地组织教师学习国内外有关小组合作学习的先进理论，从而使教师的教育理念能跟上时代发展的步伐，并且能用先进的教育理念更好地指导学生的学习实践。在两年的课堂研究中，教师通过不断的探索—发现—研究—解决，借助课题研究这个平台，实现自我反思、自我重构，以全新的教育理念和科学的教学方法来解决教学中遇到的各种问题，不断提高和完善自身的素质，促进自身的专业成长。在研究的两年中，教师有 13 节数学课在市区课堂评优中获奖或作为优秀研究成果进行现场展示；有 16 篇论文获得市区级奖励；有 4 人在区市教研或课题研讨中做专题讲座或成果交流。

本文重视理论学习。教师的理论学习分为两部分：一是个人在网上自学或者学习报纸杂志上有关有效导入的文章；二是结合自身的教学，在实际教学当中研究有效的导入，学习专业知识。教师非常重视和珍惜这些分享会，在学术探讨的氛围中，纷纷发表自己独特的见解、提出自己在教学导入过程中的疑惑，集群体智慧，取长补短，不断提高自己的理论水平，从而形成了丰富的经验。

（二）探索形成了一批典型课例

在研究活动中，探讨课、推广课是我们研究的重要项目。新课导入属于课堂的需要，也是课堂的艺术，也需要在课堂上来展示和检验。为此，我们在每个阶段分两个学期进行课例研究：第一阶段为1个研究课例；第二阶段为2个研究课例、3个推广课例。教师从小学数学学习的不同领域进行研究，通过实践获得更广泛的认识和经验。比如，胡文伶老师主讲的"倒数""比的意义"，柴晓芳老师主讲的"读懂统计图""用字母表示数"等研究课，都能够让教师获得真切的实践体验。

（三）数学教学质量得到不断提高

一分耕耘，一分收获。教师严格按照研究方案有计划地开展各项研究工作。在实施过程中，教师注意收集各种数据和资料，不断积累经验和改进课堂实践方法，努力提高学生的整体素质和促进教师的专业成长，并取得了一定的成效，带来了如下明显的变化。

1. 学生的学习兴趣有了明显的提高

在研究之前，学校的教学研究主要体现在行政听课和各种教研活动上。课堂上学生的主体地位没有得到充分的体现，学生仍然处于被动接受的状态，总感觉数学学习枯燥无味，学生的学习兴趣不高，课堂教学缺乏生机和活力。开展研究后，教师通过研究组织的集中学习和个人自主学习，进一步更新了理念和转变了行为，懂得了通过采取形式多样、科学有效的导入方法来帮助学生理解知识；通过创设轻松和谐的环境给学生营造学习氛围；通过教师的风趣语言来激发学生学习的主动性和积极性……数学课堂的有效导入模式从一节课的开始入手，让学生在轻松、有趣的氛围中产生了强烈的求知欲望，极大地调动了学生参与课堂的积极性，激发出学生强大的学习动力，从而使各个层次的学生都能感受到成功与进步的快乐。

2. 学生初步养成了良好的学习习惯

常言道："一节课的好坏取决于课的开始"。为此，我们对数学课的导入进行了研究，精心设计课堂导入，选择科学有效的导入方法，积极调动学生的学习主动性和创造才能，使学生"要学、会学、乐学"。实践证明，教师通过多种手段，采取有效的导入方法，可以充分调动学生的多种感官参与活动，使学生的个性得到张扬，使学生的学习兴趣明显提高，教学效果显著。

3. 教学质量得到稳步提高

学校 1～6 年级数学的总体成绩无论是合格率还是优秀率都是稳步上升的，在全区教学质量统测中均远远高于全区的平均成绩。

八、 研究讨论和建议

尽管学校高度重视课题研究，开展了丰富多样的实践探索，取得了一系列令人欣喜的研究成果。但由于研究经验不足，还存在许多不尽人意的地方，主要表现在：教师的科研能力有待提高；课堂研究没有形成常态化；教师的评价方式不够多元化；导入互动环节对后进生的关注不够；资料的收集与整理有待规范等问题。从选题、开题、实施、研究到结题，我们积极主动地参与课题研究活动，将研究上升到提升学生数学学科整体素养的研究，为下一步研究奠定了坚实的基础。

下一步，我们要针对研究过程中存在的问题继续进行后续研究，不断探索、发现、实践、研究、完善，不断提高教师的理论水平和科研能力，全面提高学生的数学综合素质。

专家评语：该文以国家教育政策为引领，着力转变教师的教学观念，提升教师对课堂导入设计的优化创新，强化导入环节的设计、研究和实践，探索适合农村小学学生的数学课堂导入，有效提升教师的教学能力。在实践过程中，该文注重教师的同伴互动和专业引领，创新校本研修的模式、流程和机制，为教师专业发展提供了坚实的基础。该文的研究目标明确，思路清晰，方法得当，实践探索深入，已经形成了较为成熟的写作框架和内容体系。建议下一步研究要注重教学评价创新和教研机制建设，从课堂导入环节向完整教学过程进行拓展，促进教师专业发展，探索具有推广意义的课堂教学改革模式，为农村学校教学改革提供实践参考。

点评专家：中国教育科学研究院 曹培杰副研究员

基于生动课堂的教师专业素养提升实践研究

北京师范大学密云实验中学

张德广　郭秀敏

【阅读摘要】围绕新课程标准和学科核心素养，学校开展以情境、问题和学生活动为主的创新实践，探索形成了生动课堂教学模式，建立了生动课堂的常态化机制，为教师专业素养的提升提供了理念和技术支撑。在实践中，本文坚持理念先行、顶层指引、科研引领、把控进程的原则，开展一系列基于生动课堂的校本研修活动，为教师搭建起教学设计和实施能力的展示平台；多维度加强教师队伍建设，为教师参加生动课堂实践提供了精神动力和组织保障；注重发挥评价和奖励制度的激励作用，为教师参加生动课堂实践提供了有效的机制保障。

【阅读关键词】生动课堂；教师专业素养；校本研修

《国务院办公厅关于新时代推进普通高中育人方式改革的指导意见》指出，教师要"积极探索基于情境、问题导向的互动式、启发式、探究式、体验式等课堂教学，注重加强课题研究、项目设计、研究性学习等跨学科综合性教学，认真开展验证性实验和探究性实验教学"。

一、概念的界定

"生动课堂"是秉持"以生为本""学为中心"的理念，以小组合作学习为基本组织形式，以学生的内在需求为前提，以学情为基础，以教师引导、点拨和学生自主、合作、探究学习为基本方式，通过师生、生生互动促使学生主动参与、主动探索、主动思考、主动实践，焕发课堂生机，激发生命活力，培养学生综合能力的一种新型教学模式。①

教师专业素养是教师从事教育教学工作必须具备的专业特质，是指教师在相关学习和实践中获得的，在教育活动中体现出来的，直接作用于教育过程，具有专门性、指向性和不可替代性的心理品质。② 教师专业素养主要包括教育理念和教育教学技能。

二、 研究价值和意义

生动课堂是"以学生为中心"理念在课堂教学中的具体体现，对落实新课程标准、培养学生核心素养具有重要价值。在创设生动课堂的基础上开展校本研修，有利于提高教师的教学设计和实施能力，使学生有更多的实际获得；以课题为引领，开展基于生动课堂的校本研修，有利于提高教师的科研意识和科研能力；基于生动课堂的研修实践，使感性认识上升到理性认识，有利于提高教师的理论水平。

三、 研究目标和方法

（一）研究目标

本文的研究目标为：开展基于生动课堂的校本研修，探索一种普遍适用的生动课堂教学模式，建立生动课堂的常态化机制，提高教师的教学设计和实施能力，促进教师专业素养的有效提升。

（二）研究方法

本文主要采用了调查法、行动研究法和案例研究法。

1. 调查法

两个学年进行了两次问卷调查。第一次调查，旨在了解教师对学科

---

① 孙继红：《生动课堂的内涵诠释及其建构——以宁波市鄞州区课程改革为例》，载《中国德育》，2015(23)。

② 童其林：《教师专业素养的内涵及提升途径》，载《教育研究与评论·中学教育教学》，2016(6)。

核心素养的掌握程度和对"生动课堂"内涵的理解，为研究提供基础信息，从中发现问题，增强研究和指导教师研修的针对性，同时促使教师反思，激发教师自我发展的内在需要。第二次调查的目的是了解教师运用生动课堂教学模式的主动意识和熟练程度，为研究成果的评价提供依据。

2. 行动研究法

两个学年分为两个研究周期。本文通过生动课堂展示课研讨、假期校本培训、读书感悟交流、教学质量分析等渠道，对教育教学进行诊断性评价、形成性评价和总结性评价，为整体的定量、定性分析提供依据。在研究中，坚持课题引领，通过生动课堂研修的实践、反思，总结、固化经验，提升理念和技术，探索出生动课堂教学模式和常态化机制。

3. 案例研究法

案例研究法是通过系统地收集分析数据资料，得出普遍性结论的研究方法。基于生动课堂实践，教师对学科展示课、研究课、亮相课案例进行分析研讨，从而形成生动课堂实施的一般性认识。

四、 研究内容和过程

（一）研究内容

本文坚持理念先行、循序渐进，坚持教研、科研和教育教学"三位一体"，以提升教师的专业素养为目标，以教备组为基本单位，以情境、问题、学生思维和学生活动设计为突破口，以生动课堂展示课为主要平台，尊重教师的主体地位和创造精神，开展丰富多元的校本研修，探索生动课堂的常态化机制，促进师生生命的共同成长。

1. 生本理念引领下的生动课堂研修策略

本文坚持理念先行，顶层指引，科研引领，有序推动生动课堂实践研究。

(1)明确"以学生为中心"的课程改革理念

理念是引领生动课堂实施的旗帜。学校邀请专家举办讲座，指导教师以学生为中心进行教学设计，对教师进行理念熏陶；组织教师阅读教学设计方面的书籍，撷取金句精华，结合教学在论坛上交流阅读感悟。

学校在研究初始阶段便提出"一个中心""两个原则""三个维度"和"四个环节"的基本要求，作为生动课堂实施总的指导。"一个中心"即以师生生命的共同成长为中心。"两个原则"即整体把握课程，突出学科素养；促进主体思维参与，有效实施学案导学。"三个维度"即实现教学"价值、内容和方式"三个维度的和谐发展。"四个环节"即创设情境，问题定向；自主探究，互动交流；展示评价，总结反思；检测反馈，拓展延伸。

(2)注重生动课堂的顶层设计

学校围绕生动课堂形成了一系列的制度性安排。学校"十三五"校本研修规划、计划对开展基于生动课堂的校本研修做了明确规定。比如，学校的《"十三五"校本研修规划》提出："启动'学科素养下生动课堂'为主题的课堂教学改革，发挥教备组的职能作用，以发展学生的核心素养为目标……开展各种形式的教学研究，提高教师的单元教学设计能力，提高课堂教学水平。"

(3)坚持生动课堂的科研引领

学校坚持科研引领教研和教育教学，针对问题，突出主题，引领生动课堂研修实践向纵深发展。一是构建以本课题为中心的课题研究体系。"基于学科核心素养的普通高中生动课堂实施策略的研究"等12个区级课题和7个校级课题作为子课题同步开展研究，专任教师全员参加课题研究。二是科研引领教研活动和课堂教学。在教研活动中，教备组围绕课题和问题，开展集体备课。教师通过研讨交流，使教学设计和导学案更趋完善。课后，教师围绕本组课题进行评课和反思。学期末，各教研组紧密结合课题研究，融会每位教师的改革心得，形成阶段性"生动课堂研究成果报告"，成为撰写课题研究中期报告和结题报告的重要资源。三是科研交流助力教师科研素养的提升。各教研组组织区级课题开题论证会和研究性论文写作培训，邀请专家做课题立项和开题报告撰写的讲座，为教师解惑答疑。

(4)基于生动课堂的校本研修流程

循序渐进是推进生动课堂的基本原则。遵照这一原则，生动课堂研究经历了"生动课堂"—"生动思维课堂"—"生动思维智慧课堂"三个阶段；遵照这一原则，在教师熟练掌握"生动课堂"教学模式和实施能力总体提升后，学校适时提出"让生动课堂成为常态课堂，让常态课堂成为生动课堂"的目标。在此目标的引领下，学校组织教师参加高端备课项目研修，让教师理解单元内容并加强对做好单元教学设计重要性的认识。同时，学校强调教学管理的重要性，助力教师在生动课堂常态化上登堂入室。

2. 基于生动课堂的教师发展路径

开展生动课堂展示活动，首先要抓好集体备课，流程如图 5-32 所示。

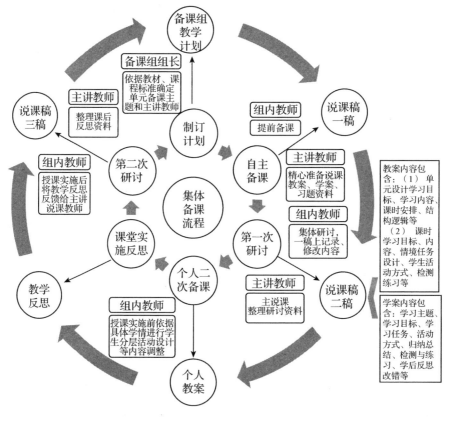

图 5-32　集体备课流程

（1）生动课堂教学设计的集体备课研讨

学校要规范集体备课流程。具体流程为：备课组组长依据教材、课程标准确定单元备课主题和主讲教师—全组教师提前备课—主讲人精心准备说课、教案和导学案—主讲人主说课—集体研讨，记录修改内容—主讲人整理研讨后的资料—授课前，教师进行二次备课(根据学情进行分层活动设计)—授课后，记录课堂教学反思并反馈给说课教师—主讲人再次整理教案、学案、教学反思，形成标准。

备课组每周开展两次以上的集体备课。教师基于学科核心素养和新课程标准，开展单元教学设计研讨，开展以"情境、问题、学生活动和学生思维"为主的教学设计研讨；经二次备课，形成教案；同时编制以学生为中心的导学案，使每节课都做到"有备而来"。

(2)编制生动课堂评价量表

学校依据生动课堂的理念和要求编制"生动课堂评价量表"。各学科组以此为指导，结合教学实际，形成了本学科的"生动课堂评价量表"。量表突出强调教师在"教学情境、任务、学生思维、学生展示和评价"等方面的设计与实施，成为教师备课、授课、评课的标准和依据。

(3)提高教师生动课堂的理念与实践水平

生动课堂研究从开始的"生动课堂"，推进到"生动思维课堂"，再到"生动思维智慧课堂"。与此相应，教师对"生动课堂"内涵的理解和对"以学生为中心"理念的理解不断提升。从开始的课堂上学生活动形式和活动量上来理解"生动"，发展到从学生思维的深度和创新性来理解"生动"；从开始突出强调课堂上学生的主体性，发展到同时重视教师对课堂的引领和对学生学习的帮助。因此，在实践中，教师对"情境、问题、学生活动"，特别是"学生思维"的设计和实施能力不断提高。

每周五的展示课、年级组"三周一轮"的研究课体现教师的集体智慧。创先泰克平台直播促进教师在课的设计上更加精雕细琢，突出"自、互、展、评、测"的学生活动。教师授课、说课后进行研讨交流，各学科教师进行评价，提出改进意见；校领导及时点评，举办小型讲座，引导教师关注学生的思维发展。

(4)持续推进生动课堂的模式创新

高一思想政治学科教师以情景模拟、角色体验的形式，组织学生学习"走进人民代表大会，体验民主政治"一课。教师在教学设计中将环保教育融入课堂。精心准备后，学生进入社区清扫垃圾，进行垃圾分类的调查和宣传。回校后，学生讨论形成了《关于推进社区垃圾分类的建议案》。教学活动锻炼了学生的思维能力和社会交往能力，激发了学生关心公共事务的主人翁意识和社会责任感，充分体现了生动课堂的理念和要求。

(5)凝练形成生动课堂的研究成果

学校注重反思交流，及时总结提升，固化成功经验。学校引导教师对授课、听评课的反思和意见进行及时整理，作为课题研究的过程性资料，上传到网盘的指定位置。同时，学校鼓励教师总结课题研究的阶段性成果，撰写论文，参加评审活动。

基于生动课堂的校本研修，成为教师教学设计和实施能力的展示平台、反思提高的成长舞台，成为教师专业素养提升的主要途径。

3. 基于生动课堂的教师专业素养提升策略

(1)激发教师参加生动课堂实践的内在动力

师德建设可以激发教师自主发展的自觉性。以习近平同志提出的新时代"四有好老师"和"四个引路人"为目标，号召广大教师争做好老师，向身边师德先进个人学习。学校通过树典型、立标杆、带整体，形成了崇尚师德的良好风气。

文化建设为教师凝心聚力实现共同愿景提供强大的精神动力。通过文化建设，教师在"励志精进，明德求真"的办学理念、"本真"的教育思想和"建设学生向往、教师幸福、社会满意的学园、家园、乐园"的学校发展目标上获得价值认同，以此做尽心工作的奋斗者，从中体验专业成长的幸福。[①]

(2)强化生动课堂校本研修的组织保障

教备组建设和教师队伍建设是学习共同体建设的两大支柱。一方面，打造特色教备组文化，用集体价值观引领教师发展。依托学校文化，各教备组提出本组特色的组织文化。比如，地理教研组的文化主题是"共

---

① 张德广：《践行"本真教育"，让教育回归本真——北京师范大学密云实验中学"本真教育"纪实》，载《教育家》，2019(30)。

研、互助、成长、创新"。物理教研组的文化主题是"格物求真，厚积薄
发"。在此主题下，备课组又提出本组的文化建设主题。比如，高三备课
组的文化建设主题是"格物明理，求真务实"。教备组的文化建设，为教
研组和教师的发展指明方向，为推动基于生动课堂的校本研修提供动力。
教备组是实施生动课堂校本研修的基本单位。固定时间、内容备案、检
查考勤，组织形式健全，活动制度完善，是实施生动课堂校本研修的必
要前提。学校坚持两周一次的教备组组长会。活动内容或是交流课题实
施计划，或是校领导举办以备课和课堂教学为专题的讲座。学校坚持每
周两次以上的集体研修。活动时，教师围绕主题，针对问题，发挥主体
作用和创造精神，设计情境、问题和学生活动，智慧众筹，完善生动课
堂教学设计和导学案。

另一方面，实施"分类培养"策略，提高教师培养的针对性和发展的
可持续性。加强骨干教师和党员教师队伍建设，使之成为教育教学的领
头雁。按照《骨干教师培养计划》，从规模和质量两个方面考核和发展骨
干教师。在生动课堂的展示课、研究课活动中，发挥骨干教师、名师工
作室教师、党员和高级教师的示范带动作用。抓好青年教师培养，建设
一支强大的生力军。落实学校《青年教师"一五九发展工程"方案》，组建
青年教师"再研社"，组织青年教师读书论坛、入职新教师拜师活动、"木
铎杯"新教师教学风采展示活动和"我的教育反思"交流活动，开展青年教
师说课、亮相课活动。这一系列活动对提高青年教师的教学基本功和教
学水平起到了促进作用。

多维度队伍建设，为教师专业素养提升提供了强大的精神动力和有
效的组织保障，成为教师专业素养提升的重要途径。

4. 健全教师专业素养提升的保障机制

健全奖励评价制度，发挥评价和奖励机制的激励作用。学校通过教
学常规检查、研修视导、学生评价等形式，通过完善教育教学奖励制度，
激发教师投身教育教学改革的主动性。

(1)教师主动实践生动课堂的管理制度的构建

推进生动课堂的常态化，鼓励教师提高自我管理的自觉性。强化组

织管理，明确落实人和督导人，对"三周一轮"研究课、教师听评课和"网上预约听课"进行温馨提示。

在教研和教学常规管理上，明确落实督导人，每周对教备组的教研活动进行监督检查。每学期进行两次常规检查，引导教师注重学生学习习惯的培养，保证作业批改质量，不断提高教案和导学案水平。

(2)生动课堂教学的市区评价指导

教师研修学院视导是生动课堂推进的良好契机。授课教师认真听取视导教师的指导意见，及时改进教学设计。组织该教师的跟进研究课，推动课堂教学的精细化。承接区级教研活动，邀请市区专家到校指导备课、听课、评课，对教师生动课堂的设计与实施起到了促进作用。

(3)生动课堂效果的学生评价制度

每学年开展两次"学生最喜欢的老师"评选活动，每届评选出 30 位"学生最喜爱的老师和优秀员工"并进行宣传，激励教师见贤思齐，让广大师生感受榜样的力量，为学习和工作增添强大动力。

(4)激励教师推进生动课堂研究的奖励制度

发挥奖励制度的导向和激励作用。立足生动课堂研修实践，完善《教育教学改革项目奖励办法》，将课题研究、课堂教学改革等工作绩效与年度奖励联系起来，与职称评定、骨干教师评审联系起来，对激发教师推进生动课堂研究的积极性起到了促进作用。

（二）研究过程

1. 研究思路

本文按照"调查筛选—课题论证—制订方案—实践研究—交流总结—申请结题"的程序进行。本文以提升教师的专业素养为目标，以课题为引领，以教研组为基本单位，以情境、问题和学生活动设计为突破口，以生动课堂为平台，开展各种形式的校本研修，提升教师的专业素养。

2. 研究流程

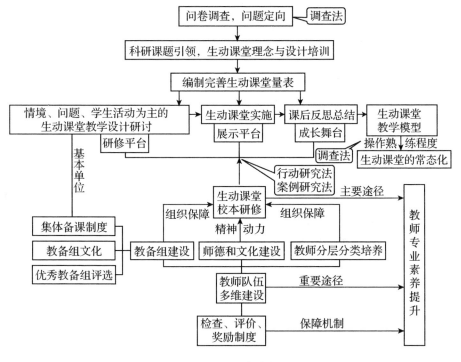

图 5-33　研究流程

五、 研究结论与建议

（一）研究结论

研究目标按计划如期实现，主要表现在：生动课堂教学模式形成，教师运用生动课堂教学模式的熟练程度逐步提高，生动课堂的常态化机制基本建立。基于生动课堂的校本研修，成为教师教学设计和实施能力的展示平台，成为教师反思提高的成长舞台，成为教师专业素养提升的主要途径；多维度队伍建设，为教师参加生动课堂实践提供了精神动力和组织保障；完善评价和奖励制度，为教师参加生动课堂实践提供了有效的机制保障。

1. 形成了较为成熟的生动课堂教学模式

研究初始阶段提出的生动课堂的基本理念和要求，在实践中得到检验，发展为"一个中心""两个原则""三个维度""四个要素""五个环节"的生动课堂教学模式。"一个中心"即师生合作共赢，生命共同成长。"两个原则"即整体把握课程，突出学科本质；有效实施学案导学，关注学生的实际获得。"三个维度"即实现教学"价值追求、学习内容和学习方式"三个维度的和谐发展。"四个要素"即着重把握"情境、活动、问题和思维"四要素。"五个环节"即"创设情境，自主探究，互动交流，展示评价，检测反馈"。这一模式不仅体现了以学生发展为中心的理念，还包含着教师的成长；生动课堂教学不仅是为了发展学生的核心素养，也是为了教师自身的专业成长，实现教师的职业幸福。

2. 教师运用生动课堂教学模式的熟练程度逐步提高

(1)2017 年 9 月的第一次调查

自 2016 年 12 月提出生动课堂的基本要求，到 2017 年 9 月，经过一个多学期的时间，近三分之二的教师能熟练操作其教学流程，另外三分之一的教师也都尝试过这一流程。本次调查为开展基于生动课堂的校本研修提供了基础信息，为找出问题和做出正确决策提供了依据。

(2)2019 年 3 月的第二次调查及两次调查的对比分析

关于"是否重视教学情境、问题、学生活动和学生思维的设计"一项，选择"每次都重视"的教师由第一次调查的 86.6％提高到 97.5％。这表明在设计和实施"生动思维智慧课堂"时，认识并抓住教学模式中的"四要素"和重点的教师明显增加，且占据了绝大多数。

关于"是否乐意参加学科核心素养下生动思维智慧课堂研究课、展示课等活动"一项，选择"乐意参加"的教师两次调查的比例分别为 81.7％和 90％，反映出绝大部分教师感受到参加学科核心素养下生动思维智慧课堂研究课、展示课后自己的成长。

第一次调查中，关于"常态课是否符合'学科核心素养下生动课堂'的基本要求"一项，选择符合的占 68.3％；第二次调查中，关于"常态课是否符合'学科核心素养下生动思维智慧课堂'的要求"一项，选择符合的占

67.5％，比第一次调查略有下降。

第二次调查中，"生动课堂"除了有"生动"一词的限制外，还有"思维、智慧"的限制，且有"32.5％"的教师的一半常态课都在按照"生动思维智慧课堂"的高标准实施，表明教师无论是在理念上还是技术上都有质的提高；也表明在推进"生动思维智慧课堂"成为常态课堂的进程上，教师主体上已达标，为全面实现预期目标奠定了良好的基础。

（3）生动课堂过关展示课的活动效果理想

学校按照"节节精彩，人人过关"的要求开展了两次过关展示课活动。授课教师提前一周备课，听课教师按照"生动课堂评价量表"打分。报名参加的 79 位教师的成绩均在 90 分以上，全部获得学校颁发的证书，专任教师主体即高考学科教师全部达标。

3. 生动课堂的常态化机制基本建立

学校的主要经验为：坚持理念先行，顶层指引，科研引领，把控进程，适时推进；把生动课堂校本研修作为教师教学设计和实施能力的展示平台，作为教师反思提高的成长舞台，作为教师专业素养提升的主要途径；把多维度队伍建设作为教师专业素养提升的重要途径，为教师参加生动课堂实践提供精神动力和组织保障；完善评价和奖励制度，为生动课堂的常态化机制建立和教师专业素养提升提供有效的机制保障。

（二）研究发现的问题与提出的建议

尽管基于生动课堂的校本研修取得明显进展，但有些常态课还不能完全体现生动课堂的基本理念。部分教师对"情境、问题和学生活动设计"的重视也不够，生动课堂的常态化工作还需要继续推进。下一步，我们将加强政策的导向性引领，通过完善政策措施，激发教师在单元教学设计上下功夫，我们要在情境、问题、学生活动和学生思维的设计上下功夫，在落实新课程标准和核心素养、关注学生的实际获得上下功夫，在常态课上下功夫。我们要做好单元教学设计的示范引领，开展深度学习，提高教师对学科本质的理解能力和整体把握教材的能力，进一步提高学科素养。我们要重视导教师常态课，提高部分教师备课的自我管理能力。同时，我们要强化教学管理，促进教师备课的精细化，持续开展学习交流活动，不断提高教师的理论水平和研究能力。

总之，基于生动课堂的校本研修成为教师专业素养提升的有效途径，但理念深化、教学流程优化、教学环节精细化是没有止境的。学校将进一步完善体制机制，激发要素活力，推进教学改革迈向纵深，促进教师专业素养的进一步提升。

专家评语：该文围绕新课程标准和学科核心素养，开展了以情境、问题和学生活动为主的教学创新，在实践中探索形成了生动课堂的一般路径，建立了生动课堂的常态化机制，为教师专业素养的发展提供了动力。该文的研究目标明确、思路清晰、方法得当，已经形成了比较完善的写作框架和内容体系。建议下一步研究要在常态课上下功夫，要在完善机制上下功夫，做好单元教学设计的示范引领，持续开展学习交流活动，不断提高教师的理论水平和研究能力，探索具有一定推广意义的校本研修模式，为学校改革发展提供实践参考。

点评专家：中国教育科学研究院 曹培杰副研究员

后　记

本书是对"十三五"时期北京市中小学干部教师培训科研课题的部分研究成果的一次梳理，也是对北京市干部教师培训工作的再认识、再研究。

研究工作得以顺利推进，离不开各区培训机构领导及课题管理员的大力协助与配合。在此要特别感谢北京十六区以及燕山地区中小学干部教师培训工作的领导及教师培训课题管理员王彤、徐云知、佟梦、王永祥、张海英、武瑞、张媛、刘艳超、闫德胜、杨红、王君、王云阁、刘立辛、闫杰、王芝莹、胡红宇、杜蓉老师的大力协助、全力支持。

研究成果得以系统梳理、完善，有北京师范大学、首都师范大学、北京教育学院、中国青年政治学院、中国教育科学研究院有关专家的指导，也让同行可以从理论视角透视实践工作，挖掘实践工作的价值与意义。

展望"十四五"，北京市干部教师培训工作也将迎来新的机遇、新的挑战，需要直面新的课题，持续开展深入研究。北京市干部教师培训中心也将继续在北京市教育委员会人事处的统筹领导下，将本市干部教师培训研究做深、做实，形成更多有价值的实践成果，盼与同行分享、交流、互促、共进，为全国干部教师培训工作传递北京声音，贡献北京经验。